DAMY
ZŁOTEGO WIEKU

Kamil Janicki

DAMY ZŁOTEGO WIEKU

PRAWDZIWE HISTORIE

Znak Horyzont
KRAKÓW 2014

Projekt okładki
Magdalena Kuc / magdakuc.blogspot.com

Fotografia na okładce
Fundacja Nomina Rosae / nomina.pl

Opieka redakcyjna
Maciej Gablankowski

Wybór zdjęć
Kamil Janicki

Adiustacja
Elżbieta Kot

Korekta
Monika Skowron
Irena Gubernat

Indeks
Jakub Janik

Łamanie i przygotowanie ilustracji
Katarzyna Leja

Opracowanie typograficzne
Irena Jagocha

ISBN 978-83-240-3030-9

Znak Horyzont
www.znakhoryzont.pl

znak

Książki z dobrej strony: www.znak.com.pl
Społeczny Instytut Wydawniczy Znak, 30-105 Kraków, ul. Kościuszki 37
Dział sprzedaży: tel. (12) 61 99 569, e-mail: czytelnicy@znak.com.pl
Wydanie I, Kraków 2014. Printed in EU

Dla mamy, żony i teściowej.
Bez nich trzech nie byłoby tej książki

Spis treści

ŻMIJA NA WAWELU

MŁODE LATA BONY SFORZY

Sakiewka wciśnięta pospiesznie za gorset nieprzyjemnie uwierała. Maryna nie była w stanie powiedzieć, ile właściwie jest w niej monet. Zresztą w tym momencie już jej to nie interesowało. Sprawy posunęły się o wiele za daleko. Kiedy kilka miesięcy wcześniej zgodziła się szpiegować na rzecz sekretarza swojej pani, Jana Wawrzyńca Pappacody, nie przeczuwała, że może się to wiązać z jakimikolwiek nieprzyjemnościami. W swoim nowym mocodawcy widziała typowego dworskiego kombinatora. Człowieka szukającego sposobów na zdefraudowanie jakiejś sumy pieniędzy, skompromitowanie konkurentów do łask królowej albo zdobycie intratnego stanowiska. Potrafiła łatwo zrozumieć jego motywacje. Sama też przecież dążyła do swoich celów, nie zawsze najuczciwszą drogą. Z dzisiejszej perspektywy marzenia sprzed pół roku wydawały jej się trywialne. Chciała trochę zarobić, może zyskać nowe kontakty wśród neapolitańskiej szlachty, a wreszcie wyrwać się z nudnego Bari.

Teraz nie myślała już o wojażach i dworskim życiu, ale o własnej hańbie. Czuła się niczym Judasz Iskariota, a ciężkie zawiniątko ukryte zaraz przy sercu boleśnie przypominało, że podobnie jak protoplasta wszystkich zdrajców ona także odebrała swoje trzydzieści srebrników. Nie mogła się jednak wycofać.

Afera zaczęła się niewinnie. Parę tygodni wcześniej królowa Bona zwierzyła się Marynie – swojej ulubionej i najbardziej zaufanej pokojówce – że zamierza niezwłocznie zarządzić przygotowania do powrotu do Polski. Wyraźnie czegoś się we Włoszech zaczęła bać. Napomknęła też, że coraz mniej ufa swojemu dotąd niezawodnemu sekretarzowi.

Maryna, niewiele myśląc, powtórzyła wszystko właśnie jemu. Odebrała zapłatę i już miała zapomnieć o tym, co zaszło. Wtedy bieg spraw nagle przyspieszył. Nim się spostrzegła, była już w samym środku spisku mającego na celu zgładzenie sześćdziesięciotrzyletniej królowej Polski.

Okazało się, że Pappacoda to nie żaden drobny cwaniaczek, ale agent samego króla Hiszpanii, Filipa II Habsburga, i jego wuja, cesarza Ferdynanda I. Jego misja była jasna i nie zakładała żadnych kompromisów. Miał pozbyć się Bony, przejąć jej włoskie księstwa i zagarnąć dla Habsburgów należącą do niej bajeczną fortunę. Marynie wydawało się, że skaptował już wszystkich mieszkańców baryjskiego zamku. Jedni zgodzili się pracować za pieniądze. Na innych znalazł odpowiednie haki. Jeśli nawet ktoś początkowo się wahał, to do współpracy z habsburskim szpiegiem przekonał go trzeźwiący przykład osobistego lekarza Bony, Jana Antoniego di Matery.

On właśnie podał swojej pani pierwszą porcję trucizny. Z kamienną twarzą zapewniał, że jest to dawka przyjmowanego codziennie przez królową lekarstwa. Coś jednak musiało wzbudzić podejrzenia Bony. Może krople potu występujące na twarz doktora, może nieznacznie łamiący się głos. W każdym razie monarchini nie zamierzała ryzykować. Nakazała Janowi wypić połowę zawartości pucharu z lekarstwem, zanim sama podniesie go do ust. Lekarz przystał na takie rozwiązanie. Znał paranoidalną naturę królowej. Pappacoda zawczasu zapewnił go, że dysponuje skutecznym antidotum i poda mu je natychmiast po audiencji. Kiedy jednak przyszło co do czego, wcale tego nie zrobił. Stwierdził tylko, że nie ma zupełnej pewności, iż lekarz pozostanie mu wierny i nie uważa, by ten spisał się wystarczająco dobrze. Jan Antoni umarł w boleściach na

---

Zaufany lekarz podaje Bonie kielich z trucizną.
Na drugim planie widać pokojówkę Marynę,
która zdradziła swoją panią i doprowadziła do jej śmierci.
Ilustracja Jana Matejki

oczach zamkowej służby. Odtąd wszyscy pozostali bez zająknięcia spełniali żądania Pappacody – także Maryna.

Zgodnie z przewidywaniami organizatora spisku Bona zaniemogła. Symptomy rozwijały się powoli – dziwny katar, osłabienie, gorączka i dolegliwości gastryczne. Nic jednak, co mogłoby bezpośrednio zagrozić jej życiu. Być może zahartowany organizm skutecznie walczył z trucizną. A może Jan Antoni naprawdę źle się spisał i zamiast skutecznie otruć własną królową, połknął większość jadu, licząc na obiecane przez Pappacodę antidotum. Jakkolwiek by nie było, taki rozwój sytuacji tylko pomógł architektowi spisku. Choroba królowej wydawała się postępować naturalnie; niczym jakaś niefortunna infekcja, a nie skutek otrucia. Wreszcie po kilku dniach Pappacoda wezwał kolejnego pomagiera – szefa kuchni królowej, Pawła Martillo. Druga, końska dawka trucizny została ukryta w jednej z ulubionych potraw starej pani. Po niej Bona nie miała już żadnych szans na ozdrowienie.

Nadszedł 17 listopada 1557 roku – decydujący dzień w bezlitosnym planie habsburskiego agenta. Na zamku zebrało się sześciu lekarzy królowej, którzy orzekli, że jej stan jest beznadziejny i nie rokuje żadnych szans na poprawę. Przybył też wezwany przez Pappacodę notariusz, Marek de Baldis. Ośmiu świadków zamknęło się w komnacie Bony – długim, jasnym pomieszczeniu z oknami wychodzącymi na wzburzony Adriatyk. Razem z nimi była również Maryna i to właśnie za udział w tym spektaklu otrzymała sakiewkę monet.

Bona leżała na wznak na wielkim łożu ustawionym pośrodku komnaty, przykryta pierzynami i kocami. Była cieniem samej siebie. Jej ciałem wstrząsały konwulsje, twarz miała rozpaloną, a powieki przymknięte i drgające. W niczym nie przypominała energicznej kobiety, która przed piętnastu laty niemal w pojedynkę rządziła wielkim państwem polsko-litewskim i która jeszcze przed dwoma tygodniami snuła plany swojego wielkiego politycznego powrotu. Teraz nie była już potężną, apodyktyczną i wyrachowaną mistrzynią machinacji. Leżała bezbronna, na łasce własnych sług.

Miarowym, beznamiętnym głosem zaczęto odczytywać testament przygotowany przez Pappacodę. Ja, z Bożej łaski królowa polska, wielka księżna litewska... Najświętszemu królowi hiszpańskiemu Filipowi zapisuję księstwa moje Bari, Rossano oraz dobra Ostuni, Grottage i Monteserico... Janowi Wawrzyńcowi Pappacodzie, który służył mi wiernie i niezawodnie aż do ostatnich chwil, oddaję dobra Noia i Triggiano, roczne dochody z Rutigliano oraz trzynaście tysięcy dukatów, konie z mych stajni i najwspanialsze ze sreber stołowych...

Następowały po sobie kolejne zapisy. Jedne na sumy oszałamiające, inne na tylko wielkie. Bona zdawała się przez cały czas nieobecna. Nie mówiła nic, tylko momentami z jej ust wydobywał się nieartykułowany bełkot. Właśnie o jej zupełne obezwładnienie chodziło Pappacodzie, jednak z przyczyn prawnych morderca potrzebował dowodu, że królowa na wszystko wyraziła zgodę. Tu właśnie do akcji wkraczała Maryna.

Pokojówka zasiadła u wezgłowia Bony i niepostrzeżenie wsunęła dłoń pod poduszkę swojej pani. Po każdym kolejnym zapisie unosiła nieznacznie rękę, tak że wydawało się, iż osłabiona królowa kiwa z aprobatą głową. Zarząd dóbr Rutigliano dla przekupionego dworzanina... skinienie. Pięć tysięcy dukatów dla stronników Pappacody w Neapolu... głowa znów wędruje w dół. Bona Sforza, ta, która przez całe życie była mistrzynią marionetek, w ostatnich chwilach sama stała się bezwolną, szmacianą kukiełką. A za sznurki pociągała dziewczyna, która właśnie królowej wszystko zawdzięczała: swoją pozycję, wychowanie, wykształcenie i dach nad głową.

Ponury spektakl zdawał się ciągnąć w nieskończoność. Wreszcie cały olbrzymi majątek Bony został rozdysponowany. Dla jej rodziny, dla syna i córek pozostawiono tylko marne resztki, ochłapy. Na dobrą sprawę zostali wydziedziczeni, a cała fortuna miała przejść na własność Habsburgów i ich popleczników.

Notariusz opieczętował dokument i wręczył go Pappacodzie. Ten, z krzywym, triumfalnym uśmieszkiem na twarzy, ruszył w kierunku łoża królowej. Podtrzymywał testament w powietrzu, podczas gdy Maryna zanurzała pióro w kałamarzu. Następnie włożyła je między palce królowej i sama poprowadziła jej dłoń w doskonale znanym i bajecznie łatwym do podrobienia podpisie. Bona regina...

Oryginalny podpis Bony Sforzy

Sprzedajni świadkowie powstali z miejsc. Ślepy na nadużycia notariusz ruszył do wyjścia za nimi, ramię w ramię z Pappacodą. W pustej komnacie została tylko Maryna i powoli konająca Bona. Oczy miała teraz otwarte i zdawało się, że półprzytomny wzrok utkwiła w jednym, konkretnym punkcie na ścianie. Maryna spojrzała w tym samym kierunku. U nasady łuku podtrzymującego sklepienie tkwił kamienny herb Sforzów, ze smokiem pożerającym dziecko. W tej jednak chwili smok wydawał się Marynie co najwyżej żmiją. Syczącą ostatkiem sił, rozdeptaną żmiją.

Pokojówka po raz ostatni spojrzała na swoją panią, po czym wolnym krokiem ruszyła w stronę drzwi. Zastanawiała się, czy kiedykolwiek zdoła wybaczyć sobie tę zdradę i czy będzie potrafiła poradzić sobie z wyrzutami sumienia. Nie mogła wiedzieć, że jej obawy są zupełnie nieuzasadnione. Pappacoda nie zamierzał ryzykować. W przeciągu kilku kolejnych miesięcy miał zginąć każdy, kto wiedział cokolwiek o morderstwie polskiej królowej. I tak też się stało.

Za siedmioma włoskimi górami

Późna jesień we Włoszech potrafi być paskudna. Dwaj polscy wędrowcy przemierzający mozolnie szlak łączący Bari z Benewentem, a następnie z Neapolem z każdym dniem coraz bardziej utwierdzali się w tym przekonaniu.

Dzisiaj podróż na wspomnianej trasie zajmuje trzy godziny, a największym wyzwaniem stojącym przed podróżnym jest odnalezienie miejsca, w którym zatrzymuje się odpowiedni autobus dalekobieżny. Podobnie jak wszystko inne w południowych Włoszech z samej zasady musi być ono oznakowane w sposób przyprawiający o ból głowy. Albo nieoznakowane w ogóle.

Jan Konarski i Stanisław Ostroróg nie musieli przejmować się znikającymi przystankami autobusowymi. Mieli na głowie zupełnie inne zmartwienia. Był rok 1517, podróżowali więc konno i zamiast trzech godzin wygodną autostradą z Bari do Neapolu przedzierali się przez ponad tydzień wyboistym szlakiem pamiętającym czasy Juliusza Cezara. W liście wysłanym do polskiego króla przedstawili swoją podróż jako ekspedycję najeżoną niezwykłymi niebezpieczeństwami. „Musieliśmy przez trudne do przebycia góry szerokość całych Włoch przemierzyć!" – żalili się. W rzeczywistości większość trasy biegła przez płaskie niczym stół, upstrzone gajami oliwnymi równiny Apulii. Przesadę łatwo jednak wytłumaczyć. Polskim posłom tak naprawdę nie przeszkadzały góry, ale irytacja. Ta wzbierała w nich wraz z każdym podmuchem lodowatego wiatru i z każdą kolejną ulewą. Po miesiącach spędzonych w podróży mieli już serdecznie dość zabawy w kotka i myszkę, w której wbrew własnej woli brali udział od września. I w której przeciwnik wciąż był o krok przed nimi.

Przyjechali do Włoch, aby powitać i odeskortować do Polski przyszłą małżonkę Jego Królewskiej Mości Zygmunta I Jagiellończyka. Małżeństwo zostało zaaranżowane przez niemieckiego władcę Maksymiliana Habsburga, a panna młoda należała do godnej, choć zupełnie uzależnionej od cesarza rodziny. Wydawać by się mogło, że całe poselstwo przebiegnie ekspresowo i bez najmniejszych problemów. Nic bardziej mylnego. Przeszkody pojawiły się już na pierwszym etapie podróży, na dworze cesarskim w Wiedniu.

Posłowie oczekiwali, że matka przyszłej polskiej królowej, księżna Izabela Aragońska, wyrazi zgodę na wszystkie ich żądania, byle tylko zapewnić córce świetlaną przyszłość nad Wisłą. Tymczasem działająca przez

Posępne mury zamku w Bari i opustoszały dziedziniec. Stan obecny

pośredników księżna nie zgodziła się właściwie na nic. Ani na wypłatę posagu w jednej racie, ani na ograniczenie włoskiego dworu księżniczki, ani nawet – co było głównym punktem sporu – na zorganizowanie wstępnych zaślubin w Wiedniu. Zdesperowani posłowie nie mieli wyjścia. Król chciał się żenić i już przyjął cesarskie swaty. Trzeba było się ugiąć i ruszać dalej. Z habsburskiej stolicy Konarski i Ostroróg pojechali ku Wenecji i Półwyspowi Apenińskiemu.

Po przeszło sześciu tygodniach dyplomaci stanęli wreszcie w Bari: stolicy małego, choć urokliwego państewka rządzonego przez Izabelę Aragońską. Przeliczyli się jednak, oczekując, że księżna powita ich w swoich włościach i szybko dopełni wszelkich formalności. Miejscowy zamek świecił pustkami. Kiedy tylko Izabela usłyszała o zbliżających się wysłannikach polskiego monarchy, razem z córką i całym dworem czmychnęła w stronę Neapolu.

Nieszczęśni dyplomaci zgrzytali z nerwów zębami. Mogli tylko pocieszać się plotkami, które następnie powtarzali w listach do króla. „Podobno oświecona księżna Izabela posiada umysł bardzo wyniosły, ale najjaśniejsza pani Bona jest bardziej przystępna" – pisali. Prawda była jednak taka, że Konarski i Ostroróg, pomimo lat studiów spędzonych w Bolonii, dali się ograć niczym dzieci. A o kobietach, z którymi mieli do czynienia – nie wiedzieli zupełnie nic.

Może gdyby lepiej znali historię rodziny Sforzów i więcej wiedzieli o samej Izabeli, nie wydawaliby tak uproszczonych i naiwnych sądów. Może nie pozwoliliby wodzić się za nos po całej Italii i nie skapitulowaliby w wiedeńskich negocjacjach. Żaden z nich nie miał jednak pojęcia o tym, z jak wytrawnym przeciwnikiem ma do czynienia. „Wyniosła" Izabela należała do najtęższych umysłów politycznych we Włoszech. Bona natomiast – którą wyobrażali sobie niczym żyjącą za siedmioma górami i siedmioma lasami baśniową królewnę – nie była żadną zahukaną białogłową. Raczej zahartowaną przez trudną młodość, żądną władzy dziedziczką rodu słynącego z bezwzględności, wyrachowania i gotowości poświęcenia wszystkiego w walce o wpływy.

Marionetki, gwałciciele i skrytobójcy

„Coś mi się zdaje, że chcesz mi zadać gwałt!" – wykrzyknął podobno na polu bitwy słynny włoski kondotier Alberigo da Barbiano. Był rok 1385, a naprzeciwko dowódcy najemników stał z wyciągniętym mieczem nikomu nieznany, ale zadziwiająco zuchwały awanturnik – szesnastoletni Muzio Attendolo. Raz wypowiedziane zdanie już na stałe przylgnęło do młodego żołnierza i do całej jego rodziny. Od włoskiego *sforzare*, czyli zadawać gwałt lub przymuszać do swej woli, wzięła początek dynastia Sforzów.

Dynastia to zresztą określenie cokolwiek na wyrost. Wprawdzie cesarz Maksymilian polecał Zygmuntowi Jagiellończykowi potomkinię Sforzów jako córę królów i dziedziczkę rodu o najwspanialszej historii, jego blef łatwo jednak zrozumieć. Działał dla osiągnięcia własnych celów. W rzeczywistości Sforzowie byli rodziną o dziejach równie ciekawych, co wątpliwych moralnie.

Muzio zdobywał majątek, zdradzając kolejnych panów i oddając swoje usługi temu, kto był gotowy zapłacić najwięcej. Nie wahał się stawać do walki z papieżem ani topić zbuntowanych miast we krwi. Jego syn Franciszek dorównywał mu pod względem dumy i podobnie jak on śmiał się śmierci w oczy. Zarazem był nieporównywalnie bardziej ambitny od ojca. Nie wystarczała mu rola dowódcy wojsk – kiedy jego zwierzchnik, książę Mediolanu, umarł, a miasto pogrążyło się w wewnętrznych walkach, sam sięgnął po władzę i tytuł książęcy. Nie będzie przesadą stwierdzenie, że cały ród Sforzów składał się z ludzi o skrajnych charakterach. Niezwykle rzutkich i bezwzględnych lub przeciwnie: bezwolnych, letargicznych, cierpiących na zaburzenia psychiczne. Zawsze jednak były to postacie o ostro zarysowanych cechach, jednostki wyłamujące się ze schematów.

Syn Franciszka, a zarazem dziadek Bony, Galeazzo Maria Sforza, uchodził za władcę wyjątkowo okrutnego i rozpustnego. Jednocześnie był tak wprawnym i wpływowym politykiem, że jego syn dostąpił zaszczytu poślubienia dziedziczki Aragonów – prawdziwie królewskiego rodu o tradycji ginącej w mrokach średniowiecza. Sforzowie nie dorastali wprawdzie dynastii rządzącej Neapolem do pięt pod względem prestiżu i pozycji na politycznej mapie Europy, jednak o etyce i moralności mogli rozmawiać jak swój ze swoim. Tak jak Galeazzo dla sadystycznej przyjemności kazał kiedyś przybić skazańca żywcem do trumny i zakopać, a księdza, który przepowiedział mu krótkie panowanie, zagłodził na śmierć, tak Alfons Aragoński bez najmniejszych skrupułów zatruwał wodę w cysternach wrogiej armii, byle zyskać przewagę na polu bitwy. Neapolitański król odziedziczył też po swoim ojcu Ferdynandzie makabryczną galerię zmumifikowanych ciał wrogów – wysuszonych i zapeklowanych, a zarazem ubranych w te same stroje i ozdoby, które nosili za życia. Wystawiał ją w swoim głównym pałacu w centrum miasta, oferując przerażonym gościom wycieczki po „muzeum trupów".

Trudno o bardziej niedobrane małżeństwo.
Giangaleazzo Sforza i Izabela Aragońska na ilustracji z traktatu
„Historia życia książąt i księżnych Mediolanu" wydanego w 1642 roku

Galeazzo i Alfons pewnie w mgnieniu oka odkryliby, że są bratnimi duszami, nie zdążyli jednak zawrzeć bliższej znajomości. Ten pierwszy zginął od dwóch ciosów skrytobójcy, wymierzonych najpierw w krocze, a następnie w serce. Drugi abdykował i uciekł z Neapolu przed ofensywą francuskiej armii barwnie odmalowaną w serialu telewizyjnym *Borgiowie*. Obaj skończyli marnie, ale zostawili po sobie ślad w historii. Ich pośmiertnym dziedzictwem stało się małżeństwo rodziców Bony: Izabeli Aragońskiej i Giangaleazza Sforzy. Przeklętym dziedzictwem, wypada dodać.

Związek ten już od pierwszych chwil był skazany na porażkę. Bystra, doskonale wykształcona i biegła politycznie Izabela nijak nie pasowała do swojego amorficznego męża. Giangaleazzo okazał się skrajnym nieudacznikiem i marionetką w rękach silniejszych krewnych. Jego powolny umysł uciechę znajdował tylko w obżarstwie i pijackich burdach. Wahał się w każdej dziedzinie. Nawet ze skonsumowaniem małżeństwa zwlekał ponad rok, co sprawiło, że powszechnie zaczęto podejrzewać go o homoseksualizm. Wreszcie, podobnie jak jego ojciec, umarł w podejrzanych okolicznościach. Mało kto wierzył, że sam z siebie „zgasł jak niewinne jagnię" i to w wieku niespełna dwudziestu sześciu lat. Najprawdopodobniej zamordował go chytry i bezwzględny stryj, Ludwik Sforza zwany il Moro, czyli Ciemnym. I to właśnie on przejął teraz pełnię władzy nad Mediolanem.

Izabela znalazła się na łasce uzurpatora. Razem z jej własnym losem na włosku zawisnął także los czwórki jej małych dzieci. Była wśród nich zaledwie dziewięciomiesięczna Bona. Blondwłosa dziewczynka urodzona 2 lutego 1494 roku o wpół do drugiej po południu.

Już wcześniej w życiu Izabeli nie brakowało upokorzeń. Tkwiła w złotej klatce, którą było dla niej małżeństwo z gburowatym tępakiem. Nie mogło zmienić tego ani towarzystwo tak niezwykłych osobowości jak Leonardo da Vinci, ani zbytkowne życie. Teraz tamten okres wydawał się utraconym rajem. Izabeli nie zostało już nic poza poniżeniem. Pochodząca z rodu potężnych królów i spowinowacona z samym cesarzem (przed rokiem Maksymilian Habsburg poślubił jej szwagierkę) wdowa musiała błagać stryja nawet o ubranka dla dzieci i miejsce do spania. Los Izabeli pogorszył się jeszcze wraz ze śmiercią jej ojca, Alfonsa II, oraz brata – Ferrandina II.

Już nic nie powstrzymywało Ludwika il Moro przed ostatecznym rozprawieniem się z niechcianym balastem po zabitym siostrzeńcu. Książę odebrał Izabeli syna i pozbawił ją dotychczasowego domu. Wkrótce sam został obalony przez nadciągających z północy Francuzów, ale to zamiast poprawić, tylko pogorszyło sytuację wdowy. Król francuski kazał uwięzić jej syna (po latach umrze on w niewoli), a księżną odarł z wszelkich przywilejów. Zdesperowana Izabela nie miała już czego szukać w Mediolanie. Pozbawiona perspektyw uciekła z miasta. Nigdy natomiast nie zapomniała, że to ona – i jej dzieci – są prawowitymi spadkobiercami tutejszego tronu.

Tułała się odtąd po Włoszech, prosząc o wsparcie krewnych i ciągnąc ze sobą wszędzie sześcioletnią córeczkę Bonę. Razem odwiedziły Mantuę, Bolonię i Rzym. W Wiecznym Mieście Bona poznała słynną Lukrecję Borgię – swoją daleką ciotkę, z którą w kolejnych latach blisko się zaprzyjaźni. Wreszcie dotarły do Neapolu, gdzie na kilka lat Izabela osiadła w położonym na uboczu, ale olbrzymim i luksusowym pałacu Castel Capuano. Ten azyl też nie trwał jednak wiecznie. Dalsze walki z Francuzami zmusiły ją do ucieczki na ufortyfikowaną wyspę Ischię. Niepewności jutra towarzyszyły osobiste tragedie. Wieloletniej tułaczki nie przeżyła siostra Bony, Bianka. Z czwórki dzieci, które urodziła Izabela, dorosłości dożyje tylko przyszła polska królowa. Z dzieciństwa zapamięta, że nawet najbliższym ludziom nie można ufać; że życie jest niesamowicie kruche. I że tylko pieniądze i władza gwarantują przetrwanie.

Urodzona, by rządzić

Los Izabeli odmienił się dopiero w pierwszych latach kolejnego stulecia. Trafniej byłoby zresztą powiedzieć, że sama go odmieniła. Pomimo wszelkich niepowodzeń wciąż prowadziła grę polityczną, konstruowała doraźne alianse i przewidywała zmiany na dynastycznej szachownicy. Nie poddała się nawet w obliczu wymarcia całej męskiej linii Aragonów i upadku domu Sforzów. To, co złamałoby słabszego człowieka, jej tylko dodawało sił do walki. Wreszcie niewątpliwe talenty dyplomatyczne Izabeli wydały owoce. Pozbawiona mediolańskiego dziedzictwa księżna otrzymała od nowego króla Neapolu Fryderyka IV nagrodę pocieszenia: nadanie dwóch południowowłoskich księstw, Bari i Rossano. I właśnie do Bari przybyła w 1502 roku, by rozpocząć tu nowe życie wraz z dziewięcioletnią córką.

Z dziecka nędzarki mogącej pochwalić się tylko błękitną krwią płynącą w żyłach Bona przeobraziła się na nowo w córkę prawdziwej księżnej. Żyła wśród luksusów, stykała się na co dzień z wybitnymi artystami i uczonymi, odbierała edukację godną przyszłej władczyni. Izabela wiedziała lepiej od każdej innej matki z możnej dynastii, że córka będzie potrzebować szczególnego sprytu, talentu i wyczucia, jeśli ma przeżyć w bezwzględnej dżungli włoskiej polityki. Bari było tylko prezentem wydzielonym z Królestwa Neapolitańskiego; trzeba było stale mieć się na baczności, by nie został on odebrany lub okrojony. Nic dziwnego, że Bonę kształcono nie mniej rygorystycznie, niż by się to odbywało, gdyby była chłopcem. Niezależnie od swojej płci miała zdobyć wiedzę potrzebną, by „rządzić mężczyznami", ponieważ „to do tego celu się urodziła".

Ze sprawozdania jej wychowawcy, Chryzostoma Colonny, wiadomo, że Bona znała biegle łacinę i potrafiła „wysławiać się w sposób niezwykle uczony". Wykuła też na pamięć księgi Wergiliusza, wiersze Petrarki i listy Cycerona. Od matki nauczyła się języka hiszpańskiego. Jej edukację dopełniały spotkania z krewnymi i przykłady płynące z życia najbardziej wpływowych kobiet z rodów Sforzów i Aragonów. A było kogo naśladować.

Prababka Bony, poślubiona Franciszkowi Sforzy Bianka Maria, towarzyszyła mężowi w wyprawach zbrojnych, sama dowodziła wojskiem

---

Lukrecja Borgia. Dla małej Bony była kochającą ciotką. Dla dorosłej – stanie się przyjaciółką i powierniczką

w bitwach i słynęła z niezwykłego temperamentu. Zdarzyło jej się nawet zamordować jedną z kochanek Francesca, by podkreślić, że nie będzie godzić się na żadne miłostki na boku.

Ciotka przyszłej polskiej królowej, Katarzyna Sforza, po śmierci jednego z papieży zajęła Zamek Świętego Anioła w Rzymie i wymusiła na zdezorientowanych kardynałach sowity okup za jego zwrot. Była też wprawną trucicielką, co potwierdzają jej zachowane do dzisiaj mordercze receptury. Daleką ciotką Bony była też wspomniana już Lukrecja Borgia. Wprawdzie ukochanej siostrzenicy wysyłała głównie lalki i wyrazy sympatii, ale w historii Włoch zapisała się jako kobieta równie niebezpieczna, co rozwiązła. Jej kolejni mężowie ginęli w podejrzanych okolicznościach – a kolejni kochankowie mimo to byli gotowi zrobić wszystko, byle dostać się do alkowy pięknej córki papieża.

Być może z Boną dogadywała się tak dobrze z uwagi na bliskość charakterów. Dziedziczka Sforzów, podobnie jak owiana legendą Lukrecja, w niepojęty sposób łączyła wybuchową naturę z subtelnym wyrachowaniem i gotowością do dążenia po trupach do zamierzonych celów.

Najwidoczniej nie przeszkadzało to włoskim młodzieńcom, którzy bezskutecznie ubiegali się o jej względy. Bona była wprost wymarzoną kandydatką na żonę dla niemal każdego miejscowego możnowładcy. Odznaczała się niezwykłą urodą, doskonale tańczyła, potrafiła grać na kilku instrumentach i dyskutować ze znawstwem na dowolny temat. Na pewno odebrała też nieformalny trening w sztuce uwodzenia. A przede wszystkim – w sztuce powstrzymywania własnych uczuć. Zachował się list, w którym dwudziestoletnia Bona przestrzega swojego przyjaciela, by ten nie dał się ponieść żądzy, ponieważ „podniety miłości są, jak pan wie, ustawiczne i nieznośne, tak że nie pozostawiają ani jednej godziny spokojnej". To z kolei nie pozwala skupić się należycie na tym, co w życiu władcy najważniejsze: polityce.

Nic dziwnego, że przejąwszy od matki takie właśnie nastawienie do osobistych potrzeb, Bona chłodno zbywała wszelkie awanse amantów i adoratorów. „Mój ból więzieniem, gdzie płaczą ci, którzy cierpiąc bez winy, wieczną targani są rozpaczą!" – biadał odtrącony przez nią poeta Tansillo. Inny wierszokleta poświęcił jej całą powieść z kluczem zatytułowaną *Question de amor*. Także tam Bona – występująca pod imieniem Belisena – jest tylko nieosiągalną i niezdobytą muzą, a zakochany w niej bohater utworu, niejaki Flamiano, umiera, nie wybłagawszy dla siebie nawet pocałunku.

Oziębłość młodej dziewczyny w żadnym razie nie wynikała z jej wstydliwości. Pochodziła z rodziny, w której zdrady małżeńskie, seks z przygodnymi partnerami i pałacowe orgietki były na porządku dziennym. Jeśli sama Bona szczególnie strzegła swojej niewinności, to był to wyłącznie efekt chłodnej kalkulacji politycznej. Jako dziewica miała większą wartość w oczach potencjalnych małżonków. A Izabela nigdy nie ukrywała, że to właśnie małżeństwo jest życiowym celem jej córki.

Miała dobrze wyjść za mąż, okręcić sobie pana młodego wokół palca i odbudować honor podupadającego rodu Sforzów.

Mężczyzna w koronie potrzebny od zaraz

Bona nie skończyła jeszcze dwunastu lat, a matka już zaczęła ją obwozić po neapolitańskich salonach. W 1506 roku wspólnie spędziły w stolicy królestwa dobre kilka miesięcy. Izabela starała się utwierdzić swoje wpływy u wizytującego Włochy króla Ferdynanda. Ten sam takt i ta sama przebiegłość, które zapewniły jej przed paroma laty nadanie księstwa Bari, teraz sprawiły, że monarcha zrzekł się na jej rzecz swoich uprawnień skarbowych i sądowniczych. Przy okazji Izabela zacieśniła więzy przyjaźni z dwiema wdowami po królach z domu Aragonów: Joanną III i Joanną IV. Szczególnie znajomość z tą drugą dobrze rokowała na przyszłość. Joanna IV – *nota bene* będąca ciotką Izabeli – dała się omamić peanom księżnej Bari o dynastycznej solidarności i obiecała zapisać cały swój majątek w testamencie właśnie jej.

Wprawdzie na razie była jeszcze względnie młoda i zdrowa, ale decyzja i tak wstrząsnęła Neapolem. Fortuna Joanny była wprost bajeczna. Obejmowała setki hektarów najlepszych ziem, dziesiątki nieruchomości, setki tysięcy dukatów w złocie i kosztownościach. Wszystko to miało kiedyś przejść na własność Izabeli, a następnie Bony.

Nic dziwnego, że notowania najmłodszej Sforzówny na matrymonialnej giełdzie momentalnie poszybowały w górę. Na neapolitańskim dworze przestała być traktowana jak córka żebraczki, wykorzystującej dobre pochodzenie do wyłudzenia jałmużny. Ze źródeł jasno wynika, że znalazła się w centrum zainteresowania. Już nie tylko zwykli szlachcice, ale najwybitniejsi artyści opowiadali o jej gonitwach za jeleniami i tańcach w przyzamkowym parku.

Jej sława rosła z roku na rok. Mimo to Bona – dobiegająca już dwudziestki i stająca się powoli starą panną – wciąż nie miała narzeczonego. Powód był prosty. Jej matka nie zamierzała zgodzić się na byle kogo. Jak zawsze mierzyła dużo wyżej, niż pozwalały jej okoliczności.

Bona była poważnie brana pod uwagę jako potencjalna małżonka Maksymiliana Sforzy (nowego księcia Mediolanu, a zarazem syna Ludwika il Moro), a nawet księcia sabaudzkiego Filipa. Izabela, wciąż rozpamiętująca swoje upokorzenia sprzed lat, chciała tak ułożyć jej mariaż, by móc powrócić w chwale do Mediolanu. Niespodziewanie jednak na horyzoncie pojawiła się znacznie ciekawsza opcja. Był rok 1515 i właśnie owdowiał król Zygmunt panujący nad olbrzymim państwem Jagiellonów.

Wieści o tym wydarzeniu momentalnie rozeszły się po Europie. Wbrew dzisiejszym wyobrażeniom nowożytna Polska nie stanowiła zapomnianego kraju na krańcu świata, będącego wyłącznie tematem dowcipów o białych niedźwiedziach paradujących ulicami miast. W rzeczywistości Rzeczpospolita należała na przełomie XV i XVI wieku do najpotężniejszych państw Europy. Dzięki pomyślnym wojnom, dynastycznym mariażom i handlowi zbożem stała się prawdziwym imperium. Jej terytorium liczyło ponad milion kilometrów kwadratowych, a najbogatsi magnaci opływali w luksusy równe zachodnioeuropejskim książętom. We Włoszech opowiadano wprawdzie legendy o tym, że w państwie polskim jest tak zimno, iż słowa potrafią zamarzać w powietrzu po wypowiedzeniu, ale i tak uważano je za kraj bezprecedensowych możliwości. To nad Wisłę młodzi Włosi, Niemcy i Anglicy jeździli, by realizować sen o dostatnim życiu i wielkiej karierze. Z kolei księżniczki z całego kontynentu mogły tylko marzyć o poślubieniu władcy tak wpływowego, jak ten stojący na czele polskiego imperium. Dla Bony marzenie to miało już niedługo się spełnić.

Historycy najczęściej zupełnie bagatelizują rolę Izabeli Aragońskiej w dalszym rozwoju wypadków. Piszą, że pomysł, by młoda Sforzówna wyszła za polskiego króla, pochodził od niemieckiego cesarza i to właśnie

Portret kobiety pędzla Jana Matejki. Powszechnie przyjmuje się, że jest to podobizna młodej Bony Sforzy

Maksymilian Habsburg rozegrał całą sprawę. Prawda jest jednak taka, że bez niezwykłej dalekowzroczności i wręcz bezczelności Izabeli – zawsze gotowej porywać się z motyką na słońce – nikt by nawet nie pomyślał o Bonie jako o wystarczająco dobrej partii.

Księżna Bari odwołała się do sprawdzonej i przećwiczonej taktyki. Kiedy tylko Habsburgowie przejęli Neapol po zmarłym królu Ferdynandzie i stali się nowymi zwierzchnikami Bari – a było to w roku 1516 – natychmiast uderzyła do nich z wiernopoddańczym listem. Sprawę rozgrywała tak, że cesarz Maksymilian był święcie przekonany, iż wszystko, co robi dla Izabeli, czyni tak naprawdę w swoim własnym, najlepiej pojętym interesie. W efekcie już na pierwszej liście kandydatek na małżonkę dla Zygmunta widniała Bona. Nie obeszło się bez drobnych szachrajstw (na przykład wiek Bony zaniżono o trzy lata, żeby wydawała się jeszcze atrakcyjniejszą partią) i zawyżonych obietnic (posag topniał tym szybciej, im bliżej było do ślubu). Wreszcie jednak dzięki łutowi szczęścia młoda Sforzówna zakwalifikowała się do ostatniej rundy małżeńskiego wyścigu. Teraz decydującą rolę odegrały pieniądze. Izabela bez chwili wahania i nie zważając na koszty, wysłała do Polski swojego posła, a wraz z nim sakwę pełną złota.

Królewski sekretarz i dyplomata Jan Dantyszek otrzymał kilka tysięcy dukatów za polecenie Bony Zygmuntowi; siedem tysięcy poszło do morawskiego magnata Wilhelma Kuna. Kolejny tysiąc – do posła cesarskiego w Polsce, Zygmunta Herbersteina. Z dnia na dzień grupa dostojników popierających kandydaturę Bony, dotąd mikroskopijna, zaczęła rosnąć jak na drożdżach. I wreszcie król podjął decyzję.

Bona, którą znał tylko z portretu i z opowiadań przekupionych przyjaciół, miała zostać nową polską królową. A Jan Konarski i Stanisław Ostroróg mieli wyruszyć w swą pechową podróż. Izabela postarała się, by była długa i mozolna, by wszelkie negocjacje wypadły na jej korzyść, a ostatni etap spektaklu rozegrał się w Neapolu. Mieście, w którym cała południowowłoska szlachta miała oglądać moment jej życiowego triumfu.

Pierścionek z brylantem

Im bliżej celu swojej podróży byli polscy posłowie, tym bardziej narastał w nich niepokój. Wprawdzie agenci Izabeli zachwalali Bonę niczym nowe wcielenie Heleny trojańskiej, jednak nie była to jedyna opinia krążąca na jej temat. Na miejscu, pośród gór i równin Italii, Ostoróg i Konarski poznali zupełnie inny opis baryjskiej księżniczki. I był to opis wprost zatrważający.

Całkiem niedawno – pomiędzy innymi projektami małżeńskimi i jeszcze zanim pojawiła się okazja znad Wisły – Izabela próbowała wydać swoją córkę za księcia Mantui, czternastoletniego Ludwika Gonzagę. Konkurencja, jak zwykle w takich sytuacjach, nie próżnowała. Szpiedzy najęci przez rodzinę jednej z kontrkandydatek do książęcego łoża zaczęli rozsiewać po całym kraju plotki, jakoby Bona była stara i potwornie brzydka, a brylować miała wyłącznie w sztuce zakrywania swojej szpetoty warstwami makijażu. Pogłoski te musiały dotrzeć wreszcie do uszu polskich posłów. Ich popularność nie osłabła zresztą także wiele wieków później. Nawet dziś mniej rozeznani włoscy pisarze powtarzają w swoich książkach, że król Zygmunt poślubił „bogatą, ale szpetną" księżniczkę. I dobrze, że poślubił. Gdyby nie to, Polska straciłaby nie jedną, ale dwie królowe. Wspomniany książę Mantui, zniechęcony paszkwilami pod adresem Bony, ożenił się zamiast tego z markizą Montserratu. Zdradzał ją wprawdzie na lewo i prawo, ale też spłodził z nią gromadkę dzieci. W tym przyszłego dziadka innej polskiej królowej, Ludwiki Marii Gonzagi.

Te dynastyczne galimatiasy nie mogły mieć oczywiście znaczenia dla wysłanników polskiego monarchy. Liczyły się dla nich fakty. 20 listopada 1517 roku dotarli wreszcie do położonego trzydzieści kilometrów od Neapolu miasteczka Marigliano, gdzie czekała na nich księżna Izabela. Zsiedli z koni i odetchnęli z ulgą.

„Co do piękności [księżniczka Bona] niczym nie różni się od portretu, który przywiózł [poseł księżnej Izabeli] pan Chryzostom" – donosili w liście wysłanym niezwłocznie do polskiego króla. Dalej podawali jej opis zawierający tak drobne detale, że aż trudno uwierzyć, iż zdołali wszystkie je dostrzec mimochodem w podróży, nie kładąc młodej Sforzówny pod lupę, niczym cennego okazu w kolekcji motyli.

> Włosy ma śliczne jasnopłowe, podczas gdy (rzecz dziwna) rzęsy i brwi są zupełnie czarne. Oczy raczej anielskie niż ludzkie, czoło promienne i pogodne. Nos prosty beż żadnego garbu ani zakrzywienia. Lica rumiane jakby wrodzoną wstydliwością zdobne. Usta jak koral najczerwieńszy, zęby równe i nadzwyczaj białe, szyja prosta i okrągła. Pierś śnieżnej białości, ramiona najudatniejsze, rączki piękniejszej widzieć nie można.
>
> Wszystko zaś wzięte razem, czy cała figura, czy każdy członek z osobna, tworzą najśliczniejszą i najpowabniejszą całość.

Na dowód poczynionych obserwacji dyplomaci dołączyli do korespondencji dokładne wymiary ciała księżniczki oraz rekwizyt w postaci jej „bocika jedwabnego, po kolana wysokiego". Tylko na marginesie opisu fizycznych atutów przyszłej królowej posłowie znaleźli miejsce na kilka pochwał pod adresem jej inteligencji i umiejętności. Stwierdzili, że potrafi się wysławiać „nie tak jak jest właściwym dla jej płci, ale w sposób wprost zadziwiający". Oraz że świetnie tańczy. Przede wszystkim jednak była w ich ocenie wystarczająco ładna dla polskiego króla.

Wreszcie nadeszła sobota 21 listopada i wielki spektakl, o którym Izabela marzyła przez całe życie. Długa na kilometry wielobarwna kawalkada wkroczyła w mury Neapolu przy dźwiękach trąb i w świetle chylącego się ku zachodowi słońca. Orszak otwierało sześćdziesiąt wspaniałych wierzchowców z najlepszych hodowli. W krok za nimi szło osiemnaście mułów, dźwigających skrzynie ozdobione herbami Sforzów i Aragonów, a wypełnione wyprawą ślubną Bony. Dalej jechało dwunastu paziów w dwukolorowych zdobnych strojach, osiemnaście koni okrytych karmazynowymi kapami, sześćdziesięciu jeźdźców z orszaków poselskich i cała procesja miejscowych notabli. Od baronów i hrabiów po książęta czystej krwi. Nie zabrakło członków Świętej Rady królestwa i posłów cesarza. Pojawił się nawet wicekról Neapolu we własnej osobie. Wszystkie oczy były jednak zwrócone na Bonę. Kiedy Ostroróg i Konarski spotkali ją po raz pierwszy, była odziana w prostą śnieżnobiałą suknię. Naprawdę wyglądała niczym eteryczna nimfa. Teraz prostota ustąpiła miejsca wyrafinowanej elegancji. Księżniczka wystąpiła w stroju godnym przyszłej władczyni: złotej sukni haftowanej w palmy zwycięstwa. Widowisko było co się zowie. Zachwyceni gapie wiwatowali. I tylko polskim dyplomatom wyrwało się kilka słów zawodu, że w wyprawie ślubnej przygotowanej przez Izabelę za mało jest złota, a za dużo bielizny i obrusów.

Kawalkada, po długiej wędrówce ulicami Neapolu, dotarła do Castel Capuano – jednej z najstarszych królewskich rezydencji w Neapolu, dobrze zresztą znanej Bonie i jej matce. W tym właśnie pałacu przez dwa kolejne tygodnie odbywały się huczne bale, zabawy, przyjęcia i festyny. Nikt nie liczył się z pieniędzmi, na porządku dziennym były najbardziej wyrafinowane dania i wysmakowane rozrywki. Izabela nakazała nawet wznieść w okolicy prowizoryczną atrapę zamku, którą w ramach specjalnych igrzysk przez trzy dni zdobywali dzielni neapolitańscy rycerze. Nie obyło się bez machin wojennych i bez zupełnie prawdziwych podkopów. Nie zabrakło też... odpowiedniej dawki mistycyzmu.

Ostatniej nocy przed ceremonią zaślubin Bona wymknęła się z zamku. Miała na sobie powłóczystą szatę z kapturem, a towarzyszyły jej dwie podobnie odziane kobiety – zaprzyjaźniona mniszka i starsza dama dworu. Wspólnie wyruszyły do położonych pod miastem ruin rzymskiego amfiteatru. Tam, w wiejącej grozą i wypełnionej gęstym dymem jaskini nad samym morzem, czekał już na nie słynny miejscowy „nekromanta". Zobowiązał się on wywołać duchy przodków Bony i z ich pomocą określić, jaka będzie jej przyszłość. To, co miało być niewinną zabawą, szybko stało się dla księżniczki całkiem poważne. Podobno Sforzówna naprawdę uwierzyła, że widzi wśród cieni na ścianach sylwetkę swego zmarłego ojca Giangaleazza. Przestrzegł ją przed trucizną, na skutek której sam pożegnał się z życiem. Zupełnie tak, jakby podobny koniec miał spotkać również przyszłą polską królową. Do Castel Capuano wróciła roztrzęsiona i wyczerpana. Chyba niewiele spała tej nocy. A przecież nazajutrz czekał ją jeden z najważniejszych dni w życiu.

Był 6 grudnia 1517 roku. Ledwie nastał świt, a Bona legła krzyżem przed ołtarzem w katedrze świętego Januarego. Zgodnie z tradycją wysłuchała w tej pozycji mszy, a następnie przystąpiła do spowiedzi. Zanim zdążyła odpocząć, zaczął się całodniowy ceremoniał. Od godziny dziewiątej rano Bona oczekiwała na gości w największej sali pałacu. Zasiadła na tronie pod niebieskim baldachimem. Miała na sobie olśniewającą kreację. Błękitną atłasową suknię przyozdobioną złotymi blaszkami w kształcie uli, a na głowie beret, także naszywany ulami i pokryty drogimi kamieniami. Jeden z gapiów oszacował, że sama suknia musiała być warta dobre siedem tysięcy dukatów. Miał czas, by uważnie jej się przyjrzeć. Właśnie w tym stroju Bona przez cały dzień witała kolejnych przybywających gości, każdego obdarzając dobrym słowem i każdemu z gracją podając dłoń do ucałowania. Duma i ekscytacja musiały walczyć z jej ogromnym zmęczeniem i narastającą nudą. Dworska tortura trwała aż do czwartej po południu. Wówczas organizatorzy obrzędu wreszcie przystąpili do dzieła.

Panna młoda była na miejscu. Było też dwóch polskich posłów oraz sześciu biskupów. Były setki dostojnych widzów. Wszystko gotowe do ślubu. Brakowało tylko kawalera. W zastępstwie Zygmunta Jagiellończyka wystąpił Stanisław Ostroróg. Wspólnie z Boną odmówił przysięgę sakramentalną, po czym wsunął na jej palec złoty pierścień z olbrzymim brylantem. Wyryto na nim napis: „Niech błogosławi Cię Bóg i obdarzy wspaniałym potomstwem".

Wreszcie, jak informują kronikarze: „Ostroróg ucałował swoje dwa palce u prawej ręki, przyłożył je do czoła królowej i znowu palce swe ucałował, a w końcu złożył głęboki ukłon". Stało się. Bona została – przynajmniej wstępnie i *per procura* (przez pełnomocnika) – żoną polskiego monarchy. Notariusz odczytał intercyzę ślubną, po czym na nowo rozgorzały śpiewy, tańce i zabawy.

Po drodze na pierwszą ucztę weselną – bo kolejna, ta właściwa, miała się odbyć oczywiście w Krakowie – gościom pokazano jeszcze z bliska i w pełnej okazałości wyprawę ślubną Bony. Zgodnie z intercyzą miała ona wartość pięćdziesięciu tysięcy dukatów. Było tam dwadzieścia par prześcieradeł (wszystkie haftowane jedwabiem), sto piętnaście koszul, w tym dwanaście nocnych (głównie z tak zwanego płótna holenderskiego), sto dwadzieścia luksusowych chustek do nosa i dziewięćdziesiąt sześć stylowych czapeczek (w tym trzydzieści sześć na prezent dla męża). Do tego dochodziło jeszcze dwadzieścia jeden ciężkich, wysadzanych klejnotami, obszytych srebrem i złotem sukien na każdą okazję. Tyle w każdym razie pokazano gościom. Zdaniem najlepszej polskiej specjalistki od mody

Tutaj odbyły się huczne uroczystości związane z zamążpójściem Bony. Widok z okien Castel Capuano na wewnętrzny dziedziniec. Stan obecny

nowożytnej, Marii Molendy, Bona miała znacznie więcej reprezentacyjnych kreacji. Weźmie ich do Polski nawet ponad trzydzieści.

W wyprawie ślubnej księżniczki znalazło się także wyposażenie jadalni – od zdobnych dzbanów i sześćdziesięciu czterech obrusów po „królewską solniczkę" i puzderko na serwety. Wreszcie była nawet cała, gotowa do transportu sypialnia. Z wielkim małżeńskim łożem, czterema materacami pokrytymi niebieskim jedwabiem, poduchami ozdobionymi srebrnym wzorem, baldachimem z czarnego aksamitu pokrytego złotymi zygzakami oraz zwiewną zasłoną haftowaną w karczochy.

Bona miała czym się pochwalić, ale to przede wszystkim Izabela pękała z dumy. Polscy posłowie natomiast – po tygodniach spędzonych w Neapolu – coraz bardziej i bardziej się niecierpliwili.

Zaginione królestwo

Opisy niezwykłej ceremonii wystarczają, by zachłysnąć się blichtrem i atmosferą stolicy południa. Łatwo dać się ponieść wyobraźni i odpłynąć do niezwykłego miasta poezji, nauki i architektonicznych cudów. Jeszcze w XIX wieku Aleksander Dumas pisał, że Neapol jest „niczym rajski kwiat". Nieco wcześniej niemiecki poeta Johann Wolfgang von Goethe zakrzyknął: „Zobaczywszy Neapol, można umierać!". Dużo trudniej o podobny zachwyt dzisiaj, szczególnie jeśli dawną stolicę Królestwa Neapolitańskiego odwiedza się w poszukiwaniu śladów Bony i jej ślubnej procesji. Zgadza się właściwie tylko jedno. Zobaczywszy Neapol, rzeczywiście można umrzeć. Wystarczy o zbyt późnej godzinie zapuścić się poza główne ulice miasta.

Orszak Bony wyruszył z położonej pod Neapolem willi królewskiej w Poggioreale. Historycy są zgodni, że posiadłość ta stanowiła najpiękniejszy przykład neapolitańskiego renesansu, istny pomnik epoki. Było to miejsce o randze tak wysokiej, że nocleg w willi znalazły tylko dwie baryjskie księżne. Ostroroga i Konarskiego nie wpuszczono do środka – musieli szukać gościny wśród miejscowej ludności. Dzisiaj dużo trudniej byłoby im to zrobić, no chyba, że potrafiliby komunikować się z duchami. Willa w Poggioreale zupełnie dosłownie zginęła w pomroce dziejów. Stała jeszcze dumnie na wzgórzu w XVII wieku, a już w XVIII na jej miejscu znalazł się ponury cmentarz.

Obecnie jest to największa i zdecydowanie najbardziej imponująca nekropolia Neapolu. Prawdziwe miasto umarłych. Mauzolea, zbudowane jedno przy drugim wzdłuż wspinającej się stromo alei, gabarytami przypominają raczej wielkie kamienice niż nawet najbardziej okazałe groby. Nic dziwnego, że archeolodzy, mając za przeszkodę te olbrzymie konstrukcje, bezradnie rozkładają ręce. Mogą się tylko domyślać, gdzie dokładnie leżała wspaniała willa wybudowana przez dziadka Bony, Alfonsa II.

Samo Poggioreale, stanowiące niegdyś zaplecze dworu, także zmieniło się nie do poznania. Dziś to osobliwa dzielnica przemysłowa. Pełna przerdzewiałych, industrialnych konstrukcji, a jednocześnie dziwnie opustoszała. Podobno niepodzielnie rządzi tu camorra.

Z podmiejskiego pałacu orszak ruszył w kierunku murów miejskich odległych o około trzy kilometry. Trasa przebiegała szerokim reprezentacyjnym traktem. Istną nowożytną autostradą, którą wciąż można podziwiać na rycinie Dominika Parrino. Trudniej podziwiać rzeczywistość. Pomiędzy Poggioreale a starym miastem rozciągają się okolice centralnego dworca kolejowego. Brudne, pełne żebraków i podejrzanie wyglądających wyrostków. Późnym wieczorem wystarczy wyjrzeć z okna któregoś z tanich hotelików na Piazza Garibaldi, by utwierdzić się w przekonaniu, że Neapol ma poważny problem z imigrantami. Młodymi, bezrobotnymi i nawet nie myślącymi o integracji. Łatwo też uwierzyć w statystyki, zgodnie z którymi Neapol to miasto o największej liczbie morderstw we Włoszech. W samych walkach mafijnych ginie tu nawet kilkadziesiąt osób rocznie.

Dworzec centralny można na szczęście ominąć i z ponurej, śmierdzącej stacji kolejowej Poggioreale dojechać prosto pod Bramę Nolańską. Prowadzi tam typowa dla południowych Włoch linia metra numer 3. Typowa – bo

POSITANO
PAX
FAMIGLIA ISAIA

istniejąca tylko na mapach, a w rzeczywistości będąca zwykłą podmiejską koleją, obsługiwaną przez składy pamiętające chyba początki zimnej wojny. W epoce Bony Porta Nolana stanowiła architektoniczną nowinkę, dopiero co wplecioną w linie miejskich umocnień. Nikt nie mógł oczekiwać, że po pięciuset latach dalej będzie stać jak stała, wspierając masywną bryłą doczepione do niej kamienice i czyjś balkon z suszącą się bielizną.

Bezpośrednio za bramą rozciąga się zupełnie inny świat: niby nie szesnastowieczny, ale i tak dziwnie zastygły w przeszłości. Konie i muły z orszaku Bony musiały się tutaj przeciskać wąskimi uliczkami pomiędzy straganami pełnymi owoców, serów i suszonych mięs. Dzisiaj zmieniło się tylko tyle, że obsługa stoisk zamiast oliwek proponuje podejrzanie tanie iPhone-y, papierosy „Mińsk" z oryginalną białoruską banderolą i markowe torebki po dziesięć euro. To okolica tętniąca życiem i przepełniona osobliwym klimatem włoskiego południa. W każdą lukę pomiędzy domami wciśnięto obwieszone świecidełkami kapliczki; środek każdej uliczki to miejsce spotkania grupki głośno dyskutujących włoskich mężczyzn w średnim wieku, mijanych przez rozpędzone skutery. O kawiarniach i pubach nikt tu chyba nie słyszał.

Pusto robi się dopiero na Piazza del Mercato. Za czasów Bony, zgodnie z nazwą, był to główny plac handlowy wschodniego Neapolu. Nazwa została, ale zamiast rynku jest tu teraz bezosobowy, wyłożony nową kostką brukową parking. W rogu kolejny relikt historii: kościół Matki Bożej z góry Karmel, Santa Maria del Carmine. W bogato zdobionej, choć nieco ciasnej świątyni Bona odprawiła przed pięciuset laty okolicznościowe modły. „Przybrana była w strój królewski, suknię ze złotej lamy, przetykanej w palmy zwycięstwa. Za nią postępowały matrony i panny, wyróżniające się liczbą, pięknością i bogactwem strojów" – zanotował jeden z biografów polskiej królowej, Władysław Pociecha.

Niewiele zostało ze świetności nowożytnego Neapolu. Na zdjęciu u góry widać cmentarz Poggioreale urządzony na miejscu dawnej rezydencji królewskiej. U dołu: Porta Nolana prowadząca w obręb starego miasta

Wąskie, zatłoczone uliczki wiodą od bramy nolańskiej do Piazza del Mercato. Można tu kupić dosłownie wszystko. Na zdjęciu u dołu: dawny plac handlowy w obecnej formie. Pustka i zdewastowana zabudowa

Castel Capuano.
Dzisiaj to już tylko funkcjonalna rudera,
pokryta brudem i otoczaona podrzędnymi kinami erotycznymi

Stąd orszak ruszył uliczkami na północ, w kierunku Castel Capuano. Kościół Santa Maria del Carmine do dziś zachował ślady dawnej świetności, a dzwon z jego wysokiej na siedemdziesiąt pięć metrów wieży wzywa wiernych na msze z taką samą mocą, z jaką oznajmiał w 1517 roku triumfalny wjazd Bony. Dla pałacu, w którym przyszła polska królowa spędziła dziecięce lata, historia nie była równie łaskawa.

W głębokich kałużach wzdłuż krawężników leżą rozbebeszone worki ze śmieciami. W mętnej wodzie unoszą się zużyte prezerwatywy, sterty petów i gnijących reszek jedzenia. Wszędobylski syf sąsiaduje z przybytkami stanowiącymi skarlałą karykaturę paryskiego placu Pigalle. Wokół pałacu z XII stulecia wzrok przyciągają kiczowate sklepy z akcesoriami BDSM i obskurne kina erotyczne. W samym średniowiecznym zamku – jak na ironię – znajdują się biblioteka prawnicza i wydział sądu.

Rozległy kompleks przeszedł od czasów Bony wiele przekształceń i renowacji, dzisiaj jednak jest to już tylko funkcjonalna ruina. Droga do wnętrza prowadzi wśród odrapanych ścian i prowizorycznych szyldów. Środek budynku jest zapuszczony, długie ciemne korytarze w stylu komunistycznego biurowca sąsiadują z ociekającymi złotem historycznymi salami. Widać, że władze Neapolu, dysponujące prawdziwym zatrzęsieniem zabytków, ten najbardziej związany z polską historią traktują jako niewygodny balast, z trudem wypełniając jego przytłaczającą kubaturę.

Jest tu jeszcze poczta, jakieś bistro, kilka prywatnych biur i posterunek policji. Nie ma natomiast niemal żadnej wzmianki o historii miejsca, a turyści, którzy zabłądzą na dziedziniec Castel Capuano, są szybko przeganiani przez podejrzliwie spoglądającego policjanta. Stróż prawa nie pozwala robić zdjęć. Uparcie, zniecierpliwionym tonem powtarza: „Tu nie ma muzeum, tu nie ma nic do oglądania!". O żadnej Bonie Sforzy nigdy nie słyszał. I nie jest wcale wyjątkiem.

Pamięć o pięknej córce rodu rządzącego Neapolem na dobre zniknęła z tutejszej świadomości. Podobnie jak sama Bona zniknęła w 1518 roku, wyruszając do odległego kraju na drugim krańcu Europy.

Długie pożegnanie

Fale Adriatyku z łoskotem rozbijały się o skaliste brzegi rozległej zatoki, ukrytej w cieniu górzystego półwyspu Gargano, nazywanego też ostrogą włoskiego buta. Słońce chyliło się właśnie ku zachodowi, niknąc powoli za surową bryłą potężnej Szwabskiej Twierdzy. Mimo późnej pory ruch w porcie nie ustawał. Po nabrzeżu kręciły się setki, może nawet tysiące osób ze wszystkich warstw społeczeństwa, od umorusanych błotem tragarzy po dostojnych panów w zdobnych szatach. Manfredonia należała wprawdzie do najważniejszych portów w tej części Italii i przechodziła przez nią lwia część apulijskiego handlu zbożem oraz solą, ale podobny tumult nawet tu należał do rzadkości.

Przyczyną poruszenia był jeden okręt i jedno pożegnanie, odwlekające się od przeszło tygodnia. W styczniu traktem prowadzącym z Bari przybyła wspaniała kawalkada podróżnych złożona z orszaków księżnej Izabeli, jej córki Bony oraz wpływowego kondotiera Prospera Colonny. Sama tylko świta przyszłej polskiej królowej liczyła dwieście osiemdziesiąt pięć osób. Orszak Colonny – kolejnych pięćdziesiąt osiem. W porcie oczekiwał na nich pięknie przyozdobiony królewski żaglowiec. Wszystkim się spieszyło. Izabela przez długie tygodnie odwlekała wyjazd, tłumacząc się strachem przed panującymi w Polsce mrozami. Gdy wreszcie przemogła się i pojęła, jak bardzo jej córka jest spóźniona, na drodze Bony stanęła pogoda. Nie sprzyjała ani załadunkowi, ani tym bardziej podróży. Nad zwykle spokojnym Adriatykiem szalał sztorm.

Antoni Carmignano, uzdolniony poetycko szlachcic z Neapolu i jeden z dworzan Bony, zanotował w pompatycznym tonie, że same bóstwa przyrody czyniły wszystko, byle opóźnić rozstanie matki z córką. Jeśli tak było w istocie, to 3 lutego Neptun z Junoną i Eolem do spółki najwidoczniej znudzili się niewyszukaną zabawą i udali do innych zajęć. Wiatr dął wprawdzie nadal, a ciemne chmury wciąż tu i ówdzie przesuwały się po niebie, ale i tak był to najpogodniejszy dzień od długiego czasu.

Wreszcie wszystko było gotowe. Na nabrzeżu pozostała wyłącznie Bona, żegnająca ją księżna Izabela oraz dwórki i towarzyszki młodości. Nastrój chwili można sobie tylko wyobrażać. Antoni Carmignano zanotował, że Izabela zalewała się łzami, rozpaczając na wzór najbardziej nieszczęsnych bohaterek mitologii, którym los wyrwał z objęć dzieci, mężów, sens życia. Może tak było. Może Izabela rzeczywiście na tę jedną chwilę przemieniła się w Demeter opłakującą Korę. A może raczej był to moment triumfu, zarówno dla matki, jak i dla córki, z których każda wierzyła, że za najwyżej kilka lat zobaczą się ponownie. Na pamiątkę po tym ostatnim pożegnaniu pozostał kamień z obrysem stopy Bony i jednym krótkim zdaniem: „Tutaj stanęła królowa polska, kiedy żegnała się z Donną Isabellą, matką swoją, księżną Mediolanu".

Statek odbił od brzegu, niemal natychmiast znikając w mroku nocy. Pierwsze chwile podróży mogłyby służyć Bonie do melancholijnej refleksji nad rozłąką z najbliższymi i nad niepewną przyszłością, przytłaczającą ogromem odpowiedzialności. Okoliczności nie dały jednak ku temu okazji. Ledwo okręt opuścił bezpieczne zakole zatoki, a ulewa rozpętała się na nowo, szybko przechodząc w intensywny sztorm. Carmignano, który przed zaledwie kilkoma godzinami w podniosłym tonie cytował klasyków i popisywał się znajomością mitologii, teraz leżał zwinięty pod pokładem w kałuży własnych wymiocin. Ponieważ cała podróż znana jest właśnie z jego opisu, a w tym akurat momencie kronikarz był wybitnie niedysponowany, można tylko zgadywać, co robiła Bona. Jako osoba zupełnie nienawykła do morskich podróży, a tym bardziej do zimowych nawałnic, zapewne szybko poszła w ślady swojego dworzanina.

Pogoda momentami się poprawiała, ale cały jedenastodniowy rejs przebiegał wśród niebezpieczeństw i niewygód, których nie mogły zrekompensować nawet malownicze krajobrazy Dalmacji. Przy sztormowym wietrze rzucany na boki żaglowiec z trudem manewrował wśród gęstej sieci wysp, mijając w niewielkiej odległości weneckie Spalato (Split), Sebenico (Šibenik) i Zarę (Zadar). Nawet u kresu podróży podmuchy gorącego, gwałtownego sirocco przez wiele godzin uniemożliwiały wpłynięcie do portu we Fiume – obecnej Rijece. Dopiero pod wieczór wichura ustała i podróżni z ulgą postawili stopy na stałym lądzie. Powitanie było niezwykle huczne, z wież i murów miasta odezwały się salwy armatnie, a ludność skandowała okrzyki na cześć Bony. Przykry początek wyprawy szybko odszedł w niepamięć, a towarzysze królowej jak jeden mąż uwierzyli, że teraz wszystko już potoczy się łatwo. Nie mogli być w większym błędzie. Także Bona nie mogła nawet podejrzewać, że koszmarny rejs będzie jedynie pierwszym z całego pasma trudów i komplikacji. I że przed nią naznaczona nieustannym pechem wyprawa, którą zapamięta już na całe życie.

Wyprawa życia

Postój we Fiume potrwał osiem dni. Władze portowej metropolii postarały się, aby rozrywek nie brakowało. Fiume było pierwszym miastem Świętego Cesarstwa Rzymskiego, do którego zawitała przyszła polska królowa, i wszystkim zależało, by jak najlepiej sprawiło się w roli wizytówki całego kraju. Gospodarze nic jednak nie mogli poradzić na pogodę. Ta wciąż była upiorna. Nieustannie lał deszcz i dęła wichura.

Nieliczne spacery po mieście wynikały z czystej konieczności. Bona szukała we Fiume koni. Przed trzema tygodniami, opuszczając rodzinne włości, zabrała ze sobą pięć najpiękniejszych wierzchowców ze słynnych na całą Italię stadnin w Bari. Miał to być wyszukany prezent dla Zygmunta Starego. Konie niestety podróż zniosły jeszcze gorzej od królowej i kronikarza wyprawy. Żaden nie przeżył. Z braku lepszego rozwiązania polski monarcha miał więc zamiast oryginalnych włoskich ogierów otrzymać ogiery dalmatyńskie.

Wielobarwna kawalkada opuściła Fiume w poniedziałek 22 lutego. Warunki atmosferyczne wciąż nie dopisywały, ale członkowie świty usilnie próbowali szukać jasnej strony sytuacji. Pocieszali się, że może dzięki ulewom stopnieje śnieg na traktach: „gdyż inaczej w tak lodowatym i dzikim kraju nie uda się przeprawić cało i bezpiecznie". Już pierwszy dzień eskapady wyprowadził ich z błędu. Orszak posuwał się naprzód w głębokim błocie, pośród mgły, deszczu i przenikliwego zimna. Do wieczora udało się pokonać zaledwie dziesięć mil, a warunki poprawiły się tylko o tyle, że błota ustąpiły miejsca zaspom śnieżnym. Przynajmniej podróżnym nie groziło zaginięcie pośród gór, bo już od pierwszych chwil towarzyszył im wielkorządca Księstwa Krainy wraz ze zbrojną eskortą.

W kolejnych dniach, po minięciu Postojnej i Planiny, orszakowi stanęła na drodze wezbrana Zaja. Rzeka porwała ze swoim nurtem jednego z objuczonych mułów – a na nim śmiertelnie przerażone dwórki. Zwierzę utonęło, natomiast przemoczone i przemarznięte pasażerki w ostatniej chwili udało się uratować przed śmiercią. Dalsza droga przebiegała grząskim brzegiem krętej, wezbranej rzeki. Do złych warunków pogodowych dochodziła jeszcze niechęć ludności. Wiwaty pamiętane z Fiume ustąpiły miejsca niechętnym spojrzeniom i wrogim gestom. Przed zaledwie trzema laty na ziemiach Krainy, Styrii i Karyntii wybuchło największe w dziejach tej części Cesarstwa powstanie chłopskie. Władze stłumiły je krwawo rękoma najemników. Jakby tej rzezi było mało, okolica nosiła też ślady kilkudziesięciu tureckich najazdów z ostatnich lat. W nienawistnej atmosferze odciętych od cywilizacji wsi niewiele było trzeba, by na widok bogato przystrojonych dwórek i obwieszonych złotem dworzan doszło do wybuchu. Bona i jej towarzysze szybko zrozumieli, że zbrojna eskorta to nie tylko grzecznościowy gest. To była absolutna konieczność.

Dopiero we wsi Hornik na księżniczkę oczekiwały dwie związane ze sobą, zadaszone barki. Skrupulatnie i nie szczędząc pieniędzy, wyścielono je drogimi dywanami, makatami i poduszkami. Po podróży konno i pieszo przez najgorsze bezdroża musiała to być wspaniała odmiana – nawet jeśli tylko krótkotrwała.

Drogą wodną księżniczka dotarła aż do Lublany – stolicy Krainy. Tam raz jeszcze spotkało ją huczne powitanie. Na nabrzeżu czekały trzy ustawione w równy szpaler chorągwie wojska, a naprzeciw gości wypłynęła kolejna barka ze zbrojną asystą.

3 marca, po tygodniowym odpoczynku w nowoczesnym, renesansowym mieście, podróżni znaleźli się znów na trakcie. Albo raczej wśród dzikich wertepów, które tylko latem i to nie na każdym odcinku mogły urastać do tak szumnego miana. Nie trzeba było nawet oddalać się od Lublany, by trasę zagrodziły dwa wezbrane, rwące potoki. Dało się je pokonać tylko wpław, prowadząc konie i muły za uzdy po niepewnym podłożu. Jeśli wierzyć Antoniemu Carmignano, młoda księżniczka wykazała się przy tej

Matka Bony utrzymywała przyjacielskie relacje z Leonardem da Vinci. Ten nie tylko przygotował specjalną inscenizację z okazji jej ślubu, ale też sporządził piękny portret księżnej Bari

okazji wielką odwagą, dając dobry przykład bardziej strachliwym towarzyszom. „Jej królewskie serce nie zna, co to trwoga" – zachwycał się kronikarz wyprawy. Nazajutrz sforsowano dwie kolejne rzeki, pokrytą grząskim rozlewiskiem dolinę, a wreszcie górskie stoki zasypane ciężkim, rozmokniętym śniegiem, w którym raz po raz grzęzły konie. 5 marca postój wypadł w małym miasteczku Franz. Tam właśnie Bonę odnalazł polski goniec, spieszący z wiadomością, że posłowie królewscy oczekują księżniczki w Celje.

Do spotkania doszło jeszcze tego samego dnia. Wysłannicy Zygmunta Starego – co tu wiele mówić – byli wprost oszołomieni dziedziczką rodu Sforzów. „Najjaśniejsza królowa przoduje swą wrodzoną uczciwością, prawdziwie szlachetną i godną siebie" – relacjonowali w liście do monarchy. – „Niechaj nam tak Pan Bóg zachowa łaskę Waszej Królewskiej Mości, iż prawdą jest, że przyprowadzamy mu klejnot i kwiat całej Italii". Radość ze spotkania była tym większa, że w Celje na orszak czekały karety podróżne, a polscy posłowie zaświadczali, że dalej na północ ciągną się już nieco lepsze, a w każdym razie zdatne do jazdy drogi.

Odpoczynek nie trwał długo i już nazajutrz Bona opuściła hrabstwo Celje. Nie wiadomo nawet, czy zdążyła się dowiedzieć, że jest to ziemia, nad którą niegdyś panowała córka Kazimierza Wielkiego, Anna, i z której wywodziła się druga żona Władysława Jagiełły, tego samego imienia. Zdobne powozy pomknęły ku Bistricy, a stamtąd do Marburga (dzisiejszego Mariboru). Atmosfera na powrót stawała się beztroska, a wszędzie było widać ślady przygotowań na przyjazd włoskiego orszaku. Szlachta, mieszczanie, przedstawiciele władz – jedni przez drugich bili pokłony przed Boną, tak jakby była co najmniej córką, jeśli nie żoną samego cesarza. Z Marburga już 9 marca podróżni ruszyli dalej na północ, do Grazu. Także tu czekało na przyszłą królową cesarskie powitanie. Do miasta wprowadziła ją eskorta honorowa w sile stu jeźdźców i trzystu piechociarzy. Na widok królewskiej karety zagrzmiały zamkowe armaty, a tłumy zwykłych mieszkańców i najwyższych dostojników odprowadziły Bonę aż pod wrota przeznaczonego na jej kwaterę pałacu.

W Grazu Bona nawiązała też pierwszy kontakt ze swoim mężem. Wieczorem odwiedził ją słaniający się na nogach goniec. Miał za sobą niemal siedemsetkilometrową podróż z Krakowa, którą odbył w niespełna sześć dni. Ze sobą natomiast wiózł list najjaśniejszego pana datowany na 4 marca.

Wiadomość utrzymana była w serdecznym tonie, nie brakowało w niej komplementów i być może szczerej troski. Zygmunt prosił, by narzeczona nie nadwyrężała sił i podróżowała w komforcie, wszystko to jednak były tylko frazesy. Właściwy przekaz był prosty. Monarcha niecierpliwił się i to z każdym dniem coraz bardziej. Już wcześniej wysłał gońca do Włoch, by popędzić księżną Izabelę, teraz natomiast zamartwiał się w liście do samej księżniczki, że ta nie zdąży do Polski na czas. Termin ślubu i koronacji był ustalony, a goście z całej Europy – zaproszeni. Bona musiała, po prostu musiała być w Krakowie 18 kwietnia.

Bona natychmiast wezwała służbę i jeszcze tego samego dnia sporządziła odpowiedź. Podziękowała za troskę i miłość króla, a także zapewniła o swojej chęci służenia mu tak, „jak przystoi słudze wobec pana". Gońca uspokoiła, potwierdzając, że niezwłocznie ruszy dalej na północ, po czym odesłała go z powrotem do Krakowa. Sama też wybrała się w drogę, ale jednak dopiero po dwóch dniach. Nie mogła wcześniej, bo akurat na jutro zaplanowała polowanie na jelenia w cesarskim zwierzyńcu w Grazu. Zarówno gonitwa, jak i same łowy udały się znakomicie.

Być może księżniczka zakładała, że po równych cesarskich drogach w kilka dni dotrze do habsburskiej stolicy, a stamtąd – pędem do grodu Kraka. Drogi te jednak rychło przestały być równe, a zimowa pora znów dała się we znaki podróżnym. Szlak na powrót zamienił się w wąską, wyboistą ścieżynę. Trzeba było porzucić karoce i podróżować wierzchem. Droga pięła się coraz wyżej, a błotniste pustkowia ustąpiły miejsca stromym górom i wąwozom Alp Styryjskich. Jeźdźcy zmuszeni byli prowadzić konie za uzdy, idąc gęsiego, zlodowaciały śnieg raz po raz osuwał się spod nóg w przepaść. Przeprawa była powolna, wyczerpująca, a chwilami wręcz śmiertelnie niebezpieczna. Na koniec dnia wszyscy byli przemarznięci, dla wielu osób podróż zakończyła się ciężkimi chorobami. Bona jednak trzymała się doskonale i tym razem to ona popędzała do szybszej jazdy. W Dolnej Austrii drogi znów były lepsze i podróż do cesarskiej rezydencji w Wiener Neustadt, a następnie do samego Wiednia przebiegła ekspresowo.

Powitanie w sercu habsburskich włości przerosło wszystko to, z czym Bona miała już do czynienia w ciągu swej długiej podróży. Kwieciste mowy, luksusowe podarunki, przygotowane ku jej chwale wiersze i ociekająca luksusem kwatera w samym pałacu cesarskim. Maksymilian I Habsburg dołożył wszelkich starań, by onieśmielić Bonę, ale też – by zaszczepić w niej poczucie głębokiej wdzięczności i wiernopoddańczy szacunek wobec cesarskiego majestatu.

Już sam ślub z polskim królem i wszystkie wiążące się z nim życiowe perspektywy były zasługą cesarza. Gdyby nie Maksymilian, Bona wciąż byłaby tylko dziedziczką skromnego i stale zagrożonego skrawka ziemi w południowych Włoszech, zdaną na kaprysy wielkich tego świata. Jakby tego było mało, jej niepisany dług stale się powiększał. A to o niezliczone prezenty, którymi księżniczkę obsypywano niemal co dnia, a to o diety wypłacane przez skarb cesarski jej olbrzymiej świcie czy wreszcie o niebotyczne koszty opieki nad orszakiem na całej trasie przemarszu. Maksymilian miał wszelkie powody, by oczekiwać, że już od chwili przekroczenia polskiej granicy Bona będzie jego najwierniejszą i bezapelacyjną sojuszniczką. A gdyby nawet pojawiła się kiedyś w jej głowie jakakolwiek niezależna myśl, to wspomnienie o bogactwie, wyrafinowanej kulturze i potędze wiedeńskiego dworu powinno natychmiast ostudzić jej włoski temperament.

Jeśli pośród splendoru wiedeńskich powitań, uczt i balów czegokolwiek zabrakło, to tylko – obecności samego cesarza. Był on reżyserem spektaklu,

---

Cesarz Maksymilian Habsburg na portrecie z 1519 roku.
Człowiek, bez którego Bona nie zostałaby królową.
A Jagiellonowie nie straciliby połowy swojego imperium

POTENTISSIMVS · MAXIMVS · ET · INVICTISSIMVS · CÆSAR · MAXIMILIAN
QVI · CVNCTOS · SVI · TEMPORIS · REGES · ET · PRINCIPES · IVSTICIA · PRVDEN
MAGNANIMITATE · LIBERALITATE · PRÆCIPVE · VERO · BELLICA · LAVDE · ET
ANIMI · FORTITVDINE · SVPERAVIT · NATVS · EST · ANNO · SALVTIS · HVMANÆ
M · CCCC · LIX · DIE · MARCII · IX · VIXIT · ANNOS · LIX · MENSES · IX · DIES · XX
DECESSIT · VERO · ANNO · M · D · XIX · MENSIS · IANVARII · DIE · XII · QVEM · DEV
OPT · MAX · IN · NVMERVM · VIVENCIVM · REFERRE · VELIT ·

nie zaszczycił jednak głównego widza swoją obecnością. W imieniu władcy księżniczkę witał margrabia brandenburski Kazimierz Hohenzollern, będący zresztą siostrzeńcem Zygmunta Jagiellończyka.

Z Wiednia Bona miała wyruszyć po pięciu dniach. Król niecierpliwił się coraz bardziej i słał listy – jeden w połowie marca, kolejny 21 dnia miesiąca. Dopytywał o miejsce pobytu, polecał jak najszybsze opuszczenie Wiednia i spędzenie Wielkanocy w leżącym już nieopodal granicy Ołomuńcu. Z jego epistoł wyłaniała się sylwetka człowieka stanowczego, choć może nazbyt krewkiego – i pewnie z taką właśnie wizją przyszłego małżonka w głowie Bona zarządziła przyspieszony wyjazd. Wtedy jednak na jej drodze stanęła kolejna przeszkoda. Wiosenne roztopy przerodziły się w powódź, która zerwała wiedeński most na Dunaju. Miejscy rzemieślnicy pracowali dzień i noc nad jego naprawą, lecz dopiero 24 marca orszak mógł ruszyć dalej na północ.

30 marca podróżni byli w Ołomuńcu, skąd Bona skreśliła kolejną odpowiedź do polskiego króla. Uniżonym tonem pisała:

> Składam największe podziękowanie Waszej Królewskiej Mości i pragnęłabym się odwdzięczyć za to, że tak troszczy się o mnie, iż zechciał pomyśleć o wszystkim, cokolwiek podróż moją pomyślniejszą uczynić może. Donoszę zatem Waszej Królewskiej Mości, że cieszę się najlepszym zdrowiem i tym lepiej się czuję, gdy przez wielu posłów dowiaduję się o pomyślnym zdrowiu Waszej Królewskiej Mości. Tymczasem, gdy do niego pospieszam, niech najszczęśliwiej żyje, i na koniec ręce jego królewskie całuję.

Nazajutrz, jak gdyby w odpowiedzi na dopiero co wysłaną wiadomość, do stolicy Moraw wkroczył oddział dwustu polskich jeźdźców z łopoczącymi na wietrze proporcami królewskimi. Polscy panowie jechali obwieszeni klejnotami, ubrani w złote szaty i uzbrojeni po zęby w kusze, tarcze, arkebuzy. Przed nimi postępowała głośna orkiestra, nie szczędząca sił, by z pomocą bębnów, dud, trąbek i piszczałek obwieścić wszem i wobec, że przybyli Polacy.

Bonę powitali wysłani przez monarchę biskupi, kasztelanowie i sam kanclerz wielki koronny. W darze od króla otrzymała łańcuch wysadzany perłami i drogimi kamieniami oraz kunsztowny naszyjnik, za który spokojnie można by kupić kilka wsi lub niewielkie miasto. Przede wszystkim jednak posłowie przywieźli ze sobą dwadzieścia karoc. Każda z nich była piękna i bogato zdobiona, lecz jeden powóz robił szczególne wrażenie. Ciągnięta przez osiem czystej krwi ogierów złocona kareta, obita od wewnątrz szkarłatnym aksamitem, a z zewnątrz zielonym adamaszkiem. Jeszcze jeden wspaniały prezent dla przyszłej królowej – i jeszcze jedno, jakże dosadne w formie przypomnienie, że trzeba się spieszyć z podróżą.

Z Ołomuńca kawalkada ruszyła do Odrawy, dalej zaś do Ostrawy, pod którą do orszaku księżniczki dołączył książę cieszyński Kazimierz, namiestnik Śląska z ramienia króla Węgier i Czech, Ludwika Jagiellończyka. Wraz z panami niemieckimi, czeskimi, morawskimi oraz polską eskortą orszak towarzyszący Bonie dawno już przekroczył tysiąc osób. Wreszcie w niedzielę 11 kwietnia ta oszałamiająca zbieranina panów, sług, koni i powozów stanęła nad brzegiem krętej rzeki, nad którą przerzucono chybotliwy drewniany most. Po drugiej stronie była już Polska.

Zwlekająca panna młoda

Zygmunt przechadzał się nerwowo wokół różowego namiotu wyłożonego eleganckim, szkarłatnym suknem. Patrzył na przemian to na bezradnie kręcących głowami dostojników, to na spoconych od całodziennego stania na baczność w pełnym słońcu gwardzistów, to wreszcie na wijącą się w kierunku Oświęcimia drogę. Tęskne spojrzenia w stronę traktu rzucał nie tylko monarcha, ale też towarzyszący mu biskupi, ministrowie, najznamienitsi możnowładcy z Korony i Litwy oraz sam prymas Jan Łaski. Miesiące przygotowań, ceremonia zaplanowana w najdrobniejszych szczegółach i koszty przyprawiające o zawrót głowy – wszystko to na nic. Król, rządzący przecież jednym z najpotężniejszych państw chrześcijańskiego świata, musiał czuć się tak, jak gdyby narzeczona uciekła mu wprost sprzed ołtarza. Na dodatek zrobiła to, jeszcze zanim w ogóle miał okazję ją zobaczyć.

Namiot na polach położonych dwa kilometry od granic Krakowa został rozbity wczesnym rankiem 15 kwietnia. Wokół prowizorycznej królewskiej kwatery wartę podjęło dwustu żołnierzy w krótkich białych kurtach, pończochach i ze złotymi łańcuchami na piersiach. Około godziny dziesiątej rano na miejsce przybył monarcha, a razem z nim cała rzesza dworzan, urzędników i gości weselnych. Brakowało tylko przyszłej królowej.

Tematem wszystkich rozmów była oczywiście wielka nieobecna. Początkowo frywolnie żartowano z opóźnienia. Ktoś mógł wspomnieć, że pewnie toaleta przed tak ważnym wydarzeniem zajęła księżniczce nadspodziewanie wiele czasu; ktoś inny – być może – rzucił, że to trema przed spotkaniem z królewskim majestatem opóźniła jej wymarsz. Żarty dobre były jednak na pierwsze kwadranse i godziny. Tymczasem minęło południe, a po trakcie na Oświęcim wciąż tylko hulał wiatr. Spóźnienie tym trudniej było zrozumieć, że Bona przebywała w odległości zaledwie kilku mil, w wiosce Morawica. Tam właśnie zatrzymała się przed dwoma dniami, by poczynić przygotowania do uroczystego wjazdu do Krakowa. Nawet pieszo i bez większego pośpiechu odległość pomiędzy Morawicą i Łobzowem dało się przebyć w dwie godziny z okładem. Powozem konnym była to podróż na góra godzinę.

Wreszcie zaniepokojony Zygmunt popchnął do Morawicy swojego gońca, by ten wybadał sprawę. Umyślny szybko powrócił z wyjaśnieniami, ale te tylko pogłębiły zakłopotanie monarchy. Okazało się, że królowa zwleka z przybyciem, ponieważ całe przedpołudnie zajęta była... pogawędką ze starym znajomym. Dla ścisłości, nie był to byle jaki znajomy, lecz kardynał i arcybiskup Mediolanu, a jednocześnie kuzyn Bony, Hipolit d'Este. Przybył on do Polski razem z orszakiem liczącym trzystu sześćdziesięciu siedmiu konnych na specjalną prośbę księżnej Izabeli, pragnącej dodać jeszcze nieco splendoru królewskiemu zamążpójściu swojej córki. Pech chciał, że książę Kościoła zawitał do Morawicy bezpośrednio przed zamierzonym wyjazdem Bony do Krakowa. Rozmowa potrwała trzy godziny i dopiero przybycie królewskiego gońca przekonało księżniczkę, że czas ruszać w drogę. Wcale jednak nie ruszyła.

W Morawicy rozpętała się awantura na skalę międzynarodową. Kardynał d'Este – dumny szwagier słynnej Lukrecji Borgii, powinowaty samego ojca świętego Aleksandra VI i jeden z najzamożniejszych członków kurii rzymskiej – uznał za rzecz oczywistą, że to on, jako reprezentant papieskiego majestatu, powinien stanąć na czele pochodu Bony. Na nieszczęście dokładnie tego samego honoru oczekiwał dla siebie wysłannik cesarza – margrabia brandenburski Kazimierz Hohenzollern. Skończyło się na karczemnej awanturze i wielkiej obrazie. Wreszcie kardynał zażądał wstrzymania wymarszu, po czym sam ze swoimi ludźmi popędził w stronę Łobzowa, by powitać króla, zanim zdąży to zrobić ktokolwiek inny. A już szczególnie ten obmierzły Brandenburczyk.

W efekcie orszak panny młodej ruszył dopiero późnym popołudniem, a do obozu rozbitego przez króla – pełnego głodnych, zmęczonych i zniecierpliwionych dworzan – dotarł, kiedy słońce zaczynało już się chylić ku zachodowi. Nie znaczy to jednak, że przybycie Bony nie było widowiskiem. Zebrani, nawet jeśli od rana walczyli z nudą, teraz przecierali oczy ze zdumienia. Niewielu z nich miało w życiu okazję widzieć tak świetny orszak; tylko nieliczni mogli oczekiwać, że kiedykolwiek jeszcze ujrzą coś równie imponującego. Bonie towarzyszyło przynajmniej sześć tysięcy konnych. Cała jej eskorta, po dołączeniu orszaków panów polskich i litewskich, przekroczyła dziesięć tysięcy osób.

Stopniowo kolejne chorągwie docierały pod królewski namiot. Rycerze i możnowładcy uroczyście witali Zygmunta Jagiellończyka, po czym ustawiali się w kole wokół monarchy i jego dworu. Tłum gęstniał, wystarczyło paręnaście minut, by pole pod miastem otoczyły tysiące gości. Wreszcie w wąski okrąg przed monarszą kwaterą wjechała konno sama księżniczka Bona, mająca po bokach swojego opiekuna w podróży Prospera Colonnę oraz margrabiego Kazimierza. Poeta obserwujący to wydarzenie, Kasper Ursinus, opisze je z oczywistą i zupełnie zamierzoną przesadą. Według niego piękna Bona we wspaniałej, władczej pozie „wjechała w mury Krakowa na lotnym, spienionym rumaku, wstrząsającym niespokojnie grzywą. Wzbudziła przy tym zachwyt widzów, mężczyzn i kobiet swą mistrzowską jazdą". W rzeczywistości o żadnej galopadzie nie mogło być mowy pośród tysięcznych tłumów, a całe wydarzenie nie miało miejsca w miejskiej bramie, ale w okolicach Łobzowa. Jedno wszak musi się zgadzać: zachwyt króla i jego towarzyszy. Pytanie, czy zachwycona była także Bona.

Przed królewskim majestatem

Zygmunt już wcześniej wiele słyszał o wyglądzie swojej wybranki. Dużo mniej musiała wiedzieć ona. Wszystko wskazuje na to, że nie otrzymała zawczasu portretu kawalera. Wprawdzie istniał taki obyczaj, wydaje się jednak, że Zygmunt celowo go tym razem zaniedbał. Bona mogła co najwyżej znać zdawkową relację Prospera Colonny, który spotykał się z królem w toku pertraktacji ślubnych. Nie wypadało jednak, by pytała tak dostojnego towarzysza o szczegóły wyglądu i usposobienia monarchy. Tym bardziej nie mogła – wzorem Jadwigi Andegaweńskiej – wysłać do królewskiej łaźni swojego zaufanego rycerza. Była zdana na własną wyobraźnię.

Teraz nadszedł czas, by marzenia lub obawy skonfrontować z rzeczywistością. Jakie myśli kłębiły się w głowie Bony na widok przyszłego męża? Musiała chyba być zaskoczona. A może nawet cokolwiek rozczarowana.

Na myśl o Zygmuncie I przed oczyma momentalnie stają portrety przedstawiające dumnego brodatego starca. Nie ma jednak potrzeby odwoływać się do tych późnych lub zmyślonych wizerunków. Zygmunt, jak na prawdziwie renesansowego władcę przystało, pozostawał w doskonałej komitywie z artystami. Chętnie pozował im do obrazów, a ci równie chętnie uwieczniali królewskie oblicze na płótnach, drzeworytach i okolicznościowych medalach. Zgodnie z duchem epoki, robili to może niekoniecznie w sposób piękny, ale jak najbardziej realistyczny. Najwyżej kilka lat przed przybyciem Bony do Krakowa wierny portret króla wyszedł spod pędzla Hansa Süßa von Kulmbacha.

Gładko ogolona twarz, nienaturalnie wysunięta żuchwa i wystająca dolna warga. Opadające zewnętrzne kąciki oczu, obła, wręcz nalana twarz oraz głębokie bruzdy przecinające czoło. Do tego ten nos. Co dokładnie

---

Hipolit d'Este.
Wielki kardynał i wielki pieniacz

było z nosem Zygmunta, trudno dzisiaj dociec, ale musiał on być bez dwóch zdań dominującym punktem jego twarzy. Widać to na każdym niemal portrecie. U Kulmbacha nos jest po prostu długi i wyraźnie zarysowany, ale na drzeworycie z *Kroniki* Marcina Bielskiego to już istny gigant. Na portrecie pędzla Hansa Dürera przypomina dla odmiany odstający, zdeformowany kartofel. Ogółem z twarzy Zygmunta nie bił królewski majestat. A jeśli jeszcze na dodatek w dniu przyjazdu Bony miał na głowie jeden ze swoich ukochanych czepców, to musiał wyglądać jak typowy włoski rachmistrz. Albo też – patrząc na medal wybity w 1527 roku – jak spasiony mnich rodem z reformacyjnych paszkwili.

Bona zsiadła z konia i zgięła się przed królem w głębokim pokłonie, składając jednocześnie pocałunek na monarszej dłoni. Zygmunt patrzył tymczasem oniemiały na jej filigranową sylwetkę. Zapanowała krępująca cisza. Gdy wreszcie księżniczka powstała, król bez słowa wziął ją w ramiona i przycisnął do piersi. Według jednego z biografów Bony w ten sposób „pierwsze lody zostały przełamane". Jeśli wierzyć Marcinowi Bielskiemu, niewiele brakowało, a połamałyby się nie tylko lody. Zdaniem dziejopisa Zygmunt był człowiekiem „wielkiej siły, tak iż powrozy targał i podkowy łamał". Serdeczny, mocny uścisk musiał więc na długo zapaść Bonie w pamięć.

Milczenie przerwał wreszcie prymas Jan Łaski. Z zachwytem wyraził się o „zaletach fizycznych" przyszłej królowej, półsłówkiem wspomniał o jej przymiotach duchowych, a przede wszystkim podkreślił, po co młodą księżniczkę ściągnięto do Polski aż z dalekiego Bari. „Życzę, aby jej królewska mość rychło doczekała się męskiego potomka" – skwitował, po czym od strony miasta rozległ się huk wystrzału siedemdziesięciu armat rozstawionych wzdłuż murów specjalnie na tę okazję. W imieniu Bony odpowiedź wygłosił jej sekretarz, Ludwik Alifio. Nastąpiła wzajemna

---

Zygmunt I Jagiellończyk
na wiernym portrecie pędzla Hansa Dürera

prezentacja gości i gospodarzy. Wszystko w nieco nerwowej i pospiesznej atmosferze, bo czas przecież naglił coraz bardziej. Uśmiechy były mimo to serdeczne, a podziw dla przyszłej królowej – niekłamany.

Tylko z jednej strony Bona nie mogła oczekiwać ani sympatii, ani choćby cienia uśmiechu. W imieniu polskich kobiet powitała ją księżna mazowiecka Anna, wdowa po Konradzie III. Pociągła twarz, wężowe oczy rzucające błyskawice na lewo i prawo. Podstarzała matrona rozsiewała wokół siebie aurę strachu, ale też uzasadnionego respektu. Od ponad piętnastu lat samodzielnie rządziła całym Mazowszem, nie zważając na fakt, że jej synowie dawno osiągnęli pełnoletność. Była kobietą niezależną i chorobliwie ambitną. Pod wieloma względami była niczym lustrzane

odbicie Bony, albo raczej polski sobowtór dumnej księżnej Izabeli. Mimo to – a może właśnie z tego powodu – jakakolwiek sympatia lub współpraca pomiędzy dwiema władczyniami została z góry wykluczona. Jeśli Annie coś się w życiu nie udało, to przede wszystkim osadzenie na polskim tronie własnej córki. Początkowo zdawało się, że w wyścigu o miejsce u boku Zygmunta prowadzi mazowiecka księżniczka, ostatecznie jednak zwyciężyła Bona. Z perspektywy Anny – córka sodomity i łazęgi pozbawionej własnego księstwa, z rodu skompromitowanego mezaliansami, zdradą stanu i aktami skrytobójstwa. Powitanie przebiegło w atmosferze szczerej nienawiści. Dla Bony była to nie tylko pouczająca lekcja konwenansów, ale też pierwszy kontakt z przedstawicielką potężnego i bezwzględnego rodu Radziwiłłów. Właśnie z tej litewskiej rodziny magnackiej pochodziła księżna Anna.

Pochód ruszył wreszcie dalej, w kierunku Kleparza. Na oczach królewskiej kawalkady, w świetle chowającego się już za widnokręgiem słońca, rozegrał się zaplanowany początkowo na wczesne popołudnie turniej rycerski. Dwaj dumni jeźdźcy, Stanisław Tęczyński i Hieronim Jarosławski, starli się na kopie. Obaj spadli z koni. Obaj połamali nogi, ku uciesze widzów. Przemarsz uświetniła kolejna salwa armatnia i kolejna mowa powitalna: tym razem w wykonaniu rektora krakowskiej Akademii, Stanisława Biela. Leciwy, ponadsześćdziesięcioletni profesor, mówił długo i z werwą, ale na dobrą sprawę nie miał do powiedzenia nic nowego. Za prymasem Łaskim powtórzył, że życzy królestwu: „błogosławieństwa Bożego i rychłego doczekania się dziedzica tronu".

Przez miasto, jedną z najświetniejszych metropolii w tej części Europy, pochód szedł już przy świetle pochodni. Wzdłuż ulic, na całej trasie od Kleparza aż po zamek na Wawelu, stali żołnierze miejscy, gotowi w zarodku tłumić wszelkie incydenty ze strony nieprzewidywalnego plebsu.

Król Zygmunt na portrecie zamieszczonym w „Kronice wszystkiego świata" Marcina Bielskiego

Trzy tysiące gwardzistów zapewniało bezpieczeństwo, ale też żywy pokaz siły i znaczenia krakowskiego grodu. Stały również delegacje cechów, rajcy, urzędnicy. Z okien kamienic zwisały zdobne makaty. Codzienny miejski brud skrzętnie ukryto przed oczyma gości, tak że Kraków prezentował się piękniej niż kiedykolwiek.

Wreszcie, już dawno po zmroku, pochód dotarł do pogrążonej w egipskich ciemnościach katedry. W bladym blasku świec parę królewską powitał biskup krakowski w asyście sufragana przemyskiego. Ucałowano relikwie, odśpiewano modlitwy. Wszyscy słaniali się już na nogach ze zmęczenia, a tysiące żołądków głośno burczało z głodu. Przed zasłużonym nocnym spoczynkiem zebranych czekała jednak jeszcze jedna przemowa. Biskup Konarski w jakże oryginalnych słowach zaapelował do przyszłej królowej o spełnienie podstawowego obowiązku. Pochwalił jej cnoty, podkreślił, że „urodą podobna jest do jakiejś nimfy", wszystko to jednak były tylko wstępy. Wreszcie zakrzyknął: „Duchowieństwo będzie się modlić nadal, by Bóg dozwolił Waszej Królewskiej Mości jak najdłużej królować. Oraz by obdarzył Was upragnionym następcą tronu!".

Noc poślubna

Bona uśmiechała się nieznacznie, kiwając raz po raz głową w stronę dostojnych towarzyszy. Wszyscy siedzący naprzeciwko niej mężczyźni tryskali doskonałym humorem. Przerzucali się żartobliwymi toastami, a kielichy wypełnione najprzedniejszymi trunkami nieustannie wędrowały do ust. Twarz Bony też promieniała serdecznością, ale zupełnie nieszczerą. Zabawa i dowcipy były absolutnie ostatnimi z rzeczy, na które miała w tym momencie ochotę. Odruchy wpajane przez lata przez powściągliwą matkę brały jednak nad nią górę. Restrykcyjne dworskie wychowanie nie pozwalało ani na moment wyjść z roli wielkiej damy. Nikt poza nią samą nie miał więc pojęcia o tym, jak przeraźliwie jest zmęczona i stremowana.

Powieki ciążyły jej tak, jakby wykuto je z mosiądzu. Jednocześnie czuła, jak głos więźnie jej w gardle na samą myśl o tym, co ma nastąpić. Przede wszystkim jednak było jej potwornie niewygodnie. Cały wysiłek wkładała w to, by siedzieć w sposób pełen elegancji i dostojeństwa. Na wielkim, miękkim i zapadającym się królewskim łożu, na oczach przynajmniej dwudziestu świadków, nie było to łatwą sztuką.

Królowa znajdowała się w tej chwili w sypialni swego małżonka. Na przeciwległym skraju posłania siedział Zygmunt. Wydawało się to nieprawdopodobne, ale z twarzą czerwoną od wypitego alkoholu i wyszczerzonymi zębami przypominał monarchę w jeszcze mniejszym stopniu niż na polach pod Łobzowem.

Zgodnie ze staropolską tradycją młodą parę do łożnicy odprowadzili najznamienitsi goście. Wokół łoża z baldachimem służba ustawiła krzesła dla dostojników, książąt i reprezentantów cesarza. Wniesiono łakocie i napoje. Wywiązała się rozmowa tak swobodna i rubaszna, na jaką pozwalało chyba tylko to jedno, jakże rzadkie wydarzenie w życiu dworu. Niedwuznaczne żarty i erotyczne aluzje były kierowane przede wszystkim w stronę Zygmunta, Bona mogła więc bez słowa wodzić wzrokiem po jednej z najpiękniejszych komnat zamku wawelskiego. Strop pokryty złotymi rozetami, wspaniałe freski bezpośrednio pod sufitem oraz ściany obite grubą złotą materią. Do tego posadzka z równego niczym tafla szkła zielonego kamienia, wyłożona drogocennym czerwonym dywanem.

Wszystko to budziło zachwyt, ale pomimo najszczerszych chęci Bona nie była w stanie skupić uwagi na architekturze wnętrz. Myślała o czterech pełnych emocji dniach, które minęły od jej wjazdu do Krakowa.

Zdążyła wziąć udział w najbardziej wystawnych ucztach w swoim życiu. Pierwsza trwała nieprzerwanie osiem godzin, druga niemal cały dzień. Setki gości zasiadły do wspólnego stołu z parą królewską, a kto nie zmieścił się w salach na Wawelu, mógł liczyć na jedną z trzydziestu jeden kuchni polowych zorganizowanych specjalnie na tę okazję przez burgrabiego krakowskiego Jana Bonera.

Zdążyła olśnić dwór swoimi umiejętnościami tanecznymi, gracją i zręcznością podczas zabaw zakończonych tuż przed przejściem do królewskiej sypialni.

Zdążyła poznać burzliwy temperament polskiej stolicy, gdy przemarsz orszaku królewskiego do katedry zakłóciła bijatyka pomiędzy studentami uniwersytetu i uzbrojonym w nahajki najemnym oddziałem Tatarów.

Zdążyła raz jeszcze, jak gdyby na pożegnanie z dotychczasową ojczyzną, odczuć krewki charakter swoich rodaków. Dumny kardynał d'Este na skutek sporu z księciem Kazimierzem odmówił udziału w uroczystościach ślubnych. I choć przez cały czas przebywał w Krakowie, jego noga nie postała na Wawelu.

Przede wszystkim jednak Bona zdążyła włożyć na głowę polską koronę i już oficjalnie, ostatecznie zostać żoną Zygmunta I Jagiellończyka. Podczas uroczystej mszy w niedzielę 18 kwietnia 1518 roku prymas Jan Łaski namaścił ją i ukoronował. Kiedy z berłem i jabłkiem w dłoniach zasiadła na krześle tronowym obitym czerwonym aksamitem, nie była już tylko dziedziczką Bari i tytularną księżną Mediolanu, ale władczynią jednego z najpotężniejszych państw Europy.

Cztery dni pełne były wrażeń, na jedno wszak zabrakło wśród nich czasu. Na poznanie człowieka, który siedział teraz po drugiej stronie łoża i z którym już za moment miała pozostać sam na sam. Zdążyli zamienić ze sobą kilka słów podczas uroczystości, prowadzili grzecznościowe rozmowy w trakcie uczt. Zygmunt odwiedzał też Bonę w jej apartamentach w pierwszych dniach po przyjeździe. Nawet te spotkania nie miały jednak w sobie choćby krztyny prywatności. Władca przybywał do pani małżonki w asyście senatorów, by prowadzić oficjalną dyskusję, wygłaszać okrągłe formułki i wysłuchiwać przemówień. Bona, przepojona niepewnością,

---

Sypialnia królewska na Wawelu.
Tak wygląda dzisiaj. W czasach Zygmunta i Bony komnaty pałacowe prezentowały się nieporównywalnie bardziej okazale

mogła tylko zgadywać, jakim jest człowiekiem, jakim okaże się mężem, partnerem i kochankiem.

Wreszcie goście powstali z krzeseł. Wyniesiono tace i kielichy, zniknęły zdobne krzesła. Nie minęło nawet kilka minut, a ciężkie wrota komnaty zatrzasnęły się za ostatnim z pokojowców. Rozpoczynała się właściwa noc poślubna. I jeśli wierzyć legendzie – miała się potoczyć wprost katastrofalnie.

Podobno pierwsze intymne spotkanie z Boną tak bardzo rozczarowało Zygmunta, że ten natychmiast opuścił sypialnię, zasiadł do kałamarza i zwierzył się pamiętnikowi ze swoich wrażeń. „Regina Bona attulit nobis tria dona: Faciem pictam, vulvam non strictam et pecuniam fictam" – biegły dwie strofy wiersza, który rzekomo spłodził w tej chwili natchnienia. W wolnym tłumaczeniu na polski znaczyłyby one: „Królowa Bona przywiozła nam trzy podarunki: zamalowaną makijażem twarz, zbyt luźną pochwę i zmyślone pieniądze".

Problem polega na tym, że zmyślone były nie tyle pieniądze, co sam wierszyk. Pochodził z powstałej wiele lat później niemieckiej kroniki skandali obyczajowych. Jego autorem na pewno nie był polski król. Już prędzej któryś z zapiekłych przeciwników Bony, agent wrogiego dworu, albo po prostu jakiś niewybredny dowcipniś.

Jak więc było naprawdę? Na temat nocy poślubnej Bony i Zygmunta nie zachowały się żadne wiarygodne źródła. Wiadomo jednak – i to dokładnie – co stało się bezpośrednio po niej. Nazajutrz Zygmunt wezwał podskarbiego Mikołaja Szydłowieckiego i nakazał mu przygotowanie skrzyni drogocennych prezentów z przeznaczeniem dla Bony. Królowa otrzymała cztery zdobne łańcuchy, trzy wisiory wysadzane złotem, szafirami, brylantami, perłami, rubinami i szmaragdami oraz cztery połacie pięknych materiałów na suknie. Były to kolejno: kosmaty złotogłów, zielony aksamit przetykany złotem, czarny aksamit oraz zielony jedwab.

Historycy badający młodość Bony nie mieli dotąd wątpliwości. Pierwsza wspólna noc z młodą, piękną małżonką musiała zrobić piorunujące wrażenie na królu, który sam zdążył już przekroczyć pięćdziesiąty pierwszy rok życia! Inaczej przecież nie wręczałby jej tak bogatych darów. Nie jest to prawdą. W świecie sztywnych dworskich ceremoniałów niczego nie pozostawiano przypadkowi. Wartość tak zwanego *Morgengabe* (daru porannego) była zawsze ustalana z wyprzedzeniem. Zanim monarcha w ogóle zobaczył swoją wybrankę.

Zygmunt nie pofatygował się do komnat Bony, by osobiście donieść jej o swoich odczuciach. Miał do takich zadań ludzi. Polecił Szydłowieckiemu, by ten wygłosił po łacinie mowę podkreślającą „wielką miłość i szacunek, jakie żywi król do małżonki". Słowa podskarbiego, nawet jeśli ubrane w kwieciste formuły, nie były tylko pustymi frazesami. Wszystko wskazuje na to, że Zygmunt naprawdę zadurzył się we włoskiej księżniczce od pierwszego wejrzenia.

Nie mógł spodziewać się po tym związku wiele. Oczywiście posłowie zachwalali Bonę w listach, jej portret przesłany z Włoch przed rokiem przedstawiał ją nad wyraz pochlebnie, a i agenci cesarscy na każdym kroku podkreślali fizyczne i umysłowe walory kandydatki do królewskiej ręki. Ale przecież tak robiono zawsze. Rzeczywistość miała natomiast w zwyczaju brutalnie weryfikować wyobrażenia malarzy i białe kłamstwa polityków. Zygmunt wiedział o tym lepiej niż ktokolwiek inny. Jego własna matka, Elżbieta Rakuszanka, przeszła do historii przede wszystkim ze względu na swoją brzydotę. Kiedy król Kazimierz Jagiellończyk zobaczył ją w przededniu planowanego ślubu, uciekł do swoich komnat i nie chciał z nich wyjść przez dwie kolejne doby.

Zygmunt nie miał powodu, żeby uciekać. Bona w świecie wyrachowanych, politycznych mariaży była niczym kobieta ze snu. Nie dysponujemy prawdziwymi słowami monarchy na jej temat, ale o zaletach nowej pani szeroko rozpisywał się jeden z jego najbliższych współpracowników – sekretarz królewski i utalentowany dyplomata Jan Dantyszek. Zachwalał biel policzków podkreślaną przez szkarłatny rumieniec, blask czarnych oczu przywodzących na myśl dwie gwiazdy oraz falujące włosy o odcieniu

„bardziej brązowym niż złoto". Jego zachwyt wzbudziła też „lekko wzniesiona pierś" o barwie bielszej niż kość słoniowa i smukłe dłonie, które przyrównał – może nie do końca trafnie – do kryształowych waz. W poemacie przygotowanym z okazji ślubu pozwolił sobie nawet włożyć w usta rzymskiego boga wojny Marsa stwierdzenie, że Zygmunt „podziwiając oczy, policzki i czerwone usta" Bony, „wydawał z siebie stłumione westchnienia". I bardzo łatwo uwierzyć, że tak było w rzeczywistości.

Pytanie, czy podobny nastrój udzielał się także nowej polskiej królowej. Zygmunt nie mógł raczej pociągać jej fizycznie, ale trzeba przyznać, że organizatorzy uroczystości zrobili wszystko, by stworzyć atmosferę sprzyjającą miłosnym uniesieniom. Zaraz po ślubie i koronacji odbył się wielki turniej poetycki z udziałem wybitnych twórców z kraju i zagranicy. Na tym chyba największym konkursie tego rodzaju w dziejach Polski zaprezentowano cały szereg wybitnych utworów, a przede wszystkim – nie stroniono od mocno erotycznych akcentów.

Niejaki Kasper Ursinus wyjaśniał w swoim poemacie, że pomysł ślubu pomiędzy Zygmuntem i Boną nie pojawił się po raz pierwszy na wiedeńskim dworze, ale w sypialni rzymskiej bogini Wenery. Pewnej nocy do domu pani piękna i miłości zakradł się Mars, by pod nieobecność męża Wenery Wulkana oddać się „miłosnej sielance". I właśnie w trakcie namiętnego stosunku – jak wyjaśnia renesansowy poeta – pan wojny wydyszał do ucha pięknej bogini, że warto byłoby znaleźć polskiemu królowi nową małżonkę. Czując zbliżającą się chwilę ekstazy, Wenera była gotowa zgodzić się na wszystko. Byle tylko Mars przestał gadać i skupił swoją uwagę na energicznych ruchach bioder. W ten oto sposób Zygmunt nie dość, że dostał nową małżonkę, to na dodatek – najpiękniejszą damę Italii.

W wierszach Zygmunt rzecz jasna był „podobny raczej do boga niż zwykłego śmiertelnika", a jeśli ktoś potrzebował wsparcia sił wyższych, by dobrze wyglądać, to tylko Bona (zdaniem innego uczestnika konkursu, Andrzeja Krzyckiego, Wenera przybyła do jej komnat w Bari, by przydać księżniczce „urody i wdzięków" godnych polskiego władcy).

Na wypadek, gdyby pieprzne opowiastki nie rozbudziły u królowej wystarczającej pasji, poeci sumiennie przypominali o jej obowiązkach. „Już teraz jesteś lepszą dla wszystkich, a zasłużysz na miano najlepszej, gdy króla uczynisz ojcem nowego potomstwa!" – instruował Kasper Ursinus. Słysząc go, Bona pomyślała pewnie o mechanicznych katarynkach, powtarzających wciąż tę samą melodię, które właśnie w tej epoce przeżywały szczyt popularności na habsburskim dworze. W Polsce też słyszała w kółko jedną i tę samą melodię.

Na pewno nadal miała ją w myślach, gdy zatrzasnęły się drzwi sypialni. Nie znaczy to jednak, że seks z Zygmuntem był dla niej tylko przykrym, wręcz odstręczającym obowiązkiem. Może i król nie odznaczał się niezwykłą urodą, ale przecież mógł ją pociągać na wielu innych płaszczyznach. Tej pierwszej nocy widziała w nim zapewne silnego, zdecydowanego mężczyznę, nieustraszonego wojownika i nieugiętego, otoczonego powszechnym szacunkiem władcę. Pana życia i śmierci. Bogacza dorównującego antycznemu Krezusowi i jedynowładcę potężnego imperium. To musiała być magnetyczna wizja.

Szkoda, że zupełnie fałszywa.

Samotność królowej

Uroczystości dobiegły końca, a ciężka krata zamkowej bramy opadła na ziemię w ślad za wyjazdem ostatnich gości. Bona wreszcie miała czas, by zadomowić się w nowym, jakże obcym miejscu. Niewątpliwie czuła się samotna. Na pewno natomiast nie mogła czuć się sama.

Instytucja nowożytnego dworu, a już tym bardziej dworu monarszego, wykluczała przebywanie w pojedynkę. Każda czynność, od porannej toalety aż do wieczornych modlitw, była częścią wielkiego zbiorowego spektaklu. Służące i dwórki towarzyszyły władczyniom nawet w najbardziej intymnych chwilach – czy też raczej chwilach, które dzisiaj uważa się za intymne, bo w XVI wieku nie istniało nawet pojęcie prywatności we współczesnym rozumieniu. Wszystko rozgrywało się na oczach widzów. Wszystko miało, a przynajmniej mogło mieć, polityczne lub symboliczne znaczenie. Dla zobrazowania ówczesnych realiów wystarczy powiedzieć, że elementem spektaklu było nawet miejsce, o którym mawia się powszechnie, że także król chadzał do niego piechotą. Nie jest to prawdą. To nie królowie czy też królowe chadzali piechotą do toalety, ale toaleta przychodziła do nich, w postaci pokojowców lub panien służebnych wyposażonych w zdobny nocnik i towarzyszących władcy podczas wszystkich czynności z nim związanych.

Z drugiej strony XVI wiek był nie tylko okresem odartym z intymności, ale też przesiąkniętym wulgarną, plotkarską atmosferą. Dzięki wynalezieniu prasy drukarskiej do Europy zawitała epoka informacji. Nie chodziło jednak wcale o informację w znaczeniu wyrafinowanej, wysokiej kultury. Upowszechnienie druku doprowadziło przede wszystkim do zalania kontynentu przez niedwuznaczne pamflety i wyssane z palca paszkwile. Ostrze krytyki wymierzone było rzecz jasna we władców i możnych tego świata. W takim kontekście łatwo zrozumieć, dlaczego skazani na publiczne życie królowie i królowe przywiązywali do organizacji swojego dworu pierwszorzędne znaczenie.

Tak też było w przypadku Bony. Jej dwór oficjalnie powstał 9 maja 1518 roku – w dniu, kiedy ochmistrzem, a więc najważniejszym urzędnikiem królowej i zarządcą całego jej otoczenia, mianowano Mikołaja Wolskiego. Był to mężczyzna i polski szlachcic, co dobrze oddaje charakter dworów polskich władczyń. Na usługach każdej z nich, w tym Bony, były tabuny miejscowych mężczyzn z możnych rodów.

Jedynie bezpośrednie otoczenie królowej – jej fraucymer – składało się z kobiet. Sforzównie udało się wywalczyć przynajmniej tyle, że w tym gronie

---

Głowa dziewczyny. Jedna z niemal dwustu rzeźb, którymi na zlecenie Bony i Zygmunta ozdobiono kasetonowy strop Sali Poselskiej na Wawelu. Historycy przypuszczają, że ta konkretna rzeźba przedstawia jedną z dwórek królowej

przeważały Włoszki. Wprawdzie orszak, który odprowadził Bonę do Polski, w większości powrócił następnie do Italii, jednak w Krakowie z Boną pozostało trzynaście kobiet. Były wśród nich szlachcianki z najlepszych rodzin Bari, matrony doświadczone w zarządzaniu dworem oraz damy do towarzystwa gotowe spełnić każde polecenie swojej pani. Aby uczynić zadość miejscowej tradycji, Bona zgodziła się dołączyć do swojego najbliższego otoczenia także kilka polskich niewiast z czołowych rodzin szlacheckich. Nie było ich jednak wiele – w pierwszych latach zaledwie cztery. Pośród obcojęzycznego szczebiotu Włoszek musiały czuć się nad wyraz nieswojo, co zrozumie każdy, kto bez znajomości języka wybierze się w podróż na południe Italii.

Na czele całego fraucymeru także stanęły Włoszki – Beatrycze Zurla oraz nieznana z nazwiska Ifigenia. Bona już jako dwudziestoczterolatka trzymała swój dwór żelazną ręką. Z jednej strony była hojna i hołdowała zasadom, które dzisiaj mogą przywodzić na myśl szczytne feministyczne ideały. Swoim najbliższym współpracownicom powierzała odpowiedzialne zadania, ale też sowicie je wynagradzała. Beatrycze i Ifigenia otrzymywały pensję w wysokości stu florenów rocznie – wyższą od większości urzędników państwowych i nawet bardzo wpływowych dworzan Zygmunta. Z drugiej strony królowa nie akceptowała żadnej niesubordynacji. Obsesyjnie dbała o skromny, głęboko moralny i majestatyczny obraz swojego otoczenia. Wszystko miało działać niczym w najlepiej wyregulowanym zegarze. A jeśli nie działało, nie wahała się wyciągać konsekwencji.

To była dla niej prawdziwa szkoła monarszego życia, a jednocześnie – świetna lekcja zarządzania. Dwór rozrastał się z dnia na dzień, by wreszcie objąć nawet nie kilkadziesiąt, ale ponad sto osób towarzyszących na co dzień Bonie.

W jej otoczeniu nie brakowało prawdziwych indywiduów. Przykładowo kanclerzem władczyni został doktor obojga praw, absolwent

---

Minęło wiele miesięcy, nim Bona poczuła się wśród długich i bogato zdobionych korytarzy Wawelu jak u siebie

uniwersytetu w Neapolu, Ludwik Alifio. Nie byłoby w tym nic dziwnego – bo przecież kanclerz powinien być człowiekiem wykształconym – gdyby nie fakt, że Ludwik dostąpił kanclerstwa, mając zaledwie osiemnaście lat, a swój doktorat obronił jeszcze jako dziecko. Opowiadano, że był wybitnie uzdolniony. Ale może po prostu był wystarczająco bogaty.

Porównywalnych uzdolnień nie miał na pewno wierszokleta Antoni Carmignano, który w nagrodę za wierną służbę w podróży został mianowany podskarbim królowej. Zarządca był z niego przeciętny, a poeta – wprost koszmarny. Znawcy renesansu zgadzają się, że tworzył dziełka „ubogie w treści i słabe kompozycyjnie".

Jego prawdziwym przeciwieństwem był Jan Valentino. Jeden z najwybitniejszych medyków epoki i najbliższych współpracowników Bony. Na usługi Sforzówny przeszedł po wielu latach spędzonych w roli nadwornego lekarza kardynała Hipolita d'Este. I zrobił to w idealnym momencie, bo niedługo po jego wyjeździe pyszałkowaty książę Kościoła przejadł się homarami i po kilku dniach ciężkiej niestrawności zmarł.

Królowa miała też osobistych sekretarzy, pokojowców i kucharzy, specjalistów od importu dzieł sztuki i biżuterii, a także własnego aptekarza, krawca, złotnika i korzennika. Źródła informują również między innymi o kredencerzu Bony (urzędniku nadzorującym zastawę stołową), osobistym kutaśniku (czyli fryzjerze), a nawet królewskim drążnym – posługaczu zatrudnionym wyłącznie do „dźwigania ciężarów na drągu". Słowem, było kim zarządzać.

Przy okazji było też co urządzać. Od dekady na Wawelu trwała największa akcja budowlana w dziejach królewskiej rezydencji. W 1499 roku pożar zniszczył znaczną część zamku, tak że Wawel stał się, zdaniem Josta Ludwika Decjusza, „niemal niegodny miana siedziby królewskiej". Zygmunt nie miał najwidoczniej sentymentu do rezydencji swego wielkiego ojca oraz dziada. Bez mrugnięcia okiem kazał rozebrać starą konstrukcję i zarządził budowę zupełnie nowego zamku: wspaniałej renesansowej twierdzy z dziedzińcem otoczonym krużgankami, którą do dzisiaj mogą podziwiać turyści przybywający do Krakowa.

W 1518 roku Wawel wciąż był wielkim placem budowy, prowadzonej według najświetniejszych włoskich wzorów i pod okiem wybitnych florenckich kamieniarzy. Wiele detali czekało jeszcze na wykończenie, ale już wtedy zamek w pełni zasługiwał na miano jednej z najpiękniejszych renesansowych rezydencji na północ od Alp. Goście weselni zachwycali się harmonijną bryłą budowli, pięknymi włoskimi arkadami parteru i pierwszego piętra oraz unikalnymi, smukłymi kolumnami krużganków na ostatniej kondygnacji. Wrażenie robiły także elegancka i harmonijna klatka schodowa oraz ogromne okna z pięknymi, zdobionymi obramieniami. Olbrzymie sale reprezentacyjne zajmowały całe drugie piętro i wprost tonęły w świetle.

Na pierwszym piętrze znajdowały się apartamenty mieszkalne – wciąż pachnące świeżością, a w większości puste i dopiero czekające, aż wprawna ręka zajmie się zaprojektowaniem ich wystroju. Bona tylko na to czekała. Z Włoch przywiozła ze sobą między innymi cztery ciężkie kotary, ponad dwadzieścia skórzanych obić do przyozdobienia ścian i zwiewne jedwabne tkaniny. W wyprawie ślubnej otrzymała też osiem drogocennych arrasów, mających stać się zaczątkiem słynnej kolekcji ostatnich Jagiellonów. Wszystko to pozwoliło stworzyć w siedmiu komnatach przeznaczonych na apartament Bony namiastkę Włoch na Wawelu. Kompozycję barwnych wnętrz dopełniały fryzy, kasetonowe sklepienia oraz bogato rzeźbione, ciężkie renesansowe meble.

Królowa przez długie tygodnie uwijała się jak pracowita pszczoła, ani razu nie opuszczając Wawelu. Mimo to niemal nie widywała swojego małżonka. Mieszkali na tym samym piętrze kompleksu zamkowego, ale po dwóch przeciwległych stronach dziedzińca. W ciągu dnia właściwie nie zdarzało się, by ich harmonogramy się zazębiały. Osobno brali udział w porannej mszy, osobno i w innych salach biesiadnych spożywali posiłki, mieli różne zajęcia i rozrywki. Król był pochłonięty sprawami politycznymi i nawet nie przychodziło mu do głowy, by zasięgać rad beztroskiej, roztańczonej dziewczyny, którą przyszło mu poślubić. Na razie zwracał uwagę tylko na jej wygląd, zupełnie bagatelizując intelekt. Bona ze swojej strony zbyt słabo orientowała się w nowej ojczyźnie i w gąszczu zamkowych intryg, by już teraz walczyć o swoje. Cierpliwie słuchała, obserwowała i wyciągała wnioski.

Z mężem spotykała się najczęściej już po zmroku, w zaciszu komnaty sypialnej. Niewiele było okazji do rozmów, ale ich spotkania wzmacniały uczucie Zygmunta, który z każdym dniem coraz bardziej i bardziej ulegał urokowi żony. Bona ze swojej strony też coraz lepiej poznawała króla. I uświadamiała sobie, że ten nie jest wcale wyśnionym przez nią współczesnym Midasem i Cezarem północy. A przede wszystkim, że zdecydowanie więcej ich dzieli, aniżeli łączy.

Różnice nie do pogodzenia

Zygmunt był człowiekiem flegmatycznym i niemrawym. Na polski tron wstąpił bardzo późno, a zarazem zupełnie niespodziewanie. Urodził się jako piąty z kolei syn swoich rodziców i nikt nie planował dla niego rzeczy wielkich. Na dobrą sprawę przez długie lata nikt nawet za bardzo nie zwracał na niego uwagi. Jego rodzeństwo rozstrzygało o losach połowy kontynentu, on natomiast nie miał nawet własnego domu. Dopiero kiedy wszedł w trzydziesty drugi rok życia, zlitował się nad nim brat Władysław, król Węgier, i uczynił go władcą w mikroskopijnym księstwie głogowskim. O niczym więcej Zygmunt nie marzył. I może dlatego, gdy siedem lat później został królem Polski i wielkim księciem litewskim, okazał się władcą wyzutym z wszelkiej ambicji. Za stary już był, by poszerzać swoje horyzonty. Do końca życia myślał i działał bardziej jak podrzędne książątko niż potężny suweren.

W przypadku Bony sytuacja miała się dokładnie odwrotnie. Niezależnie od tego, jak skąpa i niepewna była jej rodzinna domena, Sforzówna posiadała charakter prawdziwej królowej. Rozpierały ją duma i ambicja.

Przez całą młodość wysłuchiwała od nauczycieli, że będzie w przyszłości decydować o losach poddanych. Teraz, gdy przepowiednie się spełniły, nie zamierzała spoczywać na laurach. Zdobycie królewskiej korony tylko rozbudziło jej żądzę sukcesu. Podczas gdy Zygmunt na wszystko był w życiu zmuszony czekać i wyrobił sobie wręcz anielską cierpliwość, ona nie zamierzała czekać na nic. Była kobietą czynu.

Na tym nie koniec różnic. Bona przywiązywała wagę do dyskrecji i samodzielności. Doświadczenia matki i wykształcenie odebrane na włoskich dworach utwierdziły ją w przekonaniu, że politykę powinno się prowadzić w gronie najbardziej zaufanych doradców, mając zawsze własne, zawczasu wyrobione zdanie na każdy temat. Nie bała się podejmować ryzyka i zawsze wyznaczała sobie wygórowane cele.

Zygmunt ze swojej strony nie był ani dyskretny, ani tym bardziej samodzielny. O najważniejszych sprawach państwowych dyskutował na środku wawelskiego dziedzińca, często z zupełnie przypadkowymi ludźmi. Zgodnie z relacją kronikarza Stanisława Orzechowskiego, każdemu „nadstawiał życzliwego ucha", a jego prywatne komnaty „stawały otworem" dla wszelkich gości. Poddani widzieli w tym oczywiście ogromną zaletę władcy, ale prawda jest taka, że na żadnym innym dworze Europy szpiedzy i zagraniczni agenci nie mieli prostszego życia niż w Krakowie. Zygmunt zupełnie bagatelizował znaczenie spisków i tajnych sprzysiężeń. Nic nie robił sobie nawet z wszechogarniającej korupcji, która sprawiała, że jego najbliżsi zausznicy działali przede wszystkim w interesie obcych mocarstw i doradzali mu takie kroki, jakie gwarantowały im największe zyski. Zygmunt miał tego świadomość, ale z przekupstw robił sobie tylko żarty. Ta naiwność i nonszalancja doprowadziły niemalże do tragedii, kiedy to niewierzący w spiski król znalazł się na celowniku zamachowca. Ktoś oddał strzał z rusznicy prosto w okno Wawelu. Próba skrytobójstwa (przeprowadzona prawdopodobnie w chwili, gdy władca przebywał w monarszej ubikacji) zakończyła się niepowodzeniem, sprawcy nie wykryto, a Zygmunt niczego nie zmienił w swoim sposobie myślenia.

Na dodatek król najmniej ze wszystkich słuchał samego siebie. O błahych sprawach zwykł dywagować całymi tygodniami, odwlekając w nieskończoność podjęcie decyzji. Podkanclerzy Tomicki wyjaśniał, że powszechnie wiadomo, „jakim milczkiem jest nasz Najjaśniejszy Pan i jak niełatwo objawia swoje zdanie". Innym razem ten sam urzędnik zapisał, że król „według zwyczaju swojego – namyśla się".

Kiedy wreszcie Zygmunt wydawał dyspozycje i tak nie kierował się własną intuicją, lecz podszeptami doradców. Był przy tym niesamowicie uparty. Bona ponad wszystko ceniła logiczne myślenie i suche fakty. Decyzje uzależniała od okoliczności i była gotowa w mgnieniu oka je zmieniać, jeśli przemawiały za tym obiektywne argumenty. Zygmuntowi wystarczało przeświadczenie, że jako król nie może się mylić. Gdy już raz coś postanowił, trzymał się tego niczym osioł, niezależnie od konsekwencji.

W pewnym sensie Bona stała po stronie nowego. Opowiadała się za bezwzględną, cyniczną polityką, w której cel zawsze uświęca środki. Za swojego mistrza mogłaby uznać Niccola Machiavellego, który przed

Zygmunt I Jagiellończyk.
Z lewej: jako król Salomon w kaplicy Zygmuntowskiej.
Z prawej: na medalu z 1527 roku

zaledwie pięcioma laty wydał słynny traktat *Książę*. Zygmunt tymczasem naiwnie wierzył w średniowieczną wizję zjednoczonej „rzeczpospolitej chrześcijańskiej", w której wszystkie państwa i narody Europy żyją w harmonii pod wodzą jednego papieża i jednego cesarza. Opowiadał się za polityką transparentną, bezpośrednią i uczciwą. Naiwnie wierzył w hasła, które nawet jego średniowieczni przodkowie – z Jagiełłą i Kazimierzem Jagiellończykiem na czele – uważali za zwyczajne dyrdymały.

Wielkiego rozdźwięku światopoglądowego dopełniały różnice przyziemne, tyczące się charakteru i codziennego życia. Bona miała naturę niecierpliwą i wybuchową. Otwarcie okazywała emocje – podnosiła głos, strofowała podwładnych, wdawała się w często zupełnie niepotrzebne konflikty. Pałała nieposkromioną chęcią dominowania nad otoczeniem, a jednocześnie była niesamowicie pamiętliwa. Nigdy nie wybaczała ani nie zapominała wyrządzonych sobie krzywd. Polscy dworzanie zrzucali to na karb jej gorącej włoskiej krwi. Jednak nie o krew tu chodziło, ale o ekstrawertyczną naturę odziedziczoną po przodkach. Apodyktycznym ciągotom towarzyszył głośny, energiczny sposób bycia.

Zygmunt dla porównania był człowiekiem słabym, cichym i bojaźliwym. Podkanclerzy Tomicki twierdził, że król ma tak lękliwą naturę, iż reaguje paniką nawet „na wiadomość o jakimś jednym napadzie zbójeckim". Zygmunt był też typowym introwertykiem, co znajdowało potwierdzenie w niewielkim rozmiarze jego dworu. Miał znacznie mniej służby zarówno od swych braci, jak i od panującego po nim syna. Jakąkolwiek towarzyskość i siłę woli okazywał właściwie tylko w korespondencji. Być może wycofana natura była owocem jego trudnego dzieciństwa pod okiem ojca o paranoidalnej, despotycznej osobowości, znajdującego radość w biciu dzieci za najmniejszy akt nieposłuszeństwa. Król robił w każdym razie wrażenie zahukanego i zagubionego. Jednocześnie był też niepoprawnym narcyzem, podatnym nawet na najbardziej nieszczere pochlebstwa.

Jakby tego było mało, Zygmunt wydawał się też Bonie coraz większym nieudacznikiem.

We Włoszech wiele nasłuchała się o jego niezwykłych osiągnięciach w walkach z Moskwą. Teraz okazywało się, że Zygmunt ma za sobą przede wszystkim stracone szanse i niepowetowane porażki. Kiedy w 1507 roku miał okazję wykorzystać chaos w Wielkim Księstwie Moskiewskim wynikający ze zmiany władcy, ograniczył się do stanowczego listu, za którym nie poszły już zdecydowane działania. Kiedy w 1512 roku Moskale zdobyli kluczowy dla ochrony wschodnich granic Litwy Smoleńsk, to nawet po świetnym zwycięstwie pod Orszą Zygmunt nie odważył się go odbić. Także krążące po Europie wieści o tym, jak poskromił Tatarów, należało włożyć między bajki. Polski król rzeczywiście pozbył się na parę lat zagrożenia tatarskiego – nie był to jednak wynik zbrojnego sukcesu, ale faktu, że zgodził się im płacić coroczny haracz w wysokości piętnastu tysięcy florenów.

Słabość Zygmunt okazał także w wojnach z hospodarem mołdawskim. Kiedy nadarzyła się okazja, by utwierdzić polskie panowanie nad Pokuciem i na nowo sięgnąć wpływami po Morze Czarne, król wycofał się w imię chrześcijańskiej i rodzinnej solidarności. Był chyba zdania, że jako władca państwa tak wielkiego jak Rzeczpospolita nie potrzebuje już nowych zdobyczy i nowych sukcesów.

Bona słyszała również o niezrównanym sprycie i talentach politycznych polskiego króla. Trudno było jej jednak znaleźć dla tych cech pokrycie w faktach. Może i Zygmunt miał dobre wyczucie polityczne, ale podobnie jak w sprawach zbrojnych od intuicji nie potrafił przechodzić do czynów. W 1511 roku nie zdecydował się zaprotestować przeciwko wyborowi Brandenburczyka, księcia Albrechta, na wielkiego mistrza krzyżackiego. W 1513 roku nie odważył się włączyć w granice Rzeczpospolitej – na zasadzie zależności lennej – Pomorza Zachodniego, mimo że tamtejszy książę Bogusław sam się o to upraszał. Nawet własnemu bratu, królowi Węgier Władysławowi, nie potrafił się postawić w najprostszych sprawach. Kiedy leżący niedaleko za granicami Korony Wrocław uzyskał niekorzystne dla kupców z Polski przywileje, król ograniczył się do listu, w którym rzucał frazesy o swojej naruszonej godności.

Największe porażki Zygmunt ponosił jednak w wojnach nerwów z Habsburgami. Doświadczenie polityczne słusznie podpowiadało mu, że to właśnie ta dynastia stanowi główną konkurencję dla Jagiellonów w Europie Środkowej. Mimo to szybko zszedł z antyhabsburskiego kursu, decydując się na posunięcie wygodne na krótką metę i katastrofalne w dłuższej perspektywie. Pakt z naczelnym wrogiem. Efektem tego sojuszu był między innymi ślub z Boną.

Podobną słabość Zygmunt okazał także po śmierci swojego brata, króla Węgier i Czech. Władysław pozostawił po sobie małoletniego syna i wybitnie niestabilną sytuację polityczną. Zygmunt miał realną okazję przejąć kontrolę nad wszystkimi krajami rządzonymi przez Jagiellonów. Oczywiście nie byłoby to zadanie łatwe ani tanie, zaś podjęcie karkołomnej próby wiązałoby się z nowym konfliktem z Habsburgami. Potencjalne korzyści zdecydowanie górowały jednak nad ryzykiem. Mimo to Zygmunt nie myślał ani o zagraniu *va banque*, ani o jakichkolwiek półśrodkach. Postanowił porzucić Węgry i Czechy na pastwę losu. Raz jeszcze – dla świętego spokoju.

Nawet legendarne bogactwo polskiego króla, o którym zdawał się świadczyć wspaniały zamek i uzbrojona po zęby osobista gwardia, okazało się fikcją. Bona zaraz po przyjeździe do Polski poznała to bogactwo we własnej osobie. Wyimaginowana fortuna Jagiellonów nosiła nazwisko: Boner. Król był mianowicie zadłużony po uszy, a większość jego wydatków i wielkie akcje budowlane kredytowali wpływowi niemieccy bankierzy – Jan i Seweryn Bonerowie. W zamian zdobywali dla siebie ziemie, zamki, posady i potężne wpływy.

Nie wydaje się, by poznawszy osiągnięcia Zygmunta i jego charakter, Bona mogła zapałać do męża szczerą miłością i odwzajemniać jego rozpalone emocje. Bez dwóch zdań, była do niego coraz bardziej przywiązana. Pewnie też darzyła go sympatią. Ale o uczuciach czy choćby obopólnej przyjaźni nie było tutaj mowy.

Nie przeszkadzało to królowej snuć wobec Zygmunta wielkich planów. Postawiła sobie za cel, że nie pozwoli mu już popełniać kolejnych błędów i marnować okazji. Aby to osiągnąć, musiała jednak sama ustawić się w roli najbliższego doradcy monarchy. Miała ku temu wszelkie predyspozycje psychiczne. Brakowało jej tylko jednego – królewskiego syna.

Najważniejszy obowiązek władczyni

Wiadomość o ciąży Bony obiegła Polskę i Europę lotem błyskawicy. W Wiedniu i Madrycie wywołała oczywisty zawód. Na habsburskich dworach o niczym bardziej nie marzono niż o wygaśnięciu konkurencyjnego rodu. W Bari wzbudziła prawdziwy harmider, bo dumna księżna Izabela momentalnie zaczęła się szykować do wyjazdu do Polski. Zgodnie z tradycją chciała pomóc córce w przygotowaniach do porodu i asystować przy narodzinach wnuka. Jednak najgłośniejszym echem odmienny stan królowej odbił się wśród dworzan i urzędników w samej Polsce, gdzie od paru lat zupełnie otwarcie dyskutowano o ryzyku bezpotomnej śmierci ostatniego Jagiellona.

Najszczęśliwszy ze wszystkich był oczywiście Zygmunt. Przez minione pół roku dzień w dzień dokładał starań, by odsunąć widmo wymarcia dynastii. Teraz, w poczuciu dobrze spełnionego obowiązku, mógł skupić się na wielkiej polityce. Pożegnał żonę i bez dalszej zwłoki wyjechał do Brześcia, by wziąć udział w sejmie litewskim i z bliska dopilnować przebiegu wojny z Moskwą.

Wprawdzie nie spieszyło mu się z powrotem, lecz stale wysyłał listy do Bony. Jasno wynika z nich, że romantykiem to polski król nie był. Przykładowo posyłał Bonie z Litwy „kopyta dzikich osłów", bo dowiedział się, że „na coś mogą być królowej potrzebne". Cóż, doskonały prezent dla młodej ciężarnej małżonki!

Izabela Jagiellonka.
Pierwsze dziecko i ulubienica Bony Sforzy

S
A

Wyjazd do Krakowa Zygmunt zarządził w ostatniej możliwej chwili – dopiero gdy goniec wysłany z Wawelu zaalarmował go, że rozwiązanie nastąpi lada dzień. Jak zawsze nierychliwy, Zygmunt spóźnił się i tym razem. Dotarłszy na zamek, napotkał zawarte na cztery spusty drzwi komnaty królowej. Poród już trwał i zgodnie z tradycją mąż nie miał prawa wstępu do środka.

Król dotarł zbyt późno, by udzielić żonie jakiegokolwiek wsparcia, ale przynajmniej – w ogóle dojechał. Dla porównania księżna Izabela, wbrew wcześniejszym zapowiedziom, nawet nie opuściła Italii. W Rzymie zatrzymały ją ważne sprawy polityczne i odwiedziny u córki postanowiła odłożyć na inną okazję. Niewykluczone zresztą, że słynąca z kategoryczności władczyni Bari po fakcie gratulowała sobie tej decyzji. 18 stycznia 1519 roku na świat przyszło pierwsze dziecko Bony i Zygmunta. Nie był to jednak – wbrew wszelkim nadziejom, zaklęciom i zabobonom – syn, ale córka. Izabela nie miała więc po co przyjeżdżać i to nawet, jeśli dziecku nadano na jej cześć to samo imię.

W serialu telewizyjnym *Królowa Bona* nakręconym na początku lat osiemdziesiątych Aleksandra Śląska grająca polską władczynię łka: „Czuję się winna!". Można zgadywać, że podobne słowa padły zaraz po porodzie z ust prawdziwej Bony. Urodzenie córki musiało być dla niej – kobiety, która zawsze osiągała to, co sobie zamierzyła – bolesną porażką. Tym boleśniejszą, że żyła w czasach, w których powszechnie wierzono, że płeć dziecka zależy w niebagatelnym stopniu od silnej woli matki. Nikt nie mówił tego głośno, ale Bona zdawała sobie sprawę, co wszyscy myślą. Wiedziała, że zdaniem męża i dworu nie włożyła w swe zadanie wystarczająco dużo starań. Że się nie spisała, a może nawet – nie pojęła wagi stojącej przed nią misji. Sytuację tylko pogarszały horoskopy układane przez włoskich astrologów i wieszczące, że polska para królewska już nigdy nie doczeka się syna.

Zygmunt August jako dziecko.
To jego narodziny otworzyły królowej drogę do wielkiej kariery

W serialu Bona mogła przynajmniej liczyć na wsparcie wyrozumiałego, czułego króla. W rzeczywistej historii Zygmunt opuścił ją już po dwóch tygodniach, wyjeżdżając na sejm do Piotrkowa. Wcześniej zdążył napisać list do księżnej Izabeli, zapewniając o swym zadowoleniu i dając wyraz nadziei, że jeszcze doczeka się męskiego potomka. Co naprawdę myślał i co mówił w tych dniach Bonie – nie wiadomo.

Kilka miesięcy później historia się powtórzyła. Królowa znowu była w ciąży, a król ponownie zostawiał ją samą na Wawelu. Tym razem wyjeżdżał na Pomorze, prowadzić wojnę z zakonem krzyżackim. Szybko stało się oczywiste, że wobec niepewnej sytuacji na froncie nie będzie w stanie wrócić do Krakowa w terminie porodu. Nie wrócił zresztą także później, a rozłąka z żoną potrwała całe półtora roku. W tej sytuacji Bona szczególnie liczyła na obiecywany już niejednokrotnie przyjazd swojej matki. Izabela jednak po zawodzie, który sprawiły jej narodziny wnuczki, wstrzymała się z ponownym planowaniem podróży. Bona rodziła więc sama i w posępnej atmosferze. Przed zaledwie trzema miesiącami zmarła pięcioletnia córeczka Zygmunta z pierwszego małżeństwa, co zdawało się potwierdzać, że nad dynastią wisi jakieś fatum. Tym razem obawy były jeszcze większe niż poprzednio. Nadzieje również. Nic dziwnego, że dwór opanowała prawdziwa euforia, gdy 1 sierpnia 1520 roku godzinę po północy na świat przyszedł syn. „Chłopiec na schwał co się zowie!" – jak stwierdził sekretarz Bony, Andrzej Krzycki.

Do Torunia, gdzie przebywał król, natychmiast ruszył rozstawnymi końmi specjalny wysłannik, wojewoda kaliski Jan Zaremba. Jeszcze tego samego dnia podekscytowany monarcha wysłał list do żony: „Najjaśniejsza Pani! Podwójnej a niezmiernej doznaliśmy radości! Za tak szczęśliwą i radosną nowinę najmocniej dziękujemy Waszej Królewskiej Mości! Najukochańszemu synowi naszemu racz kazać dać na chrzcie imię Zygmunt, które teraz we dwóch nosić będziemy". Bona, jakby zapominając o trudach porodu, także nie próżnowała. Jeszcze nim wstał świt, kazała dyktować listy do Włoch z wieścią o swoim triumfie. „Wiedząc, że każda nasza pomyślna wiadomość nie mniej uraduje Waszą Wysokość jak jego własna, uważaliśmy za wskazane przez niniejszego posłańca podzielić się z Waszą Wysokością radością naszą, gdyż z łaski naszego Pana o tej godzinie urodziliśmy syna" – pisała do księcia Ferrary Alfonsa I d'Este.

Wiadomość rzeczywiście wzbudziła na Półwyspie Apenińskim niekłamany entuzjazm. Papież Leon X niezwłocznie przesłał do Krakowa list ze swoim błogosławieństwem, przy okazji wychwalając Bonę jako „najszlachetniejszą, wszelkimi cnotami obdarzoną matkę". Księżna Izabela, widząc kolejną okazję do podniesienia własnego prestiżu, przez trzy dni organizowała w Neapolu festyny, bankiety i turnieje rycerskie. Według najlepiej poinformowanego w temacie historyka Władysława Pociechy, cała arystokracja neapolitańska „stawiła się w komplecie". Także na Węgrzech, rządzonych – przynajmniej nominalnie – przez małoletniego Ludwika Jagiellończyka, odbyły się wystawne zabawy trwające do późnej nocy. Stolicę państwa rzęsiście oświetlono, odezwały się wystrzały na wiwat z dziesiątków armat.

Radość z narodzin wnuka na nowo rozbudziła w Izabeli matczyne uczucia. Ledwie dobiegły końca huczne obchody, a zaczęła przygotowywać wyjazd do Polski. Raz jeszcze jednak coś pokrzyżowało jej plany i zamiast nad Wisłę dotarła tylko do Rzymu. Miała to być zresztą już ostatnia próba. Zdrowie księżnej stopniowo się pogarszało i zmarła w 1524 roku w wieku pięćdziesięciu czterech lat. Po ekshumacji jej szczątków, przeprowadzonej w 2012 roku, archeolodzy ustalili, że nie była to śmierć z przyczyn naturalnych. Matka Bony chorowała na ciężki przypadek kiły. Chorobę weneryczną usiłowała leczyć, zażywając szkodliwą rtęć. I ta właśnie odkładająca się stopniowo w organizmie trucizna odebrała jej życie.

Bona tymczasem wchodziła w zupełnie nowy etap swojej kariery. Po małym Zygmuncie miała wprawdzie rodzić kolejne dzieci – Zofię w 1522 roku, Annę w 1523, Katarzynę w 1526 – ale to narodziny syna przesądziły o jej pozycji i wpływach. Kiedy 5 maja 1521 roku powracający z wojny zmęczony i schorowany król przekroczył bramę zamku na

Wawelu, nie witała go już roztańczona dziewczyna z dalekiej Italii, ale dumna i ciesząca się coraz większym poważaniem matrona, gotowa przejąć odpowiedzialność za dynastię Jagiellonów. A w razie śmierci starzejącego się męża – za całe państwo.

Polityczne hafty

Już w 1519 roku zaprzyjaźniony z Boną (i właśnie dożywający swoich dni) kardynał Hipolit d'Este zanotował, odwołując się do wiadomości napływających z Polski: „Wszyscy pragną przysłużyć się królowej, bowiem król okazuje wobec niej nadzwyczajną miłość i nie przemawia ona nigdy nadaremnie na czyjąś korzyść". W kolejnych latach podobne opinie stały się powszechne nie tylko wśród stronników Bony. „W rękach królowej spoczywają wszystkie sprawy boskie i ludzkie" – zapisał nieprzepadający za nową władczynią lekarz Zygmunta, Jan Solfa. „Król jest tak opanowany przez małżonkę, że nic się nie dzieje bez jej woli" – dodawał Eckhard von Reppichau, szpieg na usługach dynastii Hohenzollernów. Obaj byli bardzo bliscy prawdy.

Bona miała asa w rękawie, który już na starcie zapewnił jej lepszą pozycję niż jakiejkolwiek innej królewskiej małżonce. Pochodziła z rodziny nie tylko zaprzyjaźnionej, ale też spowinowaconej z aktualnym papieżem Leonem X. Ten ojciec święty zapisał się w historii w jak najgorszy sposób – za jego pontyfikatu rozgorzała reformacja, jego samego oskarżano (niekoniecznie słusznie) o ateizm, homoseksualizm, molestowanie nieletnich, a przede wszystkim o zupełną bezradność. Bona jednak nie powiedziałaby o Leonie złego słowa. Zaraz po tym, jak została polską królową, papież nadał jej prawo swobodnego obsadzania piętnastu różnych dochodowych stanowisk w polskim Kościele. Był to prezent ślubny. I to jaki prezent! Natychmiast znalazły się dziesiątki wielmożów pożądliwie spoglądających na cenne beneficja. A przede wszystkim – gotowych przychylnie traktować polityczne ambicje Bony, byle tylko uszczknąć z kościelnego majątku coś dla siebie.

Nie minęły dwa lata, a wpływy królowej sięgnęły najwyższych stanowisk w polskim Kościele i polityce. Król coraz rzadziej podejmował decyzje bez jej udziału. W 1525 roku oficjalnie udzielił królowej prawa proponowania kandydata na jedno biskupstwo. Nieoficjalnie brał jej zdanie pod uwagę przy każdym wakacie. Grupa biskupów i dostojników świeckich zawdzięczających jej swoje kariery z roku na rok stawała się coraz liczniejsza. Nawet kiedy Zygmunt odmawiał małżonce, za wszelką cenę starał się ją obłaskawić. „Nie chcemy pominąć niczego, w czym moglibyśmy okazać względy dla Waszej Królewskiej Mości, co z duszy pragniemy zawsze czynić" – stwierdził w jednym z listów do Bony. Nic dziwnego, że z każdym dniem coraz więcej wpływowych person przybywało na dwór królowej, by załatwiać swoje interesy.

W sierpniu 1524 roku, pod nieobecność króla, na Wawel przyjechał sam hetman wielki litewski, bohater wojen z Moskwą, Konstanty Ostrogski. Naradzał się z Boną przez cztery dni. Najwidoczniej wpływowy magnat wierzył, że więcej załatwi z królową niż z wiecznie niezdecydowanym królem. Z podobnego założenia wyszli też posłowie na sejm w Piotrkowie. W tym samym roku, zaraz po zamknięciu obrad, wysłali dwóch przywódców szlachty do Bony – tak jakby ich obowiązkiem było zrelacjonowanie monarchini podjętych decyzji, a może nawet uzyskanie jej błogosławieństwa.

Bona prowadziła polityczną grę nie tylko przy użyciu stanowisk i przywilejów, ale też – własnego wyglądu. Doskonale wiedziała, że majestat władzy to coś więcej niż suma królewskiego majątku i uprawnień. Dla sprawowania rządów równie ważny był splendor dworu i olśniewająca oprawa każdego oficjalnego wystąpienia. Zdawali sobie z tego sprawę także polscy wielmoże. Nie brakowało wśród nich bezprzykładnych strojnisiów. Głośno komentowano na przykład ubiór, w którym Stanisław Ostroróg wystąpił w Neapolu. Samo nakrycie głowy królewskiego wysłannika

Jedyny zachowany portret młodej Bony to drzeworyt sporządzony prawdopodobnie w 1521 roku. Z prawej – współczesna próba odtworzenia stroju i wyglądu Bony w wykonaniu fundacji Nomina Rosae

miało kosztować pięćdziesiąt tysięcy dukatów i zrobiło w Italii prawdziwą furorę. W konserwatywnej Rzeczpospolitej nikomu by jednak nie przyszło do głowy, że do politycznych celów modę może wykorzystywać królowa. A właśnie to zaczęła robić Bona.

Ilekroć pokazywała się publicznie, starała się wyglądać olśniewająco. Jako kobieta piękna, obyta i obdarzona wyrafinowanym gustem nie miała z tym najmniejszych problemów. Ustawicznie zmieniała swoje kreacje. Jednego dnia dworzanie podziwiali ją w sukni z adamaszku ozdobionej płomieniami wykonanymi z karmazynowego aksamitu. Kolejnego pokazywała się w sukni wykonanej z brokatu aksamitnego z motywem strusiego jaja. Miała też kreację, której fałdy załamywały się pod ciężarem drogocennych pereł, oraz suknię, na której umieszczono ozdoby przedstawiające złote drzewa dębu. Znawczyni nowożytnej mody, Maria Molenda, jest przekonana, że żaden z motywów nie pojawiał się na strojach królowej przypadkiem. Strusie jajo symbolizowało życie, płodność i doskonałość. Dąb był oznaką potęgi. Płomienie ukazywały nie tylko niszczycielską siłę żywiołu, ale też – moc płynącą ze związku małżeńskiego. Ubierając swoje wspaniałe suknie, Bona zdawała się mówić: jestem więcej niż tylko zwykłą śmiertelniczką.

Nawet jeśli nie wszyscy obserwatorzy poruszali się swobodnie w krainie symboli, to każdy bez wyjątku rozpoznawał wystawność kreacji królowej. Decjusz szczerze zachwycał się nakryciem głowy Bony, ozdobionym pięcioma brylantami, z których jeden miał kształt serca, pięcioma rubinami i siedemdziesięcioma wielkimi perłami. A to przecież był tylko jeden czepiec z kilkudziesięciu. Władczyni brylowała też w doborze biżuterii. W jej inwentarzach zachowała się między innymi wzmianka o „wielkim klejnocie złotym z wyobrażeniem Króla Polski i wyjątkowym łańcuchem, aby go nosić". Bardzo możliwe, że był to prezent od Zygmunta Jagiellończyka – jeden z wielu upominków wręczanych królowej przez zauroczonego nią monarchę. Wiadomo, że pomimo swoich długów na tym jednym polu Zygmunt nigdy nie oszczędzał. Przykładowo w 1527 roku wręczył

Bonie dwie szkatuły wypełnione po brzegi perłami. Było ich łącznie dziewięćset sześćdziesiąt.

Bona dbała nie tylko o własny wygląd, ale też o prezencję swojego otoczenia. Wśród dworskich rachunków zachowały się informacje o zamówieniu eleganckich pończoch dla młodych chłopców usługujących królowej. Każdy, kto wkraczał do jej komnat, miał wyglądać godnie, a przede wszystkim – pasować do ogólnej kompozycji. Wszystkie służące otrzymały takie same czerwone opaski na głowę. Wszyscy pokojowcy mieli nosić identyczne zielone stroje. Każda dwórka dostała suknię z czarnego materiału wysokiej jakości. Na pełnym przypadkowych strojów i ludzi Wawelu dwór królowej musiał się jawić jako ostoja harmonii. Nie każdemu jednak było dane ją oglądać i władczyni doskonale o tym wiedziała.

O jej pozycji w państwie miał przypominać umieszczany niemal na każdym kroku smok pożerający dziecko – symbol Sforzów. Bona zadbała, by trafił on na dzieła sztuki, budynki, tkaniny zdobiące ściany Wawelu, nawet na zastawę stołową. Kilkadziesiąt lat wcześniej naśmiewano się z Medyceuszy, że „przyozdobili swoim herbem nawet ustępy mnichów". Być może Bona czerpała z tych samych włoskich tradycji. A może po prostu pragnęła na każdym kroku podkreślać, że nie jest królową taką jak inne – że ma własne dziedzictwo, talenty i możliwości. I nie zamierza po prostu tkwić w cieniu męża. Temu samemu celowi mogło służyć rozmyślne uwiecznianie jej sylwetki i reprodukowanie portretów. Badający kulturę polskiego renesansu Mieczysław Morka jest przekonany, że Bona „zabiegała o propagandowe popularyzowanie swojego wizerunku". Jeśli tak było w istocie, to na ironię zakrawa fakt, że jej młodzieńcze portrety zaginęły w mrokach dziejów, a królowa zadomowiła się w historii jako niezbyt urodziwa wdowa z obrazów wykonanych kilkadziesiąt lat później.

Do dzisiaj przetrwał tylko jeden niebudzący wątpliwości portret młodej Bony – wizerunek stanowiący ilustrację do wydanego w 1521 roku dzieła *O starożytności Polaków*. Przedstawiona na nim królowa nie ma jeszcze trzydziestu lat. To dama o delikatnej urodzie, ale na pewno nie żaden podlotek. Spogląda przed siebie z dumą, na jej twarzy maluje się tylko ledwie zauważalny uśmiech. Nosi strój, który w Polsce równie wiele osób musiał szokować, co zachwycać – włoską suknię o głębokim kwadratowym dekolcie. Pod nią widać też skrawek cienkiej koszuli rozchylającej się pomiędzy piersiami. Kreacja jest pełna detali, a całości dopełniają dwa rzędy klejnotów zawieszonych na szyi. „Lewy rękaw zsuwa się nonszalancko z ramienia, jak można to obserwować na innych portretach Włoszek z tego okresu" – dopowiada Maria Molenda. Najbardziej osobliwe jest jednak nakrycie głowy królowej. Jej włosy osłonięte są delikatną siatką, na którą władczyni nałożyła przepaskę z kwiatami oraz kunsztowny beret. Jego wielkie rondo zdobią być może złote muszle.

Taką właśnie Bonę wychwalano jako matkę następcy tronu i potępiano jako bezprzykładną intrygantkę. Jej rosnące znaczenie wciąż jednak zamykało się w granicach państwa. Królowej dużo trudniej było uzyskać jakąkolwiek kontrolę nad dyplomacją. Przez pierwsze lata mogła tylko obserwować działania Zygmunta, załamując ręce nad jego pomyłkami. Pomyłkami, które *nota bene* będzie naprawiać przez resztę swojego życia.

Spokojne sąsiedztwo

Na początku 1519 roku nadarzyła się okazja zupełnie wyjątkowa w historii Polski. Po raz pierwszy (i zarazem ostatni) wysłannicy polskiego króla mieli wziąć udział w najważniejszych wyborach nowożytnego świata – elekcji władcy Świętego Cesarstwa Rzymskiego Narodu Niemieckiego. Schorowany cesarz Maksymilian właśnie wyzionął ducha. I choć zdążył wskazać swojego następcę, to nie starczyło mu czasu, by ten wybór przypieczętować decyzją elektorów. Sejm Rzeszy we Frankfurcie zebrał się już po jego śmierci. Głównym kandydatem był wnuk starego cesarza, król Hiszpanii Karol Habsburg. To właśnie jego chciał nominować Maksymilian. Wysoko oceniano także szanse francuskiego władcy, Franciszka

Albrecht Hohenzollern. Został wielkim mistrzem krzyżackim, aby zaprowadzić trwały pokój z Polską. Zamiast tego wypowiedział wujowi wojnę

W 1524 roku, po śmierci księżnej Izabeli, podobny manewr zastosował wobec jej rodowych włości, zajmując należne Bonie księstwa Bari i Rossano. Niewykluczone, że Zygmunt rzeczywiście uznał wyroki za słuszne, ale Bona – z pewnością nie.

Jakiejkolwiek słuszności królowa nie mogła się dopatrzyć także w tym, jak jej małżonek traktował Albrechta Hohenzollerna. Ten młodzieniaszek z brandenburskiej dynastii został przed paroma laty zupełnie niespodziewanie wybrany na wielkiego mistrza zakonu krzyżackiego. Miał wówczas zaledwie dwadzieścia jeden lat i nie był nawet rycerzem zakonnym. Wszystkie konieczne śluby złożył w przededniu wyboru, a jego jedynym atutem było pokrewieństwo z polskim królem. Krzyżackie elity pałały nadzieją, że jako syn starszej siostry Zygmunta zdoła pokojowo ułożyć relację z potężnym suwerenem. Tymczasem opanowany przez manię wielkości Albrecht już od pierwszej chwili parł do wojny.

Zygmunt miał aż nadto okazji, by w zarodku zdusić kryzys na północnej granicy. Nie ruszył nawet palcem. Sprawy nie zaczął traktować poważnie także wtedy, gdy rozgorzały krwawe walki z Krzyżakami. Cały czas podchodził do Albrechta Hohenzollerna jak do niegrzecznego siostrzeńca, zasługującego na klapsa w tyłek, a nie na walną rozprawę zbrojną. Zapewne to dlatego w 1525 roku zrobił jeden z największych błędów w polskiej historii. Zamiast przypieczętować porażkę zakonu, odebrać Krzyżakom Prusy i wcielić je do Polski, zgodził się na słynny hołd pruski. W efekcie Albrecht nie tylko nie został ukarany za swoje awanturnictwo, ale wręcz otrzymał nagrodę – dziedziczną władzę w nowo powstałym, świeckim państwie.

Był to osobisty triumf krewkiego Hohenzollerna, ale też triumf całego jego rodu. Hohenzollernowie należeli do najmłodszych, a zarazem najbardziej przebiegłych i bezwzględnych dynastii w Europie. Sto pięćdziesiąt lat wcześniej w ich władaniu były cztery zamki na krzyż, a wpływy mieli równie niewielkie jak setki podobnych, trzeciorzędnych rodzin możnowładczych w Niemczech. Teraz twardą ręką rządzili w Brandenburgii i umacniali swoją pozycję na Śląsku. Mistrzowsko wyszkoleni w sztuce szpiegostwa i dyplomacji synowie dynastii osobiście kierowali intrygami na najważniejszych europejskich dworach. Sączyli jad do uszu papieża, wpływali na cesarza, zupełnie omotali rządzącego Węgrami nastoletniego Ludwika. Jeśli czegoś im brakowało do szczęścia, to tylko przestrzeni do bezpośredniej ekspansji terytorialnej. I Zygmunt właśnie rozwiązał za nich ten problem.

Jedyną korzyścią wynikającą dla Polski z likwidacji zakonu była piękna uroczystość, która nawet trzy i pół wieku później zachwyci Jana Matejkę. Zygmunt zasiadł w pełnym majestacie na tronie ustawionym w rogu krakowskiego Rynku. Miał okazję w oficjalnych słowach zrugać siostrzeńca, patrzyć, jak ten pada przed nim na kolana, przyjąć jego szczere przeprosiny, a nawet – ponownie ubrać swoje szaty koronacyjne. Zgodnie z tradycją polscy królowie przywdziewali ten najbardziej uroczysty strój tylko jeden jedyny raz w życiu, w dniu, kiedy przejmowali władzę w państwie. Zygmunt zrobił w związku z hołdem Albrechta wyjątek. I wyjątek ten wzbudził wśród zebranych zupełną konsternację. Zdezorientowani gapie pytali, cóż to za dziwaczna zwiewna sutanna. Pewnie nie brakowało i takich, którym „kapłańskie szaty" Zygmunta najbardziej kojarzyły się z koszulą nocną.

Bona nie brała bezpośredniego udziału w tym politycznym widowisku. Być może nie chciała przykładać ręki do żałosnej pomyłki męża, a może – po prostu w ceremoniale nie znaleziono roli, która zaspokoiłaby jej ambicje. W każdym razie wydarzenie śledziła z okna jednej z kamienic stojących przy Rynku. Dwulicowy Hohenzollern składał swoje nieszczere przeprosiny, ją natomiast zalewała fala goryczy.

W przypadku elekcji cesarza nie miała jeszcze wystarczającego wpływu na męża, w gruncie rzeczy niewiele mogła zrobić. Tym razem ni mniej, ni więcej tylko poniosła porażkę. Wspólnie z prymasem Janem Łaskim opowiadała się za bezwzględną likwidacją Zakonu, za przepędzeniem Albrechta na cztery wiatry lub ostatecznie – za przeniesieniem Krzyżaków na Podole, by tam walczyli z tatarskimi hordami. Nic z tego nie wyszło. Różnie można tłumaczyć ostateczną decyzję Zygmunta, ale nie po raz pierwszy i nie ostatni popełnił błąd, kiedy chodziło o jego krewniaka lub towarzysza młodości. Bona mogła przynajmniej pocieszać się myślą, że bez niej sytuacja rozwinęłaby się nieporównywalnie gorzej. Rzeczywiście, to właśnie dzięki wpływowi królowej sprawa rozliczenia się z Zakonem w ogóle pozostała w gestii Polaków. Pojednawczo nastawiony Zygmunt był gotowy oddać temat pod obrady międzynarodowego – i jak zwykle nieprzychylnego Jagiellonom – arbitrażu.

Cała sytuacja miała z perspektywy Bony jeszcze jedną zaletę. Była nadzwyczaj klarowna. Rozwój wypadków jakby zupełnie sam zdeterminował, jaką powinna obrać ścieżkę polityczną. Oczywiście nie mogła z wyprzedzeniem kilkuset lat rozpoznać, że Zygmunt osobiście sprowadził na Polskę zagładę ze strony trzech przyszłych zaborców. Widziała natomiast doskonale, jak bardzo dopomógł konkurencyjnym dynastiom – i wrogim Rzeczpospolitej interesom.

W jej sposobie myślenia nie brakowało rzecz jasna czysto osobistych impulsów. Po ostatniej porażce marzyła o starciu perfidnego uśmieszku z twarzy Albrechta Hohenzollerna. Po utracie spadku Joanny IV, a szczególnie po zrabowaniu przez Habsburgów jej rodzinnych ziem – łącznie z ukochanym Bari, w którym spędziła większość dzieciństwa – także cesarza Karola obdarzyła szczerą nienawiścią. Nie zmienia to jednak faktu, że już od pierwszych chwil na polskim tronie doskonale rozumiała swoją nową pozycję. Była kobietą porywczą i pamiętliwą, ale na pierwszym miejscu zawsze stawiała interes dynastyczny. Zdawała sobie sprawę z faktu, że włoskie księstewka, do których odczuwała zrozumiały sentyment, nic nie znaczą w cieniu interesów potężnego imperium Jagiellonów. Imperium, które uważała teraz za swoją ojczyznę, a przede wszystkim – za przyszłe władztwo swoich dzieci i wnuków.

Właśnie dlatego, zamiast ukorzyć się przed cesarzem i wybłagać u niego zwrot swoich księstw w południowych Włoszech, wprowadziła polską politykę na zupełnie nowe tory. Rozpoczęła kilkuletnie pertraktacje z Francją, dyskretnie kusząc Franciszka Walezjusza sojuszem wymierzonym w Habsburgów. W przeciwieństwie do Zygmunta nie miała żadnych oporów przed stosowaniem nieczystych zagrań. Za jej radą polscy posłowie rozsiewali kłamstwa, składali obietnice bez pokrycia i wodzili dyplomatów drugiej strony za nos. Wreszcie Bona wycofała się z całego przedsięwzięcia, widząc, że szala zwycięstwa w wojnie prowadzonej pomiędzy Walezjuszami i Habsburgami przechyla się na stronę tych drugich. I zrobiła to w idealnym momencie. Polska nic nie straciła, a całkiem sporo zyskała.

Habsburgowie na pół dekady dali sobie związać ręce w Europie Środkowej. Obawiali się, że Jagiellonowie wbiją im nóż w plecy podczas trudnej wojny z Francją, wstrzymali więc własne intrygi z wykorzystaniem Moskwy i agentów w Prusach.

Jednocześnie Karol V, drżący przed działaniami Bony, skapitulował w końcu i oddał w jej ręce księstwa Bari i Rossano. Musiał przy tym głośno przeklinać swego krótkowzrocznego dziadka. To przecież właśnie Maksymilian uczynił ze Sforzówny polską królową. Miała być posłuszna, bezradna, podatna na manipulację. Typowa płotka w grze rekinów europejskiej polityki. Tyle tylko, że teraz ta płotka stanęła Habsburgom ością w gardle.

Włoszki cienko jadają

Nawet największe polityczne nawałnice nie były w stanie zagłuszyć rytmu codziennego życia. Pośród spisków i tajnych narad zawsze znalazło się miejsce na chwilę wytchnienia. „Używamy naszych rozkoszy krakowskich. Niech zginie, kto troszczy się o przyszłość" – zapisał jeden z dworzan Zygmunta w liście do innego. Bona nie użyłaby pewnie podobnych słów, a i rozkosze miała inne od przeciętnych dworaków. Nie zmienia to jednak faktu, że królowa potrafiła wypełnić sobie wolny czas.

Już z domu rodzinnego wyniosła wielką miłość do koni. Pod tym względem w Polsce czuła się niemal jak u siebie. Może i dwór Jagiellonów nie słynął ze stadnin, ale za to polskie elity przywiązywały szokującą wręcz dbałość do wszelkich spraw końskich. W otoczeniu króla było ponad stu „dworzan konnych", a każdy z nich był zobowiązany stawać w razie potrzeby do służby wraz ze swym konnym orszakiem. W królewskich dokumentach skrupulatnie notowano rasy i umaszczenie wszystkich rumaków. Bona ze swojej strony poszła w ślady matki i oddała się hodowli rasowych koni. W założonej przez siebie wawelskiej stadninie trzymała ponad czterdzieści pięknych ogierów.

Uwielbiała także muzykę i tańce. W pierwszych latach pobytu w Krakowie często sama puszczała się w tan. W kolejnych wolała akompaniować

dwórkom, grając na przeróżnych instrumentach. Na polski dwór sprowadziła skoczne i melodyjne włoskie tańce, choć z „przedziwną gracją" poruszała się także, gdy grano utwory niemieckie, polskie czy nawet ruskie. Na Wawelu zorganizowała pierwszą kapelę królewską z prawdziwego zdarzenia. Trzymała też u swojego boku prywatnych muzykantów, w tym małych chłopców ściągniętych z Italii, by „umilali jej czas swoim głosem".

Bona była także wielką miłośniczką kuchni. Nie znaczy to, że lubiła dużo jeść. Wręcz przeciwnie. Uważała, że powinno się jeść mało, ale dobrze. Z zażenowaniem patrzyła na polski sposób ucztowania, sprowadzający się najczęściej do nieposkromionego obżarstwa i opilstwa. Wydawane przez nią bankiety miały zupełnie inny charakter. Jedzenie było na nich mniej obfite, za to przygotowane z wielkim kunsztem, dbałością o przyprawy, luksusowe dodatki i modne przepisy. O wadze, jaką przywiązywała Bona do wykwintnej kuchni, świadczą już same rachunki królewskie. Rokrocznie dwór królowej wydawał na zakup składników i utrzymanie służby kuchennej tysiące florenów. Zawsze też były to kwoty wyższe niż wydatki na kuchnię ponoszone przez Zygmunta – mimo że król miał dużo liczniejszy dwór, a do tego na co dzień podejmował ucztami znamienitych gości. Przykładowo w roku 1539 Bona przeznaczyła na potrzeby kulinarne 6429 florenów. Oszczędny Zygmunt – tylko 4065.

W wąskim kręgu wawelskiego dworu podejście Bony do kuchni było małą rewolucją. Chciałoby się w tym miejscu dodać, że rewolucja ta wyszła także poza mury monarszej siedziby i rozlała się po kraju, przynosząc każdej polskiej rodzinie kalafior, kapustę i karczochy. Popularny mit o królowej, która nauczyła Polaków jeść włoszczyznę, jest jednak właśnie tym. Mitem.

W rzeczywistości obyczaje kulinarne, którym hołdowała Bona, nie zrobiły zbyt dobrego wrażenia na polskich dostojnikach i dworzanach.

Młoda królowa brała udział w rozlicznych dworskich uroczystościach. Na ilustracji autorstwa Jana Matejki widać, jak w 1520 roku przypatruje się wciąganiu dzwonu Zygmunta na wieżę katedry wawelskiej

Powszechnie żartowano sobie na Wawelu z „Włoszków co cienko jadają". Sami Włosi odpowiadali ze wstrętem, że „jeden Polak zje za pięciu Włochów". Jakby tego było mało, włoska kuchnia ogółem odstręczała szesnastowiecznych Polaków. Na italskie przysmaki narzekał Jan Kochanowski, krytykował je też Mikołaj Rej. I Bona niewiele w tej kwestii mogła zmienić. Twarde dane pokazują, że nie zdołała przekonać nawet własnego męża i syna. Wedle zachowanych rachunków na stół króla wciąż zamawiano te same składniki, co przed stuleciem, a potrawy przygotowywano w myśl receptur pamiętających przynajmniej czasy Andegawenów. Włoskie przepisy miały się upowszechnić dopiero dwa wieki później.

Z drugiej strony prawdą jest fakt, że Bona na swoje potrzeby importowała wielkie ilości włoskich owoców i warzyw. Sprowadzała pomarańcze, cytryny, granaty, oliwki, migdały oraz rzecz jasna szeroko rozumianą włoszczyznę. Nie znaczy to jednak, że dopiero dzięki niej Polacy poznali smaki Południa. Zanim Bona w ogóle usłyszała o Polsce, w Krakowie już mieszkało kilkuset Włochów. Pomiędzy obydwoma krajami trwały ożywione kontakty, synowie najlepszych polskich rodów tradycyjnie wyjeżdżali do Włoch na naukę. Odwiedzali chociażby Rzym, gdzie tytuł doktora nauk można było uzyskać – za odpowiednią opłatą – w zaledwie dwa tygodnie. Dziwnym by było, gdyby wracając, nie zabrali ze sobą choć jednego selera.

Ponownie potwierdzenie można znaleźć w rachunkach dworu królewskiego. Wynika z nich, że sałatę, kalafior i kapustę zdarzało się pałaszować już Jagielle. Bona ze swojej strony przyczyniła się przede wszystkim do... utrwalenia zapożyczonego z jej ojczyzny słownictwa. W efekcie po dziś dzień jemy kapustę, a nie – dajmy na to – *Sauerkraut*.

Jak na kobietę renesansu przystało, lista zajęć i zamiłowań Bony ciągnie się niemal bez końca. Kolekcjonowała antyczne wazy. Zatrudniała najlepszych w Europie mistrzów hafciarskich i wydawała krocie na potrzebne im materiały. Kochała się w klejnotach oraz w pięknych roślinach. Na Wawelu założyła ogródek dostarczający ziół i warzyw na królewski stół. W podkrakowskim Łobzowie, gdzie miała wolną rękę i większą przestrzeń do dyspozycji, stworzyła jeden z najpiękniejszych reprezentacyjnych ogrodów w całym kraju. Miała też ptaszarnię oraz niewielkie zoo – ulokowane pod jedną z wawelskich wież. W specjalnych klatkach trzymano tam między innymi najprawdziwsze lwy.

Do bardziej osobliwych rozrywek na dworze Bony musiała należeć tresura pcheł. Wiadomo, że dorastająca córka królowej, Izabela, otrzymała od księcia Bawarii misternie zdobione puzderko z żywą pchłą przywiązaną włosem do złotego łańcuszka. Zachował się nawet wiersz, w którym poeta Klemens Janicki starał się wczuć w rolę królewskiej pchły. „Czemuż mnie, Izabello, wiążesz tak krótkim łańcuchem? Boisz się, że ucieknę, jeśli odwiążesz mnie! Nie ucieknę, trzyma mnie miłość twej pięknej urody" – skarżył się w imieniu insekta. Hodowaną pchłę należało karmić krwią na własnej piersi, dzięki czemu mogła żyć nawet przez rok.

Jakby tego było mało, Bona została prawdopodobnie pierwszą w Polsce ekolożką. W każdym ze swoich majątków doglądała przyrody i nawet drwalom kazała pracować tak, by nie niszczyli puszczy. Jako osoba wyjątkowo uporządkowana wielką przyjemność odnajdywała w kolekcjonowaniu drogich zegarów. Zbiory musiały być spore, zważywszy, że królowa zatrudniła nawet osobistego zegarmistrza. Dysponowała między innymi wspaniałym chronometrem ukrytym wewnątrz wykonanego z ptasich piór i wysadzanego klejnotami wachlarza. Jak na warunki epoki był to prawdziwy cud techniki. Inne podobne urządzenia zachowane do naszych czasów pochodzą dopiero z XVIII stulecia. Gdyby nie inwentarze Bony dzisiaj trudno byłoby nawet uwierzyć, że podobny przedmiot powstał w XVI wieku. Bona zbierała też między innymi lustra i medale. O jej prawdziwej pasji świadczy list dworzanina Fabiana Wojanowskiego wysłany do Jana Dantyszka. Opowiadał w nim, co działo się na Wawelu po tym, jak w ręce królowej trafił interesujący nowy medal: „O medalu Waszej Przewielebności wiele tutaj mówiliśmy. Jej Królewska Mość pokazywała go wszystkim wielokrotnie".

Monarchini kochała też pisać listy. Za jej sprawą powstały pierwsze regularne połączenia pocztowe między Polską a Włochami. Bona prowadziła systematyczną korespondencję z Izabelą Aragońską. Jej biografka, Maria Bogucka, podkreślała, że była „bardzo dobrą córką". Na tym jednak pisanina Bony się nie kończyła. Często odzywała się do Lukrecji Borgii, a przede wszystkim – do książąt Ferrary z rodu d'Este. Do dzisiaj zachowało się ponad sto czterdzieści jej listów.

Żadna z tych rozrywek i codziennych przyjemności nie mogła jednak konkurować z największym hobby Bony. Dla polowań była gotowa poświęcić wszystko.

Śmiertelnie niebezpieczne rozrywki

Królowa uwielbiała gonitwy za jeleniami, drżała na samą myśl o dreszczyku emocji towarzyszącym obławie na grubego zwierza. Miała naturę drapieżnika i kiedy tylko nadarzała się okazja do łowów, zapominała o bożym świecie. Ta niezdrowa fascynacja doprowadziła wreszcie do tragedii.

Latem 1527 roku królowa była po raz kolejny w stanie odmiennym. Po pięciu ciążach, w które zachodziła niemal rokrocznie, coraz mniej miała w sobie cierpliwości. Zaokrąglony brzuch ograniczał do minimum jej swobodę ruchu. Mogła wprawdzie uczestniczyć w rozgrywkach na politycznej szachownicy, jednak w życiu codziennym była więźniem własnego zamku. Snuła się długimi korytarzami Wawelu, uważając, by w niczym nie zaszkodzić dziecku lub własnemu zdrowiu. Wreszcie jednak – nie wytrzymała. We wrześniu wspólnie z mężem wyjechała do Niepołomic, by wziąć udział w polowaniu na przywiezionego aż z Litwy nadzwyczaj dorodnego niedźwiedzia.

Bona właśnie straciła dziecko. Zygmunt zamiast ją wspierać, ucinał sobie żartobliwą pogawędkę z błaznem Stańczykiem

Polowanie ruszyło zgodnie z tradycją. Pachołkowie unieśli wieko wielkiej, ciężkiej skrzyni. Zdezorientowany wielodniową podróżą i oślepiony przez słońce brunatny zwierz wywlókł się na chwiejnych łapach na zewnątrz, by tam natychmiast napotkać zgraję wściekłych psów. Według kronikarskiej relacji niedźwiedź „z początku był niemężny". Starczyło jednak, że zasmakował krwi, a nic nie mogło go już zatrzymać. Wielkie psiska rozpierzchły się z piskiem przed uderzeniami jego ciężkich łap. Bez namysłu zrejterowali też uzbrojeni w oszczepy chłopi. Kilku, którzy nie zrozumieli, że czas ratować życie, gorzko pożałowało chwili wahania. Niedźwiedź nie zamierzał jednak zatrzymywać się przy swoich pierwszych ofiarach. Tym bardziej nie myślał o ucieczce. Zamiast do lasu rzucił się na obserwujący widowisko orszak królewski. Zapanował dziki popłoch. Damy w ciasnych sukniach i niewygodnych botkach umykały, niezdarnie przebierając nogami. Dworzanie zastygli

w bezruchu, nie wiedząc, co robić. Co odważniejsi dostojnicy bezładnie szukali broni. Na jakąkolwiek zorganizowaną reakcję brakło czasu.

Podkomorzego królewskiego bestia przewróciła razem z koniem. Krajczemu, który usiłował zamachnąć się na niedźwiedzia oszczepem, ten jednym ciosem wytrącił broń z ręki. Wreszcie – rzucił się w stronę królowej. Bona była już na koniu, którego momentalnie pogoniła do galopu. Z najlepszej krwi rumakiem niedźwiedź nie miał szans w gonitwie. A przynajmniej nie powinien mieć. Tymczasem wystraszony koń już po paru metrach potknął się na kamieniu i panicznie wierzgając, runął na bok, przygniatając cielskiem polską monarchinię.

Niedźwiedzia udało się poskromić, nim dopadł do krzyczącej z bólu królowej, dla wszystkich było jednak jasne, że krzywda już się stała. W tym samym miejscu, na leśnej polanie, wśród tłumu gapiów, półprzytomna, krwawiąca Bona urodziła syna. Była w piątym miesiącu ciąży. Łapiące z trudem każdy oddech, nie w pełni rozwinięte niemowlę nie miało żadnych szans na przeżycie. Zmarło jeszcze tego samego dnia. Bona nadała mu przed śmiercią imię Olbracht. Zostało pochowane w małej ołowianej trumience w kaplicy pałacowej w Niepołomicach.

Po tragicznym zajściu królowa przez wiele tygodni dochodziła do siebie. Miała szczęście, że nie wdało się zakażenie, że nie zabiły jej powikłania po wypadku i po przedwczesnym porodzie. Powierzchowne rany zagoiły się, ale tak naprawdę Bona nigdy nie odzyskała pełni zdrowia. Polowanie z 20 września na stałe rzuciło cień na jej psychikę, okazało się traumą nie do przezwyciężenia. Także fizyczne piętno pozostało z nią do śmierci. Już nigdy nie zaszła w ciążę. Z całą mocą uświadomiła sobie, że przez jedną chwilę beztroski – przez jej własną głupotę i niedojrzałość – na włosku zawisł los całej dynastii Jagiellonów. Przed trzydziestu laty był to jeden z najbardziej rozgałęzionych rodów panujących Europy, z całym szeregiem silnych i gotowych do rządzenia męskich potomków. Teraz ostało się tylko jedno ogniwo: mały Zygmunt II, od którego przeżycia i udanego ożenku zależało wszystko.

Sytuacja była tym gorsza, że Bona jako jedyna odczuwała brzemię ciążącej na niej odpowiedzialności. Sama musiała też odtąd dźwigać ciężar zagrożenia wiszącego nad całym domem panującym. Zygmunt był coraz starszy i coraz bardziej zdziecinniały. Miał jednego syna i do szczęścia nie trzeba mu było niczego więcej. Niedługo po wypadku, zamiast opłakiwać zmarłe niemowlę i truchleć nad losem żony, żartował sobie beztrosko ze swojego błazna, Stańczyka, którego także poturbował niedźwiedź.

Bonie nie było do śmiechu. I na dobrą sprawę – już nigdy nie będzie.

CENA WŁADZY

BONA SFORZA
I ELŻBIETA HABSBURŻANKA

Morze namiotów ciągnęło się po horyzont. Obok prostych żołnierskich płacht rozpiętych na kijach stały prawdziwe pałace wyłożone drogocennymi dywanami. Zwyczajne wozy sąsiadowały z ociekającymi złotem karetami. Zewsząd dobiegało rżenie koni, ryk zarzynanego bydła i przeraźliwe gdakanie prowadzonego na rzeź drobiu. Nad obozowiskiem unosił się nieznośny fetor. W sierpniowym upale zapach łajna i uryny mieszał się ze słoną wonią potu i smrodem niemytych ciał. Sklecone naprędce obozowisko przedstawiało obraz nędzy i rozpaczy. Żołnierzom w niczym to jednak nie przeszkadzało. Były ich nieprzebrane rzesze. Zdaniem jednych siedemdziesiąt tysięcy ludzi. W opinii innych nawet sto tysięcy. Naród szlachecki stawił się pod Lwowem niemalże w komplecie.

Wielu spośród obecnych było zbyt pijanych, by zwracać uwagę na niewygody. Pozostali byli po prostu za bardzo zajęci. Przy wybranych namiotach zbierały się grupki żywo dyskutujących żołnierzy. „Włoska gadzina!" – dobiegało z jednej strony. „Barska baba!" – krzyczał ktoś z drugiej. Pośród szczęku szabel dało się słyszeć niewybredne żarty i kalumnie. „Matrony i niewiasty są naszym senatem! O godnościach decyduje kaprys kobiecy!" – powtarzano opinię popularną w kręgach kościelnych. Gdzieniegdzie fałszywą nutą odzywały się rozstrojone instrumenty. „Gdy pod Wawelem smok siedział, ginął od niego sam Kraków. Na Wawelu gdy zasiadł, ginie od tego ojczyzna!" – podśpiewywali żołnierze, powtarzając popularny dwuwiersz Andrzeja Krzyckiego.

Nie każdy słabo wykształcony szlachcic wiedział, że smok na Wawelu to aluzja do herbu Sforzów. Ci mniej rozgarnięci mogli powtarzać fraszkę

Mikołaja Reja: „Włoszka była z narodu, gdzie się rozum rodzi. Najszlachetniejszy klejnot, lecz co nazbyt szkodzi!". I już stawało się jasne, że chodzi o Bonę Sforzę. Królowej nie było pośród szlachty, ale obserwowała jej zgromadzenie z dystansu zaledwie kilkuset metrów. Przebywała za grubymi murami Zamku Niskiego we Lwowie. A dziesiątki tysięcy żołnierzy zwołanych na pospolite ruszenie ten właśnie zamek oblegały.

Był 22 sierpnia 1537 roku. Minęły dwa miesiące, odkąd szlachta, zamiast wyruszyć na wojnę z hospodarem mołdawskim, ogłosiła otwarty bunt. Monarcha cały ten czas czekał, licząc chyba, że awantura rozejdzie się po kościach. Na nic takiego się nie zanosiło. Wreszcie Zygmunt zdecydował się wysłać do żołnierzy swojego posła – hetmana wielkiego koronnego Jana Tarnowskiego. Miał zrobić wszystko, by ostudzić emocje zebranych.

Pod Lwowem polska szlachta rozpoczęła oblężenie własnego króla. Na ilustracji wyobrażenie XVI-wiecznego wojska według Jana Matejki

„Czy mamy z zaniechaniem wojny wszczynać rozprawy o domowych sporach?!" – grzmiał hetman. – „Byłoby wszakże śmiesznością w trakcie pochodu wojennego zajmować się sprzeczkami domowymi i czas trawić na podobnych rzeczach!" Przemówienie, zamiast uspokoić, tylko rozsierdziło zbuntowaną szlachtę. Słuchaczom nie mieściło się w głowach, że nawet hetman jest przeciwko nim. A przede wszystkim nie mogli pojąć, dlaczego Tarnowski staje w obronie włoskiej wiedźmy.

W powietrzu błysnęły szable. Rozległy się gniewne okrzyki. Na przemian rzucano wezwania do obrony demokracji i przekleństwa. Obsypywanemu obelgami hetmanowi też w końcu puściły nerwy. „Ty szujo!" – wrzasnął nagle, nie wiadomo do kogo. W tej samej chwili, jak na zawołanie, rozpętała się dzika ulewa. Tumult, już wcześniej nieznośny, sięgnął zenitu. Ktoś wzywał do ataku na hetmana. Ktoś inny strzelił z rusznicy w jego kierunku. Kula chybiła, ale tak samo chybiły próby nawiązania porozumienia z buntownikami.

Szlachta nie chciała dyskutować. Zebrani żołnierze żądali krwi. I to krwi jednej, konkretnej osoby. Miłościwie panującej królowej, Bony Sforzy.

Wszystko dla mojego syna

Mały Zygmunt miał siedem lat, gdy w 1527 roku doszło do tragedii w Niepołomicach. Odtąd jedynak stał się dla Bony całym światem. Nie znaczy to jednak, że wcześniej królowa nie była troskliwą matką. Jak na standardy epoki przykładała do wychowania syna wręcz zadziwiająco wiele uwagi i uczucia. Do opieki nad malcem przyjęła specjalną piastunkę ze szlacheckiego rodu, Ewę Łasińską. Za doglądanie królewicza (bo przecież nie godziło się, by królowa sama karmiła piersią!) luksusowa mamka otrzymała łącznie dwieście czterdzieści florenów i szesnaście łokci czarnego aksamitu. Nawet na najlepszych dworskich stanowiskach nie dało się wyciągnąć równie wysokiej pensji. Śmiało można powiedzieć, że w polskiej historii żadna matka nie zapłaciła za mleko dla niemowlęcia tyle co Bona.

Także na kolejnych etapach wychowania monarchini doglądała syna z nadzwyczajną skrupulatnością. Stanisław Orzechowski zanotował, że: „staraniem matki [królewicz] był już od dzieciństwa kształcony i zapoznawany z naukami". Bona zatrudniła dla niego najlepszego w Polsce tutora, słynącego na cały kraj ze swej mądrości (a zdaniem niektórych: także z lubieżności) Jana Sylwiusza Siculusa. Pod kierunkiem surowego mistrza Zygmunt August opanował łacinę, a za sprawą innego nauczyciela także niemiecki. Bona osobiście zadbała, by biegle mówił po włosku. Zawsze odzywała się do niego w tym właśnie języku, mimo że przez lata zdążyła już sobie całkiem nieźle przyswoić polski. Za jej wyłączną zasługę należy uznać fakt, że królewicz wyrósł na poliglotę i znawcę sztuk. Niestety za rozwojem intelektualnym nie szedł ani fizyczny, ani tym bardziej emocjonalny.

Przejęta utratą szans na urodzenie kolejnego syna Bona zapędzała się w trosce i obawach o malca aż po granice rozsądku. A następnie granice te przekraczała i gubiła się w oparach absurdu. Pilnowała go na każdym kroku, odgradzała od rówieśników, zabraniała zabaw niosących ze sobą choćby cień niebezpieczeństwa. „Matka to dziecię pieszczotliwie chowała i nieprędko pozwoliła, by od jej boku odchodził, nawet gdy już trochę podrósł" – twierdził Stanisław Orzechowski. Jeszcze ostrzejsze zdanie wyraził Stanisław Górski. „Król nasz młody wychowany został przez niewiasty i Włochów trwożliwszych od kobiet" – zapisał, krytykując brak jakiegokolwiek przygotowania wojskowego następcy tronu. Nawet imię nadane Zygmuntowi nie przydawało mu żadnego honoru i męskości. Dla odróżnienia od ojca zaczęto na niego mówić: Zygmunt August. Nie było to jednak nawiązanie do cnót rzymskich cesarzy. Po prostu chłopiec urodził się w sierpniu. A po łacinie sierpień to august.

Zygmunt rósł zamknięty w labiryncie ociekających złotem komnat. Rósł na wiecznie chorowitego i oderwanego od rzeczywistości ignoranta uzależnionego od kochającej, acz apodyktycznej matki. Efekty takiego wychowania miały jednak dać o sobie znać dopiero za paręnaście lat. Na razie Bona była zajęta o wiele bardziej naglącymi problemami.

Już od momentu narodzin małego Zygmunta swoje wysiłki skoncentrowała na zapewnieniu mu następstwa po ojcu. Jagiellonowie nie mieli praw dziedzicznych do polskiego tronu i choć dotąd królewscy synowie zawsze zastępowali zmarłych monarchów, to w przypadku dwóch Zygmuntów niczego nie można było przyjmować za pewnik. Mąż Bony w coraz większym stopniu zasługiwał na przydomek „starego". W momencie narodzin Augusta miał pięćdziesiąt trzy lata. Nawet w najśmielszych snach Bona nie oczekiwała, że zdoła dożyć pełnoletności swojego potomka. Nikt nie mógł natomiast przewidzieć, co się stanie, jeśli stary król umrze, pozostawiając po sobie tylko dziesięcio-, pięcio- czy nawet trzyletnie dziecko. Tym bardziej nikt nie mógł zagwarantować Bonie, że po odejściu Zygmunta ona zachowa jakikolwiek wpływ na wychowanie syna.

W Polsce i za granicą nie brakowało „życzliwych" opiekunów, którzy bez mrugnięcia okiem wyrwaliby malca z rąk matki, byle tylko w ten sposób przechylić na swoją stronę szalę politycznej gry. Marzył o tym ośmielony przez hołd z 1525 roku książę pruski Albrecht. Zęby na kuratelę nad Augustem ostrzyli też sobie Habsburgowie. Po nich zresztą Bona – wróg numer jeden niemieckiej dynastii – mogła spodziewać się najgorszego. Władcy cywilizowanego świata dawno przestali traktować ją jak pełnoprawną monarchinię. Z pogwałceniem praw międzynarodowych aresztowali jej posłów, otwierali korespondencję dyplomatyczną, a nawet konfiskowali owoce, tkaniny i biżuterię, które królowa kupowała we Włoszech i przez ziemie cesarstwa ściągała do Polski.

Bona nie mogła czekać na śmierć męża. Musiała działać natychmiast. Nawet jeśli miałoby to oznaczać pogwałcenie wielowiekowych tradycji oraz zasad prawnych stojących u podstaw państwa polsko-litewskiego.

Królowa doskonale rozumiała, że jedynym gwarantem władzy Jagiellonów nad Wisłą są ich dziedziczne prawa do Litwy. Chciała mieć więc pewność, że po śmierci męża przynajmniej Litwini bez problemu wybiorą najmłodszego Jagiellona na swojego władcę. Na opór natrafiła z dość niespodziewanej strony. Kłody rzucał jej pod nogi sam Zygmunt Jagiellończyk, któremu najbardziej ze wszystkich powinno zależeć na prawach syna. Tymczasem monarcha uparcie utrudniał wyjazd żony na Litwę. Twierdził, że małych dzieci królewskich nie powinno się zostawiać bez opieki, a tym bardziej narażać na wielotygodniową podróż do Wilna. Na dodatek pozostawał głuchy na podszepty Bony dotyczące zapewnienia tronu Augustowi.

W tej sytuacji królowa sięgnęła po podstęp: sprzymierzyła się z jednym z wpływowych magnatów zaprzyjaźnionych z Zygmuntem. To on miał przedłożyć królowi projekt Bony, przedstawiając go oczywiście jako swój własny, a nie pochodzący od rozpolitykowanej kobiety. Na sojusznika władczyni wybrała najbogatszego człowieka na Litwie, Olbrachta Gasztołda. Na szczęście zachowały się namacalne dowody tego dworskiego spisku. Gasztołd po kilku latach popadł w konflikt z królową i zaczął wyciągać jej w listach dawne, rzekomo nigdy do końca nie spłacone przysługi.

„Wziąłem się do rzeczy z całą gorliwością i poddałem ten pomysł panu naszemu, który [dotąd] krył z jakichś względów myśl o dobru jedynaka głęboko w sercu" – pisał o staraniach podejmowanych w celu zapewnienia Zygmuntowi Augustowi tronu. – „Dopiero skoro usłyszał moje o tym zdanie, zaczął otwarciej mówić o tej sprawie i pragnąć, by ją co rychlej dowieść do skutku. Ja zaś tym usilniejsze zacząłem robić starania wśród braci i przyjaciół swych, nakłaniając ich do jednomyślnej na to zgody".

Intryga opłaciła się. Wprawdzie Bona musiała załatwić Gasztołdowi awans na kanclerza wielkiego litewskiego, a jego piętnastoletniemu synowi nominację na wojewodę nowogrodzkiego, ale dopięła swojego celu. 4 grudnia 1522 roku zaledwie trzyletni Zygmunt August został jednomyślnie uznany przez litewskich dostojników wielkim księciem w wypadku śmierci Zygmunta Starego. Tego samego dnia członkowie rady książęcej złożyli

Po śmierci Olbrachta w 1527 roku Zygmunt August
stał się dla Bony całym światem.
Na ilustracji następca tronu w wyobrażeniu Jana Matejki

ANNA PRINCEPS RADIVILIA.
NICOLAI, II, De Musniki Cognto PRISCI, et, Ducissæ MONIWIDOWNA
Prpum RADIVILIORUM Palatinor: Vilnens: Canceliar: Supr M.D.L.
FILIA
CONRADI, IV, dicti RUFFI. Ducis MAZOVIÆ et RUSSIÆ Lineæ PIASTORUM
È Stemmate AQUILÆ Albæ Aõ 1503. 5. Kalend: Novembris, Defuncti
CONSORS.
TUTRIX MAZOVIÆ Dicta.
Nata 1476. Nupta 1496. Obÿt in Liff 1522, Die 15 Martÿ, Sepulta Varsaviæ apud P.P. Bernardinos
SOPHIÆ Stephani Bathori 1530 Comit. Palat. Ung. ANNÆ Stanisl. Odrowaz Palat. Russ. 1546 Conjugi Stanislai et Janussii

mu przysięgę wierności. Aby uniknąć kuriozalnej ceremonii, w której to seplениący szkrab odbierałby hołd magnatów, w zastępstwie syna wystąpił wciąż żyjący ojciec.

Ceremonia tak czy owak była wiążąca, a przede wszystkim – na kilka lat uśpiła obawy Bony. Nie zmieniła natomiast jej naczelnych celów. Królowa wszystkie swoje starania skupiała na zapewnieniu synowi jak najlepszego startu w monarsze życie. Znów była osamotniona w wysiłkach. Zygmunt Jagiellończyk, jak zwykle krótkowzroczny i pozbawiony ambicji, twierdził, że August w zupełności zadowoli się Koroną i Litwą. Bona starała się wprawdzie wpłynąć na niego, ale podatność króla na rady przyjaciół, którą wykorzystała w 1522 roku, równie często działała na jej szkodę. Pomimo upływu lat ambicje Bony wciąż ścierały się z ugruntowanymi interesami królewskich dostojników. Na jej drodze szczególnie często stawał Krzysztof Szydłowiecki – przekupny kanclerz wielki koronny, chodzący na pasku Habsburgów i z radością oddający swoje usługi Hohenzollernom. Był człowiekiem przebiegłym, utalentowanym, ale w zakresie etyki – absolutnym zerem. Od każdego był gotów wziąć pieniądze, a potem z chlubą opowiadał o przyjętych łapówkach. Sam przyznał, że Habsburgowie wypłacili mu osiemdziesiąt tysięcy dukatów. Kolejne pięć dostał od Francuzów. Próbował nawet naciągnąć na większą kwotę króla Anglii, ten jednak nie widział chyba sensu w korumpowaniu Polaków.

Nic dziwnego, że mając takiego szefa dyplomacji, Zygmunt zablokował podejmowane przez Bonę próby złączenia z Polską Pomorza Zachodniego. Nie leżało to przecież w interesie Brandenburczyków. Nic też dziwnego, że władca oparł się kolejnej sugestii Bony z 1522 roku. Rozochocona sukcesem litewskim monarchini zaproponowała mężowi, by ten wykorzystał trudną sytuację na Węgrzech i nadał księstwo głogowskie

---

Anna Mazowiecka zmarła w 1522 roku. Wkrótce odeszli także jej synowie, otwierając Bonie drogę do przejęcia władzy nad Płockiem i Warszawą. Na ilustracji XVIII-wieczny portret w wykonaniu Franciszka Wobe

Zygmuntowi Augustowi. Dało się to przeprowadzić – stary król miał przecież pewne prawa do Głogowa jako jego dawny władca. Monarcha odparł ze szczerym oburzeniem, że podobnych kroków po prostu nie godzi się podejmować. I że przecież „malutki synek nasz nie potrzebuje nic takiego". W efekcie na przyłączenie Śląska i reszty Pomorza Polska będzie musiała poczekać do 1945 roku.

Udało się przynajmniej z Mazowszem, choć i tutaj Bona nie odniosła pełnego sukcesu. A już na pewno: sukcesu wizerunkowego. Sprawa do dziś pełna jest znaków zapytania. W 1522 roku nagle zmarła dumna Anna Mazowiecka – księżna z rodu Radziwiłłów, którą Bona miała nieprzyjemność poznać w przededniu swojego ślubu z Zygmuntem. Pozostawiła wprawdzie młodych synów, ale i oni zgaśli jeden po drugim, odpowiednio w 1524 i 1526 roku. Zupełnie niespodziewanie zależne od Polski księstwa mazowieckie straciły całą swoją dynastię, nie licząc ostatniego dziecka Anny – mającej dwadzieścia osiem lat córki o tym samym imieniu i chytrych, wąskich niczym szparki oczach.

Według szczególnie popularnej wersji wydarzeń odpowiedzialność za ekspresowe wymarcie Piastów mazowieckich ponosiła metresa jednego z młodych książąt – Katarzyna Radziejowska. Podobno dla władzy i pieniędzy uwiodła Janusza III, kiedy zaś jego rodzina sprzeciwiła się zdrożnemu związkowi, otruła zarówno księżną Annę, jak i starszego księcia Stanisława. Wreszcie od trucizny, dosypanej do potrawki z kapłona, z życiem pożegnał się także sam Janusz. Musiał zginąć, bo zaczął podawać w wątpliwość dobre intencje kochanki.

Radziejowskiej nigdy nie osądzono. Pochodziła ze zbyt dobrej rodziny, jej ojciec był wojewodą płockim. Zamiast niej na stosie spłonęły dwie chyba zupełnie przypadkowe kobiety. Przyznanie się do winy wyciągnięto z nich na torturach. Egzekucję przeprowadzono z wyszukanym sadyzmem, tak by podkreślić rangę dokonanej zbrodni. „[Trucicielki] piekły się przez cztery godziny, biegając koło słupa, a gdy się z sobą zeszły, kąsały na sobie ciało nawzajem, aż upieczone pomarły" – zapisał kronikarz Marcin Bielski.

Ten katowski spektakl nie uciszył spekulacji. Szeptano, że to jednak nie Radziejowska, ale płocki aptekarz włoskiego pochodzenia, niejaki Jan Alantsee, stoi za morderstwami. Różnych przypisywano mu mocodawców. Coraz częściej pojawiała się wśród nich także królowa Bona. Podejrzenia stały się powszechne, gdy Alantsee wyjątkowo łatwo uzyskał od króla list żelazny i pełne oczyszczenie z zarzutów. Potem awansował na burmistrza miasta, a także na osobistego aptekarza jej królewskiej mości. Historycy nie dysponują jednak niczym poza domysłami. Śledztwo z epoki w ogóle nie wykazało dowodów otrucia. Tym bardziej nie sposób przypisać zbrodniczego czynu Bonie.

Można powiedzieć właściwie tylko tyle, że wychowanie oraz rodzinne doświadczenia królowej nie powstrzymałyby jej przed sięgnięciem po sztylet lub truciznę, gdyby sytuacja naprawdę tego wymagała. Ale czy tak było tym razem? Raczej nie. Trzy morderstwa na przestrzeni sześciu lat wymagałyby opracowania i stopniowego wdrażania w życie misternego, obciążonego dużym ryzykiem spisku. Po prostu trudno uwierzyć, że Bona byłaby gotowa się w coś takiego angażować w czasie, gdy grała o znacznie większą stawkę – o Litwę, Śląsk, Pomorze, swoje księstwa włoskie i sojusz z Francją. Może więc książęta naprawdę umarli z przyczyn naturalnych, jak chce wielu historyków. Na syfilis, gruźlicę lub po prostu z przejedzenia.

Nie zmienia to faktu, że kiedy Mazowsze znalazło się w zasięgu Bony, nie wahała się ani przez moment. Zmusiła męża do stanowczych działań, wysyłała własnych emisariuszy, znów próbowała wygrywać swoje wpływy wśród litewskich magnatów. Planu maksimum nie zrealizowała: nie udało jej się uczynić z Mazowsza odrębnego od Polski, dziedzicznego państewka rządzonego przez Zygmunta Augusta. Zdołała natomiast zniweczyć opór ostatniej z rodu Anny Mazowieckiej oraz zapędy Albrechta Hohenzollerna, który chciał poślubić Piastównę i w ten sposób wejść w posiadanie Mazowsza. Ostatecznie Warszawa i Płock zostały po prostu włączone w skład Polski. Mogło być znacznie gorzej.

Wyścig ze śmiercią

Połowiczny sukces na Mazowszu sprawił, że Bona na nowo musiała zmierzyć się z narastającym z roku na rok problemem dynastycznym. Mały August nadal nie miał choćby skrawka własnej ziemi, a tylko niepewną obietnicę litewskich panów, że gdy nadejdzie pora, obiorą go władcą. Tymczasem Zygmunt Jagiellończyk właśnie dobiegał sześćdziesiątki, a jego zdrowie – z roku na rok coraz słabsze – ostatecznie odmówiło posłuszeństwa. Jesienią 1528 roku nasilające się bóle reumatyczne na miesiąc przykuły go do łóżka. Ledwie zaczął do siebie dochodzić, a już kolejna choroba zwaliła go z nóg. W maju zaczął cierpieć na wysoką, przewlekłą gorączkę, której źródła lekarze nie byli w stanie określić. Zlany potem, dygocący i opatulony pierzynami monarcha z dnia na dzień słabł coraz bardziej. Szybko też stracił kontakt z rzeczywistością i jakikolwiek wpływ na sprawy państwowe.

Plotki o krytycznym stanie króla obiegły całą Polskę. Nie minął tydzień, a zdyszani posłańcy dostarczyli je na główne dwory Europy. Wśród rozszalałych spekulacji nie brakowało i takiej, że król już umarł. Tu i ówdzie rozpoczynano przygotowania do pogrzebu. Wreszcie plotki ucięła sama Bona, formułując specjalny list do prymasa, który miał zostać następnie przekazany senatorom i członkom rady królewskiej. Monarchini wyjaśniała:

> Chcielibyśmy w tych czasach o weselszych rzeczach pisać, lecz cokolwiek Bóg i natura czynią, musimy, chociaż z przykrością, przyjąć i Waszej Wielebności donieść. Nie chcemy przed Wami ukrywać, że Jego Królewska Mość pan i małżonek nasz najukochańszy 30 dnia zeszłego miesiąca na ostrą zapadł gorączkę, która w ubiegłych dniach trapiła go i jeszcze trapi.

Dalej pisała o desperackich próbach znalezienia skutecznego leku i o nadziei pokładanej w Boskiej pomocy. Wreszcie jednak padała deklaracja, że królowa spodziewa się najgorszego. Już teraz prosiła senatorów o pomoc w ułożeniu spraw politycznych po śmierci Zygmunta w sposób „najkorzystniejszy dla nas, naszych oświeconych dzieci tudzież tego królestwa i państw naszych".

Dostojnicy rzeczywiście zaczęli układać sprawy. Niekoniecznie jednak robili to po myśli królowej. Przekupieni przez Habsburgów magnaci już spiskowali w celu odsunięcia wdowy od jakichkolwiek wpływów. Albrecht Hohenzollern, nie czekając na śmierć wuja, ogłosił pogotowie wojenne i wspólnie z krewniakami z rozrośniętej dynastii zawiązał spisek mający na celu narzucenie Polsce niemieckiej regencji. Pruskie wojska były na granicach Korony, gdy wtem król niespodziewanie, w zakrawający niemal na cud sposób, wyzdrowiał.

Bona przez te kilka tygodni postarzała się przynajmniej o dziesięć lat i z wyrachowanego stoika przemieniła się w kłębek nerwów. Nie zamierzała pozwolić, by podobna sytuacja powtórzyła się w przyszłości.

Wszystkie swoje wysiłki skoncentrowała na karkołomnym celu: wybraniu Zygmunta Augusta królem jeszcze za życia ojca. Nikomu w historii Polski nie udał się podobny wyczyn, ale Bona nie zważała na argumenty sceptyków. Osobiście wyjechała do Wilna, by paktować z radą wielkoksiążęcą. Znalazła się w zupełnie nieznanym i nieprzystępnym kraju. W miejscu, którego kultury nie rozumiała i którego srogi klimat ją przerażał. W liście do Alfonsa d'Este uparcie przekonywała adresata, że nie jest to wcale państwo, które surowa natura „uczyniła pustym, bezpłodnym i pozbawionym wszelkiego wdzięku, będąc dla niego raczej macochą niż matką". Tak naprawdę próbowała chyba przekonać o tym samą siebie.

Skala wyzwania była olbrzymia. Ale determinacja Bony okazała się jeszcze większa. Królowa każdą chwilę poświęcała zgłębianiu tajników litewskiej polityki. Tutaj władza wciąż opierała się na sile i podstępie, a Jagiellonowie cieszyli się szacunkiem odwiecznych suwerenów dzikiej, bezwzględnej krainy. Zupełnie inna była też pozycja magnaterii. Przywódcy najpotężniejszych litewskich rodów mieli się za panów życia i śmierci. Tak też traktowali całą resztę społeczeństwa, łącznie ze szlachtą. Był to system zupełnie niepodobny do wszystkiego, z czym dotąd stykała się Bona. Mimo to zdołała nie tylko wejść do kłębowiska węży, ale też – wywalczyć sobie w nim godne miejsce. Chyba nawet uświadomiła sobie, że lubi taki właśnie, nieliczący się z żadną oznaką słabości, model polityczny. Wkrótce na Litwie skupi gros swoich inicjatyw.

Pierwszy sukces przyszedł dużo szybciej, niż ktokolwiek się spodziewał. Nie minęły dwa lata, a Litwini okrzyknęli małego Augusta swoim władcą. W obliczu faktów dokonanych Polacy nie mieli wyboru. W grudniu 1529 roku sejm w Piotrkowie zdecydował o wyniesieniu siedmioletniego królewicza na tron. Po raz pierwszy w dziejach Polska miała dwóch monarchów jednocześnie. Zaskoczony podkanclerzy koronny Piotr Tomicki donosił bezpośrednio Bonie: „Trudno opisać, jak wbrew oczekiwaniom szybko i zgodnie dokonała się pomyślna elekcja przyszłego króla!". Z podziwu nie mógł wyjść także mąż Bony. W listach do małżonki wyrażał swoje najgłębsze zaskoczenie. I chyba też niezrozumienie. Nie mieściło mu się w głowie, że tak wielkich rzeczy mogła dokonać kobieta.Bona wreszcie miała okazję odetchnąć z ulgą i odpocząć. Wcale jednak nie zamierzała. Walka o wpływy stała się jej drugą naturą i teraz, gdy znalazła się u szczytu potęgi, nie potrafiła ani nie chciała jej przerwać. Z roku na rok coraz bardziej kurczowo trzymała się władzy i niezauważalnie od bronienia interesów syna przechodziła do walki o własną pozycję. Zresztą, nawet gdyby chciała, to między tymi dwoma celami nie dało się dostrzec różnicy. Augusta wychowywała tak, by we wszystkim był jej posłuszny. Wykształciła w sobie neurotyczną, obsesyjną potrzebę kontrolowania jedynaka. Chciała, by został władcą idealnym. A że jednocześnie samą siebie – nie bez powodu – uważała za świetną królową, wierzyła, że optymalną drogą do zapewnienia Jagiellonom świetności będzie uczynienie z ukochanego synka bezwolnej marionetki. Ona miała pociągać za sznurki, a on – tańczyć tak, jak mu zagra. Pewnie nawet nie przyszło jej do głowy, że kiedyś umrze, a August będzie musiał sam rządzić krajem. Tym bardziej nie brała pod uwagę, że maminsynkowaty królewicz wypuści z rąk rąbek jej sukni i wybije się na niezależność.

Także wielu innych rzeczy Bona nie przewidziała. Przede wszystkim nie mogła wiedzieć, że Zygmunt Stary w pełni wróci do zdrowia i przeżyje kolejne dwadzieścia lat. Elekcja *vivente rege* (za życia króla), która w 1529 roku wydawała się potrzebą chwili, okazała się zupełnie zbędna. Jej konsekwencje zaważyły jednak na dalszej karierze Bony. Ignorując

Dwór Zygmunta i Bony Sforzy według Jana Matejki. W prawym górnym rogu widać herb Sforzów – smoka (lub węża) pożerającego dziecko

przywileje szlachty i panów królestwa, narobiła sobie niezliczonych wrogów w najwyższych sferach. Pożarów, które rozniecila przy tej okazji, nie dało się ugasić. Tym bardziej niemożliwe było zaspokojenie oczekiwań wszystkich tymczasowych sojuszników, których skaptowała, by okrzyknąć syna władcą.

W społecznym odczuciu z królowej wychwalanej jako najpiękniejsza córa italskiej ziemi Bona zaczęła przeobrażać się w znienawidzoną intrygantkę, despotkę i trucicielkę. Im więcej odnosiła sukcesów – tym głośniejsza stawała się jej krytyka. Czarę goryczy przelał w końcu jej największy talent. Dość niespodziewanie Bona odkryła, że ma fenomenalną wręcz żyłkę do interesów.

Dotyk Midasa

W 1518 roku Bona przybyła do Polski ze wspaniałym orszakiem i okazałą wyprawą ślubną, jednak wszystkie te pozory luksusu skrywały niewygodną prawdę. Dziedziczka Sforzów nie była żadną bogaczką. Już prędzej – bankrutką. Jej matka, rozkochana w wystawnych ceremoniach i panicznie bojąca się samotności, wiecznie żyła ponad stan i nieustannie utrzymywała większą świtę niż ta, na którą było ją stać. Boleśnie przekonał się o tym Zygmunt Stary, kiedy nadszedł termin zapłaty posagu Bony. Księżna Izabela na wszelkie sposoby unikała tematu. Odsyłała polskich posłów z kwitkiem; tłumaczyła, że w danym roku oliwki słabo obrodziły, ale na pewno następny będzie lepszy i w jej skarbcu znajdzie się potrzebna rezerwa. Wreszcie zdesperowana wepchnęła w ręce zdezorientowanych emisariuszy z Polski drogie kamienie i poprosiła, by sami zastawili je u rzymskich kupców w celu uzyskania potrzebnej sumy. Gdy nawet ten pomysł spalił na panewce, wzięła kolejny kredyt, na który żadnym prawem nie było jej stać. Dopiero z jego pomocą, i z wieloletnim opóźnieniem, uregulowała długi wobec zięcia.

Dzięki temu Bona mogła nareszcie legalnie wejść w posiadanie swojej oprawy. Zgodnie z obyczajem epoki posag wypłacany przez rodziców panny młodej przechodził na własność męża, ale ten w zamian był zobowiązany zapisać jej dwa razy większą kwotę na dobrach ziemskich. Co ważne, w realne posiadanie tych dóbr żona wchodziła dopiero w przypadku śmierci męża. Dlatego też Bona z chwilą ślubu wzbogaciła się wyłącznie na papierze. Zygmunt podarował jej Nowe Miasto Korczyn, Wiślicę, Żarnów, Radomsko, Jedlną, Kozienice i szereg innych ziem o wartości równej dwustu tysiącom dukatów. Musiałby jednak wpierw wyzionąć ducha, żeby ten akt nabrał jakiegokolwiek znaczenia.

Tymczasem sytuacja królowej nie wyglądała różowo. Nawet gdyby chciała przekonać męża, by oddał jej kontrolę nad posagiem, to nie mogła tego zrobić. Po prostu żadnego posagu już nie było. Poszedł na pokrycie długów zaciągniętych podczas wojny z zakonem krzyżackim. Także spadek po matce nie przyniósł wyczekiwanej poprawy sytuacji. Bona musiała spłacać horrendalne długi Izabeli, a do tego finansować poselstwa i procesy potrzebne, by w ogóle odzyskać zagrabione przez Habsburgów dziedzictwo. Sama stała się dłużniczką i utrzymanką męża. To Zygmunt opłacał jej dwór i wydzielał jej roczne kieszonkowe w wysokości dwóch tysięcy florenów.

Dla Bony była to sytuacja uwłaczająca. Wolała, by mąż dał jej wędkę, a nie coroczną stertę ryb! Podobnie jak w wielu innych sprawach dopięła swego. Zygmunt, wedle dokumentu kierujący się „szczególną miłością" do żony, podarował jej w końcu kilkaset hektarów zaniedbanych, pokrytych dzikimi puszczami litewskich ostępów. Nikt nie spodziewał się, że Bona wyciągnie z tego prezentu jakąkolwiek korzyść. Najwidoczniej doradcy króla, a nawet sam Zygmunt, nie uświadamiali sobie, jak wielka może być determinacja kobiety nie chcącej być dłużej na garnuszku u swego „pana małżonka".

Bona zakasała rękawy i dokonała tego, co było jej specjalnością: rzeczy niemożliwej. Przekształciła księstwa pińskie i kobryńskie w najprawdziwszą maszynkę do robienia pieniędzy. Zachwycony król oddawał w jej ręce kolejne ziemie i to już nie z miłości, ale z uwagi na „roztropne Jej Królewskiej Mości we wszystkich sprawach postępowanie, ład i mądre kierownictwo".

Do każdego majątku, który dołączał do jej kolekcji, królowa podchodziła ze skrupulatnością godną najlepszego menedżera. Zlecała ewidencję ludności, odmierzała grunty, zamieniała daniny w naturze na czynsze, kontrolowała pracę urzędników. Natura drapieżnika, którą objawiała w młodości, stopniowo ustępowała charakterowi księgowego. Bona wprost kochała się we wszelkich rejestrach, spisach i rachunkach. W liczeniu nie znała umiaru. Jeśli wierzyć jej biografce, Marii Boguckiej, zarachowane chciała mieć wszystko – nawet liczbę ryb w stawach.

Może właśnie z uwagi na to niezwykłe hobby raz jeszcze porwała się z motyką na słońce i rozpoczęła tak zwaną „pomiarę włóczną". Wbrew niezbyt ekscytującej nazwie była to akcja o epokowym znaczeniu, porównywalna chyba tylko z reformami gospodarczymi cesarza Karola Wielkiego. Za sprawą Bony w Wielkim Księstwie Litewskim wprowadzono jedną miarę gruntu, jedną metodę jego odmierzania i jeden zbiór wytycznych, wedle którego scalano działki i projektowano wsie. Te z pozoru mało istotne zmiany popchnęły Litwę o wiek lub dwa do przodu w rozwoju cywilizacyjnym. Może i wielu chłopów w ich wyniku popadło w nędzę, ale nie to liczyło się dla polskiej królowej. Wielka pedantka pragnęła porządku i zapanował porządek. A przy okazji jej szkatuły napełniły się złotem.

To był dopiero pierwszy etap wielkiego planu Bony. Zebrane pieniądze zamierzała zainwestować w przyszłość własną, swojego syna i dynastii. Wypada w tym miejscu wyjaśnić, że Zygmunt Stary, który do niedawna był życzliwym sponsorem królowej, sam też stał na krawędzi bankructwa i głównie robił dobrą minę do złej gry. Wiecznie borykał się z pustkami w skarbcu, a chwilowe zastrzyki gotówki uzyskiwał, zastawiając królewskie dobra. W efekcie majątek państwowy się kurczył, a pozycja króla – coraz bardziej zależnego od sejmu, senatu i niemieckich bankierów – słabła.

Bona wiedziała jednak, jak temu zaradzić. Wystarała się o zgodę męża na wykupywanie za własne pieniądze oddanych w zastaw dóbr. Król przychylił się do jej prośby, choć tylko ustnie. Najwidoczniej wyszedł z założenia, że nie musi każdej umowy z własną małżonką zawierać na papierze. Dopiero gdy krytyka pod adresem Bony nasiliła się, spisał postanowienia w formie oficjalnego dokumentu. W przywileju z 1536 roku stwierdzał: „Rozważając, iż umysł Jej Królewskiej Mości jest skłonny do rewindykacji dóbr naszych, tak w Królestwie Polskim, jak w Wielkim Księstwie Litewskim, do stołu naszego należących, jednak różnymi zapisami obciążonych i zastawianych, już przed ośmiu laty zgodziliśmy się i zezwoliliśmy jej wyraźnie, aby mogła wyżej wymienione dobra nasze z rąk posiadaczy wykupić".

Plan był genialny w swej prostocie, a jednocześnie mało ostentacyjny. Minęło kilka lat, nim magnaci i szlachta uświadomili sobie, do czego tak naprawdę dąży Bona. Królowa wykupywała dobra w imieniu własnym, a nie jako reprezentantka skarbu królewskiego. W efekcie majątki, które dotąd należały do państwa i były zupełnie niezależne od panującej dynastii, przechodziły na własność Bony. Tak długo, jak żyła, miały zapewniać jej bogactwo i bezpieczeństwo. Z kolei po jej śmierci miały uniemożliwić szlachcie zmianę dynastii. Gdyby Jagiellonowie stracili tron, państwo musiałoby spłacić wszystkie wykupione przez Bonę dobra. A na to, rzecz jasna, w wiecznie pustym skarbcu koronnym nigdy nie znalazłyby się pieniądze.

Z obliczeń historyków wynika, że w samej tylko Polsce – i to nie licząc przyszłej oprawy wdowiej – królowa weszła w posiadanie piętnastu miast i stu dziewięćdziesięciu jeden wsi. Zapłaciła za nie łącznie siedemdziesiąt pięć tysięcy florenów. Do tego dysponowała stale rozrastającą się domeną na Litwie, gdzie rządziła na prawach równych udzielnym książętom. Bez wątpienia stała się najbogatszą kobietą w historii Polski, a zarazem jedną z największych krezusek swojej epoki.

Sama liczba pozyskanych miejscowości i majątków nie mówi zresztą wszystkiego o fortunie Bony. Przede wszystkim królowa doskonale wiedziała, jak zarządzać swoim majątkiem. Podczas gdy inni władcy korzystali z pośrednictwa żydowskich bankierów i z podszeptów niemieckich finansistów, Bona robiła wszystko sama. Słuchała oczywiście rad, stale podnosiła swoją wiedzę, ale nigdy nie pozwoliłaby, żeby ktoś odebrał jej kontrolę nad sytuacją.

Wiele królewszczyzn odkupywała w opłakanym stanie. Grunty były rozkradzione, pola zarośnięte, budynki zniszczone przez czas i zapuszczone przez niedbałych ekonomów. Niczym perfekcyjna pani domu Bona natychmiast zabierała się za porządki. Z najgorszej rudery potrafiła zrobić pałac; z najbardziej zadłużonego i zdezorganizowanego gospodarstwa – świetnie prosperujący folwark. Budowała drogi, mosty i kanały. Zakładała własne przedsiębiorstwa produkujące słomę i potaż. Dochody wsi i miast rosły nawet dziesięciokrotnie po przejęciu ich przez obrotną królową. To samo tyczyło się też dwóch włoskich księstw. Za panowania Izabeli Bari i Rossano były stale zadłużone. Bona uczyniła z nich nie tylko ważne ośrodki handlu, ale też kolejne źródło bajońskich zysków. I to mimo, że rządziła zdalnie, z odległości dwóch tysięcy kilometrów.

Już sama aktywność Bony na polu biznesowym była czymś niesamowitym. Podobnie jej szczegóły. Córa Sforzów odniosła sukces, idąc pod prąd uniwersalnym zasadom zarządzania. Zamiast spoglądać na problemy globalnie, delegować zadania i koncentrować uwagę na „the big picture", uparcie skupiała się na detalach. Wiedziała o każdej dostawie zboża do swoich zamków, znała dokładną liczbę służących w każdym z majątków, a nawet stan zapasów prochu, siarki, saletry i ołowiu. Nie umykał jej żaden szczegół. Kiedy w jednym z pałaców urzędnik niższego szczebla zdefraudował (albo zapodział) kilka florenów, zaraz zrobiła awanturę w kilkustronicowym liście. I o dziwo – taki sposób zarządzania doskonale się sprawdzał, a majątek rósł z każdym dniem.

Była niczym Midas. Czegokolwiek dotknęła, zamieniało się w złoto. I podobnie jak Midas – dużo lepiej radziła sobie ze złotem niż z ludźmi.

Bogactwo nie było dla Bony celem samym w sobie. Na dłuższą metę zgromadzona fortuna miała przejść na własność Jagiellonów i uczynić z nich najzamożniejszy ród w Rzeczpospolitej Obojga Narodów. W epoce nowożytnej, tak samo zresztą jak dzisiaj, pieniądz górował nad prawem. Niezależnie od obowiązujących ustaw dynastia dysponująca dziesiątkami prywatnych miast i setkami wsi stałaby się jedynym znaczącym graczem w wyścigu o władzę.

Polscy królowie mogliby wreszcie przestać giąć się w ukłonach przed bogatszymi od siebie magnatami i kredytorami. Mogliby też powstrzymać wzrost pozycji szlachty, za sprawą której Polska z klasycznej monarchii przepoczwarzała się stopniowo w republikę respektującą prawa tylko jednej grupy społecznej. To oni rozdawaliby karty, a wielki majątek pozwalałby im na własną rękę prowadzić wojny, korumpować zagranicznych dyplomatów i kupować europejskie trony. Jagiellonowie dorównaliby Habsburgom. Ba! Samych Habsburgów zepchnęliby na boczny tor historii.

Nic dziwnego, że Bona marzyła o takim rozwoju sytuacji. Dziwne natomiast, że nie dostrzegła, jak bardzo jest odosobniona w swoich

Zaginiona szkatuła Bony Sforzy na biżuterię.
Fotografia z początku XX wieku

dążeniach. Na silnej dynastii w Polsce na pewno nie zależało sąsiednim dworom. Tym bardziej nie chcieli jej dotąd wszechpotężni krajowi magnaci. Wreszcie i szeregowa szlachta nie miała żadnego powodu, by stawać po stronie królowej. Cała jej polityka opierała się przecież na uzależnianiu królów od sejmowych ustaw. Na nieustannym testowaniu cierpliwości monarchy, odmowie uchwalania podatków, hamowaniu wszelkich reform. Nie na dawaniu władcy wolnej ręki.

Projekty Bony były tak ryzykowne i niepopularne, że aż wołały o nadzwyczajną rozwagę. Kolejne kroki należało podejmować powoli, umiejętnie rozgrywać konkurencyjne stronnictwa, szukać tymczasowych sojuszników i mydlić oczy wrogom. Bona potrafiła robić to wszystko z niezrównaną wprawą, co niejednokrotnie udowadniała. Tym razem jednak puściły jej nerwy. Im była starsza, tym mniejszą odznaczała się cierpliwością. Im stawała się bogatsza – tym mniejsza cechowała ją ostrożność, a większa pazerność. Wciąż chciała pomnażać majątek, wciąż pragnęła szerszych wpływów. To musiało się źle skończyć.

Źródła nienawiści

W latach trzydziestych XVI wieku Bona stała się nie tylko najbogatszą, ale też najpotężniejszą kobietą w Polsce, czy nawet w całej dotychczasowej historii Polski. W 1532 roku umarł jej zapiekły wróg i konkurent polityczny, kanclerz Krzysztof Szydłowiecki. Na Wawelu nie było już nikogo, kto mógłby przeciwstawić się planom monarchini. Tym bardziej takiej osoby nie było na zamku wielkoksiążęcym w Wilnie.

> Obecnie do tego doprowadziła, że nikt nie udaje się do kanclerza, do sekretarzy, ani też do żadnego prokuratora lub sędziego. Każdy zwraca się bezpośrednio do Jej Królewskiej Mości, a ona dopiero odsyła do nich wszystkich, ponieważ muszą czynić to, co ona każe.

Tak sytuację na dworze charakteryzował agent Hohenzollernów, Mikołaj Nipszyc. Rozeźlony dodał jeszcze na temat Bony: „Już wszyscy mają z nią dosyć do czynienia!". Pod kontrolą królowej znalazła się cała rada królewska. Na sejmie w 1536 roku posłowie będą narzekać, że „Dwa są obecnie warunki należenia do senatu. Pierwszy: opłacić się przy wejściu do niego. Drugi: nie sprzeciwiać się woli dworu". Zarówno pierwszy, jak i drugi warunek odnosiły się do Bony. To ona z rozmysłem sprzedawała urzędy państwowe i kościelne. Ona też stała za dworem, którego machinacje krytykowała szlachta. Wręcz do bluźnierstwa posunął się Andrzej Krzycki, pisząc, że ludzie zamiast „w imię Boże" zdobywają urzędy w imię królowej.

Zdawało się, że Bona jest wszędzie i nad wszystkim rozciąga swoją kontrolę. Pracowała niestrudzenie. „Poczynając jeszcze przed świtem, aż do późnego zmroku wszystkim przybywającym do niej dla załatwienia spraw, tak publicznych, jak i prywatnych, z wielką chęcią udziela posłuchania" – ekscytował się jeden z lekarzy królowej, Jakub Ferdynand. Podobny zachwyt nie był jednak regułą. Bona, od zawsze krytykowana za to, że ingeruje w męski świat polityki, przeszła samą siebie. Wmieszała się w obszar, do którego kobiety nigdy nie miały wstępu: wojsko.

W zastępstwie wiecznie chwiejnego męża to ona przejmowała odpowiedzialność za obronę granic. Podczas wojny z Moskwą w 1534 roku pisała prosto do hetmana wielkiego litewskiego: „Co się tyczy kul i prochu do armat, natychmiast z Jego Królewską Mością mówiliśmy i Jego Królewska Mość polecił podskarbiemu bez żadnej zwłoki przesłać je waszej Mości". Bona zajmowała się też fortyfikowaniem kresowych ośrodków. Zadbała między innymi o umocnienie Baru i Kamieńca Podolskiego. „Nie ma niewieściego usposobienia!" – ubolewał przyszły biskup przemyski, Filip Padniewski. A królowa na tym przecież nie poprzestawała. Jak gdyby nigdy nic podważyła fundament chrześcijańskiej polityki. W całej Europie zakładano, że wojna z innowiercami jest nieunikniona. Tymczasem Bona uważała, że konflikt z Turcją w ogóle nie leży w polskim interesie. Pod jej naciskiem Zygmunt zawierał kolejne rozejmy z sułtanem i ignorował prowokacje. Królowa była tak bardzo przekonana o słuszności nowej, przychylnej Turkom polityki, że nawiązała nawet bezpośredni kontakt z Roksolaną – pochodzącą z obszaru Rzeczpospolitej niezwykle piękną i wpływową konkubiną Sulejmana Wspaniałego. Sojusz dwóch potężnych kobiet miał zagwarantować, że między Polską i Imperium Osmańskim nie dojdzie do nowego, krwawego konfliktu.

Wszystko to było dla konserwatywnej szlachty otwartą zniewagą. Powody do urazy mieli też wielcy panowie. I to o wiele bardziej osobiste. Właśnie w latach trzydziestych Bona przystąpiła do otwartej wojny z litewską magnaterią. Przez długie lata potężne rody w rodzaju Radziwiłłów czy Sapiehów potajemnie i po kawałku rozkradały ziemie należące do polskich królów, korzystając z ich nieobecności na miejscu, niefrasobliwości lub zwykłej niemocy. Królowa, uzbrojona w szczegółowe pomiary działek i dokumenty, bezwzględnie żądała zwrotu dóbr. Na tym zresztą nie zamierzała poprzestać. Za jej przyczyną na sejmie w Wilnie została postawiona propozycja zbiorowego odebrania wszystkich zastawów i bezprawnie przetrzymywanych ziem wielkiego księcia. Do tego dochodziły jeszcze indywidualne procesy. Pomimo przysług, które jej wyświadczył, Bona postawiła przed sądem królewskim nawet Olgierda Gasztołda. Magnat, nazywany przez wielu niekoronowanym królem Litwy, rzecz jasna proces przegrał. Bona odebrała mu szereg dochodowych dóbr i włączyła je do swojej prywatnej domeny. Podobny los spotkał Radziwiłłów, dla których była to kolejna z rzędu kropla w czarze nienawiści względem Bony.

Nie tylko na Litwie, ale też w Polsce władczyni ustawiczne angażowała się w konflikty. Szczególnie brutalnie rozprawiła się z Anną Mazowiecką, która po zawarciu w 1536 roku małżeństwa ze Stanisławem Odrowążem nie chciała oddać królestwu swoich dotychczasowych posiadłości. Racja była niewątpliwie po stronie Bony. Anna, zgodnie z wcześniejszymi postanowieniami, miała ze swoich mazowieckich włości korzystać tylko przez okres panieństwa. Mimo to stanowczość królowej wstrząsnęła polskimi elitami. Bona bez wahania uderzyła zbrojnie na ostatnią Piastównę, odebrała jej mężowi tytuły i stanowiska, postawiła go przed sądem za obrazę majestatu, a następnie skonfiskowała dzierżawione przez niego dobra. Jedno z miast odebranych Odrowążowi, Rów na Podolu, ostentacyjnie przemianowała na Bar – na pamiątkę swojego rodzinnego Bari. Po tym procesie posypały się kolejne, przeciwko każdemu, kto wystawiał na szwank powagę władzy królewskiej i interes dynastii.

Tak jakby czuła, że ma wciąż zbyt mało wrogów, Bona wzmogła także swoje działania przeciwko Hohenzollernom i Habsburgom. Zablokowała kandydaturę Jana Albrechta Hohenzollerna na biskupstwo płockie. Z typową dla siebie skrupulatnością sprawdziła metr po metrze przebieg granicy pomiędzy Litwą i Prusami Książęcymi, odzyskując hektary podkradanych przez lata żyznych ziem, a nawet całe wioski. Przede wszystkim zaś konsekwentnie uniemożliwiała Albrechtowi Hohenzollernowi przekazanie księstwa w spadku krewnym z Brandenburgii. Wielki książę – i dawny wielki mistrz krzyżacki – nie miał dzieci i królowa liczyła, że po jego bezpotomnej śmierci Prusy wreszcie wrócą do Polski. To oczywiście mogło mieć tyko jeden efekt. Jeśli dotąd Bona była dla Hohenzollerna po prostu politycznym przeciwnikiem, to teraz stała się jego największym, osobistym wrogiem.

Równie aktywnie królowa występowała przeciwko Habsburgom. Do decydującego natarcia przeszła w 1526 roku. Niespodziewanie w bitwie z armią turecką pod Mohaczem zginął król Czech i Węgier, Ludwik Jagiellończyk. Jego śmierć w wieku zaledwie dwudziestu lat wywołała powszechny szok. Radość zapanowała tylko w Wiedniu. Na mocy układów zawartych w 1515 roku najsilniejsze roszczenia do obydwu opustoszałych tronów miał Ferdynand Habsburg – arcyksiążę austriacki i brat panującego cesarza, Karola V. Bona nie zamierzała jednak patrzyć bezczynnie, jak Habsburgowie przejmują połowę jagiellońskiego imperium i urastają do rangi najpotężniejszej europejskiej dynastii. Kiedy Zygmunt wciąż jeszcze nie przyjmował śmierci siostrzeńca do wiadomości, jej tajni agenci już byli w drodze na południe. Działający w Czechach Bernard Pretwicz robił wszystko, by opóźnić rozwój wypadków i skaptować sojuszników dla kandydatury Zygmunta Jagiellończyka na nowego króla. Odniósł spory sukces, cały niemal Śląsk opowiedział się za polskim władcą. Bona nie mogła jednak popchnąć sprawy dalej w pojedynkę. Kolejne dni nieubłaganie mijały, a jej mąż jak zwykle namyślał się. Nim podjął decyzję, było już za późno na jakiekolwiek działania. Na Węgrzech jego posłowie nawet nie zdążyli dotrzeć na sejm elekcyjny. Zygmunt ledwie podjął decyzję, a Madziarzy już mieli nowego króla. Połowa jagiellońskiego dziedzictwa przepadła.

Rozżalona porażkami Bona pozwalała sobie na zupełnie jawne afronty wobec Habsburgów. Przykładowo, kiedy doskonale wydała za mąż jedną ze swoich dwórek, Magdalenę Bonerównę, sprosiła na Wawel najznamienitszych gości – wszelkiej maści dyplomatów, dostojników, panów herbowych. Zaproszenia nie otrzymał tylko goszczący wówczas w Krakowie wysłannik cesarza, Jerzy von Logschau. Na dodatek królowa poprowadziła procesję weselną prosto pod oknem wynajmowanej przez niego kamienicy – tak by czasem nie pomyślał, że został pominięty przez przypadek.

Z perspektywy racji stanu działaniom Bony nic nie można było zarzucić. Robiła dokładnie to, co należało, by poprawić pozycję Polski i dynastii Jagiellonów. Potęga, którą dawały jej osobista fortuna i przejęcie kontroli nad polityką, nie pozostawała jednak bez wpływu na samą królową. Stawała się coraz bardziej apodyktyczna i bezwzględna. Jej charakter, zawsze gwałtowny, zaczęto postrzegać jako wprost nieobliczalny. Przestała budzić tak proste emocje jak szacunek czy niechęć. Teraz podwładni zaczęli się jej autentycznie bać. „Niewiele brakuje, by mnie jeszcze za włosy wytargała, jak to zwykła czynić z Lewickim" – żalił się Jan Dantyszek, któremu Bona zawdzięczała niejeden sukces dyplomatyczny. Królowa nie tylko pomiatała współpracownikami, ale też coraz bardziej rozkochiwała się we władczych gestach. Oczekiwała czołobitnych pokłonów. Z listu zaskoczonego włoskiego dyplomaty znany jest przypadek, gdy pokazywała swojemu

Bona w dojrzałym wieku według Jana Matejki

medykowi nowo nabyty obraz. Cyrulik, Jakub de Montagnana, bez namysłu padł przed władczynią i malowidłem na kolana. Byle tylko nie było wątpliwości, że jemu dzieło sztuki również się podoba. Atmosfera na dworze królowej gęstniała. Nawet bliscy Bonie ludzie powoli, niepostrzeżenie odsuwali się od niej.

Tego wszystkiego było już za wiele. Magnaci, szeregowa szlachta, protegowani Habsburgów i Hohenzollernów – wszystkie te grupy nagle odkryły, że choć różnią się w prawie każdej sprawie, to w temacie królowej potrafią w mig dojść do porozumienia.

Włoska czarownica

Lato 1536 roku zapowiadało się zwyczajnie. Stary król zwołał sejm, na którym Zygmunt August miał zostać zaprzysiężony na władcę w związku z dojściem do pełnoletności. Nikt nie spodziewał się problemów – następca tronu był już przecież koronowany, a prawa w jego imieniu parę lat wcześniej potwierdził ojciec. Nagle sytuacja wymknęła się spod kontroli. To, co miało być krótką i rutynową ceremonią, przerodziło się w wielomiesięczne burzliwe obrady. Przysięgi młodego władcy posłowie w ogóle nie przyjęli. Woleli dyskutować o tym, jak bardzo są prześladowani przez króla, królową i senat.

Nie chodziło o żadne prywatne pretensje. Delegaci czuli się pokrzywdzeni w imieniu całej swojej grupy społecznej. Dla szlachty długie panowanie Zygmunta Starego było okresem przełomowym. Nobilitacje stawały się coraz rzadsze, rola mieszczan malała, a sytuacja chłopów coraz bardziej przypominała niewolnictwo. Tylko pozycja szlachty rosła z roku na rok. A im była potężniejsza, tym bardziej zachłanna się stawała. Podczas obrad

---

Głowa ze stropu Sali Poselskiej na Wawelu. Zdaniem historyków rzeźba przedstawia prawdopodobnie Ferdynanda Habsburga

w 1536 roku posłowie zażądali odebrania reszcie społeczeństwa wszelkich przywilejów. Odtąd to szlachecki sejm miał rozstrzygać o prawach mieszkańców miast. Oczywiście bez ich udziału. Posłowie domagali się też, by król przestał nadawać jakiekolwiek godności i dysponować stanowiskami w państwie. Wszystkie decyzje miały zapadać na sejmach. Do tego rzecz najważniejsza: końca miał dobiec fiskalny ucisk szlachty! Panowie herbowi od dawna niemal nie płacili podatków, ale wielkie gospodarstwa produkujące na eksport wciąż były obłożone cłami. Tak nie mogło być. Posłowie żądali, by odtąd jakiekolwiek ciężary na rzecz państwa ponosiło tylko pospólstwo.

Litania żądań trwała sto dni. Wreszcie nawet słynący ze swojej cierpliwości król miał dość. Sejm rozszedł się bez podjęcia uchwał. Rok później szlachta posunęła się jeszcze dalej. Państwo potrzebowało podatków, a posłowie szlacheccy konsekwentnie odmawiali ich uchwalenia. Zdesperowany król, być może za namową Bony, postanowił odwołać się do szantażu. Rozpuścił wici, wzywając każdego szlachcica, by osobiście stawił się do udziału w wojnie z Mołdawią w ramach pospolitego ruszenia. Nikt nie spodziewał się takiej decyzji. Pospolite ruszenie było reliktem średniowiecza. Już ojciec Zygmunta przekonał się, że zwoływanie go prowadzi prostą drogą do anarchii. Oddziały złożone z niezdyscyplinowanych i nieprzeszkolonych warchołów bardziej przypominały bandycką hołotę niż wojsko. Ale król wcale nie zamierzał prowadzić tych ludzi do boju. Był przekonany, że szlachta szybko przestraszy się widma mozolnej i niebezpiecznej wyprawy zbrojnej. A wtedy zostaną uchwalone podatki i cała awantura odejdzie w niepamięć.

Zygmunt nie mógł się bardziej mylić. Nie wiedział, że już na sejmie w 1536 roku zawiązał się spisek. Grupa przywódców szlacheckich – dość egzotyczna mieszanina pazernych manipulatorów, pieniaczy i agentów działających na rzecz wybranych możnych rodów – postanowiła od słów przejść do czynów. „Poczęto tajnie wskutek podżegnięcia magnatów naradzać się i niebezpieczne zawierać sprzysiężenia" – pisał anonimowy obserwator wydarzeń. Kiedy na początku lipca 1537 roku szlachta z całego kraju stawiła się na wezwanie, wszystko było już ustalone. Zamiast dotrzeć na miejsce zbiórki, dziesiątki tysięcy żołnierzy rozbiły obóz pod Lwowem. I tutaj – bezpośrednio pod zamkiem, w którym przebywał dwór królewski – ogłosili bunt.

Nad takim zbiorowiskiem ludzkim nikt nie mógł zapanować. Przez kilka tygodni w morzu namiotów trwały kłótnie, bijatyki, dyskusje i głosowania. Dochodziło nawet do walki na szable, do morderstw i skrytobójstw. Obozująca szlachta ogłosiła, że jej postój to tak naprawdę sejm – i że wspólnymi siłami zamierza naprawić państwo i powetować uczynione sobie szkody. Każdy z zebranych miał jednak inne zdanie na temat tego, co dokładnie należy zrobić.

Pstrokacizna projektów była gigantyczna. Ktoś domagał się zniesienia cechów garncarzy. Ktoś inny wypowiadał wojnę golibrodom. Z jednej strony padał postulat, by natychmiast odwołać proboszcza małopolskich Proszowic. Z drugiej zaraz odpowiadano, że w takim razie proboszcz z Pułtuska też musi odejść. Poważne propozycje tonęły w morzu absurdów, lokalnych interesów i żenujących przepychanek. Potrzeba było kilku tygodni, by z chaosu wyłoniła się grupka kilku wpływowych trybunów ludowych. Wraz z nimi wyraźnie zaczęły dominować postulaty gospodarcze. „Że cła są zdzierstwem, że komory celne obkradają i tuczą się na nich łakomcy, o tym wiadomo powszechnie!" – podjudzał krakowski sędzia Mikołaj Taszycki. Słysząc to, każdy szlachcic mógł ze zrozumieniem pokiwać głową. To wciąż było jednak mało. Przywódcy buntu potrzebowali wspólnego wroga – celu, na którym będą mogli skupić nienawiść dziesiątków tysięcy zebranych. Znaleźli go bez problemu – w osobie Bony Sforzy.

„Królowa tyle znaczy, ile chce, tyle zaś chce, ile jej się podoba, a władza jej nie jest określona żadnymi granicami!" – wykrzykiwał Piotr Zborowski. „Mądrze postanowili przodkowie, aby nikt z książęcego rodu niczego nie posiadał w polskim królestwie!" – wtórował mu inny samozwańczy trybun.

„Ona odbiera ludziom majątki bez pozwu, bez sądu i bez prawa!" – dodawał kolejny. Lawina ruszyła. Szlachta żądająca pieniędzy, wpływów i władzy z łatwością uwierzyła, że na drodze do jej sukcesu stoi kobieta, która osiągnęła wszystkie te cele. I że teraz trzeba ją zniszczyć.

Ataki mnożyły się. W tłumie nie brakowało zwolenników Odrowążów, Lityńskich, Kazanowskich. Wszystkich tych rodów, z którymi procesowała się Bona i którym odbierała majątki. „Odrowążowi dobra wydarto!" – krzyczeli. Rozsiewali niestworzone plotki o tym, jak Bona bezprawnie okrada kolejne rodziny szlacheckie. Sądowe procesy przedstawiali jako akty rabunku. Milczeli o dowodach i dokumentach. A przede wszystkim straszyli – że jeśli Bona nie zostanie powstrzymana, to po wielkich rodach przyjdzie pora na każdego szeregowego szlachcica. I wtedy nic go nie uratuje przed żarłocznym molochem.

Walczyli nie tylko z królową, ale z całym systemem urzędniczym, na którym władczyni się opierała. Jeśli sądy monarsze wydawały wyroki niezgodne z interesem szlachty – należało je zdelegalizować. Jeśli królewskie archiwum, nazywane Metryką Koronną, zawierało dokumenty świadczące na niekorzyść szlachty – nadeszła pora, by je zlikwidować. Szlachtę miała sądzić tylko szlachta, w oparciu o szlacheckie zeznania i szlacheckie dokumenty. Perfekcyjny system.

Walkę z cłami też łatwo obrócono w walkę z Boną. Królowa sprawowała pieczę nad komorami celnymi utworzonymi na granicy Prus i Mazowsza. Jej urzędnicy pobierali myto i na nich spadała cała nienawiść szlachty. A w efekcie: także na nią. Podobnie sytuacja wyglądała na Litwie. Fakt, że Bona zwiększyła trzykrotnie dochody z tamtejszych ceł, u nikogo nie wzbudzał podziwu. Tylko wrogość.

Jakby tego było mało, królowa sprowadziła na Polskę szarańczę w postaci Włochów i innych obcokrajowców. „Trębacze i cymbaliści rozdrapali dziedzictwo ojczyzny naszej! Zgwałcili ustawy!" – perorował Marcin Zborowski, odnosząc się w oczywisty sposób do rozkochanych w muzyce rodaków Bony.

Nie mogło też zabraknąć zdrowej dawki szlacheckiego antysemityzmu. Bona trzymała na swoim dworze żydowską krawcową. Nie przejawiała żadnych obiekcji, kiedy nadarzała się okazja, by robić interesy z Żydami. Z pomocą kupców wyznania mojżeszowego stawiała pierwsze kroki w biznesie. Już w latach dwudziestych XVI wieku zarabiała na pośrednictwie w żydowskim handlu skórkami sobolimi. Jakby tego było mało – w 1536 roku opowiedziała się przeciwko planom szlachty, która chciała obedrzeć Żydów z ich przywilejów. W oczach przedstawicieli narodu królowa urastała do rangi filosemitki. Trudno było o większą obelgę.

W atakach nie brakowało też wątków czysto osobistych. Buntownicy zarzucali Bonie, że rozpuszcza syna, że celowo pozbawia go edukacji i chowa niczym babę. „Bona ci dano na imię, a tyś złość wcielona. Chciwa, przewrotna, zła matka, zła żona!" – podśpiewywali w obozie pod Lwowem. Pełno było oskarżeń bezczelnych i wyssanych z palca. Mówiono, że Bona po przyjeździe do Polski, niczym jakaś hiena cmentarna, przywłaszczyła sobie cały majątek pierwszej małżonki Zygmunta, Barbary z Zápolyów; że jej własne sukcesy były wyłącznie efektem oszustw, kradzieży i wyzysku. A nawet, że planuje oderwać zagrabione ziemie od Polski i stworzyć nowe państwo. Niemieccy agenci już wcześniej pisali o Bonie, że należałoby ją zniszczyć „ogniem i żelazem". Teraz szlachta czuła dokładnie tak samo.

Po dwóch miesiącach buntownicy sformułowali wreszcie swoje żądania. Cła miały zostać zupełnie zniesione. Wartość dowodowa królewskiej dokumentacji unieważniona. Król miał zrzec się prawa rozdawania urzędów i godności na rzecz szlachty. Obcokrajowcy mieli zostać pozbawieni wszelkich nadań. A przede wszystkim – królowa miała zniknąć z życia publicznego.

„Ma wszystkie przez nią wykupione dobra zwrócić królowi, a na przyszłość nie ważyć się wykupywać królewszczyzn!" – zapisano w oficjalnym ultimatum.

Duma i zaprzeczenie

Podobno nic się nie stało. Wystarczy spojrzeć do dowolnego podręcznika historii, by przekonać się, że tumult z 1537 roku historycy uznali za jeden wielki żart. Król przeczekał awanturę, na nic się nie zgodził, a znudzona szlachta wreszcie rozjechała się do domów. Nawet nazwa całego buntu zakrawa na kpinę. Mówi się o nim „wojna kokosza" – bo rzekomo w jego efekcie nie ucierpiał nikt poza kurami zamieszkującymi wsie pod Lwowem.

Nie jest to prawdą. Król nie zgodził się na ultimatum. Nie mógł tego zrobić, kiedy oblegały go jego własne wojska. Straciłby resztkę szacunku poddanych, a może nawet tron. To jednak nie oznacza, że bunt był pozbawiony znaczenia. Mechanizmu raz puszczonego w ruch nie dało się już zatrzymać. Szlachta zebrana na polach pod Lwowem pognębiła monarszy majestat. Wypowiedziała królowi posłuszeństwo, zignorowała jego rozkazy i wyśmiała przysługujące mu prawa. Posunęła się nawet do otwartych gróźb pod adresem jego doradców. Jeden z prowodyrów buntu stwierdził, że jeśli senatorowie się nie ugną, to szlachta weźmie sprawy w swoje ręce i ich osądzi.

Nie zrobiła tego tylko dlatego, że tak naprawdę osiągnęła swoje cele. Na przestrzeni kilku kolejnych lat zwyczajne sejmy konsekwentnie wprowadzały w życie postulaty buntowników, a król z rezygnacją wyrażał na to zgodę. Metryka Koronna rzeczywiście straciła wartość dowodową. Królowej uniemożliwiono swobodne mianowanie zarządców we własnych majątkach. Wszystkie jej dobra, zgodnie z wolą szlachty, stały się wyłącznie dożywotnią własnością. Wprowadzono też w życie milczące porozumienie, że monarchini rzeczywiście przestanie skupować szlacheckie dobra. Zmiany były stopniowe, ale kierunek jasny. W stronę państwa, w którym

---

„Wojna kokosza", obraz Henryka Rodakowskiego. Na pierwszym planie widać Zygmunta i Bonę

nie ma równych i równiejszych. Są tylko równiejsi i cała reszta, pozbawiona jakichkolwiek praw.

Królowa była zdruzgotana. Nie chodziło o konkretne, wymierzone w nią decyzje. Te tak naprawdę nie były dla niej bolesne. Tak długo, jak miała syna i spadkobiercę, bez większego znaczenia było to, czy jej majątki posiadały charakter dożywotni, czy nie. Po śmierci i tak musiały przejść na Zygmunta Augusta. Po prostu zmienił się ich charakter prawny. Także powstrzymanie skupu dóbr było co najwyżej drobną niedogodnością. Królowa już miała w swoim posiadaniu połowę Litwy i bajeczną fortunę w Polsce. Dalsza ekspansja nie była konieczna. Bona czuła się zdruzgotana z zupełnie innych powodów. „Wojna kokosza" zraniła ją do żywego jako człowieka i władczynię.

Na ataki buntowników odpowiedziała w porywczym liście, z którego jasno wyziera, jak bardzo przepełniała ją gorycz. Widać, że królowa – może po raz pierwszy w życiu – potrzebowała się wytłumaczyć. Jej pismo to jednocześnie obrona i atak. Jest rozżalona, ale nie ma żadnych wątpliwości: to szlachta się myli, a ona ma rację.

8 września 1537 roku, jeszcze zanim wydarzenia na polach pod Lwowem dobiegły końca, pisała do sekretarza królewskiego, Samuela Maciejowskiego:

> Statut Jagiełły nie przeszkadza wykupowi dóbr z powodu mojego pochodzenia. Tak bowiem tłumacząc ustawę, należałoby odmówić prawa dzierżenia dóbr tym wszystkim książętom i hrabiom, co się nimi piszą i tytuły na pieczęciach wypisywać każą.

Jawny przytyk odnosił się do polskich magnatów, którzy za pieniądze i szpiegowskie usługi otrzymywali od habsburskich cesarzy arystokratyczne tytuły. W XVI wieku ich grono rosło w ekspresowym tempie. Bona pluła na tych ludzi. Przede wszystkim jednak – czuła się obrażona już samą próbą ustawienia jej w tym samym szeregu.

> Niechaj ci stróże prawa, mianujący nas książęcego pochodzenia osobistością, wiedzą, że pochodzę z przesławnej krwi królewskiej. I że statut jagielloński odnosi się do książąt poddanych lub nie

> poddanych Korony. Ja zaś jestem ich królową. Jeżeli poddanym przysługuje prawo dzierżenia dóbr, czyż królowa miałaby być od niego wyjęta? Nie!

Najbardziej ze wszystkiego Bonę bolał fakt, że szlachta atakowała ją za dobre serce. Mogła przecież kupować dobra we Włoszech – a wolała inwestować nad Wisłą.

> Sama podjęłam dzieło pożyteczne, z miłości do króla i syna, a także do poddanych moich, dla których pożytku i obrony buduję zamki w wykupionych królewszczyznach. Nie polskimi pieniędzmi zresztą prowadzę dzieło wykupu zastawionych dóbr królewskich. Wiadomo, że we Włoszech mam księstwo i z tych dóbr pokrywam te koszty.

Może szlachta chciałaby mi jeszcze odebrać moje włoskie księstwa? Może chciałaby mnie zrównać ze sobą? – pytała Bona. „Bóg świadkiem, ile to razy nawet za najniższymi się wstawiałam. I jaką za to odbieram nagrodę?" – żaliła się. Jednocześnie stwierdzała gorzko, że nie wie, jak ma dalej wychowywać syna w takim kraju i jak zapewnić mu godną pozycję wśród warchołów i podżegaczy. Jej emocjonalną reakcję łatwo zrozumieć. Ona nie tylko czuła się zdradzona. Na dobrą sprawę naprawdę została zdradzona.

Jest prawdą, że Bona często działała w sposób arbitralny i władczy. Była pazerna i małostkowa. Nie można jej natomiast odmówić patriotyzmu. Działała w najlepiej pojętym interesie państwa. Jeśli te działania raz po raz wchodziły w paradę najwyższym dostojnikom i magnatom, to wina leżała po drugiej stronie. W XVI wieku wszyscy niemal polscy urzędnicy wysokiego szczebla byli skorumpowani, pracowali na zlecenie

---

Panorama Lwowa u schyłku XVI wieku

i za pieniądze sąsiednich mocarstw. Jak na ironię, to kobieta z obcego kraju, cyniczna Włoszka, która sama pomogła sobie w drodze na tron przekupstwem, okazała się najuczciwszym i najbardziej propolskim politykiem w kraju. Wiedziała, że to, co dobre dla Rzeczpospolitej – jest dobre dla jej własnej rodziny. Ale chyba też, może na wyrost, może przedwcześnie i bez wzajemności, zakochała się w swojej nowej ojczyźnie.

Była gotowa dla niej – ale właśnie dla rozumianej abstrakcyjnie ojczyzny, a nie dla zamieszkujących ją ludzi – na wielkie poświęcenia. Nawet na utratę swojego ukochanego Bari. Przy pewnej okazji zaproponowała, że w interesie Polski zgodzi się wymienić należące do niej włoskie księstwa na Śląsk. Kiedy indziej dała do zrozumienia, że jeśli będzie trzeba, to odda je nawet za bezcen, byle Polska nie ucierpiała. Podczas jednego z zaognionych sporów z Habsburgami Bona wykrzyknęła do austriackiego posła: „A więc cesarz i król rzymski chce rządzić tym królestwem. Nigdy nie uczynię tego, co on chce. Prędzej umrę! A jeżeli cesarz zechce zabrać mi to, co posiadam we Włoszech, niech tak uczyni. Nie dbam o to. Wystarczy mi to, co mam w Polsce".

Gotowość do poświęceń nie wystarczała jednak do zaskarbienia sobie sympatii poddanych. Nie po raz pierwszy Bona poniosła porażkę, ponieważ nie rozumiała ludzi. Z pozoru idealnie rozgrywała interesy petentów, wyzyskiwała ich łapczywość i wynagradzała przysługi. Nie potrafiła jednak wyjść poza schemat, w którym dworzanie i dostojnicy byli wyłącznie pionkami w jej grze; nie widziała w nich jednostek o własnych celach, emocjach, sympatiach i uprzedzeniach. W efekcie nie była w stanie zbudować swojego stronnictwa, w trwały sposób związać ze sobą ważnych przyjaciół ani zawrzeć dalekosiężnych sojuszy.

Przede wszystkim – nie ufała nikomu. Miała tendencję do mianowania na wysokie stanowiska osób zupełnie bezbarwnych i pozbawionych ambicji. Z jednej strony te marionetki nie mogły jej w niczym zagrozić. Z drugiej – w sytuacjach kryzysowych okazywały się zupełnie bezużyteczne i nielojalne. W założeniu jej protegowani mieli być „mierni, ale wierni". W praktyce wyszło na to, że byli mierni. I nic więcej.

Prawdziwie potężnych stronników Bona skaptowała tylko dwóch: Piotra Gamrata i Piotra Kmitę. Wspólnie z królową nazywani byli „triumwiratem". Gamrat był człowiekiem znikąd, który za sprawą protekcji Bony doszedł do godności prymasa i biskupa krakowskiego. Kmita też piął się po szczeblach kariery pod okiem królowej. Nie bez jej pomocy został marszałkiem wielkim koronnym, wojewodą sandomierskim i krakowskim. Obaj wiele zawdzięczali królowej i byli gotowi wiernie spłacać długi. Bona jednak nawet wobec nich nie potrafiła powściągnąć swojej kategorycznej, nieznoszącej sprzeciwu natury i swoich zero-jedynkowych zasad.

Jeśli w danym roku wypowiadała wojnę osobom sprawującym jednocześnie zbyt wiele urzędów – uderzała tym nawet w swoich sojuszników. Jeśli przystępowała do konfiskat bezprawnie przetrzymywanych gruntów królewskich – nie brała żadnej poprawki na to, że ktoś wyświadczył jej takie lub inne przysługi. Mimo makiawelicznych idei, które stały za jej podejściem do polityki, nie potrafiła powstrzymać się przed neurotycznym wręcz pedantyzmem. Zalecenia miały być zawsze wypełniane w stu procentach. Tak jakby jedno odstępstwo od normy mogło zburzyć cały perfekcyjnie obmyślony wzór. Efekt był taki, że nawet Piotra Kmitę zaciągnęła do sądu.

Zygmunt Wojciechowski, biograf Zygmunta Starego, relacjonował, że: „Między Kmitą a królową powstał spór o... pastwiska. Można zatem być zgodnym w zasadniczych liniach polityki państwa, spierać zaś o wypas bydła". Niby błahostka, ale urażonemu Kmicie nie było do śmiechu. W 1537 roku dołączył do szlacheckiego buntu i sam zaczął nawoływać do ukrócenia „białogłowego panowania". Posunął się nawet do zbrojnego ataku na królową. „Ten niegodziwiec w trzystu ludzi najechać nakazał [moją] królewszczyznę, zniszczyć i spustoszyć, a po spełnionym haniebnym czynie ze skargą pognał do króla, skarżąc się na nas. Oto macie niewdzięcznika i niesprawiedliwego człowieka potworne kłamstwo!" – pisała Bona.

Królowa nie była ideałem. Ale jej samej nikt by tego nie udowodnił. A już na pewno – nikt by się nie odważył. W liście wysłanym do Samuela

Maciejowskiego Bona nie przyjmowała na siebie żadnej odpowiedzialności za rozognienie sytuacji w kraju. Zarazem – zadziwiająco wiele wysiłku włożyła w znalezienie winnego. Lub kozła ofiarnego.

Po pierwsze winę ponosili nielojalni senatorowie. „Powracający ze Lwowa kupiec doniósł nam, że jeden z senatorów powiedział szlachcie, że uchwała o pochodzie na wroga zapadła nie w innym celu, jak tylko po to, by strachu napędzić szlachcie i aby przerażeni tym stali się bardziej skłonni do wydania zgody na podatki" – wyjaśniała. – „Mocno boleję, że mamy tak niepewnych i lekkich senatorów, którzy sekretne zamiary królewskie przed tłumem zdradzają. Zmiennej i wahającej się szlachcie to doradzają i podszeptują, co jest szkodliwe zarówno dla króla, jak i dla Rzeczpospolitej!"

Po drugie winny był król. I to z kilku różnych powodów. Najpierw nie dopilnował tajemnicy i sam umożliwił zdradę nielojalnemu senatorowi. „Doradzałam na odjezdnym królowi i przestrzegałam poufnie, aby nie wtajemniczał wszystkich w swoje zamiary tajemne, lecz by się nimi podzielił tylko z kilkoma mężami o wypróbowanej wierze" – pisała Bona. Gdy zło już zostało uczynione, Zygmunt znowu nie stanął na wysokości zadania. Zamiast zdusić bunt w zarodku, pozwolił niepokornej szlachcie obradować, a nawet prowadzić pertraktacje z jego wysłannikami. Królowa tłumaczyła: „Nie należało królowi wdawać się w rokowania z poddanymi w kwestii prawa. Nie powinien na pewno król nieokiełznanemu tłumowi, a przede wszystkim tym burzliwym przodownikom popuszczać cugli. Gdyby ich zuchwałość i żądza czynienia zamieszek dawniej została powściągnięta, mniej dziś mielibyśmy spisków".

Bona nie miała wątpliwości co do źródła „zuchwałości" szlachty. Zrodziły ją: „Powolność i cierpliwość królewska". Jakby tego było mało, Zygmunt nawet po rokoszu nie wyciągnął należytych wniosków. Nie chciał być surowym sędzią i ukarać prowodyrów zamieszek za obrazę majestatu. Bona wręcz przeciwnie – pałała żądzą zemsty. I właśnie próba wywarcia zemsty pokazała jej, że bunt wcale nie był wypadkiem pozbawionym znaczenia. Zygmunt wezwał przywódców rokoszu przed sąd obradujący podczas kolejnego sejmu. Ci zgodzili się przybyć na miejsce, ale wcale nie zamierzali korzyć się przed Jagiellończykiem. Przyjechali w ostatnim dniu obrad – już tym pokazując, jak mało oznaczało dla nich żądanie władcy. Co więcej, towarzyszyła im eskorta prywatnego wojska. Łącznie około trzystu żołnierzy. Wyroki, wydane pod okiem zbrojnych, okazały się bardzo wyrozumiałe. I nie mogły być inne, jeśli Zygmunt nie chciał rozpętywać prawdziwej wojny domowej.

Bona od lat nie była równie osłabiona. Jej zaciekli wrogowie tylko na to czekali. Litewscy magnaci, Habsburgowie i Hohenzollernowie. Niedługo do tego grona dołączą też dwaj ludzie, których podczas lwowskich wydarzeń uważała za swoich najlepszych orędowników: Jan Tarnowski i Samuel Maciejowski. Dla władzy i pieniędzy postanowią ją pogrążyć.

Za sprawą ich wszystkich zaczęto teraz rozwijać czarną legendę królowej. Każdą jej wadę wyolbrzymiano w kolportowanych na masową skalę paszkwilach; każde podejrzenie i plotkę rozdmuchiwano do rangi encyklopedycznego wręcz faktu. Najmocniej zaś, wręcz bez opamiętania, bito w jej moralność. Bo cóż mogło być gorszego niż starzejąca się, już ponad czterdziestoletnia, rozpustnica na tronie?

Szaleństwa młodości

„Włoskie owoce dojrzewają szybciej!" Według popularnej legendy to właśnie miała powiedzieć Bona w 1518 roku, niedługo po swoim przyjeździe do Polski, kiedy świeżo poślubiony mąż zauważył u niej pierwsze oznaki ciąży. Rzekomo Zygmunt łatwo policzył, że dziecko nie może być jego, a poczęte zostało jeszcze w Italii. Zgodnie z jedną wersją historii naiwny władca uwierzył kłamliwej włoskiej żmii; według innej – na Wawelu wybuchł prawdziwy skandal. Jakkolwiek by nie było, plotkarze zacierali ręce.

Opowieść na tym zresztą się nie kończyła. Prowadzono, być może na zlecenie wrogich dworów, szeroko zakrojone poszukiwania domniemanych kochanków królowej. Akcja odbijała się echem nawet sto lat później, gdy dwaj Włosi, Sylwiusz i Askaniusz Coronowie, wydali przepełnioną pikantnymi szczegółami, miejscami wręcz pornograficzną kronikę *Prawda odkryta o książętach*.

Zgodnie z tym nowożytnym harlequinem przed wyjazdem do Polski Bona była uwikłana w wyuzdany czworokąt miłosny. Jej kochankiem został neapolitański arystokrata Hektor Pignatelli, a kochankiem jej matki – ojciec tegoż młodzieńca. Bezwstydnemu związkowi kres położyło dopiero małżeństwo Bony. Hektor nie chciał zabrać się razem z nią nad Wisłę i kontynuować romansu za plecami polskiego króla. Jakby tego było mało, szybko znalazł pocieszenie w ramionach innej miłośnicy. Urażona do żywego Sforzówna nie mogła przymknąć oczu na taką potwarz. Pałając nienawiścią i żądzą zemsty, nakazała swoim agentom otrucie niewiernego kochanka. W podobnym tonie utrzymane były wydane nieco wcześniej

Drogocenny wieniec królowej Bony.
Do dzisiaj przetrwał tylko na ilustracji Jana Matejki

kroniki skandaliczne autorstwa niejakiego Filonico Alicanassea. Także w myśl tej lektury Bona zamieszana była w najgorsze grzechy przeciwko moralności.

Z kolei niemiecka *Kronika grafów von Zimmern* z lat sześćdziesiątych XVI wieku opowiadała legendę równie obraźliwą, co poniżającą. Bona została w niej odmalowana jako głupia włoska gęś. Rzekomo Sforzównę cechowała tak wielka naiwność, że w drodze do Polski w 1518 roku uwierzyła przypadkowemu członkowi orszaku, iż ten jest w rzeczywistości królem Zygmuntem w przebraniu. Przez cały okres podróży oddawała mu nocami swoje ciało. Dopiero przed samą polską granicą rzekomy monarcha ulotnił się, tłumacząc, że musi przygotować uroczystości weselne. Tajemnica wyjaśniła się zaraz po tym, jak Bona przybyła do Krakowa. Król, który powitał ją pod miastem, był zupełnie innym człowiekiem. Nie było jednak czasu na tłumaczenia. Prawdziwy polski monarcha na widok swojej nowej małżonki momentalnie zapałał żądzą. Czując, że nie zdoła utrzymać swej chuci w ryzach, nakazał, by natychmiast zostawiono go sam na sam z Boną. Herold zakrzyknął: „Niech wszyscy wyjdą! Nasz król pragnie kopulować!". Chwila cielesnych uniesień szybko przemieniła się w moment upokorzenia. Władca ze zgrozą odkrył, że Bona wcale nie jest dziewicą.

W świetle legend wyskokom królowej nie położyło kresu nawet małżeństwo z Zygmuntem Jagiellończykiem. Podstarzały król, zamiast ostudzić temperament królowej, tylko rozpalił w niej potrzebę poszukiwania nowych erotycznych doznań. Najwięcej wątpliwości wśród opinii publicznej wzbudziła nowa świecka tradycja wprowadzona przez Bonę. Oficjalna wersja wyglądała następująco. Królowa, jako troskliwa pani i opiekunka fraucymeru, dbała nie tylko o dobre zamążpójście swoich dwórek, ale też o ich bezpieczną ciążę i poród. Dlatego też w tym szczególnym okresie zapraszała dawne członkinie fraucymeru z powrotem na dwór, gdzie pod opieką najlepszych lekarzy i akuszerek miały przebywać aż do rozwiązania.

Wersja plotkarska różniła się w kilku zasadniczych punktach. Zgodnie z nią w ciąże nie zachodziły dwórki, ale sama Bona, bez ograniczeń pławiąca się w rozkoszach. Cała reszta stanowić miała wyłącznie zasłonę dymną. Starannie dobrana „matka zastępcza" przyjeżdżała na dwór z kilkumiesięcznym wyprzedzeniem, ukrywała się wraz z królową w zaciszu jej komnat, a kiedy nowy bękart przychodził wreszcie na świat, wracała z nim do domu jako z własnym dzieckiem. Która wersja była prawdziwa? Nie ulega wątpliwości, że ta pierwsza.

Plotki o erotycznych apetytach królowej przez wieki rozpalały wyobraźnię, jednak na ich potwierdzenie nie ma ani krztyny dowodów. Nawet najbardziej zaciekli wrogowie Bony w poufnych rozmowach i korespondencji nie dawali wiary pieprznym opowiastkom. Nienawidzący Sforzówny Stanisław Górski (zresztą jej własny sekretarz!) pisał do przyjaciela, Klemensa Janickiego:

> Oda Twoja obudziła we mnie podejrzenie, że coś powiedziano, jakoby na tym miejscu, gdzie się znajduje najwyższa władza, grzeszono przeciwko wstydliwości. A ja ci na wszystkie świętości przysięgam, że jeśli tak głoszą, jest to z gruntu fałsz i największe kłamstwo.

Dalej Górskiemu wyrwała się wręcz sugestia, iż chciałby, aby plotki były prawdziwe. Wówczas mógłby: „wyznać wszystko [Janickiemu] ze względu na naszą wzajemną życzliwość i przyjaźń". Rzeczywistości nie dało się jednak zaczarować. Sekretarz niechętnie, bo niechętnie, ale był zmuszony przyznać, że na Wawelu „wszystko jest tak czyste, tak nieskazitelne, że nawet najmniejsze podejrzenie takiej zmazy nie może mieć miejsca".

Jeśli nawet on – niezwykły rygorysta moralny, wszędzie doszukujący się grzechów i bluźnierstw – niczego nie dostrzegł, to widocznie nie było nic do dostrzeżenia. Podobnie rzecz się ma z młodzieńczymi romansami Bony. Cała historia o „szybko dojrzewających owocach" została ewidentnie wyssana z palca. Pierwsze dziecko Bony przyszło na świat równo dziewięć miesięcy po ślubie z Zygmuntem, a prawdziwi historycy – interesujący się faktami, nie zaś wymysłami – nie zdołali zlokalizować we Włoszech żadnego śladu po miłosnych wyskokach młodej księżniczki. To samo tyczy się dalszego życia Bony. Gdyby królowa chciała wdać się w jakikolwiek romans, miała ku temu aż nadto okazji. Zdrady, także w wykonaniu kobiet, nie były w tej epoce niczym rzadkim. Bona mogła łatwo przyprawić Zygmuntowi rogi. Jedyne, z czym królowa musiałaby się liczyć w takiej sytuacji, to wiedza otoczenia. Przed ponad stuosobowym dworem, który towarzyszył jej o każdej porze dnia i nocy, nie dałoby się ukryć związku z innym mężczyzną. Jeśli więc taki związek nie został odnotowany we wiarygodnych źródłach – to najwidoczniej go nie było.

Z jednej strony jest to wniosek przywracający honor poniżanej i opluwanej od kilkuset lat królowej. Z drugiej – to konkluzja nadzwyczaj smutna. Okazuje się, że Bona przez całe życie nigdy nie zaznała prawdziwej, spełnionej miłości. Chyba nawet nie dała się ponieść żadnemu niespełnionemu uczuciu – żadnej fantazji, która pomagałaby przetrwać trudne dni we wrogim otoczeniu czyhającym na każde jej potknięcie. Dla dobra rodziny, dla ambicji matczynych i własnych, poślubiła podstarzałego, brzydkiego i nieciekawego mężczyznę. Z uwagi na godność domu i cześć swojego syna nie pozwalała sobie nawet na swobodniejsze rozmowy z innymi mężczyznami, nie wspominając o jakiejkolwiek zażyłości. Każdego przedstawiciela płci przeciwnej, nawet najbardziej jej oddanego i przychylnego, traktowała z władczą oziębłością. Tak jakby bała się, że inne podejście może niepostrzeżenie doprowadzić do katastrofy. To zresztą tylko pogłębiało nienawiść do niej.

Dworzanie Zygmunta zarzucali jej, że przywiozła ze sobą do Polski rozpustne obyczaje. Prawda była jednak taka, że hulanki i bezeceństwa stanowiły codzienność na kawalerskim i wdowim dworze Zygmunta przed, a nie po przybyciu Bony. To ona położyła kres nieobyczajnym zabawom i horacjańskiemu przekonaniu, że każdego dnia trzeba się bawić tak, jakby był on ostatnim. Pewien dyplomata wychwalał wręcz królową za to, że „oduczyła Polaków pijaństwa". I otaczający króla birbanci za nic nie mogli jej tego wybaczyć.

Samotność królowej – którą stale otaczali ludzie, lecz od chwili wyjazdu z Bari nie miała u swojego boku żadnej bratniej duszy – stawała się tym boleśniejsza, im bardziej Bona uświadamiała sobie, że Zygmunt wcale nie jest równie wierny jak ona.

Nie należy tego rozumieć opacznie. W źródłach nie zachowały się informacje o dosłownych zdradach małżeńskich przedostatniego Jagiellona. Niewykluczone, że ich nie było. Tak długo, jak starczało mu sił na miłosne uniesienia, zadowalał się chyba towarzystwem młodej i pięknej żony. Później, z upływem lat stawał się już zbyt zniedołężniały, by myśleć o cielesnych uciechach. Nie oznacza to jednak, że Bona nie musiała liczyć się z konkurencją innych kobiet. Wręcz przeciwnie.

Konkurencja żywa i martwa

Pierwsza fascynacja Zygmunta młodą małżonką – to płomienne, bezkompromisowe zauroczenie, które tak bardzo ułatwiło Sforzównie uzyskanie wpływów politycznych – przeminęła, nigdy chyba nie przeradzając się w trwałe, głębokie uczucie. Zygmunt na pewno podziwiał talenty Bony. Na pewno darzył ją zaufaniem i sympatią. Na pewno też był do niej głęboko przywiązany. Nie było to jednak przywiązanie kochającego człowieka. Zygmunt ciążył ku Bonie tak, jak częstą ciążą ku sobie stare, nieszczęśliwe małżeństwa. Takie, o których można powiedzieć, że ich wyschnięty i odarty z uczuć związek cementują już tylko przyzwyczajenie, wspólnie spędzone lata i wspólne, często bolesne doświadczenia. Oraz – rzecz jasna – dzieci.

Bona miała świadomość, że w coraz większym stopniu jest nie tylko samotna, ale też sama. Tymczasem w życiu Zygmunta wcale nie brakowało innych kobiet. W Krakowie i w Wilnie królowa niejednokrotnie musiała serdecznie witać i zabawiać uprzejmą rozmową niejaką Katarzynę Telniczankę. Była to morawska mieszczka, z którą Zygmunt spędził ponad dziesięć szczęśliwych lat przed tym, jak został wybrany polskim królem po śmierci dwóch starszych braci. Ze względu na dzielącą ich różnicę stanów Zygmunt i Katarzyna nigdy nie wzięli ślubu. Jednak pod każdym innym względem stanowili zwyczajną rodzinę. Morawianka urodziła Jagiellończykowi trójkę dzieci. Dzieliła z nim codzienne troski oraz radości. Co zaś najważniejsze – nigdy tak naprawdę nie zniknęła z jego życia.

Zygmunt był zmuszony oddalić swoją nieoficjalną żonę w 1509 roku, kiedy jako król zaczął szukać legalnej małżonki. Nadal jednak wspierał we wszystkim Katarzynę, obdarowywał ją klejnotami, a nawet zakupił dla niej luksusową kamienicę przy krakowskim Rynku. Zupełnie tak, jakby wciąż chciał trzymać ją jak najbliżej siebie. Nigdy też nie pozwolił, by Katarzyna wstąpiła w prawdziwy związek małżeński. Sam znalazł dla niej męża – ślepo sobie oddanego i już ponad pięćdziesięcioletniego podskarbiego, Andrzeja Kościeleckiego. Wszystko wskazuje na to, że wzdragał się na samą myśl o oddaniu kobiety, którą autentycznie kochał, w ręce młodego, sprawnego mężczyzny. Kogoś, kto w jej myślach mógłby konkurować z nim samym. Nie skończyło się to dobrze dla Telniczanki. Kościelecki szybko umarł, ona natomiast zupełnie zdziwaczała na starość. Królewscy dworzanie zaczęli nazywać ją żmiją i czarownicą. Podobno praktykowała sztuki tajemne. Próbowała rzucić urok na biskupa krakowskiego i podkanclerzego, Piotra Tomickiego. Używając niecnych sztuczek, uwodziła kanclerza wielkiego koronnego Krzysztofa Szydłowieckiego. Może zresztą były to tylko plotki – a Katarzyna po prostu próbowała, podobnie jak Bona, wejść do świata polskiej polityki. Była kobietą, to zaś z góry skazywało ją na potępienie.

Czy tego chciała, czy nie, Bona była świadkiem wszystkich tych wydarzeń. Nawet śmierć Katarzyny Telniczanki w lecie 1528 roku nie uwolniła jej od konkurencji królewskiej metresy. Osobiście zadbała o sprowadzenie jej ciała do Krakowa i zorganizowała dla niej piękny pogrzeb.

Z kamienną twarzą obserwowała, jak mąż ociera łzy, wspominając beztroski związek z morawską mieszczką. Później jeszcze przez wiele lat była skazana na współpracę z synem Zygmunta i Telniczanki, biskupem wileńskim Janem. Wzięła też pod swoje skrzydła nastoletnią córkę zmarłej, Beatę. Wielu dworzan twierdziło, że tak naprawdę była to córka Zygmunta – a nie Kościeleckiego. Nie można tego wykluczyć.

Przynajmniej sama Katarzyna zaczęła powoli odchodzić w niepamięć. Nie była to jednak jedyna kobieta w życiu Zygmunta. Pierwsza żona władcy Barbara Zápolya stanowiła o wiele poważniejszą konkurencję dla Bony. I to nawet dziesiątki lat po swojej śmierci.

Król poślubił ją w 1512 roku i nie każdy na krakowskim dworze był zadowolony z jego wyboru. Ojciec Barbary już nie żył, natomiast zastępował go jej starszy brat, Jan Zápolya. Człowiek słynący z porywczego, bezkompromisowego charakteru. Nic dziwnego, że na Wawelu nie brakowało ludzi obawiających się, że Barbara może się odznaczać równie nieprzyjemnym temperamentem.

Jan Zápolya nie był wprawdzie królem, należał natomiast do najpotężniejszych węgierskich możnowładców. Posiadał siedemdziesiąt dwa zamki i miasta, był wojewodą siedmiogrodzkim, a dorobił się przede wszystkim na ludzkiej krzywdzie. O cechującej go brutalności i żądzy krwi doskonale świadczy bezlitosne zdławienie w 1514 roku rebelii chłopskiej pod przywództwem György'a Dózsy. Ostatecznym natomiast, nieodwołalnym dowodem sadystycznych zaburzeń Zápolyi była egzekucja nieszczęsnego trybuna ludowego.

Wódz powstania wpadł wprawdzie w ręce wojewody w trakcie bitwy, nie został jednak potraktowany z szacunkiem przysługującym jeńcowi wojennemu. Zápolya kazał posadzić go na rozgrzanym do czerwoności, ustawionym ponad piecem, żelaznym tronie. Na głowę jeńcowi włożono rozpaloną żelazną koronę, a w dłoń wepchnięto nie mniej gorące berło. Dózsa konał, smażąc się powoli żywcem, nie był to jednak jeszcze koniec odrażającego spektaklu. Przed oblicze więźnia przyprowadzono dziewięciu jego najbliższych popleczników – skatowanych i wygłodzonych. Pierwszy z nich, rodzony brat Dózsy Gergely, został na jego oczach poćwiartowany żywcem. Następnie kaci prowadzący egzekucję zbliżyli się do Dózsy i poczęli bezlitośnie szarpać jego ciało obcęgami. Zaprzestali dopiero, gdy dostrzegli, że jeniec bliski jest utraty przytomności. Wówczas zwrócili się do pozostałych więźniów i adiutantów Dózsy. Każdemu dano wybór: zostanie wypuszczony, jeśli natychmiast rzuci się na swego przywódcę i zacznie kąsać jego ciało w miejscach, które przed momentem zraniły katowskie narzędzia. Warunkiem wolności było to, by jeniec nie tylko gryzł Dózsę, ale też pożerał kęsy jego ciała i spijał wypływającą z wnętrzności posokę. Trzech lub czterech więźniów z odrazą odmówiło. Zostali natychmiast poćwiartowani. To wystarczyło pozostałym, by porzucić precz skrupuły. Doskoczyli niczym psy do swego wodza i przyjaciela, wyręczając katów wojewody. Po chwili Dózsa już nie żył – upieczony i pożarty żywcem.

Właśnie człowiek stojący za tą egzekucją został szwagrem spokojnego, spolegliwego Zygmunta Jagiellończyka. I wszyscy odetchnęli z ulgą, bo Barbara Zápolya nie miała nic z porywczości swego brata.

Raj utracony Zygmunta

Mówiono o niej, że to najprawdziwszy anioł. Miała zaledwie siedemnaście lat, była piękna, cicha, delikatna jak polny kwiat i urzekająco naiwna. Kronikarz Marcin Kromer pisał o niej, że była „świętą i pobożną panią", która nieustannym postem i modlitwami wypraszała u Boga sukcesy Polski w wojnach i w dyplomacji. Marcin Bielski dodawał, że dzięki jej „niewymownej dobroci" kochali ją wszyscy poddani. Przede wszystkim jednak – zakochał się w niej bez pamięci sam król.

Zachowało się wiele listów wymienianych pomiędzy małżonkami i mają one zupełnie inny charakter niż rzeczowa, pełna podniosłych frazesów korespondencja Bony i Zygmunta. Do Barbary król pisał z czułością i tęsknotą. „Nasza miłość jest tak silna, że żadna odległość jej nie osłabi" – rzucił w jednym liście. „Już więcej nigdy nie dopuszczę, abyśmy choć na krótko i na niewielką odległość się z Waszą Królewską Mością rozłączyć mieli!" – zapewniał w innym. Rozłąka okazała się jednak bardzo szybka i nieodwołalna. Królowa zmarła niedługo po narodzeniu drugiego dziecka, „wśród boleści i niewypowiedzianej agonii". Nie zdążyła chyba nawet ukończyć dwudziestego roku życia.

Zygmunt na kolejne miesiące pogrążył się w głębokim żalu. Nie zważając na opinię otoczenia, spędzał dnie i noce, płacząc za ukochaną. Zupełnie przy tym zapomniał o sprawach państwowych, oddając je w ręce przekupionych urzędników. Na dobrą sprawę czarna rozpacz i umysłowe odrętwienie króla pomogły Bonie w wywalczeniu sobie polskiej korony. Monarcha nie chciał myśleć o ożenku, roztrząsać, która kandydatka będzie najlepsza i zdoła godnie zastąpić zmarłą. Zostawił wszystko w gestii otoczenia, niemal nie wychylając nosa ze swojej komnaty.

Dopiero przyjazd Bony do Krakowa zakończył żałobę Zygmunta po Barbarze. Przez kilka lat wydawało się, że król zupełnie zapomni o pierwszej żonie, z którą ledwo zdążył założyć rodzinę i podjąć wspólne życie. Stało się jednak zupełnie odwrotnie. Im bardziej Bona i Zygmunt oddalali się od siebie, tym silniej stary monarcha wracał myślami do pierwszego małżeństwa. W upiększonych przez czas wspomnieniach urastało ono do rangi prawdziwej idylli. Barbara była niewinna, spokojna i cicha; była strażniczką ogniska domowego, a nie polityczną przekupką, wszędzie wietrzącą spiski i okazje. Była też posłuszną żoną, ślepo zapatrzoną w swego pana małżonka. I nigdy nawet nie przyszłoby jej do głowy, że małżeństwo może być związkiem na partnerskich prawach.

Zygmunt rozpamiętywał utracone szczęście, a jednocześnie w coraz większym stopniu unikał towarzystwa Bony. Przy całym szacunku, którym niewątpliwie darzył swoją drugą żonę, nie mógł odnaleźć się w rzeczywistości, w której to ona była tą sprytniejszą, bardziej rzutką, utalentowaną i kompetentną połówką pomarańczy. Czuł się zepchnięty na margines i ubezwłasnowolniony. Czuł też coraz większy ciężar lat na karku.

Bona nie była ślepa. Szybko zrozumiała, że dzieje się coś złego, ale nie znała rozwiązania problemu. Lata treningu w emocjonalnej wstrzemięźliwości nie wyposażyły jej w żadne narzędzie pozwalające poradzić sobie z kryzysem w związku. W efekcie sięgnęła po ten sam sposób co zawsze.

Zygmunt wraz ze swoimi żonami. Jedyny znany portret Barbary Zápolyi, będący fragmentem drzewa genealogicznego Jagiellonów opublikowanego w księdze „O starożytności Polaków"

Zamiast udobruchać Zygmunta, podnieść jego samoocenę i udowodnić mu, że jest jej podporą i najbliższym przyjacielem, uznała słabość męża za okazję do wyprowadzenia ataku. Próbowała dalej powiększać swoje wpływy, majątek i pozycję polityczną, nie licząc się z obiekcjami i opiniami małżonka. Często nawet – jego kosztem.

Efektem było jeszcze silniejsze odcięcie się Zygmunta od żony, ale też – coraz częstsze konflikty małżeńskie. Być może zła na swą własną niezdolność do ludzkiego potraktowania męża Bona doprowadzała do kolejnych awantur. Wybuchała płaczem, krzyczała, podobno nawet rzucała się na ziemię w atakach złości i rwała sobie włosy z głowy. Król w odpowiedzi próbował publicznie udowadniać, że plotkarze są w błędzie. I że wbrew wszelkim insynuacjom to wciąż on rządzi Polską.

Spory małżeńskie niejednokrotnie doprowadzały do paraliżu na szczytach władzy. Kiedy umierał kanclerz lub podkanclerzy, wakat na jego stanowisku mógł trwać niemal bez końca. Wystarczyło, że król i królowa nie byli w stanie dojść do porozumienia w kwestii najlepszego kandydata. Po Krzysztofie Szydłowieckim Polska czekała na nowego szefa dyplomacji pięć lat, aż do 1537 roku. Wielki spór zakończył się kompromitującą dla Bony demonstracją ze strony starego króla. Władczyni była pewna, że wygra jej protegowany, Piotr Gamrat. Już nawet zapowiedziała mu, że sprawa jest załatwiona. Nic dziwnego, że na posiedzenie senatu 16 lutego biskup przemyski wszedł z miną zwycięzcy. Kiedy marszałek wielki koronny zaczął wygłaszać uroczystą mowę na cześć nominata, Gamrat powstał i nonszalancko wypiął pierś. Dopiero wtedy oburzony król krzyknął, by natychmiast siadał, bo przecież to nie do niego się mówi. W ostatniej chwili wyszło na jaw, że kanclerzem został Jan Chojeński. Człowiek równie nieprzyjazny Bonie, co dawniej Krzysztof Szydłowiecki.

Królowa nie mogła przeboleć tej porażki, a szczególnie tego, jak mąż zdeptał jej godność. Podobno przez kilka dni uparcie unikała spotkań i rozmów z królem. W kolejnych latach temperatura ich kłótni tylko rosła.

Jedno ze szczególnie burzliwych starć małżeńskich zrelacjonował austriacki agent na polskim dworze. Zgodnie z jego opowieścią Bona – „niby jadowita gadzina" – syknęła do męża: „Boże, ja tu posag przyniosłam i skarb pieniężny! A jednak wszyscy mi jesteście wrogami!". Zygmunt miał jej na to odpowiedzieć: „Milcz, głupia!". Bona jednak, zamiast milczeć, podniosła głos: „Trzydzieści tysięcy dukatów przyniosłam i skrzynkę takiejże samej wartości!". Król uciszył ją raz jeszcze, rzucając stanowczym tonem: „Tyś mi nic nie przyniosła. Coś przyniosła, to masz przy sobie. Ja nigdy nie widziałem nawet jednego twojego szeląga".

Jest niemal pewne, że temperatura sporu, a może też padające w nim argumenty, zostały przez wrogiego szpiega wyolbrzymione i podkolorowane. Nie zmienia to jednak faktu, że małżonkowie kłócili się coraz częściej. I że w tych kłótniach nieustannie wracał temat osobistego majątku Bony.

Królowa starała się przy jego użyciu wpływać na wszystkich dookoła – na swojego syna, na córki, męża i dworzan. Pieniądze jednak, jak to zwykle bywa, nie były w stanie zapewnić jej szczęścia. Nie mając go również w małżeństwie, liczyła przynajmniej na spełnienie w polityce. Po porażkach, które spadły na nią w działalności wewnętrznej, postawiła wszystko na jedną kartę: sukces na arenie międzynarodowej.

Dla tego sukcesu gotowa była zaryzykować wszystko. Dobro swego syna i życie córki. A przede wszystkim – była gotowa zniszczyć nową polską królową, która w 1543 roku wjechała do Krakowa w takim samym triumfalnym pochodzie jak sama Bona ćwierć wieku wcześniej.

Ostatnie rozdanie

Bona miała cztery córki, ale tak naprawdę kochała tylko jedną: swoje pierwsze dziecko, Izabelę. Do jej wychowania i wykształcenia podeszła z taką samą skrupulatnością jak w przypadku syna. Zadbała, by Izabela poznała łacinę, języki niemiecki i włoski; by stała się biegła w zakresie

geografii, historii, ale też muzyki, jazdy konnej czy wreszcie sztuk tanecznych. Miała być niczym ona sama – piękna, bystra, przebiegła i nieustępliwa. I tak samo jak Bona miała osiągać rzeczy niemożliwe.

Izabela nie była dla Bony wyłącznie politycznym pionkiem. Co do tego nie ma najmniejszych wątpliwości. Królowa sama miała powiedzieć przy pewnej okazji: „Wybrykiem natury jest to, że Izabela przyszła na świat dziewczynką, natomiast królewicz [Zygmunt August] chłopcem". O matczynej miłości doskonale świadczy także obsesja, której Bona uległa w ostatnich latach życia. Z pasją godną szaleńca zaczęła kolekcjonować portrety Izabeli. Skupywała je od urzędników państwowych, dworzan i biskupów. Pisała dziesiątki listów i trawiła setki godzin, byle tylko nie utracić z pamięci żadnego detalu jej twarzy. Żadnego, najdrobniejszego szczegółu. Być może w ten sposób – zapewniając sobie ciągłe, choć wyimaginowane towarzystwo córki – Bona próbowała zagłuszyć poczucie winy. A miała wszelkie powody, by czuć się winną.

Poszła w zupełności w ślady własnej matki i miłość złożyła na ołtarzu polityki. Zamiast zadbać o szczęście swojej latorośli, zaaranżowała jej małżeństwo, biorąc pod uwagę tylko i wyłącznie korzyści płynące z niego dla dynastii Jagiellonów.

Mężem Izabeli został Jan Zápolya – ten sam węgierski magnat, który przed laty zorganizował popisową egzekucję György'a Dózsy. W międzyczasie przeszedł długą drogę. Z wpływowego wojewody stał się węgierskim królem. Czy też raczej jednym z dwóch królów. Po tym, jak Ludwik Jagiellończyk zginął w 1526 roku w bitwie z Turkami pod Mohaczem, Węgry pogrążyły się w chaosie. Jedno ze stronnictw wybrało na władcę arcyksięcia Austrii i cesarskiego brata Ferdynanda Habsburga. Drugie opowiedziało się właśnie za Janem Zápolyą. Jakby problemów było mało, nad Węgrami zawisło większe niż kiedykolwiek wcześniej zagrożenie tureckie.

Izabela Jagiellonka bardzo młodo zaczęła nosić wdowie szaty.
Portret z warsztatu Łukasza Cranacha młodszego

W tej rozgrywce nikt już nie pilnował zasad. Wszystkie chwyty były dozwolone. Żądny władzy Zápolya posunął się nawet do złożenia sułtanowi Sulejmanowi Wspaniałemu przysięgi wierności. Później beznamiętnie patrzył, jak tureckie hordy oblegają Budę, mordują Węgrów i gwałcą Węgierki. Dopiero pod koniec lat trzydziestych XVI wieku sytuacja nieco się uspokoiła, a dwaj węgierscy królowie zawarli ugodę. Dla wszystkich było jednak jasne, że to tylko cisza przed burzą. I że szaleństwem byłoby wkładać w takim momencie rękę pomiędzy habsburski młot i tureckie kowadło.

Bona jednak nie myślała trzeźwo. Była gotowa zrobić wszystko, byle tylko pomieszać szyki Habsburgom i wreszcie zatriumfować w trwającej od dwudziestu lat rywalizacji. Nie mogła liczyć na wsparcie męża. Nie miała żadnych wpływów na Węgrzech ani planu awaryjnego. Zadziałała impulsywnie. Tak jakby wierzyła, że jeśli raz w życiu zagra o całą stawkę – bez planowania, budowy sojuszy i konstruowania alternatyw – to fortuna będzie zmuszona stanąć po jej stronie.

1 lutego 1539 roku, w obecności najdostojniejszych węgierskich posłów, Izabela wyrecytowała na Wawelu formułę zaślubin: „Ja Izabela, Naszego Króla polskiego córka, pragnę mieć tego, którego osobę przedstawiają Wasze Wielmożne Mości, za prawego małżonka mojego. I ślubuję, dopóki mi Bóg żyć pozwoli, że go nigdy nie opuszczę. Tak niech mi Bóg dopomoże i wszyscy Święci Jego i ta Święta Ewangelia Boska".

Kilka dni później królewna wyjechała na Węgry. I wtedy wszystko poszło w diabły. Małżeństwo z Zápolyą okazało się porażką na każdym możliwym poziomie. Nawet węgierski historyk, Zoltán Bodolai, podkreśla, że Zápolya był człowiekiem „okrutnym i tchórzliwym". Był też pod wieloma względami nieokrzesany. Z Izabelą dzieliło go właściwie wszystko i wcale nie najmniej istotną kwestią była różnica wieku. Polska królewna miała dwadzieścia lat. Jan Zápolya – pięćdziesiąt dwa. Córka powtarzała doświadczenia matki. Z tą różnicą, że nie zdążyła się nawet zadomowić w nowej ojczyźnie ani poznać swojego męża. Rok po ślubie Jan Zápolya doznał udaru mózgu i paraliżu połowy ciała. W tym czasie Izabela była w siódmym miesiącu ciąży. W pierwszych dniach lipca 1540 roku urodziła syna – pierwszego i jedynego potomka Zápolyi. Król, pomimo złego stanu zdrowia, natychmiast nakazał zorganizować uczty i zabawy. Nie dotrwał do ich końca. 22 lipca, zaraz po hucznej biesiadzie, wyzionął ducha.

Izabela pozostała sama w obcym kraju, na pastwie dworskich koterii i potężnych wrogów. Nie mogła się czuć ani pewnie, ani nawet bezpiecznie. Węgierska szlachta momentalnie zaczęła wykorzystywać jej synka do własnych rozgrywek. Obwołała go monarchą, ale samej Izabeli nie przyznała żadnych praw. Na dobrą sprawę był to dla niej początek aresztu domowego. Habsburgowie ze swojej strony dążyli do przepędzenia polskiej królewny i jej dziecka na cztery wiatry. Węgry stanowiły klucz do ich dynastycznej potęgi – byli gotowi nawet zgładzić konkurentów do tamtejszej korony, gdyby prostsze rozwiązania okazały się nieskuteczne. Także sułtan nie zasypiał gruszek w popiele. Momentalnie zaczął przygotowywać się do nowej ofensywy, byle wykorzystać chaos powstały po śmierci Jana Zápolyi. Sytuacja była krytyczna.

Bona patrzyła na to wszystko z bezbrzeżnym zdumieniem. Niczym zapaśnik powalony przez silniejszego oponenta jednym celnym ciosem, którego spodziewali się wszyscy poza samym pokonanym. A może przede wszystkim z bezsilnością matki, która własnoręcznie wydała swoje dziecko na łaskę najgorszych wrogów.

Mogła podjąć teraz desperacką próbę porozumienia się z Habsburgami. Mogła zapomnieć o dawnych krzywdach, ustąpić w kilku sprawach i ukorzyć się przed cesarzem, byle uratować córkę. Ale wolała walczyć dalej. Szczególnie że właśnie trafił jej się idealny zakładnik i obiekt bezpardonowej zemsty.

Jeszcze w 1530 roku, wbrew protestom Bony, król Zygmunt zgodził się na zaręczyny swojego syna z habsburską księżniczką Elżbietą, córką Ferdynanda. Kawaler miał wówczas dopiero dziesięć lat. Przyszła panna młoda – trzy latka. Bona nie przywiązywała do tej porażki większego znaczenia. Tkwiła w przekonaniu, że układ małżeński zawarty w tak młodym wieku uda się później rozwiązać lub unieważnić, jak dziesiątki tego rodzaju umów pomiędzy europejskimi dworami. Podobne zdanie wyrażali także wrogowie królowej. Dla nich niepewność mariażu była przyczyną ciągłego niepokoju. W 1538 roku pruski szpieg w Polsce Mikołaj Nipszyc pisał w liście do swojego mocodawcy, Albrechta Hohenzollerna: „Małżeństwo z Elżbietą dotychczas nie zostało zdecydowane, chociaż się tyle o nie układano. Bóg wie jeszcze, kto na tym weselu tańczyć będzie". W tym samym tonie wypowiadał się nawet lepiej zorientowany anonimowy agent Habsburgów:

> Królowa Bona, wielka nieprzyjaciółka króla rzymskiego, najnieżyczliwiej usposobiona do całego narodu niemieckiego i jego jawny wróg, stara się wszelkimi sposobami, by małżeństwo nie doszło do skutku.
>
> Dziwnymi sztuczkami dąży do tego, niezliczone wymyśla przeszkody, tak że jeśli nawet coś się postanowi święcie przez posłów, później, z biegiem czasu, zmienia się to i odrzuca, by do skutku nie doszło.

Bona rzeczywiście była bliska zerwania układów. Już zdołała znacząco opóźnić wesele, a kolejnym ruchem miało być jego odwołanie. Królowa nie uwzględniła tylko jednego. Faktu, że straci jakikolwiek wpływ na swojego męża.

W lecie 1538 roku do Krakowa przybyli dwaj posłowie z Wiednia w celu finalizacji porozumienia ślubnego. W swoim sprawozdaniu zapisali:

> Stawiliśmy się przed [polskim] królem w małej komnacie, w której król zwykle mieszka. Wielu panów było obecnych. Starszy król, z siwą brodą, miał na sobie szubę podszytą gronostajami, a na głowie czapkę. Siedział na krześle blady, wycieńczony na siłach; ślady zmęczenia

i cierpienia odbijały się na jego obliczu. Nic nie mówił. Wydawał się niby posąg albo niema osoba.

Zygmunt miał w tym czasie już ponad siedemdziesiąt jeden lat. Był zniedołężniały na ciele i umyśle. Potakiwał na wszystko i nie był zdolny do zmiany jakiejkolwiek ze swoich dawnych decyzji. Przystał, pewnie bez świadomości tego, na co się zgadza, także i na ślub Zygmunta Augusta z księżniczką Elżbietą Habsburżanką.

August był ukochanym synem Bony; Elżbieta – ulubionym dzieckiem Ferdynanda Habsburga. Ten pierwszy miał pozostać na Wawelu pod czujnym okiem matki. Ta druga spod kurateli ojca przechodziła pod opiekę jego największej przeciwniczki. To, co w innych okolicznościach byłoby zwykłym układem politycznym, przerodziło się w rozgrywkę wyjątkowo osobistą. Ślub odbył się 6 maja 1543 roku. Ale do nocy poślubnej nie doszło prawdopodobnie nigdy.

Teściowa z piekła rodem

Jan Marsupin sam już nie wiedział, co czuje. Był jednocześnie wściekły, zniecierpliwiony, oniemiały i zlękniony. Jako dyplomata i agent cesarskiego wywiadu miał za sobą cały szereg misji zagranicznych. I nie miał żadnego powodu podejrzewać, że ta konkretna będzie bardziej skomplikowana od którejkolwiek z poprzednich. Z jednej strony, Marsupin był Włochem i oczekiwał, że szczególnie łatwo uda mu się znaleźć dla siebie miejsce na opanowanym przez przybyszy z Italii krakowskim dworze. Z drugiej, Wawel cieszył się w całej Europie osobliwą sławą najprzyjemniejszej i najprostszej placówki. Miejsca, w którym informacje dosłownie leżą na bruku.

Może tak było kiedyś. Na Marsupina jednak zamiast gorącego przyjęcia czekała tylko seria upokorzeń. Przyjechał do Krakowa razem z księżniczką Elżbietą, by pomóc jej zaaklimatyzować się w nowym miejscu i zadbać o jej interesy. Młoda Habsburżanka była kobietą delikatną, cichą, posłuszną i nieśmiałą. Wprost wymarzona żona wedle szesnastowiecznych oczekiwań! A jednak nikt na polskim dworze nie zdawał się zachwycony jej przybyciem.

Bona cały tydzień czekała z wręczeniem synowej prezentu ślubnego. Ten zresztą okazał się mało wyszukanym i niezbyt kosztownym naszyjnikiem. Zygmunt August już podczas wesela i następujących po nim wielodniowych zabaw wyraźnie unikał panny młodej. A potem miało być tylko gorzej.

W pierwszym liście do arcyksięcia Ferdynanda Habsburga Marsupin nieśmiało donosił, że między parą młodą nie układa się dobrze: „Młody król boi się dotąd bardzo pani matki, tak że nie robi nic ani nic nie mówi bez niej". Kilka dni później, tak jakby wolał odczekać, aż arcyksiążę oswoi się z problemem, zaczął wyjaśniać ze szczegółami:

> Dobry Boże. Mówić ze starym królem jest to samo, co nie mówić z nikim. Król nie ma własnej woli, tak jest na wędzidle trzymany. Wszystko ma w ręku swoim królowa Bona. Bona jedna całym państwem rządzi, wszystkim rozkazy daje.
>
> Młody król nic nie mówi, niczego słuchać nie chce i do żadnych spraw mieszać się nie śmie, tak boi się królowej Bony, matki swojej. A ja wierzę prawie, że ten młody król jest pod wpływem czarów matki, albowiem codziennie (jak słyszę) do niej chodzi, od pierwszej nocy po dziś dzień.

Nie zostało to powiedziane wprost, jednak ostatnie zdanie wyjaśnia zarzewie problemu. Jeśli Zygmunt August każdy dzień spędzał z matką – nie mógł w tym czasie dotrzymywać towarzystwa żonie. Inny habsburski agent pisał, zresztą w liście do samej królowej Bony:

Zahukana i zagubiona. Elżbieta Austriaczka na portrecie z warsztatu Łukasza Cranacha młodszego

> Dowiedzieliśmy się, że niekiedy trzydzieści i czterdzieści dni upływało bez ścíślejszego pożycia Jego Królewskiej Mości [Zygmunta Augusta] z prawą małżonką Jego.
>
> Tak miła, wdzięczna i tyloma cnotami i darami przywodzonymi uwieńczona Pani, takiej wzgardy i upokorzenia serca doznaje.

Z poufnej wiadomości wynika, że życie intymne młodej pary układało się bardzo źle. Tak naprawdę nie jest jednak pewne, czy układało się w ogóle. Możliwe, że związek nie został skonsumowany. A jeśli nawet do nocy poślubnej doszło, to na pewno nie rozpoczęła ona prawdziwego pożycia małżeńskiego.

Jakby tego było mało, zagubiona i nieznająca języka polskiego Elżbieta została wystawiona na wszelkiej maści zniewagi. Zdaniem Marsupina „nikt nie śmiał przemówić do Najjaśniejszej królowej Elżbiety ani jej odwiedzić. Ani książę, ani pan żaden, ani szlachcic, ani kto z gminu". Nawet jeść musiała sama, bo szlachetne panie dworu bały się narazić Bonie i dotrzymać jej towarzystwa, a młody król wolał spożywać posiłki razem z matką. Sytuację pogarszał jeszcze uległy charakter Elżbiety. „Boże mój! Ona tak młoda jeszcze, tak nieśmiała. Mówić nie ma odwagi, drży na widok Bony i ledwie śmie na nią spojrzeć" – biadolił Marsupin.

Wreszcie jednak habsburski agent nie wytrzymał. Przygotował złożoną z dwudziestu czterech punktów listę zażaleń i targany emocjami złożył na dworze Bony prośbę o audiencję. Oczywiście królowa nie przyjęła go od razu. Pierwszego dnia dostał informację, że jest zbyt zapracowana. Drugiego, że akurat teraz nie może rozmawiać, bo zażywa lekarstwo. Dopiero trzeciego został wezwany i to wyłącznie na krótką rozmowę około godziny szesnastej. W trakcie dnia godzina została przesunięta, a Marsupin – w obawie, by królowa znów go nie zbyła lub nie opuściła w międzyczasie zamku – cały dzień spędził, czekając przed drzwiami do jej apartamentów.

Po obiedzie Bona łaskawie zgodziła się go wpuścić. U swojego boku miała pobladłą Elżbietę, co wcale nie ułatwiało Marsupinowi zadania. Mimo to zaczął:

> Zapytałem ją o następujące rzeczy. Dlaczego młody król nigdy razem z małżonką swoją nie jada? Dlaczego nigdy nie odwiedza jej we dnie, ani nie daje jej żadnych oznak miłości? Dlaczego Jej Królewska Mość nie nakazuje mu robić tego, gdy wiadomo jest, że król to tylko robi, co mu ona rozkaże?
>
> Przypuściwszy nawet, że [młody król] ma przyjacielskie stosunki z innymi kobietami, niechby przynajmniej małżonce powinność oddawał. Nie jest to uczciwe i przyzwoite obchodzenie się z córką króla rzymskiego, a bratanicą cesarską. Cesarz nie zniesie podobnej zniewagi.

Jeśli habsburski agent liczył, że wygarnięcie Bonie wszystkiego, bez ogródek, poprawi sytuację młodej królowej – srogo się zawiódł. Bona tylko teatralnie się rozpłakała i oskarżyła go o kłamstwa oraz próbę zorganizowania w Polsce rebelii przeciwko niej. A w głębi ducha postanowiła, że musi jak najszybciej pozbyć się Marsupina z Wawelu. Jako posła cesarskiego nie mogła go po prostu wyrzucić. Ale wiedziała, że przy jego zamiłowaniu do plotek okazja nie da na siebie długo czekać.

Miała rację. Już po dwóch tygodniach po Krakowie zaczęła krążyć słynna do dzisiaj historia o serze parmezańskim.

Awantura o parmezan

Podobno któregoś dnia nieszczęsna Elżbieta nabrała ochoty na ten właśnie wykwintny gatunek włoskiego sera. Ponieważ nie dysponowała nim w swojej dość skromnej kuchni, poprosiła służących, by zapytali o parmezan

zarządcę spiżarni Bony. Ten bez najmniejszego wahania przekazał krążek sera. I wybuchła awantura. Podobno kiedy tylko sprawa dotarła do uszu Bony, ta zakazała wydawać cokolwiek ze swojej kuchni i zaczęła karać wszystkich związanych z parmezanowym skandalem.

Do tego punktu opowieść jest dobrze znana. Historycy lubią ją przytaczać jako naczelny dowód małostkowości i nadpobudliwości Bony. Oczywiście królowa przejawiała obie te cechy. Naprawdę interesujące rzeczy zaczęły się jednak dziać później. Bona zwołała radę królestwa złożoną z najdostojniejszych senatorów i biskupów. To szacowne gremium, obradujące wyjątkowo pod przewodnictwem monarchini, a nie jej posuniętego w latach męża, miało osądzić Marsupina za rozsiewanie haniebnych pogłosek i podburzanie dworzan. „Śmiać się będziecie, moi panowie, że was dla tak małej i błahej rzeczy przyzwałam, ale złemu w samym zarodku zaradzić trzeba" – zagaiła Bona. Nikt się jednak nie śmiał. Senatorzy, jak jeden mąż, stanęli po jej stronie. „Tak zaiste uczynić trzeba i koniecznie ukarać tego, który o tym serze gadał!" – zagrzmiał arcybiskup gnieźnieński.

Oficjalnie chodziło o nieznanego, a ukrywanego przez Marsupina autora plotki. W rzeczywistości jednak to cesarski agent zebrał wszystkie baty, zaś jego pozycja na dworze została bezpowrotnie zniszczona. „Bałem się, że nakaże mnie wyrzucić jak zgniłą rybę!" – donosił szpieg. I nie było to dalekie od prawdy. A jednak Marsupin wciąż nie doceniał powagi sytuacji. Wprawdzie żalił się Ferdynandowi na swój ciężki los, ale jednocześnie wyzywał Bonę jako pospolitą idiotkę. „To są babskie fochy" – pisał w jednym liście. „Babskie głupstwa wyrabia" – dodawał w kolejnym. Ale stwierdził też: „Cały świat nazywa tę królową szaloną i rozwścieklloną!". Sam chyba nie potrafił do końca się zdecydować: czy bardziej pogardza Boną, czy bardziej się jej boi. W jednym z listów ostrzegał swojego mocodawcę, że potężna

---

Krużganki drugiego piętra Wawelu.
Za życia Bony wśród tych kolumn zawiązywano niezliczone spiski.
Tu też zapadały najważniejsze decyzje polityczne

polska władczyni uknuła niespodziewany spisek z tureckim imperium. I że dziesiątki, jeśli nie setki okrętów sułtana już zmierzają w kierunku Neapolu, by palić, niszczyć i rabować na jej osobiste żądanie. Była to oczywiście wierutna bzdura. A jednak Marsupin w nią uwierzył.

W rzeczywistości Bona była zajęta o wiele bardziej przyziemną sprawą: przetrąceniem karku habsburskiemu szpiegowi. Marsupin wypisywał farmazony o tureckich okrętach, a tymczasem grunt niepostrzeżenie osuwał mu się spod nóg. Coraz trudniej było mu dostać się przed oblicze młodej królowej. Robiono mu problemy w monarszych rezydencjach. Ostatni raz rozmawiał z Elżbietą około 15 sierpnia 1543 roku. „Napadłem na Jej Królewską Mość za to, że tak jest nieśmiała, że tak się na wszystko ogląda, że tyle niegodziwych plotek babskich znosi. Dowiodłem Jej Królewskiej Mości, że królowa Bona nie śmie jej prześladować, ani nie ośmieli się jej złego słowa powiedzieć, jeżeli tylko Jej Królewska Mość okaże lwie serce" – zrelacjonuje później Ferdynandowi.

Te dobre rady musiały wystarczyć Habsburżance na dłuższy czas. Kiedy Marsupin próbował odwiedzić ją ponownie, napotkał tylko zaryglowane wrota pałacu w Niepołomicach. Strażnicy odmówili mu wstępu – rzekomo z uwagi na szalejącą zarazę. W okolicy nie było żadnej gospody, a powoli zapadał zmrok. Poseł potężnej dynastii Habsburgów nie miał wyjścia. Zamiast w obszywanych złotem pierzynach był zmuszony ułożyć się do snu na wilgotnym klepisku stajni. Nie dostał nawet wiązki siana ani słomy. Nabawił się ostrej febry, a przy pierwszej okazji czmychnął z Polski. Czuł, że i tak mu się upiekło. Bona go poniżyła, a przecież – mogła zabić. Rzekomo wyrwało jej się nawet przy jednym z biskupów, że „każe Marsupina kijami obić".

Co zaś z historią sera parmezańskiego? Najprawdopodobniej cały skandal został ukartowany przez Bonę. To, że królowa grała tym razem,

---

Ponura gotycka sala w dolnej kondygnacji zamku na Wawelu. Zdjęcie przedwojenne

nie oznacza jednak, że także ogólne jej nastawienie względem Elżbiety było spektaklem. Królowa zupełnie serio uniemożliwiała synowej życie na Wawelu, ograniczała kontakt z mężem i poniżała ją przy każdej okazji. Zdarzało się chyba nawet, że subtelnie groziła jej śmiercią. Obserwujący to biskup płocki Samuel Maciejowski w końcu nie wytrzymał. „Wszyscy mają posądzenie, iż Wasza Królewska Mość chcesz tę młodą królową zagłodzić!" – zdradził Bonie. „A więc mniemają, że chcę ją otruć?" – odpowiedziała królowa, momentalnie podbijając stawkę. Maciejowski nie zamierzał kłamać. „Nie powiadają tego głośno, ale mają to na sercu i wszyscy boją się tego" – przyznał. I rzeczywiście Bona była teściową z najgorszego koszmaru. Być może nawet tą pierwszą, dzisiaj już zapomnianą prekursorką wszystkich historii o złych teściowych.

Dlaczego jednak uwzięła się na siedemnastoletnią Habsburżankę, która osobiście niczym jej nie zawiniła? Dawni historycy nie szukali odpowiedzi daleko. Aleksander Przezdziecki, wybitny dziewiętnastowieczny znawca kobiecych losów, był przekonany, że chodziło o najzwyklejszą zawiść.

> Królowa Bona, widząc w pięknej i młodej synowej współzawodniczkę do władzy, jaką sama nad jednym i drugim Zygmuntem dzierżyła, znienawidziła Elżbietę właśnie dlatego, że była młodą i piękną, pełną cnót i wdzięku. I nie wahała się folgować tej nienawiści.

Także inni autorzy podkreślali, że Bona nie potrafiła pogodzić się ze swoją starością. Z faktem, że teraz nie była już nazywana królową, ale „starą królową". Taka interpretacja działa na wyobraźnię. I można nawet znaleźć argumenty na jej potwierdzenie. Bona rzeczywiście złościła się, ilekroć ktoś wypominał jej wiek. Kategorycznie nakazywała tytułować się „wielką królową" – a nie starą. Ale przecież takie jej zachowanie w ogóle nie powinno dziwić. Bona jeszcze nie przekroczyła pięćdziesiątego roku

Królowa wcale nie starzała się tak szybko, jak często się przyjmuje. Powyżej dwa medale z podobizną Bony Sforzy. Z prawej medal z 1532 roku. Z lewej z 1546

życia i wcale nie czuła ciężaru lat. Kiedy ktoś mówił o niej „stara królowa", traktowała to jak obelgę, a nie stwierdzenie faktu.

Niemal wszyscy biografowie Bony stwierdzali zdawkowo, że władczyni szybko się starzała. To zdecydowanie zbyt duże uproszczenie. Wystarczy spojrzeć na jej portrety. Wygląd Bony zmienia się na nich w bardzo konkretnym momencie: po tragedii w Niepołomicach, ciężkiej chorobie Zygmunta i pełnej stresów walce o wyniesienie syna na tron. Na medalu z 1532 roku królowa w niczym nie przypomina eterycznej młodej damy z drzeworytu sporządzonego dekadę wcześniej. Jako trzydziestosześciolatka wygląda ponad swój wiek. Wyraźnie przytyła, ma pełne policzki i lekko nalane rysy twarzy. To kobieta dumna, ale na pewno nie piękna. Wizerunek nie pozostawia natomiast wątpliwości co do tego, że niezmiennie dba o swój wygląd – modne szaty, drogocenne ozdoby i elegancką fryzurę. Najważniejsze jest jednak to, co dzieje się później.

Piętna, jakie odcisnęły na niej najcięższe lata, nie sposób usunąć, ale dojrzała Bona nie daje się już równie łatwo skrzywdzić. Wraz ze wzrostem jej wpływów i bogactwa narasta też poczucie nietykalności. Teraz jej twarz i sylwetka pozostają przez długie lata niemal niezmienne. Na medalu z 1546 roku wydaje się wręcz młodsza niż na tym z 1532. Sytuacja się odwraca. Tym razem aż trudno uwierzyć, że Bona to pięćdziesięciolatka.

Królowa nie tylko wyglądała, jakby była w pełni sił. Czuła się dokładnie tak samo. I kiedy planowała pognębienie Elżbiety Habsburżanki, to na pewno nie chodziło jej po głowie odzyskiwanie własnej pozycji i odpędzanie widma śmierci. W tym czasie we własnej opinii wciąż była niemal wszechpotężna. Konkurentkę niszczyła, bo była zdania, że to właśnie leży w interesie dynastii. A że przy okazji mogła zadać nowy cios w rozciągniętym na dziesięciolecia pojedynku z Habsburgami? Tym lepiej. Zawsze miło łączyć przyjemne z pożytecznym.

Królowa może być tylko jedna

Monarchini doskonale wiedziała, że małżeństwo Zygmunta Augusta z Elżbietą nie przyniesie Polsce żadnych korzyści. Habsburżanka mogła w najlepszym razie stać się szpiegiem wrogiej dynastii w Krakowie; w najgorszym – omotać młodego króla w sposób, który zgubi Rzeczpospolitą. Co więcej: wystarczyło kilka dni, by stało się dla niej jasne, że arcyksiążę przysłał jej na Wawel pięknie zapakowanego kota w worku. Zachowało się sporo źródeł podkreślających urodę Elżbiety. Są jednak i takie, które każą się poważnie zastanowić, czy nie była to czasem wyłącznie umiejętność sprawnego nakładania makijażu i dobierania strojów, nie zaś wrodzone piękno. Profesor Maria Bogucka wprost określiła Habsburżankę mianem „nieapetycznej".

Co ważniejsze, Elżbieta cierpiała na ostrą epilepsję. Ataki choroby, nazywane w tej epoce „tańcem świętego Wita", już same w sobie musiały odstręczać Zygmunta Augusta. Podobno szczególnie często występowały w sytuacjach intymnych, co stawiało pod znakiem zapytania małżeńskie pożycie.

Jakby problemów było jeszcze mało, dochodził do nich wątek węgierski. Los Izabeli i małego wnuczka Bony wciąż był niepewny i w dużym stopniu zależał od Habsburgów. Królowa nie bała się tego podkreślać. Koniec jednej z rozmów na temat traktowania Elżbiety Marsupin zrelacjonował następująco: „Wtedy [Bona] na kształt gadziny prosiła mnie, abym córkę jej Izabelę Waszej Królewskiej Mości polecił". Przy innej okazji Bona sama stwierdziła, że „wzajemna miłość, idąc ciągle w zawody, i nas do kochania więcej jeszcze Najjaśniejszej córki Waszej Królewskiej Mości zagrzeje". Sygnał był jasny: Bona była gotowa lepiej traktować synową, ale tylko pod warunkiem, że także Ferdynand zacznie okazywać względy Izabeli. Taki był plan krótkoterminowy. Na dłuższą metę Bona liczyła zapewne, że ślub z Elżbietą uda się unieważnić i znów będzie jedyną polską królową. Plan był doskonałym popisem jej makiawelicznych zapędów. W teorii wszystko się w nim zgadzało. Bona nie wyciągnęła jednak wniosków z politycznych skandali ostatnich lat. Znów zgubił ją fakt, że widząc całą polityczną szachownicę, nie dostrzegała najbliższych sobie pionków.

Awantury związane z Elżbietą położyły się cieniem na jej relacjach z mężem. Zygmunt Stary przez większość czasu przyjmował wszystko z otępieniem, jednak w chwilach lepszego samopoczucia gwałtownie sprzeciwiał się cynicznym zagrywkom Bony. „Narobisz sobie biedy po mojej śmierci!" – złajał ją podobno po jednej ze scysji z Marsupinem. Dojrzewał do przekonania, że żona zupełnie zacietrzewiła się w walce o osobiste wpływy. Czuł, że nie zależy jej już na sukcesie dynastii, ale na władzy dla siebie samej. I że zostało mu bardzo niewiele czasu, by cokolwiek z tym zrobić.

Niezależnie od tego, czy miał rację, czy też nie – Bona nie była w stanie się z nim porozumieć. Zamiast wyłożyć mężowi swoje argumenty i przekonać go do swych planów, parła naprzód. Wciąż w każdej niemal kłótni podkreślała, że naczelnym dążeniem jest dla niej świetlana przyszłość Zygmunta Augusta. To już nie był jednak realistyczny życiowy

Zygmunt wyjechał na Litwę, Elżbieta została w Polsce, znienawidzona i pogardzana. Na ilustracji portret ze zbiorów muzeum w Norymberdze

cel, jak przed dziesięciu czy dwudziestu laty. To była abstrakcyjna obsesja. Bona marzyła, że jej syn zostanie idealnym wzorem renesansowego władcy. Miał przewyższać wszystkich innych królów swoją mądrością, wyrozumiałością, bogactwem i talentami politycznymi. Miał być niczym nowy Cezar.

Sny o potędze dawno oderwały się od rzeczywistości. Bona rozprawiała o tym, co już wkrótce osiągnie Zygmunt August, ale wcale nie dawała mu żadnych okazji do działania. Wcale też nie okazywała mu większej sympatii niż reszcie swojego otoczenia. Przy każdej okazji rugała go, jeśli przejawiał jakąkolwiek samodzielność. Zabraniała mu mówić i myśleć. Tak jak każdego wokół siebie, zastraszała go i poniżała. Nie cofała się nawet przed brutalnymi atakami słownymi ani przed szantażem. Niemal dzień w dzień wypominała synowi, że to ona go utrzymuje i że Habsburgowie wciąż nie zapłacili posagu jego żony.

Zygmunt August wszystko to przyjmował bez sprzeciwu. Więcej nawet. Przy każdej okazji bronił dobrego imienia matki. Słuchał też wszystkich jej poleceń. Kiedy więc w lecie 1543 roku kazała mu ostatecznie porzucić Elżbietę i wyjechać na Litwę, aby zademonstrować, że nieudany związek małżeński dobiegł końca, bez wahania rozpoczął przygotowania do podróży. Wyruszył 30 lipca.

Bona tymczasem, w zaciszu swoich komnat, planowała kolejne ruchy w wojnie nerwów z Habsburgami. Myślała o tym, co stanie się za rok, dwa i pięć. O tym, co ona, władczyni Polski, uczyni. Co ona zdecyduje, co zrobią jej stronnicy i jej wrogowie. Nie wiedziała, że za pięć lat jej już nie będzie. Że po jej pozycji w państwie nie pozostanie nawet ślad i nikt nie będzie zaprzątać sobie głowy tym, co ona myśli i robi.

Tym bardziej nie mogła wiedzieć, że to ona sama zawiązała sobie pętlę na szyi. Wystarczyło, że wysłała syna do Wielkiego Księstwa Litewskiego. I lawina ruszyła.

LITEWSKA WIEDŹMA

BARBARA
RADZIWIŁŁÓWNA

Barbara stała nieruchomo w otwartym oknie, spoglądając na pogrążone we śnie Wilno. W obszernej, ozdobionej drogimi makatami sypialni panował niemal całkowity mrok. Jedyne źródło światła stanowiła ustawiona na kredensie świeca. Knot właśnie dogasał, obficie kopcąc, a ostatnie cienie tańczyły na kotarach łoża.

Wychyliła się nieco bardziej i głęboko wciągnęła do płuc ciepłe, sierpniowe powietrze. Jej źrenice już dawno przyzwyczaiły się do ciemności, ale po drugiej stronie wciąż widziała tylko ponury rząd domów, wysokie mury wileńskiego zamku i dwóch krępych strażników. Od przeszło godziny nic się nie zmieniło. Nawet kot, który jeszcze niedawno przechadzał się bezszelestnie po ogrodzie, teraz gdzieś zniknął. Tak jakby zrozumiał, że nie powinien zakłócać swoją obecnością idealnego bezruchu nocy.

Spokój nie udzielał się tylko samej Barbarze. Przez głowę przelatywały jej tysiące myśli. Co jeśli on nie przyjdzie? Co jeśli przyśle posłańca albo zjawi się tylko po to, by wszystkiego się wyprzeć? Co jeśli powie jej, że to niczego nie zmienia? Momentami sama już nie wiedziała, czy w ogóle pragnie, żeby on przychodził. Jeśli czegoś była pewna, to tego, że nie chce go skrzywdzić. Mimo to przystała na propozycję braci i osobiście zastawiła sidła na swojego kochanka.

Tłumaczyła sobie, że nie miała wyjścia. Od jakiegoś czasu była niemal pewna, że jest w ciąży. Nie była w stanie przewidzieć, jak on na to zareaguje, ale wiedziała, że dla niej to zmienia wszystko. Po miesiącach milczenia wysłała dzisiaj do niego jednego z zaufanych pokojowców właśnie z tą wiadomością. I teraz czekała.

Niepostrzeżenie dwaj strażnicy przy bramie zniknęli. Minęło kilka kolejnych minut, aż wreszcie od ciemnej bryły fortyfikacji oderwała się pojedyncza, lekko pochylona sylwetka. Przez królewski ogród szybkim krokiem przemknęła w stronę radziwiłłowskiej rezydencji i specjalnej furty w murze. Boczne wejście powstało przed kilkoma miesiącami tylko po to, by ułatwić ich potajemne spotkania. Dawno nikt go nie używał, ale zawiasy bramy były na żądanie Barbary regularnie oliwione.

Włoski kaftan z czarnego jedwabiu, okrągła niemiecka czapka... Tak, to musiał być on. Wszedł już na teren ogrodu, było słychać odgłosy szurania na żwirowej alejce i ściszone pytania służby. Wreszcie rozległy się kroki na schodach. Barbara wzięła jeszcze jeden głęboki oddech. Drżącą ręką przymknęła okno i powoli odwróciła się w stronę drzwi. Dokładnie w chwili, w której rozległo się pukanie.

Rozmowa nie była długa. Dużo krótsza, niż można by oczekiwać po miesiącach rozłąki. Zapytał, czy jest pewna. Skinęła tylko głową. Spytał, czy od dawna o tym wie. Nie odpowiedziała. Stali naprzeciwko siebie w zupełnej ciemności. Nie powiedział jej, że ją kocha. Nie powiedział, że wszystko będzie dobrze. Ale też nie wyszedł bez słowa. Ucałował ją. Najpierw delikatnie i z nietypową dla siebie nieśmiałością. Potem tak jak zwykle. Stanowczo i namiętnie. Ciąg dalszy był już oczywisty. Jej alabastrowa skóra oświetlona słabym światłem księżyca. Jego przyspieszony oddech. I jej ukradkowe spojrzenia w stronę drzwi, których on, pochłonięty chwilą, nie mógł zauważyć.

Głośne, nieustępliwe walenie w drzwi odezwało się chwilę po tym, jak skończyli. Nie chodziło o to, by kompromitować młodego króla. Nikt nie wszedł tak długo, aż ten się nie przyodział i sam nie wezwał gości do środka. Barbara też pospiesznie założyła swoją suknię i zapaliła kilka świec, by rozmowa nie toczyła się po ciemku. Drzwi uchyliły się wreszcie i do

---

Barbara Radziwiłłówna i Zygmunt August.
Tak wyobrażał sobie słynną parę Jan Matejko

środka wsunęły się dwie postacie. Ukochany brat Barbary, Mikołaj zwany Rudym, a za nim – znienawidzony przez nią, podły i nieliczący się z ludźmi brat stryjeczny, Mikołaj Czarny. Nigdy, nawet dzisiejszej nocy, nie mogła być pewna, czy ten typ nie wbije jej noża w plecy.

Obaj doskonale udawali zgorszenie i zaskoczenie. Nic nie pozwalało przypuszczać, że podobnie jak Barbara od kilku godzin w ukryciu oczekiwali przybycia Zygmunta Augusta.

– Miłościwy królu – odezwał się wreszcie Mikołaj Czarny oburzonym tonem. – Uniżenie upraszaliśmy Waszej Królewskiej Mości, byście nie przynosili hańby naszemu rodowi... Byście już nie przychodzili do naszej siostry i nie wyrządzali jej niesławy. Zgodziliście się zaprzestać tych wizyt. Dlaczego więc w środku nocy, zbudzeni hałasami, was tu spotykamy?

Zygmunt August pobladł, ale najwidoczniej podjął już decyzję. Musiała ona zakiełkować w jego myślach, jeszcze zanim odwiedził Barbarę. Wpierw chwiejna i gotowa poddać się pod naporem rozsądku, teraz zyskała silne fundamenty w obliczu tego nagłego wtargnięcia i poniżającej dla króla sytuacji. August przełknął ciężko ślinę i udawanie wesołym głosem stwierdził:

– A cóż wy wiecie Mikołaju? Może to moje przyjście do waszej siostry sprawi wam wielką chwałę i pożytek!

Nie mógł się spodziewać, że właśnie na to jedno zdanie czekali dwaj Radziwiłłowie. I że wszystko jest już przygotowane.

– Boże to daj! – zakrzyknął Mikołaj Czarny, po czym natychmiast kazał wzywać plebana i najbardziej zaufanych dworzan na świadków. Zbyt późno było na protesty i na zmianę zdania. Oszołomiony, ale też zakochany i wyczekujący potomstwa Zygmunt August zgodził się popłynąć z nurtem wydarzeń.

Bez wiedzy rodziców i bez zgody rady monarszej wypowiedział pod osłoną nocy sakramentalne „tak". Nim wstało słońce, Barbara była już nową panią Jagiellonową. Nie znaczy to jednak, że została nową polską królową. Od tego celu wciąż dzieliła ją długa, wyboista i śmiertelnie niebezpieczna droga.

Wszystko dla pieniędzy

Jeśli nie wiadomo, o co chodzi, musi chodzić o pieniądze. Na pewno o nie właśnie chodziło Olbrachtowi Gasztołdowi i Jerzemu Radziwiłłowi, kiedy w 1530 roku zawarli ścisłe przymierze między swoimi rodami. Na pierwszy rzut oka był to sojusz zupełnie nie do pomyślenia. Absurdalny żart na mapie litewskiej polityki, w którym nic się nie zgadzało. Gasztołdowie to była klasa sama w sobie. Ród zasłużony już w czasach Jagiełły, szczycący się starożytnymi tradycjami i cieszący czołobitnym szacunkiem. Pod względem wpływów ustępowali wyłącznie panującym Jagiellonom. W bogactwie dawno ich już prześcignęli.

Radziwiłłowie na tym tle wypadali wyjątkowo marnie. To byli zwykli dorobkiewicze. Bojarzy bez własnej historii, bez wielkich przodków, a do niedawna – nawet bez nazwiska, ukutego dopiero z końcem XV stulecia. Byli potężni, ale w sposób, który nie budził respektu. Swoją siłę budowali na brutalnym ucisku poddanych, na gwałtach, napadach i terrorze. Pod wieloma względami wciąż bardziej przypominali bandytów niż magnatów. Pławili się w prymitywnych rozrywkach, sławę zdobywali tylko na wojnach, a w polityce widzieli głównie kolejne narzędzie oszustw i wyzysku. Chłopów wpędzali w czarną nędzę, byle zedrzeć z nich ostatni grosz. Na niepokornych gospodarzy nie bali się wysyłać wojska; podległą sobie szlachtę trzymali w ciągłym strachu. Bili i szarpali bojarów za brody, zamiast zjednywać ich sobie urzędami i nagrodami.

Cywilizować zaczęli się na dobrą sprawę dopiero w czasach wspomnianego Jerzego Radziwiłła – hetmana wielkiego litewskiego, wybitnego dowódcy, pogromcy Krzyżaków, Moskali i Tatarów oraz marszałka nadwornego Litwy. Latyfundia rodu obejmowały za jego życia już prawie trzynaście tysięcy gospodarstw i siedemdziesiąt tysięcy poddanych. Sam tylko Jerzy Radziwiłł był właścicielem trzydziestu jeden dworów i pałaców, w których pracowało ponad dwa tysiące służących gotowych na każde jego skinienie. Tak olbrzymiego majątku, tak wielkiej świty i rzeszy ludzi nie można było na dłuższą metę utrzymywać w ryzach wyłącznie w oparciu o tyranię. Zmiany musiały nadejść. Nie byłyby jednak tak szybkie i radykalne, gdyby nie jedna kobieta.

Radziwiłłowie – pazerni, wiecznie nienasyceni i żądający coraz to nowych włości i skarbów – zaczęli nagle tracić wpływy. Bona Sforza wzięła ich na celownik podczas realizacji swojego wielkiego planu rewindykacji dóbr królewskich. Posypały się procesy, kontrole i konfiskaty. Jerzy Radziwiłł usiłował reagować na znane sobie sposoby. Kazał pobić urzędników królowej, zlecił podrobienie dokumentów potwierdzających własność spornych ziem. Efekty były katastrofalne. Tracił już nie tylko ziemie, ale też urzędy i przywileje.

Starcie z potężną Włoszką – która jak nikt brylowała w sztuce podstępu, a na swój użytek miała cały aparat państwowy – stało się dla Radziwiłła przyspieszonym kursem nowoczesnej *Realpolitik*. I paradoksalnie gdy opadł bitewny kurz, okazało się, że więcej zyskał, niż stracił. Bona pragnęła powalić kolosa na glinianych nogach, jednak osiągnęła skutek odwrotny od zamierzonego. Jako potężni, ale mało wyrafinowani awanturnicy Radziwiłłowie może i byli męczącą przeszkodą, ale nie byli niebezpieczni. Teraz, gdy zaczęli przejmować metody Bony, jej własny sposób myślenia i działania, stali się prawdziwym zagrożeniem. W gruncie rzeczy to ona ich stworzyła. Bez Bony nie byłoby Radziwiłłów znanych z podręczników do historii. Bezwzględnych, przebiegłych, zawsze przedkładających interes rodu nad interes państwa i przez kolejne stulecia odciskających piętno na losach Polski. Ona też przekonała Jerzego Radziwiłła, że dla osiągnięcia celu należy bratać się nawet z największym wrogiem. Chociażby z Gasztołdami.

Złej krwi pomiędzy dwoma rodami nie brakowało. Ojciec Radziwiłła przed laty doprowadził do aresztowania i uwięzienia na rok Olbrachta Gasztołda za udział w antypaństwowym spisku. Gasztołd ze swojej strony na lewo i prawo rozpowiadał, że za czasów Jagiełły i Witolda cały majątek nieruchomy Radziwiłłów składał się z dwudziestu kmieci. I że wciąż zostały im z tamtego okresu chamowate obyczaje. Były też zadrażnienia zupełnie świeże. Jeszcze w 1530 roku Jerzy Radziwiłł zajął i spalił zamek Gasztołdów w Tykocinie. A mimo to w tym samym roku rody pogodziły się – i zbudowały wspólny front przeciwko Bonie. Na Litwie zaczął rządzić nowy triumwirat złożony z dwóch Radziwiłłów i Gasztołda. „Krzyki i jęki wznoszą się aż pod niebiosa", odkąd „trzech uchwyciło całą władzę w swoje ręce" – podawało ówczesne źródło. Sojusz okazał się tak korzystny dla obu stron, że po paru latach postanowiono uzupełnić go o pakt krwi. Aby ostatecznie pokrzyżować plany potężnej królowej, Jerzy Radziwiłł wydał swoją córkę za mąż za jedynego syna Olbrachta Gasztołda.

Na temat pana młodego wiadomo dość niewiele. Nosił imię Stanisław, miał około trzydziestu lat i całe dotychczasowe życie spędził w cieniu apodyktycznego ojca. Ścieżka jego kariery została wytyczona, jeszcze zanim osiągnął pełnoletność. Kiedy Olbracht Gasztołd był sojusznikiem Bony, uzyskał dla niego intratny urząd wojewody nowogródzkiego. Chłopak miał dopiero piętnaście lat, ale królowej to nie przeszkadzało – liczyło się, że w zamian zagwarantowała własnemu synowi obiór na wielkiego księcia. Nie przyszło jej nawet do głowy, że obdarowani magnaci staną się wkrótce jej największymi wrogami.

Nieporównanie więcej historia ma do powiedzenia na temat panny młodej. Przyszła na świat 6 grudnia 1520 roku jako druga córka oraz trzecie, najmłodsze dziecko swoich rodziców. W połowie była Litwinką, w połowie Polką. Jej matka pochodziła z pełniącej czołową rolę na Rusi Halickiej rodziny Kolów. Po niej dziewczyna odziedziczyła swoje imię – Barbara. Na ślubnym kobiercu stanęła w wieku siedemnastu lat. A co było wcześniej?

Wbrew temu, co przez stulecia opowiadali pisarze, nie miała bajkowego dzieciństwa. Pierwszych lat nie spędziła wcale wśród najbardziej utalentowanych nauczycieli, najpobożniejszych kapelanów i najlepiej ułożonych dwórek. Jej młodość upływała w cieniu rodowego bogactwa, ale

na pewno nie w nowocześnie rozumianym luksusie. Sposób życia Radziwiłłów wciąż był surowy. Może i zdążyli obrosnąć w wielkopańskie obyczaje, ale były one siermiężne i osadzone w średniowiecznych tradycjach. Bardziej przypominały rządzoną po tyrańsku Moskwę niż ciągnącą ku Zachodowi Polskę.

Nie mogło być na ich dworze mowy o nowoczesnym wychowaniu, o treningu prowadzonym z myślą o światowym życiu. Nikt przecież takiego życia nie przewidywał dla Barbary. Tak samo jak jej matka, i matka jej matki, miała zostać w przyszłości posłuszną żoną i zaradną gospodynią.

Oczekiwano, że będzie umieć dyrygować służbą i dbać o majątek pod nieobecność męża. Od polityki i rządzenia miała trzymać się z daleka, nie było więc potrzeby, aby studiowała prace filozofów. Zamiast wykuwać na pamięć teksty Petrarki, Wergiliusza i Cycerona, uczyła się haftować. Zamiast zgłębiać etykietę i sztukę pięknego wysławiania się, poznawała fraucymer matki i przyglądała się ojcowskim biesiadom. Przygotowywała się do występowania w towarzystwie, ale na miarę prowincjonalnego Wilna – a nie Krakowa, Pragi czy Wiednia.

Można przypuszczać, że była traktowana surowo, a ojca bardziej się bała, niż kochała. Dzieci na Litwie trzymano krótko, o czym doskonale świadczą obyczaje dynastii Jagiellonów. Ojciec Zygmunta Starego, Kazimierz Jagiellończyk, uwielbiał słuchać „głosu syna płaczącego, kiedy go prał rózgą". Nie był odosobniony w swoim podejściu. Dzieci z możnych familii miały jeść niewiele, ćwiczyć się w pokorze, zachowywać ciągłą powagę i skromność. Jeśli tak przez stulecia chowano potomków rodu wielkoksiążęcego, to podobnych obyczajów należałoby oczekiwać po Radziwiłłach. Ci przecież o niczym nie marzyli bardziej niż o dorównaniu Jagiellonom.

Od rodziny monarszej różnił ich brak wyrafinowania. Barbarę traktowali surowo, nie przyłożyli jednak wagi do jej wykształcenia. Edukacja

---

Jerzy Radziwiłł. Ojciec Barbary zbudował swoją potęgę na ludzkiej krzywdzie

córki była pobieżna nawet jak na warunki miejsca i epoki. W przyszłości nieprzychylny krewny napisze o Barbarze: „Obyczajów ma, ośmielam się rzec, mało, albo prawie wcale. [I są te] obyczaje niemalże chłopskie". Wiadomo też z całą pewnością, że Radziwiłłówna nigdy nie nauczyła się łaciny, będącej urzędową mową w Rzeczpospolitej. Nie znała również innych języków obcych. Posługiwała się tylko ruskim i polskim.

Na dobrą sprawę w tym czasie nikt się nie przejmował tym, co umiała, a czego nie. Dla ojca była przede wszystkim kartą przetargową w układach z Gasztołdami. Przedmiotem do sprzedania na małżeńskiej giełdzie. W warunkach litewskiej polityki nie miało znaczenia, czy jest piękna, brzydka, mądra, czy zupełnie tępa. Układ gwarantujący dwóm rodom władzę w Wielkim Księstwie wykraczał daleko poza tak przyziemne problemy.

Ślub odbył się z wielką pompą 18 maja 1537 roku. Barbara otrzymała wspaniały posag i imponującą oprawę. Spełniła swoją rolę, więc teść i ojciec szybko przestali zaprzątać sobie nią głowę. Nie zdążyli już dostrzec, w jak bardzo złym kierunku zmierzają sprawy. Olbracht Gasztołd zmarł w 1539 roku w wieku sześćdziesięciu dziewięciu lat. Jerzy Radziwiłł był osiem lat młodszy, gdy odszedł w 1541 roku. Barbara i Stanisław zostali sami na olbrzymim majątku Gasztołdów, a tymczasem ich małżeństwo okazało się zupełnym nieporozumieniem. Nie znaleźli wspólnego języka. Nic między nimi nie zaiskrzyło ani chyba nawet nie miało okazji zaiskrzyć. Wojewoda nowogródzki – awansowany niedługo po śmierci ojca na wojewodę trockiego – zamiast żoną wolał zajmować się polityką. Z ich związku nie urodziło się żadne dziecko, ale że oboje byli młodzi, to nikt nie podnosił głośno tego tematu. I wtedy nastąpiła katastrofa.

Stanisław Gasztołd umarł nagle w 1542 roku. Nie miał chyba nawet trzydziestu pięciu lat. Ród, który trząsł Litwą od kilkuset lat, przestał istnieć. Ster sprzymierzonej z nim familii Radziwiłłów przeszedł w ręce młodego, niedoświadczonego pokolenia. Kraj pogrążał się w nieuniknionym chaosie. Jakby tego było mało, gruchnęła wiadomość, że na Litwę jedzie król.

Prawo do własnego zdania

Zygmunt August nie wiedział, że ucieka. Jechał na Litwę, bo tak kazała mu matka. A z kim jak z kim, ale z matką się nie dyskutowało. Jeśli wydała polecenie, należało wykonać je co do joty. Jeśli wyraziła opinię, nie pozostawało nic innego, jak tylko się z nią zgodzić. August miał prawie dwadzieścia trzy lata. Był dorosłym mężczyzną i za takiego się uważał. Matka wciąż jednak traktowała go jak dziecko. Nigdy też nie dała mu okazji do młodzieńczego buntu. Dopiero teraz, gdy dawno wyrósł z wieku, w którym chłopcy mają w zwyczaju przeciwstawiać się rodzicom, spuściła go z oczu. I to nie z własnej woli, ale zmuszona polityczną sytuacją. Wszystko jednak wpierw dokładnie zaplanowała.

Młody król miał pojechać na wakacje. Był wprawdzie koronowanym władcą Polski i Wielkiego Księstwa Litewskiego, matka zadbała jednak, by o polityce tylko się uczył. I żeby za żadne skarby nie próbował jej uprawiać. Od tego była ona. To właśnie dlatego zamiast do stołecznego Wilna Zygmunt August został wysłany do dóbr koronnych pod Kownem. Tam, daleko od ośrodków władzy, niemal anonimowo, miał spędzać czas na biesiadach, tańcach i polowaniach. A potem wrócić do Krakowa jak gdyby nigdy nic i dać sobie z powrotem założyć matczyny kaganiec.

Ten plan działania na razie w pełni mu odpowiadał. Jeśli August na czymś się znał, to właśnie na zabawach. Był młody, przystojny i doskonale czuł się w towarzystwie. Źródła historyczne są zgodne co do tego, że urodę odziedziczył przede wszystkim po swoich italskich dziadach i pradziadach. Miał śniadą, typowo włoską cerę. Jego twarz była nieco pociągła, a jej rysy układały się tak osobliwie, że niemal zawsze zdawał się intensywnie nad czymś myśleć. I zawsze, nawet gdy nie mówił niczego, wyglądał na mędrca. Włosy miał ciemnobrązowe i lekko kędzierzawe. Ogółem, w przeciwieństwie do swojego ojca, już od młodych lat prezentował się tak, jak na króla przystało. Dosłownie wygrał na genetycznej loterii. Nie miał żadnych defektów, żadnych fizycznych niedociągnięć. Od swoich bezpośrednich przodków – wśród których poza sześcioma Włochami było też dwóch Litwinów, dwóch Rusinów, czterech Niemców, jeden Hiszpan i jedna Francuzka – przejął tylko najlepsze cechy wyglądu.

Aby prezentować się perfekcyjnie, nie potrzebował już niczego więcej, a przecież był też wielkim strojnisiem. Najchętniej nosił stroje włoskie i hiszpańskie, choć w jego garderobie można było znaleźć także ubrania z każdego innego kraju, z Litwą i Polską włącznie. Bardzo lubił czarne kaftany z jedwabiu i długie płaszcze, ale tak naprawdę jego ubiorem kierowały tylko dwie zasady. Miał być modny i efektowny. Tyle.

Nuncjusz papieski Juliusz Ruggieri pisał o Zygmuncie Auguście: „jest przeciętnego wzrostu, bardzo szczupły i chudy, czarno zarasta, ma brodę rzadką i nie zdaje się być bardzo silnej, ale raczej delikatnej konstytucji". Zgadzało się wszystko poza ostatnim. W rzeczywistości król cechował się sporą sprawnością fizyczną, zręcznością i talentami łowieckimi. Był też – a może przede wszystkim – wprawnym rozmówcą. Jeden z jego biografów, Stanisław Cynarski, wyraził przekonanie, że Zygmunt August był „w kontaktach z ludźmi uprzejmy, miły i ujmujący". No i kochał wszelkie luksusy, a to jeszcze dodawało mu monarszego majestatu.

Nic dziwnego, że nie musiał daleko szukać towarzystwa, także kobiecego. I w żadnym razie tego towarzystwa nie odtrącał. Przyjmuje się, że jeszcze przed ślubem z Elżbietą Habsburżanką nawiązał romans z jedną z dwórek swojej matki, włoszką Dianą di Cordona. Ta była wprawdzie niemal dwukrotnie starsza od króla, ale różnica wieku nie zrażała Jagiellona. Wręcz przeciwnie. Z ochotą przystał na to, by doświadczona kobieta wprowadziła go w tajniki miłości. Po niej miał wiele innych partnerek, o czym dość otwarcie opowiadano na krakowskim dworze.

Bona raczej, wbrew temu, co dawniej pisali historycy, nie podsuwała mu kolejnych kochanic, by odciągnąć go od polityki. Nie miała takiej potrzeby, bo Zygmunt August i tak we wszystkim jej słuchał. Z drugiej strony nie sprzeciwiała się romansom syna. Może i sama prowadziła się nienagannie, wiedziała jednak, że młodość rządzi się swoimi prawami. I że mężczyznom wolno w Polsce więcej. Niech chłopak się wyszumi – myślała, święcie przekonana, że żadna z jego miłostek nie może stać się politycznym problemem.

August bawił się więc w najlepsze. Niewiele myślał o sprawach państwowych, o porzuconej w Polsce żonie i nieznoszącej sprzeciwu matce. Aż nagle jego uporządkowany świat legł w gruzach wraz z przybyciem do grodzieńskich lasów dwóch młodych Radziwiłłów – dwudziestoośmioletniego Mikołaja zwanego Czarnym i trzydziestojednoletniego Mikołaja zwanego Rudym. Król znał dobrze przynajmniej pierwszego z nich. Mikołaj Czarny od 1529 do 1533 roku przebywał na wawelskim dworze, gdzie w towarzystwie monarszych dzieci nabierał ogłady i wdrażał się w tajniki działalności politycznej. Nie było niczego dziwnego w tym, że słysząc o przyjeździe na Litwę polskiego króla, natychmiast postanowił go odwiedzić. Tak samo nie dziwiło nikogo, że wziął ze sobą do towarzystwa stryjecznego brata – a zarazem syna niedawno zmarłego hetmana, Jerzego Radziwiłła, i rodzonego brata świeżo owdowiałej Barbary Gasztołdowej.

Wizyta miała z pozoru charakter kurtuazyjny i tak też się zaczęła. Dwaj magnaci towarzyszyli królowi w polowaniach pośród bezkresnych ostępów Puszczy Białowieskiej. Wspólnie tropili zwierzynę, wspólnie zastawiali sidła i zasiadali wieczorami przy ogniu. Rozmawiali o wszystkim i o niczym, ale tak naprawdę Mikołaj Czarny tylko czekał na odpowiednią okazję. Ten człowiek miał nie lada łeb na karku. W przyszłości zostanie ochrzczony mistrzem podstępu i zakulisowych gier. Historycy powiedzą, że to dopiero dzięki niemu rozkwitła potęga domu Radziwiłłów. Wszystko robił w interesie rodziny, miał żelazną wolę i nie bał się podejmować trudnych decyzji. Z drugiej strony był też typem brutalnym i bezwzględnym, ale akurat te cechy zręcznie ukrywał pod maską renesansowego bon vivanta. Z zewnątrz jawił się jako typowy polski możnowładca. Węsząc w tym okazję do wielkiej kariery, spolonizował się zupełnie – pisał i mówił po polsku i chyba nawet nie znał rodzimej mowy. Litwinem był w takim samym stopniu jak Zygmunt August. Już tylko z herbu i pochodzenia.

Mikołaj Rudy był od niego postacią niewątpliwie bardziej sympatyczną. Pod wieloma względami wdał się w ojca. Też był sprawnym żołnierzem i niezłym dowódcą. Brakowało mu jednak – przynajmniej w młodości – siły przebicia i determinacji. Od udziału w politycznych grach wolał uczestnictwo w dobrej pijatyce. Cynizm zdarzało mu się zastępować współczuciem, a nad interes rodu często przedkładał dobrobyt konkretnych, ukochanych krewnych. Był świadomy swoich słabości i bez wahania pozwolił wieść prym młodszemu bratu stryjecznemu. Zarówno na co dzień, jak też teraz, u boku Zygmunta Augusta, karty rozdawał przede wszystkim Mikołaj Czarny.

Z królem miał do załatwienia kilka konkretnych spraw. Sytuacja Radziwiłłów nie przedstawiała się na początku lat czterdziestych XVI wieku różowo. Odkąd umarł stary hetman, stracili realną władzę nad Wielkim Księstwem Litewskim. W Wilnie rozpanoszyli się stronnicy Bony. To oni kierowali teraz radą monarszą, nie dając Mikołajom i ich krewnym dostępu do urzędów ani godności. Pomóc mogła tylko interwencja monarchy, jednak Zygmunt Stary właśnie dożywał swoich dni i nie był już skłonny do żadnych odważnych ruchów. Radziwiłłowie nie chcieli zresztą podczepiać się pod karocę pędzącą ku przepaści. Szansę na podniesienie swojej pozycji widzieli w tym, co dopiero miało nadejść. W ich najlepszym interesie leżało takie pokierowanie młodym królem, by ten zbuntował się przeciwko matce, wywalczył sobie niezależną pozycję, a następnie to właśnie ich wyznaczył na swoich głównych doradców. I o dziwo wcale nie okazało się to trudne.

Dobra pod Grodnem, przekazane przez parę królewską synowi jako jego pierwsza, choć tylko myśliwska posiadłość, jeszcze do niedawna należały do Radziwiłłów. Bona wykupiła latyfundia grodzieńskie z rąk hetmana Jerzego dopiero przed dziesięcioma laty. Mikołaj Rudy mógł się tu czuć niemal gospodarzem. Jako młody chłopak długie tygodnie spędzał w tutejszych lasach i z łatwością przejął teraz rolę przewodnika. Do rozmów siłą rzeczy przenikał temat utraty dóbr, a wraz z nim – także kwestia rabunkowej, zdaniem Radziwiłłów, polityki Bony.

August początkowo nie chciał o tym słuchać. Starał się zmieniać temat lub zbywać krytykę wymierzoną w matkę. Narzekaniom nie było jednak końca – a krople drążyły skałę. Młody król z coraz większym zaskoczeniem, a może nawet zawstydzeniem, odkrywał, że Bona wcale nie jest ukochaną panią Litwinów. Radziwiłłowie opowiadali mu o szemranych procesach, o głośnych konfiskatach majątków, o protestach wystosowywanych nie tylko przez ich ojców, ale przez wszystkie niemal możne rody Wielkiego Księstwa. Historia prezentowana przez braci była oczywiście odpowiednio wyolbrzymiona, spreparowana pod ich potrzeby. Zarazem jednak prezentowała cały pejzaż wydarzeń, które Bona skrzętnie ukrywała przed synem, nawet podczas pobytu rodziny królewskiej w Wilnie.

Mikołajowie na tym nie poprzestali. Wiedzieli, za jakie struny pociągnąć, by poruszyć nie tylko polityczne sumienie Zygmunta Augusta, ale też jego poczucie godności. Mimochodem napomykali o tym, że synowie królów w jego wieku w przeszłości niemal zawsze kierowali już polityką państwa; byli wyznaczani do najbardziej odpowiedzialnych zadań, zastępowali ojców wszędzie tam, gdzie ci nie byli w stanie wybrać się osobiście. A przy okazji mieli swoje dwory i siedziby, nie mniej wspaniałe od tych rodzicielskich. Zygmunt August nie miał tymczasem nic poza tym, co zgadzała mu się podarować matka.

Z niechętnego słuchacza August stopniowo przeistaczał się w zainteresowanego adepta. A wreszcie – w krytyka własnej rodzicielki. Nagle w innym świetle zaczął widzieć nie tylko sprawy litewskie, ale też wszystkie narzekania polskich dostojników, wszystkie dworskie awantury i małostkowe postępki matki. Bony nie było nigdzie w pobliżu, nie mogła więc się bronić. W Zygmuncie tymczasem narastała złość. „Król cierpiał od dzieciństwa na swego rodzaju kompleks w stosunku do matki" – pisała jedna z jego biografek, Anna Sucheni-Grabowska. – „Nadmierna uległość przerodziła się z czasem w stałą potrzebę podkreślania swej niezależności od niej". Jeśli tej przemianie można by przypisać konkretne miejsce i czas, to musiało do niej dojść właśnie w Puszczy Białowieskiej latem 1543 roku.

*„Król ma oczy dla Czarnego, a dla Rudego serce" – mawiano.
Radziwiłłowie szybko urośli do rangi najbliższych
współpracowników Zygmunta Augusta.
Na ilustracji Mikołaj Radziwiłł Czarny na portrecie z XVIII wieku*

Zygmunt August w sile wieku.
Portret nieznanego malarza

Król odkrył, że wcale nie pojechał na Litwę na wakacje. Uwierzył, że to była tak naprawdę wielka ucieczka przed Boną. Że los zagnał go tutaj, by wreszcie zrobił użytek z wielkoksiążęcego kołpaku, którą przed czternastu laty włożono mu na głowę. I by położył kres samowolom matki jako prawdziwy wielki książę na wileńskim tronie.

Nim jednak to miało nastąpić, dwaj młodzi Radziwiłłowie chcieli z nim załatwić jeszcze jedną naglącą sprawę. Mikołaj Rudy przypomniał władcy o trudnym położeniu swojej siostry, Barbary. Po śmierci Stanisława Gasztołda urzędnicy wielkoksiążęcy zastosowali wobec niej przepisy, zgodnie z którymi w przypadku wygaśnięcia rodu możnowładczego cały jego majątek przechodzi na własność dynastii panującej. Barbara nie miała dzieci i w efekcie straciła prawo do jakiejkolwiek oprawy wdowiej. Olbrzymia, zbierana przez wieki fortuna Gasztołdów trafiła w ręce Jagiellonów.

Nawet Bona miała świadomość, jak drażliwa jest to sytuacja. Wiosną 1543 roku wysłała list do Radziwiłłówny, zapewniając byłą wojewodzinę, że nie pozwoli, by stała się jej jakakolwiek krzywda. Skierowała nawet do Wilna specjalnego agenta, który miał dopilnować wydania Barbarze części skarbów i klejnotów. W korespondencji życzyła jej „zdrowia i wszego dobrego". Być może Zygmunt August wiedział o tych kontaktach. Być może chciał pokazać, że będzie hojniejszy i bardziej dobroduszny od matki; że jednym gestem zjedna sobie możnowładców, których ona zrażała przez całe życie. Niezależnie od przyczyn, przystał na propozycję Mikołaja Rudego. Zgodził się na spotkanie z Barbarą Radziwiłłówną.

Urok kobiety wyzwolonej

Minęło pięć lat, odkąd dzwony w zamkowej kaplicy w Gieranonach obwieściły zawarcie małżeństwa pomiędzy Barbarą Radziwiłłówną i Stanisławem Gasztołdem. Z pozoru bardzo niewiele. A jednak Barbara zmieniła się przez ten czas nie do poznania.

Kiedy trafiła do rodowej siedziby Gasztołdów, była tak naprawdę dzieckiem. Miała głowę pełną marzeń. Wierzyła, że wyzwoli się spod wpływów ojca, zerwie z rygorami rodzinnego domu. Chciała się uniezależnić, sama zostać wielką panią na włościach. Zamiast tego zamieniła dotychczasowe więzienie na inne. Zamieszkała pod jednym dachem z potężnym Olbrachtem Gasztołdem, a to samo w sobie wykluczało jakąkolwiek samodzielność. Jakby tego było mało, w rezydencji Gasztołdów musiała się śmiertelnie nudzić.

Gieranony to nie był wesoły pałac pełen uczt, ceremonii i możnych gości. Zamek usytuowano w sercu puszczy, ponad osiemdziesiąt kilometrów od Wilna i sto osiemdziesiąt od Grodna. Była to budowla ponura i odcięta od świata. Powstała już za życia Barbary, ale nie jako przestronna renesansowa rezydencja na wzór tych budowanych przez Jagiellonów czy czołowych wielmożów w Małopolsce. Na Litwie podstawową funkcją każdego zamku wciąż była obrona jego mieszkańców. Przed wojną, napadami, buntami ludności. Tak też było w przypadku Gieranonów: ciasnych, ukrytych za potężnymi wałami i wiecznie pogrążonych w mroku, bo grube mury i wąskie szczeliny okien nawet w południe nie wpuszczały do wnętrza wystarczająco dużo światła. Barbara snuła się bez celu po tutejszych korytarzach, nie mogąc liczyć nawet na towarzystwo zahukanego męża. Aż wreszcie stary Gasztołd umarł, a młody wybył do Wilna, Troków, Grodna czy też wszędzie tam, gdzie potrzebował być, by przejąć schedę po ojcu. Radziwiłłówna wreszcie mogła odetchnąć.

Zaczęła żyć pełnią życia, rozkwitła. Mąż nadal nie okazywał jej zainteresowania, zaczęła więc szukać szczęścia gdzie indziej. Pustkowie, na którym leżały Gieranony i które tak bardzo jej dotąd doskwierało, nagle okazało się atutem. Zamek przekształciła w dyskretne miejsce flirtu, zabawy i romansów. Spraszała możnych przyjaciół, doskonaliła się w sztuce prowadzenia konwersacji, w uwodzeniu i manipulowaniu mężczyznami. Na całej Litwie zaczęto opowiadać, że nie prowadzi się zbyt skromnie. „Gdy dorosła i została oddana małżonkowi, stała się znana z licznych grzechów lubieżności i bezwstydu" – napisze za parę lat komentator życia politycznego, ksiądz Stanisław Orzechowski.

O romansach z pewnością wiedział jej mąż i niewiele sobie z nich robił. Widocznie on też w pełni sobie uświadamiał, że ich związek to czysta fikcja. Sytuacja rodziła plotki, ale na Litwie mało kogo bulwersowała. W tej epoce wpływowe kobiety w Wielkim Księstwie wciąż cieszyły się dużo większą swobodą obyczajową niż Polki. W źródłach zachowały się informacje, że Litwinki często utrzymywały oficjalnych kochanków, „pomocników małżeństwa". Zdrady małżeńskie były na porządku dziennym, bękartów traktowano niewiele gorzej niż legalne dzieci.

Barbara wpisała się więc w obyczaj epoki. Jeśli coś ją odróżniało od ówczesnych kobiet, to brak umiaru, a może też – brak pewnej rozwagi. Chciała odbić sobie wszystkie krzywdy ponurego dzieciństwa, smakować tu i teraz każdą możliwą radość. Jeszcze weselsze życie zaczęła prowadzić po śmierci Stanisława Gasztołda. Nie zaprzątała sobie głowy żałobą. Zamiast nosić czarne żałobne szaty, wydawała krocie na najpiękniejsze suknie. Kupowała najdroższą biżuterię. Stawała się coraz bardziej wyrafinowana w swoich gustach – chyba nie tylko w zakresie mody, ale też mężczyzn. Jej pozycja jako kobiety wolnej, wdowy po wpływowym polityku, była o wiele wyższa niż w okresie małżeństwa. Stała się też na nowo doskonałą partią.

W tym czasie nie opowiadano jeszcze o tym, że jest nierządnicą. Zamiast tego wszem i wobec wychwalano jej niezwykły urok. Dzisiaj trudno z całą pewnością powiedzieć, co się pod nim kryło. Historyk Zbigniew Kuchowicz był zdania, że o wszystkim przesądziła jej

---

Druga Helena trojańska?
Portrety z epoki nie potwierdzają niezwykłej urody Barbary Radziwiłłówny.
Na ilustracji fragmenty dyptyku z wizerunkami żon
Zygmunta Augusta (trzecia ćwierć XVI wieku)

uroda i „umiejętności alkowiane". Podobno jako „jedna z najpiękniejszych kobiet swojej epoki" miała Barbara z góry otwartą drogę do sukcesu. W jakimś stopniu musiało to być prawdą, ale sprawa nie jest aż tak prosta.

Teksty z epoki w gruncie rzeczy niewiele mówią o fizycznym pięknie Barbary Radziwiłłówny. „Ze składu ciała i twarzy była tak urodziwa, że z zazdrości ludzie uwłaczali jej niewinności" – podawało jedno źródło. „Ręce i oczy piękne, ale twarz litewska" – zapisano w innej relacji, niemieckiego autorstwa. Jest jeszcze panegiryk, wedle którego Barbara była „piękna na schwał". I to właściwie tyle. W przeciwieństwie chociażby do młodej Bony mało kto tak bardzo interesował się wyglądem Barbary, by przelewać swoje spostrzeżenia na papier.

Więcej szczegółów można próbować wyciągnąć z portretów Barbary. Te jednak powstały w większości dziesiątki lub nawet setki lat po jej śmierci. Najpiękniejsza jest Barbara z obrazów z XIX stulecia. Ta z malowideł szesnastowiecznych – powstałych za jej życia lub niedługo po tym, jak odeszła – wygląda dużo zwyczajniej. Na pewno miała dość długi, ale prosty nos, owalną twarz, wąskie, łukowate brwi i niewielkie, subtelne usta. Była też najpewniej blondynką o bardzo jasnej cerze. Wszystkie te cechy powtarzają się na różnych portretach, nie mogły więc stanowić wymysłu artysty. Powtarza się jeszcze jedno: oczy. Wielkie, ciemne i świdrujące swoim przenikliwym spojrzeniem.

O oczach opowiadano dużo częściej niż o urodzie Barbary. Krytycy w przyszłości zaczną nawet twierdzić, że te oczy służyły rzucaniu zaklęć. Rzekomo dzięki nim Radziwiłłówna była w stanie usidlać kolejnych mężczyzn. Takie opinie zyskały sobie wielką popularność, ludzie musieli więc czuć, że za powodzeniem Barbary kryje się jakaś wielka tajemnica. I że uroda nie jest wystarczającym rozwiązaniem zagadki. Hanna Widacka, znawczyni portretów Barbary Radziwiłłówny, stwierdziła nieco zafrapowana, że przedstawiające ją obrazy „niezbyt przekonują widza o olśniewającej piękności modelki". Może nie wynikało to wcale z niekompetencji malarzy, ale z faktu, że Barbara była... ładna. Nie porażająco piękna na wzór Heleny trojańskiej, ale ładna. A mężczyzn pociągała przede wszystkim swoją pozycją i osobowością. Była bezpośrednia, wygadana, mało robiła sobie z etykiety i ze sztywnych norm zachowania charakteryzujących szesnastowieczne dwory. A to oznacza, że osiągała sukcesy przez to, jakim była człowiekiem, nie zaś dlatego, że miała wystarczająco udaną twarz, jak twierdziło zaskakująco wielu historyków.

Niewątpliwie liczyło się też to, że zawsze wielką wagę przywiązywała do mody, ubioru i higieny. Wiedziała, co zrobić, by w każdej sytuacji wyglądać atrakcyjnie. Uwielbiała odwiedzać łaźnie i myła się znacznie częściej od swoich współczesnych. Pod tym względem musiała zresztą dorównywać znanym czyściochom, Jagiellonom. Nieobce były jej kosmetyki. Stosowała ekskluzywne bielidła, które czyniły jej alabastrową skórę jeszcze jaśniejszą – a więc dokładnie taką, jakiej oczekiwali renesansowi mężczyźni. Dbała o piękny uśmiech, a zapewne także o figurę. Dzięki odnalezieniu jej szczątków na początku XX wieku wiadomo, że cechowała się ponadprzeciętnym wzrostem (sto sześćdziesiąt centymetrów na tle typowych dla tej epoki stu pięćdziesięciu–pięćdziesięciu pięciu) drobną sylwetką oraz – śnieżnobiałymi zębami bez śladów próchnicy. Przede wszystkim jednak Barbara potrafiła się idealnie ubrać.

Jedną z jej świetnych kreacji można podziwiać na szesnastowiecznej emaliowanej miniaturze pędzla nieznanego malarza. Barbara ma na głowie leciutki i robiący wrażenie zalotnego berecik w kolorze niebieskim, z fikuśnie zawiniętym strusim piórkiem. Pod nim znajduje się jeszcze złocisty, zdobiony klejnotami czepiec. Uwaga widza skupia się jednak przede wszystkim na eleganckiej czerwonej sukni. Ma głęboki dekolt i wielkie, nacinane rękawy. Całości dopełniają zdobiące szyję perły: ulubione i najlepiej pasujące do cery Barbary klejnoty. Być może właśnie w takim, pięknym, ale nieprzesadnie formalnym stroju, perfekcyjne podkreślającym atuty jej urody, Barbara zjawiła się na pierwszym spotkaniu z młodym polskim monarchą Zygmuntem Augustem.

Od pierwszego wejrzenia

Nie wiadomo niestety, ani kiedy, ani gdzie dokładnie doszło do tego spotkania. Jeszcze do niedawna w książkach historycznych, filmach i sztukach teatralnych niepodzielnie królowała romantyczna wizja schadzki w odciętych od świata Gieranonach. To tam, na odludziu i bez świadków, miał zakwitnąć tajemny romans króla i wdowy po bajecznie bogatym wojewodzie. Dzięki badaniom nad trasami podróży Zygmunta Augusta udowodniono jednak, że ten nigdy nie zawitał osobiście do Gieranonów. I chyba nie miał po co tam jechać, bo w Gieranonach nie było także Barbary.

Niedługo po śmierci męża, pozbawiona oprawy wdowiej, przeprowadziła się do Wilna, do dawnego pałacu swojego ojca. Zamieszkała tam razem z bratem Mikołajem Rudym i matką. Po sąsiedzku, w odległości zaledwie kilkuset metrów, znajdował się zamek wielkich książąt litewskich. Wiadomo, dzięki zachowanym listom, że młody król przebywał tam pod koniec października 1543 roku. Można się domyślać, że Mikołaj Rudy i jego chytry brat stryjeczny Mikołaj Czarny natychmiast zwęszyli okazję do działania. W radziwiłłowskiej rezydencji wyprawiono wystawną ucztę lub bal, a honorowym gościem był rzecz jasna polsko-litewski monarcha. W roli gospodyni wystąpiła natomiast Barbara Radziwiłłówna. Spotkanie tej dwójki, na które król już wcześniej wyraził wstępnie zgodę, stało się nieuniknione.

Zaczęło się zapewne przy wspólnym stole, w gronie zacnych gości. Skończyło w prywatnych komnatach, gdzie wojewodzinie i królowi towarzyszyli tylko najbliżsi słudzy. A może zresztą nie towarzyszył im nikt. Pierwsze lody nietrudno było przełamać. Na dobrą sprawę Zygmunt August wcale nie potrzebował poznawać Barbary. Bez wątpienia znał ją już wcześniej. Niedawno całe dwa lata, od maja 1540 do maja 1542 roku, rodzina królewska spędziła w Wilnie. Do litewskiej stolicy przybyli nie tylko Zygmunt Stary i Bona, ale też Zygmunt August. Wprawdzie znajdował się pod czujnym okiem apodyktycznej matki, ale brał przecież udział w życiu dworu. Na pewno przytrafiły się zabawy i uroczystości, na których oprócz niego pojawiła się urokliwa Barbara Radziwiłłówna. Różnica polegała na tym, że wtedy była ona żoną wojewody trockiego. Teraz stała się wolna i niezależna. I to było coś, co musiało zadziałać na Zygmunta Augusta niczym magnes.

Z łatwością znalazł z Barbarą wspólny język. Ona dopiero co wyrwała się spod władzy nieznoszących sprzeciwu ojca i teścia oraz z kajdan, którymi było dla niej niechciane małżeństwo. On w tej chwili o niczym nie marzył bardziej niż o własnym wyzwoleniu spod kurateli matki. Barbara była też kobietą nietuzinkową. Miała silną osobowość, jasno zarysowane cele i własny sposób bycia. Nie bała się mówić tego, co myśli i sięgać po to, czego pragnie. Dokładnie takie kobiety lubił Zygmunt August – przeciwieństwo posłusznej, kruchej i niewinnej niczym anioł Elżbiety Habsburżanki.

Do tego dochodziła zmysłowa, może aż nazbyt poufała atmosfera spotkania z wdową po Stanisławie Gasztołdzie. Barbarze zależało na korzystnym załatwieniu z królem swoich spraw majątkowych. Mając lata doświadczenia w uwodzeniu i manipulowaniu mężczyznami, doskonale wiedziała, co mówić i jak się zachowywać, by owinąć sobie rozmówcę wokół palca. To, że ten był królem, nie miało w tym przypadku żadnego znaczenia. Barbara nie przewidziała tylko jednego. Tego, że nie tylko August ulegnie jej urokowi, ale też ona – jego.

Można zaryzykować stwierdzenie, że początkowo żadna ze stron nawet nie myślała o zamianie niewinnego flirtu w coś więcej. Zygmunt August zbyt dużo dowiedział się od matki o polityce, by mieszać interesy z seksem. Jako władca mógł przebierać w najlepszych damach do towarzystwa. Nie brakowało też dwórek gotowych mu się oddać na jedno zawołanie. Ostatnie, czego potrzebował, to wikłać się w nawet przelotny związek z córką wpływowego magnackiego rodu.

Barbara również nie miała w takim romansie żadnego interesu. Nie była prostytutką, jak chcieliby niektórzy autorzy, ale wielką damą. Czym innym były niezobowiązujące rozrywki, którym lubiła się od czasu do

czasu oddawać w dobrym towarzystwie, a czym innym byłby romans z żonatym monarchą. Rola królewskiej nałożnicy nie mogła jej przynieść chwały. Na dłuższą metę nie zapewniała też żadnych korzyści, których nie dałoby się osiągnąć znacznie bardziej subtelnymi metodami.

Obie strony broniły się przed jakimkolwiek pochopnym krokiem. Pomiędzy Zygmuntem Augustem i Barbarą pojawiło się jednak uczucie zbyt silne, by je opanować. W murach pałacu Radziwiłłów w Wilnie rozpoczął się najgłośniejszy romans w dziejach Polski.

Głośny jednak miał się on stać dopiero za kilka lat. Na razie wszystko rozgrywało się w największej tajemnicy. Źródła podają, że w pierwszych miesiącach 1544 roku Zygmunt August szczególnie często wyjeżdżał na polowania. W styczniu tropił zwierzynę w borach szeszupskich, w lutym w lasach wołkowyskich i bersztańskich. Oficjalnie polował tam na grubego zwierza. Można się jednak domyślać, że to nie niedźwiedzie i dziki wielki książę miał na oku, lecz piękną panią wojewodzinę.

Długie, upojne noce spędzane wspólnie w rozrzuconych wśród puszczy dworach myśliwskich utwierdzały Augusta w przekonaniu, że znalazł kobietę idealną. Utwierdzały też, zupełnie niepostrzeżenie, jej wpływ na niego. Barbara nie musiała nic robić ani mówić. Samo jej towarzystwo działało na królewskiego syna niczym najpotężniejsza magiczna mikstura. Nie był już bezwolną marionetką w rękach swojej matki. Nie był też, jak jeszcze kilka miesięcy wcześniej pod wpływem dwóch Mikołajów, wyłącznie gniewnym krytykiem Bony. U boku Barbary uwierzył w swoje możliwości – w to, że nie tylko ma prawo przejąć władzę na Litwie, ale też posiada wszelkie ku temu kompetencje. Wielkie zauroczenie dodawało mu sił do walki z matką. Obudziło w nim naturę, której istnienia nie był chyba nawet świadomy: stanowczego

---

Tyle w XIX wieku zostało z wileńskiego pałacu Barbary Radziwiłłówny (u góry) i z dumnej twierdzy w Gieranonach (u dołu). Rysunki Napoleona Ordy

i bezwzględnego polityka. Przede wszystkim jednak pomogło mu opanować strach przed Boną.

Im więcej August spędzał czasu z Barbarą, tym rzadsze i bardziej lakoniczne pisał listy do matki. Zamiast z nią, zaczął kontaktować się z jej największymi wrogami – z hetmanem wielkim koronnym Janem Tarnowskim, z kanclerzem Samuelem Maciejowskim. Tymi samymi ludźmi, których jeszcze w sierpniu 1543 roku łajał za wzniecanie konfliktów z Boną. Montował też sojusze na Litwie, korzystając z nieodzownego wsparcia młodych Radziwiłłów. I wreszcie ruszył do decydującego ataku.

Na sejmie litewskim zwołanym w lipcu 1544 roku do Brześcia spotkał się po raz pierwszy od ponad roku z rodzicami. Matki z rozmysłem unikał. Z ojcem spędził na rozmowach całe dwa dni. Po nich nastąpił główny punkt programu. Zygmunt August miał po swojej stronie niemal wszystkich posłów. I nie miał litości. Zebrani, nie przejmując się obecnością Bony, zaczęli skarżyć się przed starym królem na „złodziei, łotrów, krzywoprzysiężników i oszczerców", czyli urzędników monarchini. Biadolili, że „chciwość własnych książąt" – żeby nie powiedzieć wprost, że chciwość królowej – doprowadziła w kraju do większych spustoszeń niż najgorszy najazd wroga. „Wróg domowy" – rzucali pod adresem Bony. A jednocześnie, jak podaje sprawozdanie z sejmu, „domagali się" od Zygmunta Starego, by ten „dał im za pana, gubernatora i protektora najjaśniejszego swego syna, Augusta".

Bona próbowała temu przeciwdziałać na wszystkie możliwe sposoby. Od wielu miesięcy zwalczała stronników syna, nie miała jednak tak wielkich wpływów jak przed laty. Przede wszystkim zaś nie miała po swojej stronie Zygmunta Starego. Teraz, przyparta do muru:

> Płakała, prosiła i błagała, zaklinając starego króla, aby sam siebie w tak podeszłym wieku, jak również jej, królowej żony i towarzyszki dozgonnej, nie pozbawiał całego majestatu na rzecz syna. Słusznym jest przecież, aby starość była zdobiona należytą godnością.

Król pozostał jednak nieubłagany. 6 października 1544 roku podpisał akt, na mocy którego władzę nad Litwą przejmował Zygmunt August. Stary władca zostawiał dla siebie Polskę i oficjalną zwierzchność nad całą Rzecząpospolitą. Bona tymczasem, zarówno oficjalnie, jak i nieoficjalnie, traciła cały szereg uprawnień i przywilejów. Jeszcze 5 października była niemalże udzielną panią Wielkiego Księstwa. Nazajutrz stała się poddaną swego syna, pozbawioną najbardziej dochodowych dóbr, bezpośredniego wpływu na politykę i uprawnień sądowniczych. Kobieta, która przez lata odbierała Augustowi prawo do własnej opinii w jakiejkolwiek sprawie, teraz sama straciła możliwość decydowania o czymkolwiek – przynajmniej w granicach Litwy.

Dla Zygmunta Augusta był to dzień wielkiego triumfu. Do Wilna wracał już zupełnie oficjalnie jako pan i władca rozległego kraju. Nie ruszył jednak w drogę powrotną sam. Ku wielkiemu zaskoczeniu Barbary Radziwiłłówny, towarzyszyła mu żona. Nowa wielka księżna litewska, Elżbieta Habsburżanka.

Oczywiście, że się z nią rozwiodę

Jeszcze przed rokiem plan był jasny. Akt ślubu zawartego przez Zygmunta Augusta i Elżbietę miał trafić do kosza. Bona wiedziała, że nie uda się tego zrobić ani szybko, ani łatwo. Trzeba było skrupulatnie zbierać dowody na rozpad pożycia i na powstanie niemożliwych do pogodzenia różnic pomiędzy małżonkami. Przede wszystkim zaś trzeba było czekać.

Stara królowa jednego była pewna. Jej mąż nigdy nie wyrazi zgody na rozwód. Był na to zbyt honorowy i staroświecki. Ta przeszkoda miała jednak charakter wyłącznie tymczasowy. Zygmunt Stary niedługo miał obchodzić siedemdziesiąte ósme urodziny i pod względem wieku zdążył zdeklasować każdego z wcześniejszych królów Polski. Bona życzyła mu oczywiście jak najlepiej, ale wszyscy wiedzieli, że monarcha nie może żyć wiecznie. Po jego śmierci August miał się rozwieść i zawrzeć nowe małżeństwo. Zgodne z interesami dynastii, a przede wszystkim – z wolą i projektami politycznymi Królowej Matki.

Początkowo Zygmunt August robił, co do niego należało. Zgodnie z życzeniem Bony stanowczo zbywał pretensje Habsburgów. 20 sierpnia 1543 roku pisał do swojego teścia, Ferdynanda:

> Nie jesteśmy tak upośledzeni na umyśle, abyśmy nie pojmowali, jaka miłość należy się w związku małżeńskim, który Bóg Najwyższy zawiązał. Chowamy do małżonki naszej należną miłość i nic nie może być droższym i słodszym dla nas nad pożycie z nią.

Młody król swoją miłość do żony rzeczywiście „chował", bo ani nie zabrał jej ze sobą w 1545 roku na Litwę, ani nie zawracał sobie głowy pisaniem do niej listów. Nawet kiedy Elżbieta poważnie zraniła sobie nogę i zaczęto podejrzewać, że zaraziła się tężcem, od Zygmunta Augusta nie przyszła żadna wiadomość. Dopiero gdy sama Elżbieta przemogła się i wbrew wszelkim obyczajom pierwsza napisała do króla, ten raczył jej odpowiedzieć lakonicznym i odartym z jakichkolwiek emocji listem. Mimo to Habsburżanka była zachwycona:

> Najjaśniejszy królu i panie, małżonku najmilszy i najosobliwszy, Waszej Królewskiej Mości siebie oraz uczucia moje i najwierniejsze służby pokornie zalecam. Miły królu i małżonku, jakże ucieszyłam się w duszy (choć także i wcześniej nie mogłam wątpić o małżeńskiej miłości Waszej Królewskiej Mości ku mnie), dowiadując się z listu o wypadkach, którymi Wasza Królewska Mość podzielić się ze mną raczył.
>
> Serce moje jednak tak bardzo pragnie i oczekuje Waszej Królewskiej Mości, iż bez Was żądną miarą uspokoić się nie może. Niech mi

> Wasza Królewska Mość tego za złe nie weźmie, jeżeli ją po wielokroć zaklinać będę, aby Wasza Królewska Mość, litując się nad wierną sługą swoją, nie wzbraniał się do niej wracać.

Tak uniżony, błagalny wręcz list tylko zirytował Zygmunta Augusta. Zawsze ze wzgardą podchodził do kobiet słabych i niesamodzielnych. Zupełnie jakby w ten sposób rekompensował sobie swoją własną uległość względem matki. Teraz, gdy wreszcie wyrwał się spod wpływów Bony, Elżbieta – z całą jej nieśmiałością, z całym strachem i bezbronnością względem starej królowej – jeszcze bardziej mu obrzydła. W odpowiedzi na powyższy list sucho życzył jej, by była „zdrowa i szczęśliwa" oraz by nie zapominała o nim. O swoim możliwym powrocie nie wspomniał ani słowem.

Elżbieta jednak się nie poddawała. Po jednej służalczej wiadomości słała kolejną – tak jakby wciąż wierzyła, że jeśli wystarczająco się poniży, to zdoła przebłagać męża i wywalczyć sobie jego względy.

> Powinnam mieć nadzieję, że się wkrótce z sobą zejdziemy. Ponieważ jednak czas mi się dłużej, aniżeli bym chciała ciągnie, postanowiłam tym listem jeszcze Waszą Królewską Mość ścigać. Gdy nie mogę ręki Waszej Królewskiej Mości podać ani z Nim ustnie rozmawiać, niechże nieobecna choć listownie się rozmówię.
>
> Niech Wasza Królewska Mość to o wiernej małżonce swej i słudze wiedzieć raczy, iż niczego tak nie pragnę, jak żeby mnie Wasza Królewska Mość w pamięci swojej chować raczył i szczerze z duszy kochającą nawzajem pokochał.

Król, podobnie jak poprzednio, pozostał niewzruszony. Nie miał zresztą głowy ani do tego, by z Elżbietą korespondować, ani żeby zastanawiać się nad jej suplikami i błaganiami. Był zauroczony Barbarą Radziwiłłówną i teraz tylko to się dla niego liczyło.

Nie myślał o przyszłości. Barbara pewnie też nie myślała. Sam związek z królem był już wystarczającym szaleństwem. Co dopiero snucie jakichkolwiek planów. Pocieszała się myślą, że choć musi ukrywać ich relację przed całym światem, to przynajmniej ma go wyłącznie dla siebie. Król, dla świętego spokoju, przekonywał ją pewnie, że małżeństwo z Elżbietą to tylko fikcja. Że w zasadzie dawno jest już skończone, a brakuje tylko papieru, który by to potwierdzał.

Może przez jakiś czas Zygmunt August wciąż w to wierzył. Musiał jednak wreszcie zrozumieć, że wbrew wszystkim swoim zapewnieniom o wyrwaniu się spod kurateli matki nadal tańczy tak, jak mu Bona zagrała. Przecież kryzys związku z Habsburżanką był właśnie jej pomysłem, jej politycznym projektem! Oczywiście młody król nie przepadał za swoją małżonką. Ale to przecież nie było rzadkością w świecie małżeństw zawieranych dla realizacji cynicznych interesów. Fakt, że ten konkretny ślub okazał się katastrofą, wynikał z decyzji starej królowej. I Zygmunt August zaczął sobie uświadamiać, że w jego najlepiej pojętym politycznym interesie jest odwrócenie tej decyzji.

Na sejmie w Brześciu ogłosił, że wraca do córki Ferdynanda Habsburga i kiedy tylko otrzyma władzę nad Litwą, wspólnie zamieszkają w wileńskim zamku. Taki krok znalazł poklask w Wiedniu. Ucieszył też zmęczonego awanturami Zygmunta Starego, a może nawet ostatecznie przesądził o jego decyzji, by oddać Wielkie Księstwo synowi.

Cieszyć nie mogła się tylko Barbara. I nawet jej najbliżsi tego nie rozumieli. Jej brat i brat stryjeczny, dwaj Mikołajowie stojący u boku młodego króla, wręcz nie posiadali się z radości. Pogodzenie się małżonków zapewniało nowemu królowi wsparcie Habsburgów i Hohenzollernów. Oznaczało też, że wreszcie w jego ręce wpadnie niebotycznych rozmiarów posag, z którego część na pewno skapnie także Radziwiłłom.

A że ich siostra straci kochanka? Jej związek i tak od początku uważali za akt głupoty. Wierzyli, że teraz, gdy zamiast zabawiać się z królem, zajmie się szukaniem nowego męża, wreszcie będą mogli w spokoju realizować rodowe interesy.

Mąż idealny

To była sielanka. Przynajmniej oficjalnie. Według sprawozdania sejmowego Zygmunt August powrócił na Litwę „z Elżbietą królową, swą małżonką, już wreszcie ze sobą połączoną i kochaną". Uroczysty wjazd do Wilna odbył się 22 października 1544 roku. Młoda królowa promieniała, tłumy wiwatowały. A kolejni komentatorzy wychwalali decyzję władcy. „Pięknie i nieskazitelnie żył z żoną król" – podkreślał Stanisław Orzechowski. „Żyją w wielkiej miłości i przyjaźni" – dopowiadał Jost Ludwik Decjusz. I tylko z bliska było widać rysy na idealnym związku Zygmunta Augusta i Elżbiety.

Zdaje się, że król poświęcał żonie czas, ale tylko tyle, ile musiał. Dbał o nią, ale do takiego stopnia, jaki wyznaczała kurtuazja. I okazywał jej sympatię – lecz przede wszystkim z myślą o teściu mającym w Wilnie niejednego agenta.

Wreszcie osiągnął swój główny cel. Wiosną 1545 roku Ferdynand Habsburg orzekł, że jego córka jest wystarczająco zadowolona z poprawy sytuacji. W związku z tym zgodził się wypłacić zięciowi posag w niebagatelnej kwocie stu tysięcy florenów węgierskich. Słysząc o tym, że wozy z pieniędzmi już podskakują na wybojach w drodze do Polski, młody król niezwłocznie wyruszył do Krakowa. W pierwszych dniach czerwca spotkał się na Wawelu z niemieckim poselstwem i pokwitował odbiór wypełnionych złotem skrzyń. Wysłannicy Habsburgów odjechali. I właśnie wtedy gruchnęła wiadomość: królowa Elżbieta nie żyje.

Według źródeł zmarła na skutek napadów epilepsji. Na początku miesiąca ataki dopadały ją nawet kilkanaście razy dziennie. Zdaniem historyków jest prawdopodobne, że jednocześnie cierpiała na zapalenie dróg oddechowych, może nawet zapalenie płuc. W końcu jej osłabiony organizm się poddał – odeszła 15 czerwca na zamku wileńskim. Miała zaledwie dziewiętnaście lat.

Początkowo wszyscy współczuli młodemu królowi. Panowało przekonanie, że ledwie Zygmunt August pogodził się z żoną, ledwie zbliżył się do niej i ułożył harmonijne relacje, dające zaczątek przyszłego małżeńskiego szczęścia, a już surowy los wydarł mu z rąk ukochaną – albo przynajmniej tolerowaną – towarzyszkę życia. Podejście zaczęło się zmieniać dopiero, gdy wyszło na jaw, że sam król wcale nie oczekuje współczucia. Odejście młodej królowej zgodnie i z głębokim żalem opłakiwały „wszystkie stany". Tymczasem sam król żałobę odprawiał – ale tylko „czarną szatą".

Nie licząc ubioru (który też nie był niczym niezwykłym, bo August zawsze preferował ciemne stroje), władca szybko zapomniał o stracie żony. Oddał się na powrót zabawom i polowaniom, zupełnie jakby śmierć Elżbiety nie była dla niego ciosem, ale raczej źródłem ulgi. Nie wahał się też wydawać wypłaconego w przededniu jej zgonu posagu. Z niemieckich pieniędzy finansował pensje dworzan, wystawne uczty, a przede wszystkim – przebudowę zamku książęcego w Wilnie na renesansową modłę.

Być może wszystkie te szaleństwa miały do jakiegoś stopnia pomóc w zagłuszeniu wyrzutów sumienia. Zygmunt August musiał być świadomy, że w znacznej mierze to on sam doprowadził do śmierci cherlawej i znerwicowanej małżonki. Najpierw przez półtora roku poniżał ją i ignorował. Później ściągnął ją do skutego lodem Wilna, oferując fikcyjny związek i równie fikcyjne szczęście. Nie liczył się z jej zdrowiem i nie doceniał jej poświęceń. Ciągał ją ze sobą na długie polowania, w ogóle nie biorąc pod uwagę, że sam pobyt w tak trudnym i obcym klimacie stanowi wyzwanie dla organizmu młodej dziewczyny. Zmuszał ją też wielokrotnie do długiego oczekiwania w wietrznych zamkowych sieniach. Wychowana w karności i wciąż robiąca wszystko, by zjednać sobie męża, Elżbieta tkwiła w nieogrzewanych korytarzach nawet po kilka godzin. Czekała, aż

Elżbieta Habsburżanka za życia była bez szans w konkurencji z Barbarą. Po śmierci też nie oszczędzono jej towarzystwa Radziwiłłówny. Portret pochodzi z dyptyku zawierającego również wizerunek drugiej żony króla

August zjawi się na umówione spotkanie, na wspólny posiłek lub uroczystość, w której mieli razem wziąć udział. On tymczasem zawsze o swojej żonie zapominał.

Do tego wszystkiego dochodziła świadomość, że jest tylko malowaną królową. Kukłą, potrzebną do zdobycia posagu. I że Zygmunt August nawet nie próbuje dochowywać jej wierności. Wprawdzie źródła nie piszą o tym wprost, wydaje się jednak pewne, że król wcale nie zerwał romansu z Barbarą po ściągnięciu do Wilna Elżbiety. Zapewne na parę tygodni Radziwiłłówna odgrodziła się od niego, zraniona tym, co sama odczytywała jako zdradę. Uczucie – a może tylko pożądanie – wreszcie jednak zwyciężyło. Na nowo rozpoczęły się potajemne schadzki i wspólne wyjazdy. Elżbieta nie była ślepa. Widziała to wszystko i gasła z żalu.

Być może Barbara współczuła pogardzanej królowej. Nie była przecież człowiekiem bez serca. Być może uroniła nawet parę łez, gdy Habsburżanka umarła samotna i niekochana. To przecież było tak samo zasługą Zygmunta Augusta, jak i jej samej. Po latach wrogowie Radziwiłłówny zaczną rozpowiadać, że to ona własnoręcznie otruła konkurentkę. W sensie dosłownym jest to wierutna bzdura. Barbara nie musiała wcale dolewać Elżbiecie jadu do wina. Wystarczyło, że odebrała jej nadzieję na jakiekolwiek godne życie. Jako „ta druga" siłą rzeczy skazywała się na rolę trucicielki.

Jeśli miała wyrzuty sumienia, to potęgowała je jeszcze świadomość, że mimo wszystko cieszy się z rozwoju sytuacji. Po głowie krążyła Radziwiłłównie uporczywa myśl, że tragedia Habsburżanki to dla niej samej przepustka do chwilowego szczęścia u boku króla. I ta właśnie myśl sprawiała, że nie tylko August, ale też Barbara zaczęła szukać zapomnienia w nieposkromionych zabawach. Na szczęście wileński dwór idealnie się do tego nadawał.

Barbara Radziwiłłówna w bogato zdobionej sukni i z osobliwym nakryciem głowy. Portret z serii miniatur wykonanych w warsztacie Łukasza Cranacha młodszego

Jeszcze niedawno była to najbardziej ponura i skostniała stolica Europy. Młody król tchnął w nią jednak nowe życie. Zorganizował na dworze świetną kapelę muzyczną, zarządził budowę wielkoksiążęcych stajni, sprowadził błaznów, kuglarzy i aktorów. Wzniósł też na swoje potrzeby nową letnią rezydencję w Wirszuptach, a w samym Wilnie oddał się pasji kolekcjonerskiej. Skupował książki, klejnoty, a przede wszystkim – konie. Miał łącznie dwieście dziewiętnaście wierzchowców (w tym sześćdziesiąt jeden czystej krwi arabów) oraz dwadzieścia siedem karoc. Jakby tego było mało, założył też swoje prywatne zoo, z wielbłądami, papugami i oswojonym lwem.

Każdy powszedni dzień upływał pod znakiem rozrywek, a przecież nie brakowało też dni zupełnie niezwyczajnych. „[Król] niczym w gruncie rzeczy się nie zajmuje. Pogrążył się całkowicie w ucztach, tańcach i maskaradach" – pisał jeden z krytyków młodego monarchy. I rzeczywiście, zachowane rachunki potwierdzają, że Zygmunt August żył niezwykle rozrzutnie. Tylko na zaopatrzenie kuchni w ciągu pierwszego roku po śmierci Elżbiety wydał niemal trzydzieści sześć tysięcy florenów. Jego ojciec, gdy był jeszcze w miarę młody i sprawny, na ten sam cel poświęcał dziesiątą część tej kwoty!

Dalsze wydatki pochłaniały bale i festyny. Pomysłowość i przepych monarszych zabaw zapadały gościom w pamięć na całe lata. Przy pewnej okazji zdarzyło się nawet, że w szranki w organizowanym przez króla turnieju rycerskim stanęła… miejska prostytutka. Dano jej zwyczajną zbroję, konia i kopię. O tym, czy zdołała wygrać, albo chociaż przeżyć – źródła milczą.

Wiele komentarzy rodziło też nowe hobby monarchy – maskarady. Zygmunt August pokochał zabawy w maskach, ponieważ dawały one pretekst do schadzek z Barbarą w ustronnych komnatach i w zakamarkach zamkowych ogrodów. Niby wśród setek dworzan i gości, a jednak dyskretnie i anonimowo. Dłuższe spotkania mogły odbywać się tylko potajemnie. Właśnie po to, by je umożliwić, Radziwiłłówna zleciła wykucie specjalnej bramy w murze otaczającym ogród pałacu. „Król począł chodzić do niej nocą, kazawszy sobie zrobić przejście z zamku do jej dworu. A chadzał do niej często" – zanotował anonimowy autor litewskiej kroniki, rzecz jasna inicjatywę przypisując kochankowi, a nie kochance. To był jednak tylko prowizoryczny zabieg. Brama nie zapewniała parze żadnej swobody. Odetchnąć mogli dopiero po wyjeździe z Wilna. Nic dziwnego, że te wyjazdy stały się niesamowicie częste. W 1546 roku Zygmunt August aż dwieście dwadzieścia trzy dni spędził na polowaniach w litewskich puszczach. I nie ma wątpliwości co do tego, że w łowach towarzyszyła mu Barbara.

Chyba właśnie przed nią król się popisywał, gdy podczas polowania w Larwaryszkach zbytnio zbliżył się do rozwścieczonego niedźwiedzia. Bestia rzuciła się w stronę zdezorientowanego władcy, nie dając mu czasu na ucieczkę ani na obronę. Zygmunt August ocalał, ale nie była to jego zasługa. Prosto pod monstrualne łapy zwierzęcia rzucił się jego wierny sługa Jurgielis. Dał się rozszarpać na strzępy, by król mógł żyć. August nie wyciągnął z tych wydarzeń żadnej nauczki. Nie zrozumiał, że bezczelnie igra z losem. I że ten los może go pokarać tak, jak jego matkę w niepołomickich lasach dwadzieścia lat wcześniej.

Był zbyt młody, żeby myśleć o śmierci. Był tez zakochany i czuł, że ta miłość wymaga od niego aktów odwagi, może nawet brawury. Nie miał okazji pokazać się przed Barbarą jako wódz armii szarżującej na wroga, mógł jednak przynajmniej obić na jej oczach łby kilku rycerzom. Dlatego też ku powszechnej konsternacji zgłosił swój udział w turnieju zorganizowanym w Wilnie w lutym 1547 roku. Zdziwienie nie było bezpodstawne. Zygmunt August zdążył już udowodnić, że do walki na kopie nie ma za grosz szczęścia. Przed paroma laty wziął udział w innym turnieju, który odbył się przy okazji wesela Iliasza Ostrogskiego. Król starł się wówczas z panem młodym. I go zabił.

Teraz znów ryzykował, w ogóle nie przejmując się tym, że bycie ostatnim przedstawicielem dynastii niesie ze sobą kolosalną odpowiedzialność. Wygrał, ale po fakcie nie mógł liczyć na pocałunek damy swego serca, ani nawet na wręczony przez nią wieniec. Ich związek był przecież trzymany w ścisłej tajemnicy. Barbara obserwowała z oddali starcie rycerzy, w duchu kibicując swojemu kochankowi. Więcej nie było jej wolno.

Tak samo sytuacja wyglądała, gdy Zygmunt August sprowadził do królewskich parków w Wirszuptach łabędzie – ptaki powszechnie uznawane za symbol miłości. Radziwiłłówna mogła się wyłącznie domyślać, że jest to prezent dla niej. Oficjalnie przecież w ogóle nie było dla niej miejsca w życiu króla.

Czy taki stan rzeczy jej odpowiadał? Zdaniem Zbigniewa Kuchowicza, autora jednej z biografii Barbary, w stu procentach tak. „Barbara nie przywiązywała wagi do formalnego, zalegalizowanego związku, nie myślała o małżeństwie" – pisał historyk. Nie sposób się z tą opinią zgodzić. Radziwiłłówna, jak każdy człowiek, pragnęła stabilizacji. Może i nie marzyła o weselnej sukni, ale chciała wiedzieć. na czym stoi. Za sobą miała cztery lata życia w cieniu niczym przestępczyni. Przed sobą – tylko niepewność jutra.

Niemal każdego dnia do Wilna przybywały zagraniczne poselstwa, przywożąc portrety pięknych kandydatek na nową małżonkę Jagiellona. Codziennie doradcy Augusta snuli projekty jego korzystnego ożenku, a on sam wysłuchiwał peanów na cześć tej czy innej królewny na wydaniu. Wprawdzie wciąż zapewniał Barbarę o swojej niesłabnącej sympatii, ale Radziwiłłówna nie była głupia. Doskonale wiedziała, że polityka znów może wygrać z uczuciem. I że jest to najbardziej prawdopodobny scenariusz na przyszłość.

Początkowo wmawiała sobie pewnie, że jej to nie przeszkadza. Żyła w świecie jasnych zasad. Król musi mieć żonę. Żona musi być z dynastii równie znamienitej co jego własna. Związek musi mieć uzasadnienie polityczne. Na tym koniec. Na żadne emocje w równaniu nie było miejsca. Zresztą nie wydaje się, by Barbara początkowo potrzebowała tego miejsca. Kiedy zbliżyli się do siebie w 1543 roku, Zygmunt August zaimponował jej monarszym majestatem. Pewnie pociągał ją też wyglądem i sposobem bycia. Ale to było zauroczenie, a nie żadne wielkie uczucie. Dopiero na przestrzeni lat zwykłe pożądanie zaczęło przekształcać się w miłość. Wreszcie Barbara uświadomiła sobie, że wbrew ustalonemu przez wieki porządkowi rzeczy nie zamierza z nikim dzielić się Augustem.

Żeby mieć jakiekolwiek szanse na normalne życie z królem, musiała działać. Chciała stawić czoła całej elicie kraju, a w tym mógł pomóc jej tylko jeden człowiek. Przebiegły niczym sam diabeł Mikołaj zwany Czarnym.

Czy to jest spisek, czy to jest kochanie?

Bracia Radziwiłłowie myśleli, że mają już wszytko. Zygmunt August tańczył dokładnie tak, jak mu zagrali. Oczywiście Mikołajowie, a szczególnie Mikołaj Czarny, byli przekonani, że to tylko i wyłącznie ich własna zasługa. Rzeczywistość była inna. Decydującą rolę w omotaniu króla odegrała Barbara. Choć zrobiła to chyba zupełnie nieświadomie.

August – zakochany bez pamięci w Radziwiłłównie – od początku walczył z moralnymi rozterkami. Kiedy chodziło o Elżbietę Habsburżankę, nie miał żadnego względu dla jej honoru czy samopoczucia. Na Barbarze naprawdę mu jednak zależało. I nie mógł znieść myśli, że traktuje kobietę, którą pokochał, jak pierwszą z brzegu nałożnicę. Jak to już miał w zwyczaju, starał się zagłuszyć wyrzuty sumienia. Znalazł na to prosty sposób: zaczął obsypywać jej rodzinę przywilejami i zaszczytami.

Mikołaj Czarny został marszałkiem ziemskim. Mikołaj Rudy – łowczym i podczaszym. Awans był niebagatelny, zważywszy, że jeszcze przed trzema laty Mikołajowie nie mieli żadnych stanowisk, a sfrustrowany i zdesperowany Rudy wykrzykiwał po pijaku, że pozabija posłów królowej Bony, jeśli ci spróbują dobrać się do należnego Barbarze majątku po Gasztołdach. Teraz obaj byli wielkimi panami.

Coraz przychylniej patrzyli też na związek swojej siostry z królem. Tak długo, jak żyła Elżbieta, relacja ta wydawała im się kłopotliwym balastem. Szczególnie złe zdanie miał o niej Mikołaj Czarny. W listach nie wahał się besztać i poniżać Barbary, tak jakby sam uważał ją za zwykłą nierządnicę. Pisał też o niej, że „oddawała się diabelskim praktykom, z potrzeby i z przyrodzenia". Cokolwiek by to nie znaczyło. Królowa jednak umarła, a Czarny poczuł, że pora zagrać o najwyższą stawkę. I skłonić Zygmunta Augusta do poślubienia swojej poddanej. Wbrew tradycji i wszelkiemu rozsądkowi.

Taki cel można było osiągnąć tylko podstępem. August, przy wszystkich swoich wadach, odziedziczył po matce sporo politycznego instynktu. Może i dawał sobą manipulować, ale nie w sprawach najwyższej wagi. Czym innym było przecież szafowanie urzędami, a czym innym – zawarcie ślubu wbrew racji stanu. Na szczęście dla Radziwiłłów król był zaślepiony miłością. Trzeba było tylko doprowadzić go do skrajności i zmusić do podjęcia impulsywnej decyzji.

Nie wiadomo, czy inicjatywa wyszła od Mikołaja, czy od Barbary. Raczej to ten pierwszy ułożył plan działania, ale Radziwiłłówna musiała być we wszystko wtajemniczona. I na wszystko wyrazić zgodę.

Wiosną lub wczesnym latem 1547 roku Radziwiłłowie stali się nagle bardzo drażliwi na punkcie honoru swojej siostry. To, na co przymykali przez kilka lat oczy, teraz zaczęło boleć ich niczym otwarta rana. Zaklinali króla, by przestał ich poniżać, by nie traktował Barbary jak dziewki z katowskiego burdelu i nie próbował kupować ich milczenia. Przecież milczeć nie można, gdy nazwisku i herbowi dzieje się krzywda! Litewska kronika podaje, że bracia „prosili króla, aby poprzestał tego i nie chodził do ich siostry i domowi ich takiej niesławy nie wyrządzał".

Król w pierwszej chwili osłupiał. Prawda była jednak taka, że nie miał wyjścia. W obliczu otwartego protestu magnackiej familii był zmuszony przystać na warunki Radziwiłłów. Obiecał, że zerwie kontakty z Barbarą i skupi się na poszukiwaniu nowej małżonki. Łatwiej było to jednak powiedzieć, niż zrobić. Radziwiłłowie, będący najbliższymi współpracownikami Jagiellona, zadbali, by wszystko przypominało mu o utraconej miłości. I by każda podsuwana królowi miłośnica była tylko cieniem Barbary. Zarówno pod względem urody, jak i charakteru.

Wola króla stopniowo słabła. Bił się z myślami, marzył o tym, by odnowić romans z Barbarą. Były dni, kiedy już prawie decydował się na powrót. Choćby miało to sprawić, że Radziwiłłowie porzucą jego obóz polityczny. Nie miał pojęcia, że w rzeczywistości właśnie o taki rozwój wypadków chodziło dwóm Mikołajom. Chcieli, by król przegrał z własnymi emocjami. I żeby sam zaplątał się w ich sidła.

Wreszcie wytoczyli najcięższe działa. Wszystko wskazuje na to, że Barbara poinformowała króla, iż jest w ciąży. August pękł. Do przejmującej tęsknoty za ukochaną kobietą dołączyło poczucie obowiązku. Król miał już dwadzieścia siedem lat, jedno małżeństwo i kilka romansów za sobą. Tymczasem wciąż nie spełnił najważniejszego obowiązku władcy – nie zapewnił krajowi następcy tronu. Nie miał też żadnych bękartów, a to musiało rodzić w nim niepokój, że wina nie leżała po stronie słabego zdrowia pierwszej żony, ale jego własnej płodności.

Jeśli Barbara rzeczywiście była przy nadziei, to jej niedynastyczne pochodzenie traciło na znaczeniu. Oczywiście król zdawał sobie sprawę, że ślub ze zwykłą magnatką wywoła awanturę, jakiej Polska jeszcze nie widziała. Jednak po raz pierwszy pojawiły się argumenty za takim rozwiązaniem. Dotąd Zygmunt August potrafił przekonywać samego siebie tylko do tego, że nie powinien wiązać się z Barbarą. Teraz mógł sobie wmawiać, że jest też druga strona medalu.

Dalszy ciąg historii przedstawił autor anonimowej litewskiej kroniki. Nie wiedział on nic o ciąży i całą winę za zmianę zdania zrzucił na niezaspokojoną chuć młodego Jagiellona:

> [Król] obiecał im [braciom Barbary] nie chodzić więcej do nich i przez czas niemały nie chodził. Ale na koniec, nie mogąc oprzeć się wrodzonej krewkości, poszedł do niej. A Panowie Radziwiłłowie pilnie tego strzegli i gdy król poszedł do ich siostry, wnet do niego poszli także.

Według źródła wywiązała się rozmowa, w której przyparty do muru i przyłapany *in flagranti* monarcha zgodził się na natychmiastowy ślub. Wówczas Radziwiłłowie:

> Wnet przyprowadzili plebana, którego mieli już w gotowości i zaślubili króla z siostrą swoją potajemnie. Nikt z panów rad duchownych ani świeckich, ani też z dworu królewskiego nikt nie wiedział o tym.

Miasto Barbary.
Widok Wilna w XVI wieku

Potajemny ślub odbył się gdzieś na przełomie lipca i sierpnia 1547 roku. Niepewna jest nie tylko data, ale też sam przebieg wydarzeń. Historia o przyłapanym w negliżu królu i o spontanicznym małżeństwie pod osłoną nocy zdobyła sobie przez wieki niezwykłą popularność. Jednak nie wszyscy historycy dają jej wiarę. Anna Sucheni-Grabowska podkreślała, że Zygmunt August „latami przytłaczany przez matkę chorobliwie wręcz nie znosił być do niczego zmuszanym". Jej zdaniem ten rys charakterologiczny władcy zmusza do odrzucenia całej powyższej wersji

Pozostałości zamku wielkoksiążęcego w Wilnie.
Rysowane z natury w XIX wieku przez Napoleona Ordę

wydarzeń. Rzekomo syn Bony nie zdecydowałby się na tak nierozsądne, impulsywne posunięcie. Według historyczki ślub odbył się wprawdzie potajemnie, ale król w stu procentach kontrolował sytuację. Żenił się w kaplicy zamkowej, na własnych warunkach i w wybranym przez siebie terminie.

Nie sposób przyjąć takiej wersji. Nie ma na jej potwierdzenie żadnych źródeł, a i tok rozumowania Anny Sucheni-Grabowskiej nie jest bezbłędny. Zdaniem autorki Zygmunt August był zbyt rozsądny, by wpaść w pułapkę zastawioną przez Radziwiłłów. Prawda jest jednak taka, że w tym jednym konkretnym przypadku rozsądny wcale nie był.

Ślub brany w tym czasie i bez niczyjej wiedzy był politycznym wariactwem. Właśnie latem 1547 roku ojciec Augusta poważnie rozważał przejście na zasłużoną emeryturę i oddanie całej władzy w Rzeczpospolitej w ręce syna. To był idealny moment, żeby siedzieć cicho i czekać na decyzję ojca. Młody król musiał wiedzieć, że wywołanie teraz matrymonialnego skandalu niechybnie na niej zaważy. Musiał też uświadamiać sobie, że zawarcie ślubu z „poddanką" przed, a nie po wstąpieniu na krakowski tron doprowadzi naród szlachecki do prawdziwej furii.

Nic nie przemawiało za małżeństwem właśnie w lipcu 1547 roku. Jeśli nawet król miał dobre powody, by żenić się akurat teraz – na przykład nie chciał czekać do porodu – to też nie popisał się politycznym instynktem. Gdyby kontrolował sytuację, to z wyprzedzeniem zadbałby o zjednanie sobie jakichkolwiek sojuszników. Zacząłby budować stronnictwo gotowe bronić królewskiej małżonki, a dopiero w następnej kolejności stanąłby z nią na ślubnym kobiercu.

Nic takiego nie nastąpiło. Wszystkie kolejne wydarzenia potwierdzają, że małżeństwo zostało zawarte bez myślenia i jakichkolwiek przygotowań. Dopiero po fakcie Zygmunt August zrozumiał, jak poważne będą jego konsekwencje.

Zrozumiała to też Barbara, ale w tej jednej konkretnej chwili była najszczęśliwszą kobietą pod słońcem.

Wyspa płaczu

Radość nie trwała długo. Po kilku dniach dla Barbary stało się oczywiste, że jej sytuacja wcale nie zmieniła się na lepsze. Już prędzej na gorsze. Jeśli romans z królem był trzymany w tajemnicy, to jeszcze większym sekretem należało otoczyć królewskie małżeństwo. Barbara stała się więźniem własnego domu i własnej rodziny. Z Augustem miała chyba nawet mniej kontaktu niż przed ślubem. Musiały natomiast docierać do niej plotki. Być może usłyszała chociażby o rozmowie króla z agentem Hohenzollernów, Gabrielem Tarłą. Zygmunt August miał powiedzieć mu na temat małżeństwa z Barbarą:

> Kochany Tarło, Bóg, który jest i będzie wszystkich nas sędzią, wie, że o te sprawy posądzają mnie niewinnie i mam nadzieję, że Pan Bóg, jak Go o to co dnia proszę, nie dopuści mnie do tego upadku, bym miał źle użyć swego rozumu.

Słowa te padły kilka, może kilkanaście dni po potajemnym ślubie. Oczywiście mógł to być taktyczny wybieg króla. Próba zdezorientowania wrogów. W sercu Barbary brutalna wypowiedź musiała jednak zasiać wątpliwości. A co jeśli poniewczasie król zrozumiał swój błąd? Co jeśli ślub uzna za nieważny, zwiąże się z inną, a ją ostatecznie porzuci? Także w rozmowie z zaufanym lekarzem Janem Valentino powiedział coś, co było ciosem dla Radziwiłłówny. Stwierdził, że nie zamierza się żenić, bo chce jak najdłużej używać kawalerskiego życia. Jak to kawalarskiego, jeśli tak naprawdę był już po ślubie? Czy to był kolejny wybieg? Czy ta wypowiedź miała drugie dno?

Przytłaczały ją ponure myśli. A miało być tylko gorzej. W listopadzie Zygmunt August postanowił wyjechać do Polski. Rzekomo po to, by przygotować grunt pod oficjalne ogłoszenie swojego małżeństwa. Jednocześnie doszedł do wniosku, że w pełnym szpiegów Wilnie Barbara nie będzie bezpieczna. Z Mikołajami ustalił, że należy ją odesłać do jakiejś dobrze strzeżonej prowincjonalnej posiadłości. Wybór padł na Dubinki – radziwiłłowski dwór pięćdziesiąt kilometrów na północ od litewskiej stolicy. Zatopiony wśród gęstych dębowych lasów, a zarazem bezpiecznie ulokowany na odciętej od świata wyspie na olbrzymim, wijącym się przez ponad dwadzieścia kilometrów Jeziorze Oświe.

Dzisiaj podróż z Wilna do Dubinek zajmuje czterdzieści minut niezbyt wygodną, ale prostą drogą krajową A14. Pięćset lat temu, szczególnie jesienną porą, sytuacja wyglądała zupełnie inaczej. Cała Rzeczpospolita Obojga Narodów słynęła z beznadziejnych dróg, ale ta konkretna trasa była wprost koszmarna. Powozy wiozące Barbarę, jej brata Mikołaja i skromny orszak tłukły się po najgorszych wertepach. Grzęzły w błocie i raz po raz wpadały w głębokie koleiny. Towarzyszący Barbarze Stanisław Dowojno, dworzanin Augusta i lekarz amator, wspominał w liście, że „nigdy w życiu gorszej drogi nie widział". Podróż, która powinna zająć jeden poranek, potrwała niemal szesnaście godzin. Kolebki opuściły Wilno około siódmej rano, a do celu udało się dotrzeć dopiero po dziesiątej w nocy. Wszyscy byli boleśnie poobijani i śmiertelnie zmęczeni. Najgorzej jednak podróż zniosła sama Radziwiłłówna. Według relacji Stanisława Dowojny, dzień po dotarciu do ponurego dworzyszcza królewska małżonka poroniła.

„Rozerwało się to brzemię, które jej miłość w brzuchu miała" – pisał dworzanin w liście do króla. Szczegóły wydarzeń z 20 listopada nie są znane, natomiast nie ulega wątpliwości, że Barbara znalazła się tego dnia na skraju załamania. Już wcześniej czuła, że uporządkowane wreszcie życie wymyka jej się z rąk. Została zesłana do Dubinek niczym do więzienia. Nikt nie zapytał jej o zdanie, nikt nie wyjaśnił jej, dlaczego tak się dzieje. Nikt nawet nie pocieszył, że rozłąka będzie tylko chwilowa. A teraz, po nieludzkiej podróży, którą spędziła, zanosząc się od płaczu i mdłości, straciła to ostatnie, co dodawało jej sił. Ciąża musiała trwać na tyle długo, by Barbara zdążyła przyzwyczaić się do roli przyszłej matki. Do tego, że ze związku z ukochanym mężczyzną urodzi się owoc miłości, jej syn lub córka. Cierpiała więc po ludzku, jak każda kobieta na jej miejscu. Cierpiała też, bo wiedziała jak niepewna stanie się teraz jej pozycja. Straciła przecież ten jeden argument, który przekonał Augusta do ślubu z nią. I który gwarantował, że król przy niej zostanie, choćby sam Bóg w niebiosach miał się sprzeciwić temu związkowi.

„Niewymownie wielki był płacz jej miłości, a skutkiem tak wielkiego płaczu były częste i okrutne omdlenia" – pisał dalej Dowojno. – „Po kilkakroć, Miłościwy Królu, zarówno w dzień, jak i w nocy, przybiegano po mnie, powiadając, że jej miłość źle się bardzo ma. Kiedy zaś sam pobiegłem do jej miłości, bardzo zemdloną jej miłość znalazłem".

Pod względem fizycznym Barbara zdołała dojść do siebie. Jednak jej stan umysłu tylko się pogarszał. Pogrążała się w żałobie, odcinała od najbliższych. Unikała kontaktów nawet z tym wąskim otoczeniem, które pozostało przy niej w Dubinkach. Zaczęła ubierać się jak pokutnica, wręcz jak nędzarka. Nigdy wcześniej nie będąc szczególnie religijną, teraz zamykała się na długie godziny w kaplicy. Codziennie zrywała się przed świtem, przywdziewała bernardyński habit i biegła do kościoła.

Zbigniew Kuchowicz – ten sam, który wszystkie życiowe sukcesy Barbary składał na karb jej „umiejętności alkowianych" – także dla zachowania królewskiej małżonki w Dubinkach znalazł seksualne wytłumaczenie. Jego zdaniem Barbara popadła w depresję, ponieważ w Dubinkach nie miała żadnego mężczyzny, który mógłby zaspokoić jej rozbuchany apetyt erotyczny. Inny biograf Barbary, Jerzy Besala, też znalazł dla rozchwiania emocjonalnego Radziwiłłówny bardzo przyziemne wytłumaczenie. Stwierdził, że żona Zygmunta Augusta była akurat na etapie „różowej chmurki", a ta faza miłości fatalnie znosi rozstania.

Oczywiście obie te interpretacje należy uznać za wierutne bzdury. Niedobór kochanków to ostatnie, o czym mogłaby myśleć matka tuż po stracie dziecka. Po poronieniu trudno też mówić o jakichś „różowych chmurkach". Barbara cierpiała z zupełnie innych powodów. Mąż, który powinien być teraz u jej boku, wziąć ją za rękę, popatrzyć jej w oczy i zapewnić ją, że nic się nie zmieni, siedział gdzieś w dalekiej Polsce i jeszcze nawet nie znalazł czasu, by skreślić do niej kilka słów. Barbara wyobrażała sobie z przerażeniem, że on właśnie słucha wyrzutów swojej matki. Niemalże widziała przed oczyma rozwścieczoną Bonę, miotającą oczami błyskawice. Gotową posunąć się do najgorszych obelg i gróźb, byle przekonać syna do rozwodu z Radziwiłłówną. I zwyciężającą.

Jakby tego było mało, do uszu królewskiej małżonki docierały coraz to nowe, niewybredne plotki. Opowiadano, że król nie potrzebował nawet tygodnia, by znaleźć sobie kolejną miłośnicę, że na powrót jest zakochany bez pamięci, ale już w innej. Barbarze ziemia osuwała się spod nóg. Straciła nienarodzone dziecko, straciła poczucie własnej wartości, właśnie traciła męża. A ciosy nie przestawały nadchodzić. Któregoś dnia, zupełnie niespodziewanie, zawalił się strop przy wejściu do jej komnaty sypialnej. Barbara nałykała się pyłu, a przede wszystkim – strachu. Niemal na pewno był to tylko nieszczęśliwy wypadek, ale w tej chwili nikt nie chciał wierzyć w logiczne wyjaśnienia. Wszyscy mówili, że to był zamach. Rzekomo strop zawalił się na skutek knowań Bony, a do Dubinek musiał przeniknąć agent Włoszki, który nie spocznie, dopóki nie spełni swej morderczej misji.

Barbara, już wcześniej roztrzęsiona, teraz wszędzie zaczęła się dopatrywać wrogów i spisków. Nawet w listach, które wysyłała do męża, widać, że zupełnie straciła pewność siebie. Nie była dumną, bezpośrednią i bezkompromisową magnatką, która owinęła sobie młodego Augusta wokół palca w 1543 roku. Niewiele zostało z jej wyzwolonej natury i z wygadania graniczącego niekiedy z bezczelnością. Listy z Dubinek pełne są uległości i wiernopoddańczych hołdów. Barbara podpisuje się w nich jako „wieczna służebnica", a nawet „niewolnica królewska". W jednej z wiadomości pisała:

> Pokornie dziękuję za to pisanie, którym mnie Wasza Królewska Miłość mój miłościwy Pan raczył oznajmić o dobrym zdrowiu. Bardzo rada to słyszę i o to Pana Boga proszę, aby tego zdrowia Waszej Królewskiej Miłości na długie czasy przysporzyć raczył. I aby dał to też fortunnie Pan Bóg, bym ku wielkiej pociesze mojej to zdrowie rychło oglądać mogła.
>
> Posyłam Waszej Królewskiej Miłości pierścionek na znak najbardziej uległej służby mojej, którą polecam miłościwej łasce Waszej Królewskiej Miłości, swego miłościwego pana. Waszej Królewskiej Miłości najmniejsza sługa, B. R.

Razem z innym pismem Barbara posyłała królowi zdobiony zegar. W tekście posunęła się niemalże do błagań, by z pomocą tego zegara król postarał się zupełnie o niej nie zapomnieć:

> Pokornie proszę, aby Wasza Królewska Miłość, patrząc na te dwanaście godzin, chociaż jedną sobie obrać raczył, podczas której bym ja, najmniejsza sługa Waszej Królewskiej Miłości, mogła być w pamięci Waszej Królewskiej Miłości zachowana.

Odcięte od świata zamczysko na wielkim jeziorze.
Dubinki na obrazie Napoleona Ordy, XIX wiek

Każdy z tych listów równie dobrze mogłaby napisać zmarła królowa Elżbieta. Barbara – doskonale przecież znająca Augusta – wiedziała, że taka właśnie korespondencja przed paroma laty budziła w nim największą odrazę i do reszty obrzydziła mu młodą Habsburżankę. A jednak Radziwiłłówna nie potrafiła zwyciężyć nad swoimi emocjami. Wbrew sobie, wbrew temu, czego musiał oczekiwać król, zginała się przed nim w ukłonach i błagalnych suplikach. I po fakcie musiała samą siebie za to nienawidzić.

Czuła, że traci jego sympatię i zainteresowanie. Wszystko wskazywało na to, że spełnią się jej najgorsze przewidywania. W ostatnich dniach stycznia 1548 roku król zarządził wreszcie swój wyjazd do Grodna, a stamtąd do Wilna. W liście wysłanym do Dubinek wzywał Mikołaja Rudego, by ten powitał go w podróży i razem z nim wkroczył do litewskiej stolicy. Dla Dowojny, pilnującego Barbary, miał jednak zupełnie inne polecenie. „Nie ma się Twa Miłość ruszać z Dubinek od Jej Królewskiej Miłości tak długo, aż damy znać!" – pisał król.

Barbara w pewnym sensie gotowała się na to od miesięcy, ale i tak opłaciła wiadomość od Augusta kolejnym atakiem nerwów. „Płakała jej królewska miłość niemal cały tydzień" – wspominał jeden z jej towarzyszy. Dowojno ostrzegał wręcz króla, że Barbara może popaść w ciężką chorobę lub nawet umrzeć, jeśli ten wreszcie nie odwoła jej z wygnania. Król jednak pozostawał nieubłagany. Minęły styczeń, luty i marzec, a Barbara wciąż tkwiła na swojej wyspie płaczu. I nic nie zapowiadało, że zdoła jeszcze kiedykolwiek wrócić do świata żywych.

Matka wszystkich strachów

Do nagłego i nieprzemyślanego ślubu nie doszłoby, gdyby nie Radziwiłłowie. Dla Zygmunta Augusta było więc jasne, że teraz to właśnie oni muszą mu pomóc w zwalczeniu opozycji i oficjalnym ogłoszeniu Barbary wielką księżną litewską. Już w pierwszych dniach sierpnia 1547 roku, a więc nawet nie tydzień po zawarciu potajemnego małżeństwa, młody monarcha mianował Mikołaja Czarnego swoim posłem i wysłał go prosto do Sandomierza. Tam Radziwiłł miał się spotkać z najzacieklejszym wrogiem Bony, hetmanem Janem Tarnowskim.

Mikołaj pędził na złamanie karku, ale na niewiele mogło się to zdać. Był spóźniony, zanim w ogóle opuścił Wilno. Doniesienia polityczne tej rangi co tajny ślub króla rozprzestrzeniały się w mgnieniu oka. Nim Radziwiłł dotarł do rezydencji hetmana, ten już wiedział o ożenku Jagiellona z Barbarą Radziwiłłówną.

Jeśli wiedział on, to tak samo o sprawie musiała być poinformowana Bona Sforza. Ceremonia zaślubin odbyła się w najwęższym możliwym gronie, niewykluczone nawet, że po fakcie uwięziono lub zgładzono kapelana, który złączył Zygmunta Augusta i Barbarę węzłem małżeńskim. Tak by nie mógł nikomu pisnąć ani słowa. To jednak było za mało. Bona nie bez powodów była nazywana mistrzynią intryg. Odkąd tylko syn zaczął wyrywać się spod jej wpływów, stara królowa całą swoją uwagę skupiła na Wilnie. W każdej pałacowej sali, w każdym magnackim dworze i na każdym zakręcie czyhali jej wierni szpiedzy. Wszędzie miała oczy i uszy. August nie mógł nic z tym zrobić. Jedyna nadzieja leżała w tym, że zdoła sklecić sojusz wymierzony w Bonę, zanim ta wytoczy wszystkie działa przeciwko niechcianemu małżeństwu.

Mikołaj Czarny nie zabawił długo u hetmana. Usłyszał od niego sporo gorzkich słów. Tarnowski był szczwanym politycznym lisem i wiedział, że małżeństwo z Radziwiłłówną nie przysłuży się ani Polsce, ani dynastii Jagiellonów. Związki zawierane z miłości nie mieściły się przecież w kanonach ówczesnej *Realpolitik*. „Kto tę rzecz królowi doradził, zrobił źle" – mówił wprost. Górę wzięła jednak nienawiść hetmana do Bony. Po trudnych naradach zgodził się dołączyć do stronnictwa broniącego Barbary. Radził tylko, by jak najdłużej sojusznicy króla „język mieli za zębami", a osobom postronnym „wybijali z głowy" podejrzenia o ślubie Jagiellona z poddanką.

Kolejnym przystankiem był Piotrków, w którym właśnie przebywał dwór starego króla i królowej. Mikołaj Czarny spotkał się tam z kanclerzem wielkim koronnym Samuelem Maciejowskim. Wielka kariera tego człowieka była najlepszym dowodem słabnących wpływów Bony. Nie dość, że od początku lat czterdziestych XVI wieku Maciejowski kierował polską dyplomacją, to na dodatek w 1546 roku objął drugie najważniejsze stanowisko w polskim Kościele – biskupstwo krakowskie. Podobnie jak Tarnowski, wiedział o ślubie króla jeszcze zanim Radziwiłł wkroczył w mury jego pałacu. I tak samo jak hetman nie był z tego związku szczególnie zadowolony. Zgodził się jednak wziąć na siebie obronę Barbary i królewskiego małżeństwa. Postawił jeden warunek. Żądał walki z Boną na śmierć i życie. Miała zostać pozbawiona jakiegokolwiek wpływu na politykę, wszelkiej godności i przywilejów. Zygmunt August przystał na to bez wahania. To już nie był etap, kiedy chodziło wyłącznie o wyzwolenie się spod wpływów matki. Teraz ważyły się losy władzy w Polsce. A prawdziwy monarcha mógł być tylko jeden. I August nie zamierzał pozwolić, by ktokolwiek kierował nim z tylnego siedzenia karocy.

W tej walce wszystkie chwyty były dozwolone, o czym szybko przekonał się Mikołaj Czarny. Do jego uszu dotarły jasne sygnały, że wrogowie Radziwiłłów nie chcą głowy Barbary, ale jego własnej. W zupełnie dosłownym sensie. Nagły awans jednej magnackiej rodziny mógł zachwiać równowagą w państwie. Mógł też stać się niebezpiecznym precedensem na kolejne dekady i stulecia. Nie tylko stronnicy Bony, ale też zwolennicy szlacheckiej demokracji byli gotowi zgładzić Mikołaja Radziwiłła – wyrastającego na nowego przywódcę familii – byle zachować dotychczasowe *status quo*.

Czarny, czując oddech zamachowców na karku, przerwał swoją misję i za zgodą króla uciekł za granicę. Teraz do akcji musiał wkroczyć sam Zygmunt August. Był listopad i również do jego uszu docierały minorowe wieści. Podobno Bona zdołała zinfiltrować fraucymer Barbary. Miała na swoich usługach jej dwórki i służące. Zaczęto szeptać, że wizyta w łaźni lub obcym pałacu może się skończyć dla królewskiej małżonki bardzo niefortunnie. Właśnie dlatego August postanowił odesłać Barbarę do Dubinek. Sam natomiast wyruszył do Polski. Nie mógł dłużej czekać. Postanowił oficjalnie powiedzieć o wszystkim rodzicom.

2 grudnia 1547 roku przybył do Piotrkowa, gdzie właśnie rozpoczynały się obrady sejmu Rzeczpospolitej. Młody król nie próżnował. Zgodnie z planem, osobiście i przez pośredników, wtajemniczał kolejne osoby w sprawę swojego ożenku z Barbarą. Oficjalna wersja stanowiła, że małżeństwo nie jest niczym nowym. Monarcha rzekomo zawarł je już w 1545 roku, niedługo po śmierci Elżbiety Habsburżanki. Wprawdzie to kłamstwo ostatecznie dyskredytowało go jako przyzwoitego wdowca, ale zarazem ratowało reputację Barbary. Zygmunt August liczył, że informacja o tak długim pożyciu zamknie usta krytykom, widzącym w Radziwiłłównie wyłącznie ekskluzywną prostytutkę. Był to problem najwyższej wagi. Mentalność epoki dopuszczała, by król miał kochanki. Jeśli jednak kobieta pozwoliła zbrukać się przed ślubem, to wykluczano jakąkolwiek zmianę jej statusu. Wynoszenie metresy na tron nie przyszłoby do głowy nawet słynącemu z lekkich obyczajów Kazimierzowi Wielkiemu! Tymczasem Zygmunt August chciał zrobić ze swojej wieloletniej metresy nie tylko oficjalną towarzyszkę życia, ale też – polską królową.

Na razie każdy kolejny etap planu realizował tak, jak to sobie ułożył. Gdy poczuł, że ma już wystarczająco wielu sojuszników, skreślił list do agenta cesarskiego, Stanisława Łaskiego. Informował w nim, że: „Gdy taka była wola Boska, a nasza ku temu potrzeba i chuć, po dobrym i nieśpiesznym namyśle wzięliśmy za małżonkę sobie jej miłość wojewodzinę trocką, wdowę". Dalej wyjaśniał, że nie ma potrzeby robić z tego faktu sensacji, bo przecież i w przeszłości polskim królom zdarzało się brać za żony swoje poddane. Dopraszał się wprawdzie o dyskrecję, ale bez szczególnego przekonania. Sam przyznawał, że i tak „wielkich panów sprawy nie są tajne". Na wszelki wypadek dołączył natomiast do wiadomości weksel na kwotę pięciuset florenów, do zrealizowania w domu bankowym Fuggerów. Dzięki niemu Łaski miał się stać „bardziej chętny do służby".

Po tym liście miało nastąpić najważniejsze. Poufna rozmowa z ojcem i matką połączona z przyznaniem się do małżeństwa. I do tej rozmowy zapewne doszło. Tyle tylko, że w kluczowym momencie Zygmunt August stchórzył.

Być może stracił całą pewność siebie, gdy spojrzał w czarne, nieznoszące sprzeciwu i przepełnione żalem oczy matki. Być może jego wola złamała się na widok steranego życiem i już bardzo bliskiego śmierci ojca, który mógłby nie znieść takiego ciosu. A może w tej decydującej chwili wreszcie dotarło do niego, że przecież Barbara nie jest już w ciąży. I że niekoniecznie chce z nią pozostać za wszelką cenę.

Jakkolwiek by nie było, młody król milczał. Zwierzył się z tego tylko Mikołajowi Rudemu, pisząc w liście: „Ona [Bona] dotąd nic od nas nie wie, a tylko od pana wojewody sandomierskiego. Wiedząc to, przewidujemy, że się na nas obruszy". Sejm tymczasem – przebiegający od początku w nerwowej atmosferze plotek i niedopowiedzeń – toczył się nadal. Padały na nim znane od dawna postulaty, by August przejął pełnię władzy w państwie. Burzliwe dyskusje do niczego jednak nie prowadziły. Zupełnie tak, jakby wszyscy czekali na coś wielkiego. Na ruch, który przewróci wszystkie pionki na szachownicy.

Wreszcie August się przemógł. Może zwyciężyło w nim uczucie do żony, może głęboka niechęć do matki. A może przekonała go jedna z wiadomości z Dubinek, w których Dowojno podkreślał, że nigdy nie widział, „żeby jakakolwiek małżonka miała miłować swego męża tak bardzo, jak jej miłość Waszą Królewską Mość miłuje".

W każdym razie bezpośrednio przed wyjazdem z Piotrkowa – gdy karoce były już wyprawione, a ekwipaże spakowane, zupełnie jakby król chciał zabezpieczyć sobie drogę ucieczki – Zygmunt August wyjawił rodzicom prawdę. I jak można było oczekiwać: rozpętało się piekło.

Czarne oczy miotające błyskawice. Bona Sforza na miniaturze wykonanej w latach pięćdziesiątych XVI wieku w warsztacie Łukasza Cranacha młodszego

Ona mi zabiła męża

Bona krzyczała, groziła, zanosiła się spazmatycznym płaczem. Mówiła, że wolałaby nawet umrzeć, niż dopuścić do wyniesienia Barbary na tron razem z Zygmuntem Augustem. Do jakiegoś stopnia musiał to być oczywiście spektakl na potrzeby otoczenia, bo królowa słyszała o małżeństwie syna już kilka miesięcy wcześniej. Nie mogło jednak brakować i szczerych emocji, wyzwolonych na skutek spotkania z Augustem twarzą w twarz. Dokładne słowa, które padły z ust starej królowej w Piotrkowie, nie są znane. Wiadomo jednak, że nie przyjęła ślubu do wiadomości. I była zdeterminowana postępować tak, jakby do legalnego ożenku w ogóle nie doszło.

Trudniej dociec, co sądził jej osiemdziesięciojednoletni mąż. Jedno źródło podaje, że ojciec Augusta pozwolił mu się żenić z kimkolwiek chce, byle był szczęśliwy. Trudno jednak w te słowa uwierzyć. Zygmunt Stary nie był wprawdzie dobrym królem, ale pod jednym względem zawsze spisywał się perfekcyjnie. Wiedział, że panowanie wiąże się z wyrzeczeniami. To dlatego nigdy nie wziął ślubu z matką swoich dzieci, Katarzyną Telniczanką. Dlatego też porzucił ją po wstąpieniu na polski tron i zdecydował się na dwa polityczne mariaże. Co więcej, przez całe swoje ponadczterdziestoletnie panowanie o nic nie dbał bardziej niż o monarszy majestat i prestiż dynastii. To były najbliższe jego sercu wartości. Tymczasem Zygmunt August wytarł sobie w nie buciory. Dawał publicznie popis swojej lubieżności, wziął bezmyślny ślub z kochanką, a na dodatek wyniósł zwykły szlachecki ród ponad całe polskie i litewskie możnowładztwo. Poniżył siebie i dom Jagiellonów. I nie miał nawet tyle szacunku do ojca, by uszanować ostatnią prośbę rodziców: wrócić prosto na Litwę.

Zamiast tego Zygmunt August udał się po sejmie do Sandomierza, by gościć na ślubie łączącym dwie nienawidzące Bony familie: Radziwiłłów i Szydłowieckich. Na ślubnym kobiercu stanął jadący prosto z Czech (tam się ukrywał przed zamachowcami) Mikołaj Czarny oraz Elżbieta

Szydłowiecka, sierota po zmarłym w 1532 roku kanclerzu wielkim koronnym. Świętowano unię dwojga ludzi, przymierze dwóch rodzin – ale też królewskie małżeństwo. Zygmunt August był w tych dniach na fali. Po chwilach zwątpienia w Piotrkowie na nowo nabrał woli, by walczyć o Barbarę. Zupełnie tak, jakby determinacja rosła w nim wraz z każdym kilometrem dzielącym go od matki.

Pogrążona w czarnej rozpaczy Radziwiłłówna nie mogła o tym wiedzieć, ale właśnie w Sandomierzu uroczyście sformowano jej dwór jako polskiej królowej. Nie było to łatwe ani tanie, jednak król nie był w nastroju do kompromisów. Kiedy okazało się, że niewiasty z dobrych rodów nie chcą służyć damie o pochodzeniu gorszym niż ich własne, udał się prosto do wdowy po kanclerzu, Zofii z Targowiska Szydłowieckiej. Zdaniem wielu była to najpotężniejsza matrona w Rzeczpospolitej. I chyba też najbardziej pazerna, bo na propozycję króla, by dołączyć do otoczenia Barbary, zgodziła się dopiero po otrzymaniu czterystu florenów i dwóch kosztownych pucharów. Cena była pokaźna, ale efekty – zgodne z zamierzeniami. Lekceważące śmiechy ucichły. Teraz dostojne damy same się napraszały, by służyć źle urodzonej królowej.

Zadowolony z siebie Zygmunt August popędził na Litwę. Nim jednak przybył do celu – na powrót zabrakło mu sił do działania. W pierwszych dniach marca do litewskich dostojników dotarło na piśmie oficjalne stanowisko Zygmunta Starego w sprawie potajemnego ślubu syna. Zachował się list przesłany kasztelanowi trockiemu Hieronimowi Chodkiewiczowi, ale podobnych wiadomości było znacznie więcej. Dobrze poinformowany Jan Twardowski twierdził, że otrzymali je wszyscy członkowie Rady Wielkiego Księstwa Litewskiego.

Chodziło o to, by cały aparat państwowy zjednoczył się przeciwko Radziwiłłom i przeciw pochopnej decyzji władcy. Stary król pisał na temat synowskiego małżeństwa tak, jakby wcale do niego nie doszło, a dopiero było planowane. Bardzo możliwe, że August nie odważył się zdradzić rodzicom wszystkich szczegółów i stąd wynikało pewne niedowierzanie

Zygmunta i Bony. Przede wszystkim jednak para królewska konsekwentnie ignorowała mariaż zawarty bez świadków. W myśl przyjętej przez nich wykładni, małżeństwo stałoby się legalne dopiero, gdyby ceremonia odbyła się raz jeszcze, zgodnie z obyczajami i w obecności dostojników. Na razie więc wszystko można jeszcze było odkręcić. Zygmunt Stary wyjaśniał Chodkiewiczowi:

> Gdy król Jego Miłość mówił o tym z nami, nigdyśmy na to zezwolić nie chcieli, odpowiadając, że to jest rzecz niesłuszna i być nie może. Jednak i teraz słuchy nas dochodzą, że król Jego Miłość młody przymierza się do tego i że Wasza Miłość tam już jesteś lub masz być wraz z innymi Panami Rady naszej wezwany. Od Waszej Miłości zażądają też, abyś mocą swego stanowiska na to małżeństwo zezwolił.
>
> A więc my oznajmiamy Waszej Miłości, żeśmy na takie małżeństwo króla, które by zniewagę całej koronie naszej i tamtemu państwu Wielkiego Księstwa Litewskiego przynieść miało, nie daliśmy przyzwolenia ani nie dajemy.

Dalej powtarzały się nawoływania, by próbom zawarcia i świętowania małżeństwa adresat stawił wszelki potrzebny opór. Nie obeszło się nawet bez argumentów, że Zygmunt Stary występuje „z mocy zwierzchności", którą pozostawił sobie dożywotnio nad Wielkim Księstwem Litewskim. Zupełnie jakby chciał podważyć czy nawet cofnąć decyzję o przekazaniu władzy Zygmuntowi Augustowi. Jakby nawoływał do otwartego buntu. W rzeczywiści nie nawoływał – bo to nie on pisał tak naprawdę stanowcze listy.

Na przełomie lutego i marca 1548 roku Zygmunta Starego powaliła kolejna ciężka choroba, a epistoły podpisane jego imieniem musiała dyktować Bona. O tym jednak Zygmunt August nic nie wiedział. W efekcie – nie wiedział też, co począć. Był gotów przeciwstawiać się matce, ale nigdy ojcu. Bał się potępienia z jego ust, bał się zawieść jego zaufanie. Może nawet przeszło mu przez myśl, że zostanie wydziedziczony. Wprawdzie był jedynakiem, ale przecież Zygmunt Stary miał jeszcze wnuków – potomków Izabeli, nieszczęsnej królowej węgierskiej, oraz Jadwigi wydanej za mąż za elektora brandenburskiego.

Właśnie te dwie dostojne Jagiellonki grały pierwsze skrzypce na kolejnym etapie przebiegłego planu Bony. One też otrzymały listy podpisane przez Zygmunta Starego, w których król (a tak naprawdę królowa) wzywał je, by wybiły bratu z głowy pomysł o haniebnym małżeństwie. Wreszcie list od ojca otrzymał także sam Zygmunt August. I nie po raz pierwszy coś zaczęło w nim pękać. Już w pierwszej połowie marca zajechał do Wilna, a mimo to surowo nakazywał, by Barbara pozostała w swoim więzieniu. Jeśli w jakimkolwiek momencie dalszy związek Jagiellona z Radziwiłłówną naprawdę stanął pod znakiem zapytania, a obawy żony króla zyskały pokrycie w rzeczywistości, to właśnie teraz. Młody monarcha został osaczony, czuł, że grunt osuwa mu się spod nóg. I w tej decydującej chwili, gdy jeszcze wszystko mogło się zdarzyć, z Krakowa dotarł zziajany goniec z niecierpiącą zwłoki informacją: stary król nie żyje.

Zygmunt I zmarł w Wielkanoc, 1 kwietnia 1548 roku. Wiadomość o tym dotarła do Zygmunta Augusta równo tydzień później. Zamiast jednak ogłosić oficjalną żałobę, nakazał emisariuszowi całkowite milczenie. Właśnie odszedł ze świata ten jeden człowiek, który stał na drodze jego miłości. Zarazem aż nazbyt jasne stały się machinacje Bony w ostatnich dniach życia ojca. Młody król nie zamierzał dłużej poddawać się szantażowi, kłamstwom i manipulacjom matki. Nie czekając na nic, wezwał Barbarę, by ta czym prędzej przybyła do Wilna. W liście do żony podkreślał, że nie ma czasu do stracenia i że gwiazdy wreszcie stanęły po ich stronie. Nic więcej nie musiał wyjaśniać. Dokładnie w dniu, w którym Radziwiłłówna potajemnie wjechała do Wilna, do miasta wkroczyła też oficjalna delegacja polskiego senatu. Przyobleczeni w czarne szaty posłowie przynieśli wieść, która od tygodnia była znana i królowi, i wszystkim wielkim panom litewskim: stary król odszedł. I choć nie była to żadna nowina, to dopiero teraz w litewskiej stolicy rozległo się żałobne bicie kościelnych dzwonów.

Emisariusze mieli za sobą długą i męczącą drogę, nie chcieli jednak odpoczywać. Błagali króla, by ten natychmiast rozpoczął przygotowania do wyjazdu. Państwo, jak zawsze po śmierci władcy, pogrążało się w chaosie i tylko szybkie objęcie tronu przez nowego monarchę mogło zaradzić niepokojom. Zygmunt August był wprawdzie już jako dziecko koronowany na króla Polski, ale wcale nie stawał się panującym automatycznie wraz z odejściem ojca. Musiał dopiero zwołać sejm, potwierdzić przywileje poddanych i panujące w państwie prawa. Trzeba było też zorganizować pogrzeb starego króla, przyjąć oczekujące z niecierpliwością poselstwo sułtana tureckiego, poinformować o zmianie warty zagraniczne dwory.

Zygmunt August cierpliwie wysłuchał długich wywodów o czekającej go pracy, po czym wezwał na popołudnie 17 kwietnia wszystkich członków rady wielkoksiążęcej. Temat nagłego zebrania nie został ogłoszony, ale też nikt o niego nie pytał. Dla wszystkich było oczywiste, że może chodzić tylko o jedno: śmierć Zygmunta Starego. Wielcy panowie z całej Litwy przybyli na zamek książąt litewskich w ciemnych strojach, z poważnymi minami. W głowach mieli już przećwiczone formuły kondolencji, dłonie same załamywały im się w żałobnych gestach. I wszyscy dosłownie zamarli w bezruchu, gdy nagle okazało się, że wcale nie przyszli opłakiwać starego króla, ale gratulować młodemu – z okazji jego ślubu.

Właśnie tego dnia Zygmunt August oficjalnie przedstawił dostojnikom Barbarę Radziwiłłównę jako swoją żonę. Została wprowadzona do wielkiej sali tronowej równo o godzinie pierwszej po południu. Król powitał ją w progu, po czym w długiej i kwiecistej mowie wyjaśniał zebranym, że „dziwnym zrządzeniem" i „za wolą Bożą" potajemnie wziął ślub z byłą wojewodziną trocką, o czym donieść może dopiero teraz, po upływie wielu

---

Wszyscy zamarli w bezruchu, gdy wielki książę wprowadził do sali poślubioną w sekrecie Barbarę. Akwarela Jana Matejki

miesięcy. Pokreślili też, tak jakby nie było to rzeczą pewną, że ślub odbył się zgodnie z „obyczajem powszechnym chrześcijańskim".

Zebrani przyjęli wiadomość milcząco, ale spojrzenia zdradzały wszystko. To było milczenie przepełnione niechęcią, wręcz wrogością. Atmosfera stała się tak bardzo napięta, że nawet nie wygłoszono przygotowanego zawczasu utworu ku czci Barbary. Dopiero po fakcie król dowiedział się, skąd wzięła się nienawistna postawa członków rady. Przed spotkaniem wielu z nich otrzymało listy od królowej Bony, w których ta zdradzała przyczyny śmierci starego króla. Monarchini nie siliła się na uprzejmości i półsłówka. Pisała wprost: to decyzja Augusta wpędziła ojca do grobu.

> Od tego czasu [gdy Zygmunt August przyznał się do swojego małżeństwa – przyp. K.J.] król Jego Miłość wiele się zamartwiał i westchnienia wydobywały się z prawego serca jego. Nikt tego lepiej widzieć nie mógł niż my, ustawicznie przy nim będąc i służąc mu pilnie.
>
> Boleść ta i żal ten wtrąciły Jego Królewską Miłość w niemoc, w której żywota swego dokonał i Panu Bogu duszę oddał.

Małżeństwo młodego króla z dnia na dzień nabrało zupełnie nowego znaczenia. To już nie była nierozważna decyzja polityczna. Teraz, za sprawą królowej matki, zaczęto mówić, że król sprzeciwił się ostatniej woli i prośbom ojca. Że jego lekkomyślność odebrała Polsce ukochanego monarchę. A ponieważ nie godziło się stwierdzić wprost, że młody król zabił starego, cała nienawiść skupiła się na Barbarze. Dla panów koronnych i litewskich stało się jasne, że to żądna władzy córa Radziwiłłów jest wszystkiemu winna.

Zapewne Bona też nie bała się powiedzieć: ona zabiła mi męża. Barbarze wydawało się, że świat ze szczętem wali jej się na głowę. W najgorszych koszmarach nie przewidywała, że wypadki mogą potoczyć się tak niekorzystne. A jednak – mogło być jeszcze gorzej.

Suknia wzięta na kredyt

To wszystko już było. Chwila triumfu, która miała wszystko zmienić. Zapewnienia Augusta, że teraz nic już ich nie rozdzieli. I nie dająca się stłamsić iskierka nadziei. Poprzednio – po potajemnym ślubie – Barbara dała jej rozbłysnąć z pełną mocą. Rzuciła się w wir przygotowań do uroczystego wesela, na potęgę kupowała suknie i ozdoby. Uwierzyła w szczęśliwy uśmiech losu i pozwoliła się ponieść wydarzeniom. Wszystko tylko po to, by po kilku tygodniach skończyć w ponurym więzieniu na odciętej od świata wyspie. Nie zamierzała powtarzać raz popełnionego błędu.

Półroczny pobyt w Dubinkach zrobił swoje. Barbara nigdy nie będzie już tak ufna, radosna i pewna siebie jak wcześniej. Zamiast przyjmować wszystkie prezenty fortuny z otwartymi rękoma, zacznie dopatrywać się w nich szyderczych żartów ciążącego nad nią fatum. I łatwo będzie znajdywać uzasadnienie dla takiej postawy.

Wprawdzie została wreszcie oficjalną małżonką króla, ale wciąż czuła się tak, jakby była co najwyżej uzurpatorką. Oszustką podszywającą się pod prawdziwą monarchinię. Nikt jej nie szanował, nikt nie uznawał. Była na swoim miejscu tylko dlatego, że tak zechciał król. Została zaakceptowana przez radę wielkoksiążęcą wyłącznie dlatego, że Zygmunt August nie zapytał swoich doradców o zdanie. Niczym jakiś moskiewski samodzierżca uznał ich ponure milczenie za zgodę. Nawet suknia, którą miała na sobie w tym dniu – jedyna jej suknia ślubna, biorąc pod uwagę, że nie miała prawdziwej uczty weselnej – nie była tak naprawdę jej własnością. Wzięła ją na kredyt. Nigdy nie miała głowy do pieniędzy i przygotowując się do nowej roli, potężnie się zadłużyła. Teraz już nie tylko emocjonalnie uzależniła się od króla, ale nawet finansowo. Bez niego nie było jej. I jako kobieta przez lata szczycąca się swoją niezależnością niełatwo się z tym godziła.

Aby odzyskać choć część poczucia dawnej samodzielności, rzuciła się w wir nowych obowiązków. Trzeba było sformować dwór, dobrać służbę, zorganizować życie fraucymeru. Tym właśnie zajęła się Barbara na zamku wileńskim, podczas gdy Zygmunt August popędził do Krakowa na pogrzeb swojego ojca. Zachowane dokumenty potwierdzają, że nie próżnowała. Już w kwietniu przyjęła na swoją służbę kucharza, niejakiego Irzyka. Wkrótce po nim zatrudniła także szafarza nadzorującego kuchnię i spiżarnię oraz dwóch lokai. Na początku maja dwór wzbogacił się o chirurga i krawca wielkiej księżnej. Nie mogło zabraknąć również pokojowców, paziów i jednego karła – będącego zresztą prezentem od króla dla jego małżonki. Karzeł zwany Okumskim dbał o codzienne rozrywki, co równoważyła obecność trzech kapelanów i jednego kleryka.

Na zamku zaroiło się także od niżej postawionych służących. Takich, którzy niekoniecznie wchodzili w bezpośredni kontakt z księżną panią, ale bez których funkcjonowanie dworu byłoby niemożliwością. Zatrudniono spiżarnianego, korzennika (odpowiedzialnego za zakup i wykorzystanie przypraw), a nawet prywatnego łaziebnika dla Barbary. W codziennych czynnościach wielkiej księżnej usługiwały dwie pokojówki, a dwie kolejne były do dyspozycji dwórek. Fraucymer miał też swoją praczkę. I to chyba nie byle jaką, bo sprowadzoną aż z Sandomierza. Do tego dochodziła cała obsada kuchni, złożona z najlepszych znawców kulinariów w całej Rzeczpospolitej. Spośród sześciu mistrzów kucharskich aż czterech było dotąd na usługach Zygmunta Starego. Towarzyszyli im pomocnicy kucharscy, rzeźnik, tragarz, mistrz piekarski i piekarczyk oraz stróż kuchenny. Łącznie ponad tuzin ludzi, których jedyną rolą było zapewnienie królowej smacznej i pożywnej diety.

Udział Barbary w formowaniu całej tej zbieraniny ludzkiej nie ulega wątpliwości. Już wiosną zaczęła wypłacać swoim dworzanom nagrody i wręczać prezenty. Chodziła nawet fama, że była pod tym względem nazbyt hojna, wręcz rozrzutna. Być może był to sposób na podkreślenie własnej roli, ustawicznie podkopywanej zarówno przez króla, jak i przez Mikołaja Rudego.

Barbara kochała ich obydwu. To nie zmieniało jednak faktu, że brat i mąż robili wszystko, by kontrolować każdy jej najmniejszy ruch.

Mikołaj pozostał u jej boku w Wilnie jako oficjalny opiekun i obrońca. Był chyba też realnym zarządcą jej dworu. Świadczy o tym nieobsadzenie pewnych stanowisk. Barbara nie miała chociażby podczaszego odpowiedzialnego za organizację uczt. Jego rolę musiał przejąć właśnie Mikołaj, osobiście sankcjonując każdą biesiadę i spotkanie towarzyskie. Prawo do wypowiedzenia ostatniego zdania w dowolnej sprawie rezerwował jednak dla siebie Zygmunt August. I bardzo często z niego korzystał.

W jednym liście zabraniał Barbarze chodzić do ulubionego kościoła, wskazując na grożące tam niebezpieczeństwo. „W tym kościele teraz murują" – pisał. – „Nie bardzo bezpiecznie jest tam chodzić, bo może się coś stać. Albo cegła sama spadnie, albo ją też ktoś rzuci". W innej wiadomości wyjaśniał, jak powinna podpisywać się w listach, jakiej używać tytulatury i jakich form grzecznościowych. Zupełnie jakby była jakąś dziką wieśniaczką ze Żmudzi, a nie córką hetmana i wdową po wojewodzie. Wreszcie instruował ją nawet co do tego, jakie powinna nosić szaty, by nie razić otoczenia i nie wzbudzać plotek. Samego siebie przeszedł jednak z końcem sierpnia, gdy podjął decyzję o sprowadzeniu Barbary do Polski. Zaplanował jej podróż w najdrobniejszych detalach – każdy zakręt, każdy postój, każdy nocleg. Niczego nie pozostawiał przypadkowi, a tym bardziej: decyzji swojej żony.

O wszystkim decydował także w Radomiu, gdzie spotkali się 18 września 1548 roku po ponad czteromiesięcznej rozłące, oraz w Korczynie – gdzie kazał się zaszyć Barbarze, kiedy sam wyjechał na sejm koronny. Tak samo jak do Wilna, do Korczyna też słał obfitą korespondencję.

W jednym liście przestrzegał Mikołaja Rudego, by ten nie pozwolił Barbarze na wizytę w klasztorze na Łysej Górze. „Ostrzeżono nas, że nie jest tam w pełni bezpiecznie" – pisał. Inną epistołę w całości poświęcił problemowi naczyń, z których pije Barbara. Nakazał zastąpienie wszystkich kubków szklankami, tak by łatwiej dało się dostrzec truciznę. Napoje

podawać miała wyłącznie jedna zaufana służąca („O skrupulatnie sprawdzonej cnocie i wierze, ale z tych niżej postawionych"). Najlepiej zaś, by robiła to tylko przy posiłkach – a nie w zaciszu zamkowych komnat.

Na tym nie koniec, bo po namyśle król skreślił jeszcze jeden list na temat napojów. Doradził, by szczególnie uważać na przypadki, gdy pragnienie dopadnie Barbarę w nocy. Na wszelki wypadek specjalna „konew albo kubek" powinna być zamykana o zmroku na klucz, a wyjmowana tylko przez wspomnianą, zaufaną białogłowę. Inna wiadomość od monarchy przestrzegała królową przed kontaktami z lokalną szlachtą, przed prowadzeniem rozmów z nieznajomymi i braniem udziału w jakichkolwiek spotkaniach. Gdyby nawet zdarzyło się, że ktoś odwiedzi królewską małżonkę, rozmowę miało śledzić z ukrycia „trzecie oko". Wreszcie Zygmunt August zakazał nawet spacerów i przejażdżek wokół zamku. Barbara miała siedzieć w obrębie szczelnych murów i czekać. Tak samo jak w Dubinkach.

Ze wszystkich listów króla przezierała troska i głęboka obawa o żonę. Może nawet przesadna obawa, ukazująca pierwsze ślady paranoi. Było w nich jednak coś jeszcze. Nieopanowana, wręcz neurotyczna chęć zapanowania nad wszystkim. Uciekając przed Boną, wypowiadając jej otwartą wojnę i chroniąc na wszystkie sposoby żonę przed zemstą matki, Zygmunt August niepostrzeżenie poszedł w jej ślady. Ta sama tendencja do kontrolowania rzeczywistości, która przed kilkoma laty zaprzepaściła rodzinne szczęście Jagiellonów, teraz zagościła w z pozoru idyllicznym związku Barbary i Augusta. Świadomie lub nie król raz jeszcze wtrącił żonę do więzienia. I znowu twierdził, że robi to wyłącznie dla jej dobra.

Wsparcie nie nadchodziło też z żadnej innej strony. Mikołaj Czarny, który tak wiele zrobił dla zalegalizowania jej ślubu, teraz zasypywał Barbarę i jej brata nienawistnymi listami. Zarzucał Radziwiłłównie, że zaniedbuje rodowy interes, że niewystarczająco owinęła sobie króla wokół palca

---

Zygmunt August. Szowinista, chorągiewka na wietrze czy człowiek bezgranicznie oddany ukochanej? Portret wykonany w warsztacie Łukasza Cranacha młodszego

i przez swoją głupotę może jeszcze wszystko zaprzepaścić. Rugał ją, że nie umie sobie zdobywać stronników, że okazuje tylko „furię i opór niewieści". Groził, iż w każdej chwili gotów jest zdradzić jej najbardziej wstydliwe sekrety z przeszłości, jeśli nie zacznie doceniać jego wsparcia i napełniać jego kiesy. Pisał, że król i tak już się z nią niesamowicie męczy, żyły sobie dla niej wypruwa i „krwawym się potem o nią poci". A ona? Jak nic zasługuje na karę boską. „Żeby jej Pan Bóg nie chlusnął tak, jak to jej ludzie życzą i winszują!" – złorzeczył.

Każda inna królowa, słysząc podobne kalumnie, wypłakałaby się dwórkom, ale tego Barbara zrobić nie mogła. Fraucymer ani jej nie lubił, ani nie szanował. Osadzone w nim niewiasty i matrony z każdym kolejnym tygodniem coraz bardziej otwarcie pogardzały swoją panią. Już w Wilnie Barbara skarżyła się mężowi, że więcej tego nie wytrzyma. Bez skutku. Król polecał, by „raczyła skromnie cierpieć", nawet jeśli jest to dla niej sytuacja „ciężka i niegodna".

Zastraszona, zniszczona psychicznie i odizolowana od zewnętrznego świata Barbara popadała w nerwicę. Jej zdrowie, chyba już wcześniej nadszarpnięte, ostatecznie dało za wygraną. Jeszcze wiosną królewskiej małżonce wydawało się, że jest znowu w ciąży. Szybko okazało się jednak, że nieregularne miesiączki mają inne podłoże. W listach króla coraz częściej pojawiał się problem jej zdrowia. Ale kolejne przestrogi i zakazy nie mogły jej wyleczyć. Być może pomogłaby odrobina spokoju i wyczekiwanej od lat stabilizacji. W przededniu decydującego starcia z przeciwnikami królewskiego małżeństwa żadna z tych dwóch rzeczy nie była jednak możliwa.

Królowa, której nikt nie chciał

Zygmunt August się nie patyczkował. Był teraz na fali wznoszącej i przynajmniej chwilowo nikomu nie zamierzał folgować. Styl rządzenia godny wschodniego satrapy połączył z bezwzględnością odziedziczoną po matce. Tyle tylko, że w przeciwieństwie do niej nie dbał o dyskrecję. O ile Bonie

Sforzy nie sposób udowodnić jakichkolwiek morderstw politycznych, o tyle nowy polski król z niczym się nie krył. Odkąd tylko ogłosił Barbarę swoją małżonką, zarządził prawdziwe polowanie na jej przeciwników i na wszelkiej maści plotkarzy. W sprawie jednego z nich wprost pisał do Mikołaja Rudego, że trzeba zadbać, by „więcej na świecie nie mieszał". Podobnych przypadków mogły być dziesiątki.

August wierzył, że tyrańskimi metodami zaprowadzi w państwie spokój. Na Litwie, przyzwyczajonej do rządów twardej ręki, takie podejście zaczęło nawet przynosić pewne rezultaty. Król, siedzący od lat w Wilnie, zapomniał jednak, jak bardzo Korona różni się od Wielkiego Księstwa. To, co studziło nastroje wśród litewskich wielmożów, tylko rozjuszyło polskich panów. Mimo to Zygmunt August uwidział sobie, że wystarczy sprowadzić Barbarę nad Wisłę, a ludzie natychmiast rozpoznają, „z jaką godnością będzie przyjęta" i zaakceptują ją jako swoją nową władczynię. Nie wystarczyło, nie rozpoznali ani nie zaakceptowali. Barbara przybyła do Krakowa, a tymczasem Polska stanęła na krawędzi wojny domowej.

Ludność zaczęła się burzyć, Wielkopolanie grozili buntem, a zjazd tamtejszej szlachty przerodził się w spontaniczny rokosz. Samozwańczy liderzy nawoływali do wypowiedzenia posłuszeństwa królowi, a nawet do zgładzenia monarszych emisariuszy – Samuela Maciejowskiego i Jana Tarnowskiego. Życie uratowała im tylko szybka interwencja Zygmunta Augusta, który pchnął do Wielkopolski trzy tysiące żołnierzy. Powodów niezadowolenia było wiele, ale żaden nie wzbudzał tylu emocji, co sprawa ślubu z Barbarą Radziwiłłówną.

Po całym kraju krążyły niewybredne plotki, wierszyki i paszkwile. Ulotki szczegółowo naświetlające burzliwą młodość Barbary kolportowano w tysiącach egzemplarzy po całej Polsce. Były przybijane do drzwi, murów, bram miejskich. Mikołaj Czarny trafił na jeden z paszkwili przy wejściu do gospody. „Serce od tego boli" – żalił się bratu. Wulgarne druki zaczęto przyklejać nawet do dworskich karoc, szczególnie tych, którymi podróżowała Barbara. Problem musiał być poważny. Zachowały się ślady dyskusji na temat zatrudnienia specjalnych sług, których wyłączną rolą byłoby usuwanie obelżywych plakatów.

Już same teksty miały obrzydliwy charakter, ale prawdziwe poruszenie wywoływały kolportowane po kraju grafiki. Za sprawą Barbary Polskę zalała prawdopodobnie pierwsza w dziejach fala pornografii. Produkowane masowo odbitki występowały w różnych wariantach. Jedna wersja prezentowała Zygmunta Augusta i Barbarę Radziwiłłównę. Rzecz jasna nago, w niedwuznacznych pozach. Na innym obrazku występowała w pojedynkę Barbara. Z pozoru w zwyczajnej, portretowej pozie. Tylko jeden, niemożliwy do przegapienia szczegół burzył oczekiwaną kompozycję. Zamiast ukochanych pereł pod jej szyją dyndał sznur penisów „na kształt łańcuszka". Także ręce władczyni okalało – według zapisków Stanisława Orzechowskiego – „to nasze przyrodzenie na kształt naramienników". Wszystkie te „bardzo sprośne i bezecne ryciny" odbijano ponoć w Niemczech, a następnie przemycano do Polski. Walka z nimi była jak bój z wiatrakami.

Jeszcze w kwietniu Barbara była w Polsce osobą zupełnie nieznaną. Słyszeli o niej oczywiście dworzanie i wielcy panowie, ale dla szeregowej szlachty była po prostu kolejną litewską możnowładczynią. Wystarczyło sześć miesięcy, a znał ją już każdy. I właściwie każdy członek „narodu szlacheckiego" miał o jej sprawie takie same zdanie: polski król poślubił prostytutkę.

Barbarę otwarcie nazywano „wielką nierządnicą litewską". Była też określana mianem „kurwy". Można nawet powiedzieć, że bezwiednie przyczyniła się do spopularyzowania w Polsce tego przekleństwa. Wprawdzie kurwy pojawiły się w języku polskim już sto lat wcześniej, ale dotąd nigdy nie nazywano w ten sposób postaci równie wysoko postawionych. Dzięki Barbarze kurwa trafiła na salony. Dla Stanisława Górskiego królewska małżonka była „wyborną kurwą". Anonimowy kancelarzysta nazywał ją „kurwą nabożną" (dopisał ten epitet na kopii królewskiego listu do księcia Ferrary). Krążyły też pamflety, wedle których August był „królem kurew".

Tematem otwartej dyskusji stała się cała młodość Barbary przed poznaniem Zygmunta Augusta. Stanisław Orzechowski, autor jednego z najgłośniejszych paszkwili przeciwko Radziwiłłównie, zarzucił jej niepo-skromioną nimfomanię. „Senator, szlachcic, bogaty, znany, nieznany, nawet braciszek zakonny, mieszczanin, wieśniak czy masztalerz". Nastoletnia Barbara puszczała się rzekomo z każdym. Nawet z koniuchami i świniopasami. A to był dopiero początek jej upadku, bo po śmierci pierwszego męża „tym śmielej oddała się uprawianiu wszelkiego rodzaju sromoty i rozpusty". Swojej cnoty nie zaczęła pilnować nawet po zapoznaniu się z królem. Zdaniem Orzechowskiego nierzadko u różnych jej kochanków widywano drogie prezenty i ozdoby, które wcześniej monarcha podarował Barbarze.

Z Orzechowskim w zupełności zgadzał się sekretarz nuncjusza papieskiego, Antoni Maria Graziani. Pisał, że Barbara „zawsze poświęcała więcej uwagi wszystkim innym sprawom niż dobrej opinii o sobie". Z wieloma mężczyznami „utraciła wstydliwość" i stała się ulubioną ladacznicą ludzi ceniących „łatwą rozpustę". W ten sam bęben bił też starosta generalny Wielkopolski, Andrzej Górka. Nie tylko nazywał Radziwiłłównę kobietą „o nienasyconej żądzy", ale też skomponował i upublicznił szczegółową listę jej rzekomych kochanków. Umieścił na niej z imienia i nazwiska trzydzieści dwie różne osoby. Nawet jeśli większość listy była wyssana z palca, to społeczeństwo ostatecznie przestało wierzyć w kondycję moralną Barbary. Tymczasem zarzuty wcale nie kończyły się na rozwiązłości. Ba – nie kończyły się nawet na Barbarze!

Pod pręgierzem opinii publicznej znalazła się cała rodzina królewskiej małżonki. Komentatorzy podkreślali, że Barbara „urodzona była haniebnie, wychowana jeszcze haniebniej". Winę za jej rozpustny charakter zrzucano w całości na matkę, Barbarę Kolankę. Zdaniem Stanisława Orzechowskiego to przez nią Barbara „od wczesnego wieku wychowana i ułożona była tak, że nie inne miała towarzyszki życia, jak tylko bezwstydne kobiety. Pomiędzy nie innymi się obracała, jak tylko trucicielkami i czarownicami". Jej matka miała być mistrzynią „bezwstydu, trucicielstwa i czarów". Wiele opowiadano też o burzliwych romansach wdowy po hetmanie wielkim litewskim. Krążyła nawet wersja, według której Barbara

Radziwiłłówna była nieślubną córką Zygmunta Starego – a tym samym jej związek z Augustem miał charakter kazirodczy i przeciwny Bogu. Według innej plotki to sama Barbara była uwikłana w potajemny romans, o którym nie wiedział nawet król. Prawdziwym ukochanym Radziwiłłówny miał być jej brat stryjeczny, Mikołaj Czarny. Fakt, że władczyni nienawidziła tego człowieka, nie miał dla paszkwilantów żadnego znaczenia.

Bohaterką plotek stała się też siostra Barbary, Anna Radziwiłłówna. Mówiono o niej, że już jako panna urodziła kilkoro dzieci. Nawet na Litwie cieszyła się beznadziejną reputacją. Tak złą, że rodzice nie zdołali znaleźć dla niej żadnego kandydata na męża. Bardzo możliwe, że teraz jej niesława została rozciągnięta na zdecydowanie bardziej wyrafinowaną i lepiej ułożoną Barbarę, prowadząc do rozmnożenia jej rzekomych kochanków i miłosnych ekscesów.

Na tej samej zasadzie obelgi kierowane od 1548 roku pod adresem Barbary trafiały rykoszetem w cały ród Radziwiłłów. Właśnie w tym burzliwym okresie po raz pierwszy padło publicznie określenie „Radziwiłłowie – Zdradziwiłłowie!". Dla wszystkich członków rodu, a szczególnie dla chorobliwie ambitnego Mikołaja Czarnego, stało się jasne, że jeśli nie uda się uspokoić nastrojów szlachty i doprowadzić do koronacji Barbary, to honor Radziwiłłów na zawsze zostanie splamiony. Sytuacja była poważniejsza niż kiedykolwiek. I tylko Zygmunt August tego nie rozumiał. Wciąż naiwnie wierzył, że wystarczy, iż uderzy pięścią w stół i powie, jak ma być, a wszyscy malkontenci ucichną.

Sąd nad Barbarą

Nad sejmem ewidentnie ciążyło fatum. Najpierw, na skutek wewnętrznych niepokojów, król został zmuszony do odłożenia jego obrad aż do późnej jesieni. Efekt był taki, że przez pierwsze pół roku był tylko królem malowanym. Niby nosił koronę, ale nie posiadał żadnych uprawnień. Wreszcie udało się ustalić, gdzie i kiedy zostanie zwołany sejm. I wtedy pech znowu dał o sobie znać. Król, zamiast wygodną karetą, pojechał na miejsce, do Piotrkowa, wierzchem. Był koniec października, właśnie chwytały pierwsze mrozy. Jeździec zamyślił się, źle pokierował konia i nagle razem z nim runął na ziemię. Ciężki wierzchowiec poślizgnął się na lodzie, przygniatając monarchę. Wyłącznie cudem Zygmunt August uniknął ciężkiego kalectwa lub śmierci. „Koń nam tylko nieco nogę przytłoczył" – uspokajał Barbarę. Zarówno dla niej, jak i dla wszystkich zebranych na sejmie wypadek był jednak złym znakiem.

Wreszcie 31 października otwarto obrady. Król oczekiwał, że przebiegną ekspresowo. Zamierzał zatwierdzić uprawnienia stanów i potwierdzić obowiązujące przywileje. Tyle. W ogóle nie wyobrażał sobie, by na takim gremium omawiać sprawę swojego małżeństwa. Był już przecież królem, ślub zawarł przed przejęciem władzy, a jego żona była panującą wielką księżną litewską. W międzyczasie zdołał nawet uzyskać błogosławieństwo papieskie dla swojego potajemnego ślubu. Wszystko było załatwione. Tyle tylko, że zebrana w Piotrkowie szlachta miała na ten temat zupełnie inne zdanie.

Przez parę dni posłowie szeptali tylko w kuluarach. Wreszcie 5 listopada znalazł się śmiałek – reprezentant Sandomierszczyzny, Stanisław Lupa Podlodowski. „Dziwne jest bardzo dla nas" – powiedział przed całą izbą – „że nie raczyliście Panowie dotknąć w waszych wotach tego, o czym słyszeliście od rycerstwa na sejmach powiatowych. Sprawy żałości z małżeństwa takiego Jego Królewskiej Mości!". I zaczęło się.

Przez całą izbę przetoczył się głośny szmer. Posłowie potakiwali, jeden przez drugiego wołali: „zgoda!". Wreszcie nawet król poczuł, że musi jakoś zareagować. Wysłał do posłów z odpowiedzią biskupa Maciejowskiego. Jego ustami tłumaczył: „Małżonka każdemu jest dana od Pana Boga. Chce też Jego Królewska Mość, będąc i królem, i panem, tejże wolności i swobody użyć w obieraniu żony sobie". Dalej wyjaśniał, że choćby miał stracić cały swój majątek i zostać z jedną koszulą na grzbiecie, to nie zamierza swojej żony porzucać. Zresztą – nawet gdyby chciał, to nie mógłby tego uczynić, bo w efekcie straciłby swoją godność i szacunek poddanych.

Nie mógł tego ująć gorzej. Starczyło kilka zdań, a miał przeciwko sobie wszystkich: i posłów, i senatorów, niezależnie od reprezentowanej ziemi czy dzielnicy. Dla posłów stwierdzenie, że poprzez porzucenie żony władca straciłby posłuch u poddanych było niczym siarczysty policzek. Przecież to oni – reprezentanci braci szlacheckiej – decydowali, od czego zależy szacunek ludności. Oni rozstrzygali, jak można go zyskiwać, a jak tracić! I nie zamierzali pozwalać, by jakikolwiek monarcha – a już tym bardziej niezatwierdzony jeszcze kandydat na monarchę – odzierał ich z tego przywileju.

Biskupi, senatorowie, najwyżsi dostojnicy.
Wszyscy sprzymierzyli się przeciwko Barbarze Radziwiłłównie.
Ilustracja z cyklu Jana Matejki pt. „Ubiory w Polsce"

Jakby tego było mało, Jagiellończyk wcale nie wytłumaczył się ze swojego haniebnego małżeństwa. Dla konserwatywnej szlachty sprawa była prosta: nie godziło się, by świętymi olejami była namaszczana kobieta, z którą król miał stosunki przedmałżeńskie. Tym bardziej nie wchodziło w rachubę, by korona Królestwa Polskiego spoczęła na skroniach byłej prostytutki, a prawdopodobnie – także wiedźmy, która magicznymi sztukami uwiodła królewskiego syna. Królową powinna zawsze zostawać pierwsza spośród niewiast – przodująca pod względem cnót i pochodzenia, zdolna wydać na świat zdrowe potomstwo najczystszej krwi. Barbara w opinii szlachty nie spełniała żadnego z tych warunków. Zygmunt August tymczasem, zamiast odnieść się do najcięższych chyba w dziejach monarszych małżeństw zarzutów, bezczelnie i wiarołomnie zasłonił się decyzją Boga!

Senatorowie, członkowie rady królewskiej, byli nie mniej oburzeni. Król właśnie wprost stwierdził, że w kluczowych dla państwa sprawach zamierza „używać wolności i swobody". Bez względu na dobro Rzeczpospolitej. A przede wszystkim: bez pytania ich o zdanie. Dla możnowładztwa i elit urzędniczych była to rzecz nie do pomyślenia.

Atmosfera stała się tak gęsta, że dałoby się ją kroić nożem. Król odroczył dalsze obrady do kolejnego dnia, niewiele to jednak pomogło. Wówczas spróbował osobiście przemówić do posłów i przedstawić im swoje argumenty. Zadeklarował nawet, że zgodzi się na wszystkie żądania polityczne szlachty, byle tylko uczestnicy sejmu dali już spokój sprawie jego ślubu. Na chwilę zapadła grobowa cisza. Wydawało się, że posłowie są gotowi milcząco przystać na propozycję Jagiellończyka. Chodziło bądź co bądź o zgodę na ustępstwa, przed którymi Zygmunt Stary uchylał się przez ponad ćwierć wieku.

Nagle jednak wyrwał się wojewoda krakowski, Piotr Kmita. „Trzeba ustalić, kto był przyczyną tego małżeństwa!" – zakrzyknął. I nie musiał dopowiadać, że jest dla niego oczywiste, iż nie chodziło o wolę boską ani miłość, ale o czary. A może nawet o podszept diabelski.

Tego już było za wiele. Król nie wytrzymał i wrzasnął w stronę izby sejmowej: „Pójdźcie lepiej precz!". Na sali rozpętała się otwarta awantura. Zamach na wolność słowa! Zamach na swobody szlacheckie! Tyrania! Próba obalenia ustroju! Trzy rzucone w gniewie słowa przekształciły sejm w sąd. Nad niechcianym małżeństwem, nad Barbarą, a nawet – nad młodym królem. Bona nie musiała nawet przykładać do tego ręki. Zygmunt August sam sprowadził na siebie katastrofę.

Teraz już wszystkie chwyty były dozwolone. Senatorowie, jeden po drugim, podkreślali, że król złamał prawo. Może i prawo niepisane, ale i tak obowiązujące. „Król polski zgoła nic bez rad koronnych czynić nie może. Nie tylko w tak wielkiej i ważnej sprawie jak małżeństwo, ale też i w sprawie najmniejszej!" – grzmiał Jan Sierakowski, wybrany na marszałka sejmu. Andrzej Górka dopowiadał za nim, że monarcha nie tylko nie ma prawa sam sobie wybierać żony, ale wręcz ma obowiązek poślubić tę, którą mu wybiorą senatorowie. Nie ma zmiłuj. Choćby była stara i brzydka – jeśli rada koronna tak zdecyduje, król musi słuchać! Do tego dochodziło jeszcze czwarte przykazanie, o którym nie tak dawno przypominała w liście do dostojników państwowych Bona. „Uczynił to Jego Królewska Mość przeciwko woli ojca swego, a uczynić tego nie było mu wolno, gdy był pod władzą ojcowską!" – podkreślał Sierakowski.

Małżeństwo z Barbarą znów zostało sprowadzone do rangi nielegalnego wybryku. „Kościół zakazuje takiego utajonego małżeństwa, a przecież doszło do niego w ukryciu i po północy!" – podkreślał biskup przemyski Jan Dziaduski. I nawet argument, że związek z młodą magnatką może pozwolić na przedłużenie zagrożonej wymarciem dynastii, do nikogo nie przemawiał. „Nawet jeśli będzie płód z tego małżeństwa, to dla nikogo nie będzie on droższy, niż jest teraz jego matka!" – zapewniał Jan Sierakowski. „Płodu z tego małżeństwa nie chcemy!" – wtórował za nim Andrzej Górka.

I to właśnie Górka wyznaczał ton dalszej dyskusji, ze szczegółami komentując rzekome uwiedzenie i omotanie władcy:

> Tym sposobem i nasz król został schwytany w te sieci i do tego doprowadzony, że potajemnie, wbrew prawowitym obyczajom, nie radząc się rodziców, nie radząc się senatu, nie radząc się was tak dalece nieświadomy wszystkich praw tego królestwa, został doprowadzony do złożenia przysięgi małżeńskiej i zamieszkania z nią.
>
> Jednakże nie powinniście dopuścić do tego, o rycerze, byście uwierzyli w jakieś szczególne zalety i cnoty tej kobiety dlatego, że król nasz do małżeństwa z nią został przywiedziony.
>
> Nie ma u niej żadnych cnót, a jeśli jakieś były, to tylko splamione bezwstydem i zbrodnią. Jeśli kobieta jest bezwstydna, żadną miarą nie można mówić, że jest prawa i uczciwa.

Nie chodziło już tylko o honor dynastii, o majestat władzy ani o dobro państwa. Szlacheccy trybuni raz jeszcze podbili stawkę: w śmiertelnym zagrożeniu znalazło się rodzinne szczęście każdego bez wyjątku polskiego obywatela. „Po zniszczeniu dawnego porządku i dyscypliny moralnej, po odrzuceniu wstydu i strachu potworzą się w uczciwych domach i przyzwoitych rodzinach lupanary. Otoczy się opieką i będzie się rozmnażać nierządnice i wiarołomczynie, nierządników i wiarołomców" – wieszczył Stanisław Orzechowski. Inne wdowy zaczną naśladować Radziwiłłównę, inni wdowcy pójdą w ślady Jagiellończyka. A na tym przecież się nie skończy. Jako kolejne upadną żony, córki, matki... Nastanie Sodoma i Gomora, a to wszystko na skutek jednego chybionego małżeństwa.

Wyjście było tylko jedno: rozwód! Może i papież zatwierdził małżeństwo, najwidoczniej jednak nie wiedział, co czyni. Do głosu doszedł teraz prymas Mikołaj Dzierzgowski i począł wzywać króla, by ten „złą sławę, która się wszędzie rozniosła, z siebie i z polskiego narodu starł". Jagiellończyk raz jeszcze powtórzył, że żony nie porzuci, bo byłby to niewybaczalny grzech. Ale i na to głowa polskiego Kościoła miała odpowiedź. „Miłościwy królu, dostatecznie dużo powodów znajdzie się, aby to małżeństwo rozstać się mogło!" – stwierdził bez chwili namysłu, natychmiast znajdując poparcie u senatorów. „Papież święty łatwo to rozgrzeszy dla dobra Rzeczpospolitej!" – rzucił Piotr Kmita. „Nic w tym Wasza Królewska Mość sumienia swego przed Panem Bogiem nie obrazisz!" – sekundował mu Jan Dziaduski. „Będziemy my wszyscy za to pokutować!" – dodał jeszcze ku powszechnej aprobacie parlamentarzystów. Pomysł podchwycił prymas Dzierzgowski, oferując, że jeśli król uważa rozstanie z Barbarą za grzech, to on ten grzech jest gotów wziąć na swoje sumienie. I jest pewien, że tak samo cząstkę tego grzechu weźmie na siebie każdy polski obywatel.

Co do tego, że szlachta zgadza się na takie rozwiązanie, nie było najmniejszych wątpliwości. 19 listopada wszyscy posłowie jak jeden mąż, a razem z nimi także obecni w izbie dworzanie, padli na kolana przed królem, błagając, by ten porzucił Barbarę i pojął godniejszą małżonkę. „Wielu z nich ocierało z oczu łzy, jawnie żal serdeczny okazując" – zapisano w diariuszach sejmowych.

Było to wydarzenie bez precedensu. W Europie zachodniej klękanie przed monarchami było przyjętym obyczajem. W Europie wschodniej oddawanie czołobitnych pokłonów należało do obowiązków poddanych. Ale w Polsce takie zachowanie było nie do pomyślenia! Dumna szlachta Rzeczpospolitej nawet nie kłaniała się królowi, nie mówiąc o padaniu na kolana. Magnaci po prostu ściskali królowi dłoń na powitanie, a zwykli obywatele – w wyprostowanej pozie całowali królewską prawicę. Klękać zdaniem szlachty „godziło się tylko przed samym Bogiem", co podkreślił podczas obrad Jan Sierakowski. Teraz tymczasem wszyscy zgodnie płaszczyli się przed królem, próbując wyprosić na nim, by opanował swoje żądze i miał wzgląd na dobro kraju.

Dla Augusta tego było już za wiele. Nie tylko się nie ugiął, ale zawołał ze wściekłością: „No patrzcie na nich, patrzcie! Trzeba tego?!". Ale posłowie też się uginać nie zamierzali – szczególnie po takiej demonstracji. „Albo krew chrześcijańską rozlejemy, albo sami krwią swą zapłacimy" – wołał Stanisław Podlodowski, grożąc wybuchem wojny domowej. Zaczęto nawet dyskutować o odwołaniu władcy i znalezieniu lepszego kandydata na króla. W kuluarach pojawiały się propozycje zaproszenia na tron któregoś z Habsburgów. Nie brakowało też na sejmie zwolenników Albrechta Hohenzollerna. Nie dało się natomiast znaleźć właściwie żadnych stronników Barbary.

Nawet najbliżsi współpracownicy króla bronili jej niechętnie i powściągliwie. Biskup Maciejowski porównał monarsze małżeństwo do rozbitej, ogarniętej zakażeniem nogi. Sprzeciwiał się rozwodowi, ale tylko dlatego, że zranioną nogę powinno się leczyć – a nie od razu odrąbywać! Nawet sam Zygmunt August nie odważył się podawać żadnych argumentów na obronę Barbary. Tłumaczył, że przecież Barbara to tylko kobieta, że przecież będzie małżonką królewską a nie królem, więc choćby chciała, to nie zdoła zniszczyć polskiego państwa od środka. A poza tym „poczciwość żona od męża, a nie mąż od żony bierze".

Nawet szowinistyczne komentarze króla nie ostudziły nastrojów. Wreszcie August sam zaczął się zastanawiać nad abdykacją i powrotem na Litwę, gdzie miał zapewnione panowanie i względny spokój. Taka decyzja – rzucenie wszystkiego, co przez długie lata przygotowywała dla niego matka i zostanie kowalem własnego losu – wymagałaby jednak odwagi i samodzielności. Cech, którymi młody król lubił się chwalić, ale których tak naprawdę nie posiadał w nadmiarze. Podobnie jak w wielu innych przypadkach, w ostatecznym rozrachunku oddał lejce swoim stronnikom i to oni zdecydowali o tym, jak zakończył się najbardziej burzliwy sejm XVI wieku.

Maciejowski i Tarnowski zbyt wiele zainwestowali w budowę obozu nowego króla, by teraz rezygnować z oczekiwanych profitów. Przede wszystkim jednak rejteradę wykluczali Radziwiłłowie. Zdążyli już się nasłuchać od rozgorączkowanej szlachty, że ich zdradziecki ród „trzeba ścigać żelazem, ogniem, mordem". Znali też krążące nawet po Litwie „proroctwo", według którego Mikołaj Rudy miał zostać powieszony, a Barbara – utopiona w Wiśle. Przede wszystkim zaś wiedzieli, że przyszłość rodziny zależy od uratowania i oczyszczenia siostry z zarzutów. A tym samym: od utrzymania na polskim tronie Zygmunta Augusta.

Ostatecznie ani sejm nie został zerwany, ani rozwód wymuszony. Król jednak w żadnym razie nie wracał z Piotrkowa jako zwycięzca. Nie osiągnął żadnych celów, posłowie nie zgodzili się nawet uznać jego władzy w państwie i nadać mu właściwych uprawnień. Monarcha był zmuszony jednostronnie zatwierdzić przywileje poddanych i czekać, czy w efekcie wybuchnie wojna domowa.

Nie wybuchła. I właściwie nie musiała wybuchać, bo Zygmunt August już został pokonany i poniżony. Na koniec sejmu stwierdził, że „nie życzy sobie więcej uchodzić za malowanego króla ani za piąte koło u wozu". Ale właśnie do takiej roli i pozycji się sprowadził. W kilka tygodni zaprzepaścił półtora wieku pracy wkładanej przez jego przodków w budowę monarszego majestatu. Pozostał wprawdzie królem, a wraz z nim utrzymała się w Polsce dynastia Jagiellonów, ale pozycja monarchy nad Wisłą została bezpowrotnie zaprzepaszczona. Nie trzeba było do tego ani wygaśnięcia rodu, ani sejmów elekcyjnych.

A Barbara? Dla niej Piotrków też nie był żadnym sukcesem. Wprawdzie na sejmie nie podjęto żadnych uchwał, ale dla posłów dwie sprawy były jasne: potomstwo Radziwiłłówny nie będzie mieć żadnych praw dziedzicznych w Polsce, a ona sama, nawet jeśli pozostanie małżonką króla, to bez ich zgody nie dostąpi zaszczytu koronacji. Będzie niewiele więcej niż tylko zalegalizowaną nałożnicą.

Kochanie, nic się nie stało

Uroczystość była przednia. Barbara w odświętnych szatach czekała pod zadaszoną altaną. Na dziedziniec korczyńskiego zamku wyszła, gdy tylko doniesiono, że nadjeżdża orszak królewski. Asystowali jej nie mniej strojni dworzanie i dwórki. August zsiadł z konia. Oboje milczeli. Ceremoniał nakazywał, by w tak podniosłej chwili porozumiewali się przez pośredników. W imieniu króla przemówił biskup krakowski, Samuel Maciejowski.

W imieniu królewskiej małżonki odpowiedział Stanisław Maciejowski. Brat biskupa, a jednocześnie – ochmistrz dworu Barbary. Zdaniem świadka „obydwie rzeczy” – czyli przemowy – „były dość foremne”.

O każdej kolejnej mowie, oracji czy toaście tego dnia można by powiedzieć to samo. Też były, do bólu wręcz, „foremne”. We wszystkich padały komplementy, gratulacje, słowa podziwu i szacunku. Barbara była traktowana jak najprawdziwsza królowa. I wszyscy zebrani na zamku sojusznicy monarchy usilnie zachowywali się tak, jakby w Piotrkowie nie powiedziano o niej nic złego. Tak nawet, jakby żadnego sejmu w Piotrkowie nie było.

Iluzja trwała nadal, gdy po czterech dniach król wraz z żoną wjechali uroczyście do Krakowa. Był 13 lutego 1549 roku. Pogoda była paskudna, ale i tak na ulice wyległy tłumy. Monarszy pochód witali kolejno rajcy Kazimierza, Krakowa i Kleparza. Wszyscy składali hołd swojej nowej pani, zupełnie jakby już była koronowaną władczynią. Duchowieństwo zebrane w katedrze przemawiało do niej „dobrze, mądrze i rozsądnie”. Grono profesorskie Akademii Krakowskiej wystąpiło z oracją podkreślającą, że „naród litewski zawsze sprzyjał dobrym obyczajom i najznakomitszym studiom”. O innych mowach też trudno powiedzieć coś poza tym, że były eleganckie, uniżone i zgodne z tym, jaka cześć należy się królowej. Ogólnego wrażenia nie mogło zepsuć nawet krótkie wystąpienie kanonika Myszkowskiego, który niedelikatnie stwierdził, że pochodzenie Barbary nie jest szczególnym problemem, bo przecież „Aleksander Wielki nie wstydził się wziąć niewolnicę za żonę”. Na pewno nie chciał, by to tak zabrzmiało. A że mówił po łacinie – to Barbara i tak go nie zrozumiała.

Radościom nie było końca. Przez całą wiosnę Barbara gościła razem z mężem w najpiękniejszych pałacach, u najznamienitszych gospodarzy. W Prądniku pod Krakowem z pompą przyjmował ich Samuel Maciejowski. Nie mniej wspaniałe były uczty organizowane przez kasztelana wojnickiego czy opata cystersów.

Przede wszystkim jednak Barbara i August wreszcie mogli nacieszyć się własnym towarzystwem. W gruncie rzeczy po raz pierwszy od chwili potajemnego ślubu, a nawet – pierwszy raz w życiu, po prostu byli razem. Bez żadnych podchodów, kryjówek i tajemnic. Oficjalnie i otwarcie. Teraz było już jasne, że uczucia króla do Barbary wcale nie osłabły na skutek plotek, ataków i wielomiesięcznej rozłąki. Chyba nawet się wzmogły. Tak jakby August chciał pokazać, że kocha Radziwiłłównę mimo wszystko i przeciw wszystkim.

Pierwsza znana panorama Krakowa, z 1493 roku.
Do takiego miasta zawitały
Bona, Elżbieta, a wreszcie – Barbara

Już kilka dni po uroczystym wjeździe do Krakowa para królewska udała się wspólnie do rezydencji myśliwskiej w Niepołomicach. Pałac, który Bonie przywodził na myśl najgorsze wspomnienia, dla Zygmunta Augusta i Barbary miał się stać ulubionym miejscem odpoczynku. Dworzanie zgodnie twierdzili, że wystarczało, aby król zajechał do Niepołomic, a od razu wstępowały w niego nowe siły. Wyglądał zdrowo, beztrosko, jakby zrzucił z piersi wielki ciężar.

Już pierwsza wizyta zamieniła się w serię hucznych zabaw. Wprawdzie wciąż trwała żałoba po zmarłym przed rokiem Zygmuncie Starym, ale ani jego syn, ani synowa nie hamowali się w czerpaniu z radości życia.

> W niedzielę mięsopustną król gonić raczył do pierścienia, a przy tym wiele innych krotochwil potem każdego dnia było. Bywały i maskarady, a na każdy dzień wszyscy panowie dworzanie pijani bywali, bo iście król Jego Miłość dobrej myśli zawżdy bywał.

Tak monarsze wczasy opisywał jeden z towarzyszy Augusta, Mikołaj Trzebuchowski. Nie zabrakło też w jego relacji wiadomości o Barbarze. Oraz o ciągłych spotkaniach króla z małżonką, które dziwiły całe otoczenie, przyzwyczajone do obserwowania niedobranego, wyschniętego związku Bony i Zygmunta Starego. Nowej parze królewskiej dni było mało, żeby się sobą nacieszyć. Spędzali ze sobą każdą wolną chwilę, często do białego rana.

> Król i obiadował i wieczerzał pospołu z królową Jej Miłością. We wtorek po wieczerzy, po tym, jak poszedł do swego pokoju już jakoby się rozbierać, i po tym, jak kazał wszystkim spać, z dziesięciorgiem lub dwanaściorgiem ludzi poszedł Jego Królewska Miłość do tych gmachów, gdzie królowa Jej Miłość mieszkać raczyła.
>
> Gdy tam dotarł, Jej Królewska Miłość do izby do króla – przyjść raczyła. Piszczkowie grali, król kilkakroć z królową tańcował. Panowie dworzanie też – ci, którzy tak przy królu byli – z pannami tańcowali. Tego podobno tańcu trzy godziny były.

Słowem: istna sielanka. Wir dworskiego życia bez reszty porwał Barbarę. Po latach spędzonych w strachu i samotności jak przez mgłę pamiętała, że była już kiedyś wielką damą otoczoną przez zastępy sług i pochlebców. Każdy luksus miał dla niej posmak świeżości; każda rozrywka przynosiła taką radość, jakby zażywała jej po raz pierwszy. August tymczasem robił wszystko, by pozwolić zaklęciu trwać.

Obsypywał ją prezentami, organizował specjalnie dla niej zabawy i przyjęcia. Tylko z okazji jej urodzin, przypadających na 6 kwietnia, zorganizował tygodniowe obchody za cenę sześciuset florenów. Fortunę idącą w dziesiątki tysięcy florenów wydawał na dwór Barbary. Żadna wcześniejsza królowa nie miała równie licznego otoczenia. Bona zadowalała się setką dworzan i dwórek; Barbarze już w pierwszym roku towarzyszyło dzień i noc dwieście pięćdziesiąt osób. Miała na swoich usługach ośmiu odźwiernych. Mnożyła się też obsada wszelkich innych stanowisk. Królewskiej małżonce usługiwało dwóch łaziebnych, cały kordon specjalistów od ubioru, biżuterii i zastaw stołowych. Nawet liczba karłów wzrosła z jednego w Wilnie do pięciu na Wawelu.

Król wyzyskiwał każdą okazję, by podkreślić znaczenie i prestiż żony. Ona też zaczęła żyć na najwyższej stopie. Znów przywiązywała wielką wagę do swojej urody. Na dobór strojów i przygotowanie makijażu poświęcała długie godziny. Ulubione kosmetyki sprowadzała aż z Wilna. Zachował się nawet list z odręcznym dopiskiem, w którym prosiła swoją matkę o przysłanie do Krakowa bielidła („Mileńka Pani Mateńko! Bardzo proszę o bielidło, bo go ni troszeńki nie mam"). Krocie przeznaczała na swoje stroje. Za samo ozdobienie kilku sukien i jednego beretu zapłaciła nadwornemu hafciarzowi trzysta pięćdziesiąt jeden florenów.

Nosiła się elegancko, ale z uwzględnieniem specyficznej litewskiej mody. Nadal, także po ślubie, przywdziewała podkreślające smukłą sylwetkę ciasne suknie z głębokim dekoltem i bufiastymi rękawami. Zakładała też niespotykane w Polsce „piętrowe" nakrycia głowy. Na podwikę z delikatnego płótna nakładała czepiec z wysadzaną klejnotami, oplatającą szyję opaską. Wreszcie na szczycie tej konstrukcji usadawiała czarny beret ze złotymi ozdobami.

Żywiła się również według własnych upodobań, tworząc sobie na Wawelu kulinarną namiastkę ojczyzny. Zachowane rachunki potwierdzają, że niemal codziennie jadła swoją ulubioną potrawę – litewski barszcz. Była to kwaśna polewka przyrządzana z liści barszczu zwyczajnego, nazywanego wówczas „niedźwiedzią łapą". Z dzisiejszymi barszczami nie łączy jej nic poza nazwą. Kuchnia Barbary zamawiała też wielkie ilości drogiej wówczas kaszy manny.

Wszystkie te luksusy i rozrywki miały na celu dzień w dzień przypominać Barbarze, że nic się nie stało. I królewska małżonka usilnie starała się w to wierzyć. Nie myślała o pogłoskach, które dotarły do niej z Piotrkowa. Nie zastanawiała się nad tym, dlaczego przyjazd z sejmu do zamku, w którym była uwięziona, zajął Zygmuntowi Augustowi całe dwa miesiące. Nie roztrząsała przerw w korespondencji, drobnych kłamstw i przemilczeń. Przeszła do porządku dziennego nawet nad tym, że król ograniczał jej kontakty z matką i skrupulatnie kontrolował całą jej korespondencję. Wreszcie – godziła się z jego apodyktycznymi ciągotami i wyjątkowym nawet jak na XVI wiek szowinizmem (w jednym liście August stwierdził na przykład, że „taka już wszystkich bab natura, że ich myśli nigdy uspokoić się nie mogą", przez co „ustawicznie skrzeczą").

Były jednak takie rzeczy, które nie pozwalały Barbarze ze spokojem myśleć o przyszłości. Cały czas żyła w strachu przed Boną i jej agentami. Nie tylko w strachu o swoje życie, ale też o los brata i reszty rodziny. W jednym z listów stwierdziła, niewątpliwie pod wpływem męża, że „niewielką pigułkę [z trucizną] trudno wyczuć, gdy ją do polewki dodadzą". Rozmyślała też nad każdym afrontem i potwarzą. Bona przypomniała o sobie nawet w dniu jej wspaniałego wjazdu do stolicy. Oczywiście królowa matka nie wzięła udziału w uroczystości. Zawczasu wyjechała z Krakowa na Mazowsze, przenosząc tam cały swój dwór. Barbara jednak, zamiast na opuszczone komnaty, natknęła się na Wawelu na zamknięte drzwi. Bona zaryglowała wrota, a pozostawiony przez nią odźwierny kategorycznie odmówił wydania kluczy nowej królowej. Drzwi trzeba było, na oczach dworzan i zebranych gości, wyłamywać.

Bona była przynajmniej tylko człowiekiem. Groźnym przeciwnikiem, ale jednak istotą z krwi i kości. Barbara miała powody, by obawiać się wroga znacznie groźniejszego. Już od dawna wierzyła, że ciąży nad nią fatum. I teraz, pośród bajkowego życia, utwierdzała się w przekonaniu, że jednak nic nie będzie dobrze. Nie dzieliła się przeczuciem nawet z najbliższymi, ale już w 1549 roku musiała to wiedzieć. Była śmiertelnie chora.

Ostatnie życzenie

Barbara nie budziła sympatii. Tego faktu nie mogły przykryć ani huczne bankiety, ani wystawne uczty, ani nawet składane jej hołdy i wygłaszane w jej obecności mowy pochwalne. Właściwie każdy, kto stykał się z królewską małżonką, zaraz dołączał do grona jej krytyków. Lista pretensji ciągnęła się bez końca. Mówiono, że Barbara „bardzo jest wyniosła". Dworzanie zarzucali jej, że odcina się od swojego otoczenia, unika rozmów z poddanymi i nie szanuje swoich najbliższych współpracowników. Jej sekretarz, Stanisław Koszucki, żalił się w poufnym liście do Mikołaja Rudego, że nawet ochmistrz Radziwiłłówny „zakołatawszy, musi ze wstydem bez bycia wpuszczonym się wynosić, co go bardzo obraża". Zdarzało się, że władczyni znikała na całe dni lub tygodnie. Nikogo przez ten czas nie wpuszczała do swoich prywatnych komnat, a sama nie wychylała z nich nosa, stawiając pod znakiem zapytania sens istnienia dworu. „Nie wiadomo, czy robi to z dumy, czy też ludźmi gardząc" – pisał Koszucki. Zarazem przestrzegał, że w efekcie „jej najbliżsi domownicy bardzo się nią zaczynają brzydzić".

Prawdziwym kamieniem obrazy stał się jednak sposób traktowania króla. Dworzanom, którzy służyli wcześniej potulnej Elżbiecie Habsburżance, nie mieściło się w głowach, że nawet Zygmunt August nie może liczyć na szacunek swojej wyniosłej żony. „Ta Pani na nikogo się nie ogląda, tylko na samą siebie!" – mówili jedni. „Jeśli nie dba o Radę Pańską, to chociaż mogłaby pilnować, aby jej król nie czekał. Nieboszczka pierwsza królowa nasza zawsze sama na króla czekała, a teraz król ze swą Radą czekać musi" – dodawali inni. Problem dostrzegł nawet Mikołaj Czarny. W jednym z listów do Rudego narzekał na „leniwe ubieranie się" stryjecznej siostry. „Musi czasem król czekać godzinę, nim ona się wyburda!" – pieklił się.

Do tego dochodziły jeszcze nieznośne humory Barbary. Zarzucano jej, że ciągle się gniewa, obraża, urządza awantury i wybucha płaczem. Jedna z dwórek oficjalnie zagroziła odejściem z powodu „jakichś częstych fuków, które się jej dzieją od królowej". Doszło nawet do tego, że żona ochmistrza Maciejowskiego odmówiła odzywania się do władczyni „przez jej pychę". W poufnych rozmowach dwórki nazywały Radziwiłłównę już nie królową, ale „panią duszką". Najstarszy słownik języka polskiego, skompilowany na początku XIX wieku przez Samuela Lindego, podaje, że epitet ten oznaczał „miłośnicę, małpę, gamratkę". Niezbyt przystające do monarszego majestatu określenie. I niezbyt miłe.

Za krytyką szły domagające się odpowiedzi pytania. Barbara miała jedyną okazję, by zjednać sobie otoczenie i poddanych. Tymczasem wyglądało na to, że robi wszystko, by osiągnąć efekt wprost przeciwny. Ochmistrz Maciejowski biadał, że przez swoje zachowanie może tak skutecznie zrazić sobie ludzi, iż „trudno będzie siekierą wyrąbać to, co teraz dałoby się palcem wyrwać". Koszucki też był zdania, że gdyby tylko królewska małżonka okazywała więcej serca, a mniej lenistwa, to w Polsce „rychło by ją uznano za świętą". A przecież wystarczyłoby, żeby pospólstwo się w niej rozkochało! Wielcy panowie, pod naporem szeregowej szlachty, mieszczan i ludu, musieliby ustąpić.

Różnie próbowano tłumaczyć zachowanie Barbary. Wielu zrzucało jej postawę na karb litewskiego wychowania i magnackiej dumy. Nie brakowało też opinii, że niekoronowanej królowej najnormalniej w świecie zabrakło rozumu. Utrzymują się one zresztą nadal, nawet w XXI wieku. Autor jednej z książek poświęconych Radziwiłłównie, Jerzy Besala, stwierdził, że aby tak postępować: „Mówiąc wprost, trzeba być głupią prostolinijną Litwinką". Inny badacz jej losów, Zbigniew Kuchowicz, doszedł do odwrotnych wniosków. Orzekł, że Barbara zupełnie świadomie przecierała szlaki polskiemu feminizmowi. Zmuszała króla i dwór do oczekiwania, aby pokazać swą pozycję i niezależność. Żadna z tych opinii nie może się ostać w świetle faktów. Prawda jest taka, że Barbara ani nie była głupia, ani nie próbowała w 1550 roku odgrywać roli nowożytnej sufrażystki. Za jej huśtawkami nastrojów, za wycofaniem z życia publicznego i wielogodzinnymi spóźnieniami stała nasilająca się choroba.

Pierwsze wzmianki o problemach ze zdrowiem pojawiają się już w dokumentach z 1548 roku. 24 listopada, w samym środku sejmowej awantury o małżeństwo i koronację, Zygmunt August pisał do opiekującego się Barbarą Mikołaja Rudego: „A tego Jej Miłości zabraniajcie, aby tak długo w łaźni się nie myła, gdyż to jej zdrowiu szkodzi". Inna wiadomość, wysłana do Rudego przez Stanisława Maciejowskiego, potwierdza, że nie chodziło ani o nadopiekuńczość króla, ani o chwilową chorobę. Pod koniec lutego 1549 roku ochmistrz donosił: „Jej Miłość przyjechawszy tu do Niepołomic, na swój zwykły kamień nieco pochorzeć raczyła". Lekceważący ton wzmianki jasno wskazuje, że do „zwykłego kamienia" królowej dworzanie już się przyzwyczaili. Nie traktowali go też chyba jako szczególnie poważnej przypadłości.

Na jakie dokładnie objawy uskarżała się w tym okresie Radziwiłłówna? Trudno powiedzieć. „Kamieniem" w czasach przed upowszechnieniem się nowoczesnej medycyny nazywano cały szereg schorzeń. Pierwsza polska encyklopedia, wydana przez oficynę Samuela Orgelbranda w XIX wieku, informowała, że „Kamienie w ciele ludzkim okazują rozmaitą wielkość, postać, spójność i budowę. Wszystkie na ogół przynoszą organizmowi uszczerbek". Autor hasła wymieniał kamienie żółciowe, moczowe, ślinne, jelitowe, a nawet łzowe. Słowem, za kamień uznawano dowolne guzki, zgrubienia czy nawet powiększone węzły chłonne. Do jakiegoś stopnia dotykały każdego człowieka, niewiele więc sobie z nich robiono. W ciele Barbary jednak „kamień" siał coraz większe spustoszenie. Okresy jej słabości stawały się dłuższe i częstsze. Nie mogła już ani cieszyć się życiem, ani nawet normalnie funkcjonować. Mimo to robiła wszystko, byle tylko ukryć prawdę o stanie swojego zdrowia.

Z jednej strony nie chciała taniego współczucia. Z drugiej, musiała odczuwać typowy dla swojej epoki wstyd. Wszystko wskazuje na to, że choroba uderzyła w jej narządy płciowe. Nie dość, że stawiało to pod znakiem zapytania szanse na urodzenie królowi syna, to jeszcze tworzyło pożywkę dla nowych plotek. Po wszystkim, czego się nasłuchała, było dla Barbary jasne, że natychmiast znajdą się paszkwilanci widzący w jej dolegliwościach objawy choroby wenerycznej. A tym samym – dowód rozpustnego życia. Musiał być i trzeci powód. Po tylu latach Zygmunt August wreszcie oficjalnie wprowadził ją do swego życia. Nie zważając na koszty i zniewagi, zapewnił jej miejsce na Wawelu oraz rolę niekoronowanej królowej. I właśnie wtedy, gdy do ich związku zawitała odrobina szczęścia, choroba przeszła do ataku. Barbara musiała czuć, że zdradziło ją własne ciało. A przy okazji zdradziło też Augusta.

O tym, jak poważna jest sytuacja, wiedziała chyba tylko jej matka. W listach do starej Barbary Kolanki Radziwiłłówna szczerze pisała, że „cierpi na żywot", czyli na bóle podbrzusza. August w dokładnie tym samym czasie zapewniał teściową, że zarówno on, jak i Barbara mają się doskonale. Widocznie Barbara taiła prawdę nawet przed nim. Dopiero silne uderzenie choroby, do którego doszło w sierpniu 1549 roku, stworzyło wyłom w murze milczenia. W dramatycznym liście do Mikołaja Rudego król wyjaśniał, że przez całą noc był zmuszony samotnie czuwać przy zwijającej się z bólu żonie. Jak pisał, na Barbarę „przypadła w tych dniach choroba, a zwłaszcza bardzo ciężki kamień". Jej dwórki nic nie robiły sobie z cierpienia królowej. W efekcie „każda z tych pań dobrze spała", a przy chorej tkwił osobiście monarcha.

Tak wielkie zaniedbanie ze strony dworu godne było awantury, a nawet procesów o obrazę majestatu. Najwidoczniej jednak Barbara ubłagała męża, by ten przemilczał sprawę. Nie dopuszczała do siebie nawet lekarzy i za wszelką cenę walczyła o to, by jej zdrowie nie stało się tematem publicznym. Wydaje się zresztą, że w następnych miesiącach nastąpiła znacząca poprawa jej stanu. Albo przynajmniej władczyni skuteczniej się

Upragniona koronacja. Zygmunt August i Barbara Radziwiłłówna w asyście dworu na ilustracji Jana Matejki

maskowała. Nie mogła jednak robić tego wiecznie, tym bardziej, że spadały na nią kolejne ciosy. Wiosną 1550 roku zmarła jej matka, której nie widziała ani razu od czasu wyjazdu do Polski. Zygmunt August nie zgodził się zaprosić jej na Wawel, ustawicznie utrudniał kontakt matki z córką. Także o śmierci pani kasztelanowej powiedział żonie z wielotygodniowym opóźnieniem. Po czym momentalnie wyjechał z Krakowa, zostawiając ją sam na sam z żałobą i tęsknotą.

Nieobecność króla przeciągała się. Właściwie całe lato 1550 roku Barbara i August spędzili osobno. Utrzymywali jednak kontakt korespondencyjny, w którym stale przewijał się jeden temat: dążenie do koronacji. Teraz było już jasne, że na monarszej sakrze Radziwiłłówny zależy nie tylko Mikołajowi Czarnemu, ale też jej samej. W liście do brata wyjaśniała, że pragnie przez to swoje wyniesienie przysporzyć „na zawsze pociechy" całej rodzinie. W prywatnych rozmowach miała nawet rzucić, że nie potrzebuje żyć ani jeden dzień dłużej, jak tylko właśnie do swojej koronacji. Jej determinacja nie ulegała wątpliwości i Zygmunt August ze zdwojoną siłą zabrał się do zwalczania opozycji. Był gotów zrobić wszystko, by spełnić prośbę ukochanej żony. Nie wiedział tylko, że jest to już jej ostatnie życzenie.

On uwijał się jak w ukropie, by doprowadzić do koronacji. Ona, znów w tajemnicy przed wszystkimi, cierpiała w pustych komnatach, pozbawiona jakiejkolwiek pomocy. Jak przez mgłę docierały do jej świadomości informacje o tym, że król roztrwonił cały skarbiec, by przekupić przeciwników i doprowadzić do jej wyniesienia na tron. Był gotów wejść w konszachty z największymi wrogami. Obsypać złotem samego diabła.

Oficjalnie już niemal nikt nie sprzeciwiał się królewskiemu małżeństwu. I tylko po cichu kolportowano coraz to nowsze plotki. Jeszcze wczesną jesienią sekretarz Zygmunta Augusta, Stanisław Bojanowski rozpowiadał: „Królowa Barbara nic tak nie studiuje pilnie jak penisa, król zaś dwoma palcami wchodzi do kolebki, w Krakowie używając beztroski". Później jednak nastąpiło trzęsienie ziemi. W ustalonym terminie, pomimo wszystkich powziętych przygotowań, koronacja się nie odbyła. Nie pozwolił na nią stan królowej.

Przyjmijcie mnie wszyscy diabli

„Jeśli mnie nie chcesz przyjąć, Boże, przyjmijcie mnie wszyscy diabli!" – tak właśnie miała zawołać Barbara po trzech dniach i nocach nieustannego bólu. Była wycieńczona i zrezygnowana. Mimo to – niezmiennie parła do koronacji.

Faktów nie można już było dłużej ukrywać. Zagraniczni agenci, od których roiło się w Krakowie, zaczęli się teraz prześcigać w domysłach na temat kondycji Barbary. Pisano o „wielkim niepokoju" Zygmunta Augusta, a nawet o zagrożeniu życia władczyni. A także – o przesunięciu, nie zaś odwołaniu koronacji. Odbyła się ona wreszcie 7 grudnia. I była to, wbrew czarnowidztwu nieprzyjacielskich szpiegów, ceremonia wprost olśniewająca.

Obrzędy koronacyjne, dawniej zależne od fantazji urzędników i kaprysu władców, w czasach ostatnich Jagiellonów zostały skodyfikowane w najdrobniejszych szczegółach. Instrukcja zachowana pod nazwą *Ordinatio Caeremoniarum* zakładała w pierwszej kolejności trzydniowy post królewskiej małżonki, mający przygotować ją do namaszczenia świętymi olejami. Trwał od czwartku do soboty. Także niedzielny poranek przyszła królowa musiała spędzić głodna. Gdy tylko się przyszykowała, z zamkowego dziedzińca wyruszał pochód weselny w kierunku pięknie przyozdobionej katedry. Po wkroczeniu do kościoła władczyni przystawała przed relikwiarzem świętego Stanisława, by złożyć zwyczajową ofiarę w wysokości stu florenów. Otrzymawszy pieniądze, celebrans przystępował do dzieła. Na ołtarzu już spoczywał flakon ze świętymi olejami, korona, berło i jabłko. Musiały tam jednak pozostać do czasu, aż każdy uczestnik spektaklu odegra przypisaną mu rolę.

W demokracji szlacheckiej koronacja była wyrazem woli panów i społeczeństwa, tak więc w nawie katedry zbierali się wszyscy najważniejsi dostojnicy państwa. Miało to znaczenie przy każdej podobnej uroczystości. Nigdy jednak nie było równie istotne, co w 1550 roku. Barbarę wprowadzili do kościoła dwaj piastowscy książęta, specjalnie sprowadzeni przez Zygmunta Augusta ze Śląska: Wacław III cieszyński i Fryderyk III legnicki. Przeznaczone dla niej insygnia wnieśli trzej najbardziej znaczący wojewodowie. Cały senat zebrał się niemalże w komplecie. Opatów i kanoników było istne mrowie. Nie zabrakło też zagranicznych posłów i dygnitarzy.

Wszyscy niedawni wrogowie Barbary, ci sami, którzy widzieli w niej kurwę i czarownicę, teraz potulnie dziękowali Bogu za swą nową panią. Umilkli nawet Mikołaj Dzierzgowski i Piotr Kmita. Przed dwoma laty w brutalnych słowach wzywali króla do rozwodu. Teraz, bez mrugnięcia okiem, kierowali ceremonią wyniesienia „wielkiej nierządnicy litewskiej" na polski tron. Hymny ku chwale Barbary śpiewali wszyscy dworzanie, dwórki, sześciu delegatów Albrechta Hohenzollerna oraz burmistrz Gdańska Jan Werden.

Wreszcie nadeszła najważniejsza chwila. Zygmunt August, który do katedry wkroczył z koroną na głowie i w pełnym majestacie zasiadł na tronie obitym czerwonym suknem, zwrócił się do arcybiskupa z życzeniem, by jego małżonka została namaszczona świętymi olejami. Wedle ceremoniału z formalną prośbą powinien wystąpić któryś z senatorów. W tym przypadku było jednak jasne, że rozkaz koronacji musi paść z ust króla. Zbyt wiele sił i środków poświęcił, walcząc właśnie o to.

Barbara podeszła do ołtarza ze schyloną głową. Uklękła, z rewerencją ucałowała pierścień arcybiskupa, po czym legła krzyżem. Tymczasem wszyscy zebrani, jak jeden mąż, poczęli recytować słowa modlitwy. Głosem setek gardeł zabrzmiało: *Kyrie elejson, Chryste elejson, Kyrie elejson...* Celebrans uroczyście przywoływał imiona najważniejszych kobiet Starego Testamentu: Sary, Rebeki, Judyty i Estery. Teraz to do nich, żon i córek mędrców, była porównywana Radziwiłłówna. A nie do niewolnicy, którą

Portret koronacyjny Barbary.
Na twarzy królowej nie widać śladów choroby.
To już jednak ostatnia szczęśliwa chwila w jej życiu

dziwnym zrządzeniem losu poślubił Aleksander Wielki. Po tym wszystkim nastąpiło namaszczenie i koronacja. Barbara, z symbolem najwyższej władzy na skroniach, z jabłkiem w lewej dłoni i berłem w prawej, powstała, po czym powoli odwróciła się w stronę zebranego tłumu.

Tego dnia wyglądała piękniej niż kiedykolwiek. Na reprodukowanym bez końca obrazie koronacyjnym jej twarz nie nosi żadnych śladów choroby. Jest młoda, dostojna i delikatna. Iście królewska. Na głowie widać drogocenną, zamkniętą koronę. Pod nią – przybranie zdobione setkami pereł, szczelnie otulające twarz oraz jedwabny welon spływający na ramiona. Najwięcej mówią jednak oczy i kąciki ust. Barbara uśmiecha się – tak do dzisiejszych obserwatorów jej portretu, jak i do wszystkich dostojników zebranych przed nią w moment po koronacji.

Wielu historyków mogłoby powiedzieć, że to uśmiech, w którym przejawia się z całą mocą duma wielkiej arystokratki. Nie brakuje opinii, według których Barbara, podobnie jak jej bracia, mąż i teściowa, była do cna przesiąknięta polityczną żądzą. Nawet w ostatnich dniach życia pragnęła tylko władzy. Trudno jednak uwierzyć w takie tłumaczenie. W oczach Barbary maluje się raczej ulga. Jeśli pomimo krytycznego stanu zdrowia przetrwała kilkudniowy post, procesje, przemowy i ciągnące się bez końca uroczystości, to nie dlatego, że pragnęła rządzić. Musiała przecież mieć pełną świadomość, że nie zdąży nacieszyć się panowaniem, a poprzez wycieńczającą ceremonię pewnie tylko skróci swoje życie. Barbara potrzebowała koronacji z zupełnie innego powodu.

Tylko korona mogła sprawić, że przestanie czuć na swoich barkach ciężar wszystkich słyszanych przez lata obelg. Wiedziała, że jako niekoronowana małżonka króla pozostanie w powszechnym odczuciu wiedźmą i nierządnicą. Była człowiekiem z krwi i kości. I jak każdy człowiek na jej miejscu nie była w stanie znosić bez uszczerbku morza rzygowin, w którym nieustannie topiono jej publiczny wizerunek. Znała jeden sposób, by odzyskać przed śmiercią odrobinę godności i spokoju. Nic dziwnego, że uczepiła się go, niczym lekarstwa mogącego uleczyć dowolną chorobę.

Niewykluczone zresztą, że Barbara półświadomie marzyła także o takim właśnie lekarstwie. W epoce nowożytnej koronacji wciąż przypisywano nadprzyrodzone znaczenie. To nie był tylko polityczny symbol. Sakra królewska, jak żaden inny ziemski akt, zbliżała człowieka do Boga, jako jego śmiertelnego reprezentanta na ziemi. O Zygmuncie Auguście wiadomo z jego listów, że szczerze wierzył, iż angielscy królowie posiadają moc leczenia chorób. Może więc Barbara też łudziła się, że święte oleje pozwolą odroczyć ciążący nad nią wyrok śmierci. Jeśli tak było w istocie, to szybko straciła wszelką nadzieję.

Bezpośrednio po koronacji pisarz kapituły krakowskiej zawarł w kronikach życzenie, by uroczystość okazała się pomyślna zarówno dla królowej, jak i całego królestwa. Kilka tygodni później nikt już nie przewidywał, że królowej może być pisana jakakolwiek pomyślność. Zresztą sama Barbara miała stwierdzić z rezygnacją niedługo po uroczystościach: „Do innej korony mnie Pan Niebieski powoła". Skrywana przez lata choroba zaczęła postępować w zastraszającym tempie. Julian Bartoszewicz, jeden z pierwszych historyków zajmujących się śmiercią Radziwiłłówny, wyjaśniał, że: „Miała od dawna Barbara pewną twardość na boku, która zaczęła rosnąć i nabrzmiewać tak prędko, że zamieniła się wkrótce na wielki wrzód". Badacz dziejów medycyny, Witold Ziembicki, dopowiadał, że był to nie tyle wrzód, co raczej ropień.

August był gotów roztrwonić resztę majątku, byle znaleźć lekarza, który uratuje jego ukochaną żonę. Do łoża Barbary wezwano łącznie ośmiu medyków. Wszyscy bezradnie rozkładali ręce. Owrzodzenia tymczasem rozprzestrzeniały się, wydzielając ropę i odstręczający zapach. Całe podbrzusze chorej stwardniało, jej nogi spuchły, a ciało trawiła wysoka gorączka. Teraz już nikt ze służby nie chciał przebywać przy chorej. Ona sama prosiła zresztą, by nikogo do niej nie dopuszczać. Nawet na towarzystwo lekarzy zgadzała się z oporami, usilnie broniąc swojego prawa godności. I do spokojnej śmierci.

Król nie zamierzał jednak na to pozwolić. Sam spędzał każdy dzień i każdą noc u boku konającej Barbary. W ostatnich tygodniach jej życia zaczął na gwałt rozdawać jałmużny, licząc na przebłaganie Boga. Gdy to nie pomogło – prosił Radziwiłłów o przysłanie z Litwy najpotężniejszej wiedźmy, jaką uda im się znaleźć. Przez chwilę zdawało się nawet, że starania przynoszą rezultaty. Lekarze od początku sugerowali, że wrzód należałoby przeciąć, zarazem jednak bali się przeprowadzić procedurę, wiedząc, że królowa może jej nie przeżyć. Niespodziewanie największy ropień sam pękł. Medycy widzieli w tym oznakę poprawy zdrowia. Uradowany król wysłał nawet posłów do Radziwiłłów, informując o uratowaniu żony. Do szwagra, Mikołaja Rudego, pisał: „Wrzód bardzo dobrze ciecze i już cały lewy bok i twardość, która znowu była, zginęła z prawego boku". Był tak bardzo przekonany o poprawie sytuacji, że kazał nawet odprawić przysłaną z Litwy

czarownicę. „Tych niewiast natenczas już tutaj do niczego nie potrzeba" – wyjaśniał. Maciejowski też pisał, że „jest nadzieja dobra, że jej Królewska Mość raczy wyjść z niebezpieczeństwa". Postronni jednak mieli zupełnie inne zdanie. Agent Hohenzollernów, Stanisław Bojanowski, wieszczył: „W sumie nie ma nikogo, kto wierzyłby, że może ona żyć. A jednak dotąd nie przestaje różować twarzy, aby nas łudzić aż do swojego ostatniego tchu". Szybko okazało się, że to on miał rację.

Wprawdzie jeden guz zniknął, a nawet zeszła opuchlizna z nóg, szybko jednak na brzuchu Barbary pojawiły się nowe zgrubienia. Guzy pękały, a wraz z wylewającą się z nich czerwonawą ropą powróciły także gorączka, torsje i nudności. Barbara była u kresu sił. Zdołała jeszcze poprosić męża o dwie przysługi: by przeniósł ją przed śmiercią do Niepołomic i by pochował jej ciało w Wilnie.

Nie chciała umierać wśród niechętnych spojrzeń i szeptów dworzan. Tym bardziej nie chciała spocząć w kraju, od którego mieszkańców nie mogła liczyć nawet na dobre słowo. Polska kojarzyła jej się tylko z bólem i poniżeniem.

Zygmunt August natychmiast podjął przygotowania do ostatniego wyjazdu żony. Wykonano specjalną, potężną lektykę, w której mieściło się całe łoże królewskie. Aby przenieść w niej Barbarę poza obręb miasta, król planował nawet zburzyć mury bramy Floriańskiej. Luksusowy pojazd był zbyt wielki, aby w inny sposób opuścić Kraków. Do rozbiórki średniowiecznej bramy już jednak nie doszło.

„Twojej Miłości oznajmiamy, że wczoraj ropa, która z tego wrzodu, jak Twoja Miłość wiesz, stale płynęła, na koniec wszystkie Jej Miłości rozjątrzyła wnętrzności" – pisał Zygmunt August do Mikołaja Czarnego. Barbara zmarła 8 maja 1551 roku między godziną dwunastą a drugą po południu. W piękne wiosenne popołudnie.

Zygmunt August trwał przy łożu Barbary do samego końca. XIX-wieczny obraz Józefa Simmlera

CZARNA WDOWA

UPADEK STAREJ KRÓLOWEJ

Pogrążona w półmroku sala biesiadna radomskiego zamku była niemal pusta. Blask rzucany przez palenisko padał tylko na dwie pochylone nad długim stołem sylwetki. Starsza kobieta miała włosy poprzetykane pasmami siwizny, twarz krągłą i pokrytą pajęczyną zmarszczek. W swoim prostym wdowim welonie przypominała raczej mniszkę niż wielką damę. Głęboko osadzonymi oczyma rzucała przed siebie zbolałe, zrezygnowane spojrzenia. Mężczyzna był w sile wieku i choć też nosił żałobę, to była to żałoba pełna majestatu. Drogocenna czarna szuba i odcinające się na jej tle złote łańcuchy tylko dodawały siły posępnemu, wyniosłemu wyrazowi jego twarzy. Patrzył przed siebie tak, jakby pragnął, by każde jego bez wyjątku spojrzenie było w stanie zabić.

Gdzieś w pomieszczeniu przebywała jeszcze karliczka starej królowej, ale przezornie ukryła się przed wzrokiem swojej pani, a tym bardziej – jej syna. Wszyscy inni dworzanie opuścili salę przed kilkoma minutami. Zostali bezceremonialnie wyproszeni przez gospodarza twierdzy, tak by ten mógł odbyć rozmowę ze swoim niechcianym gościem na osobności. Bona przygotowywała się do niej od długich tygodni. Liczyła, że osobista wymiana zdań wreszcie pozwoli zasypać przepaść, która dzieliła ją i Augusta. Albo przynajmniej – pomoże wytyczyć drogę prowadzącą do pojednania.

Z tropu zbił ją już sam widok syna. Założył na spotkanie z nią grube rękawice, wzbraniał się podać jej rękę lub osobiście przyjąć od niej jakikolwiek upominek. W liście do zaufanego Mikołaja Czarnego Radziwiłła napisze później, że nie chciał paść ofiarą zamachu. Bona, od lat oskarżana o trucicielstwo, nie musiała znać tego listu. Doskonale wiedziała, co Zygmunt August pragnie dać jej do zrozumienia swoim zachowaniem. Już parę miesięcy wcześniej oskarżył ją o zamordowanie obydwu swoich małżonek. Najwidoczniej teraz uwierzył, że matka czyha także na jego życie. Albo przynajmniej – chciał, żeby tak myślało całe jego otoczenie.

Mimo to Bona się nie poddawała. Była śmiertelnie zmęczona tym sporem. Nie uznawała wcale racji Augusta. Nie zgadzała się z jego decyzjami i nie wybaczyła mu tego, że zaprzepaścił los dynastii. Ale po prostu nie była już w stanie wykrzesać z siebie sił, by dalej walczyć. Łamiącym się głosem zaczęła mówić. Wygłosiła kurtuazyjne podziękowanie za to, że syn – pomimo wszystkich rodzinnych niesnasek – raczył bronić jej praw w Wielkim Księstwie Litewskim i opiekować się jej majątkiem. Zygmunt August prychnął tylko na to lekceważąco. Mikołajowi Czarnemu wyjaśni później, że przecież żadnych praw swojej matki nie bronił. Postępował wręcz odwrotnie, co zresztą teraz postanowił udowodnić w sposób niepozostawiający żadnych wątpliwości. Wręczył Bonie przygotowane zawczasu pismo, w którym litewscy możnowładcy spisali wszystkie swoje pretensje, oskarżenia i żądania pod adresem starej władczyni. August nie tylko ich nie odpierał. Sam szczuł magnatów na swoją matkę.

Królowa nie wczytywała się w pismo. Chwyciła je drżącą ręką i szybko schowała. Zupełnie jakby nie była w stanie przyjąć do wiadomości faktu, że syn odpowiedział na jej wyciągniętą do zgody dłoń otwartą zniewagą. Dyskusja trwała dalej, ale królowi wcale nie chodziło o wymianę zdań. Chciał poniżyć Bonę i pozbawić ją wszystkich złudzeń. Zbywał każdą propozycję. Wyśmiewał wszystkie prośby i projekty. Bagatelizował opinie. W sprawie wydania za mąż swoich młodszych sióstr ostro zaatakował matkę za to, że nie załatwiła problemu wcześniej. Gdy rozmowa zeszła na skomplikowaną sytuację księstwa Bari, strofował ją niczym niepojętną uczennicę. Posunął się nawet do pouczania Bony, jak należy prowadzić politykę zagraniczną i jak układać się z Habsburgami.

Najwięcej jednak August mówił o pieniądzach. Zarzucał Bonie skąpstwo, żądał zwiększenia posagów swoich sióstr z prywatnego majątku królowej. Wydawało się, że od starej matki nie pragnie już niczego poza dukatami. Nie trzeba było wiele czasu, by Bona zrozumiała, że ani to, ani żadne kolejne spotkanie nie pozwoli odwrócić biegu rzeczy. Był 19 stycznia 1552 roku i dla królowej stało się jasne – Zygmunt August jej nienawidził.

Bona w ostatnich latach życia
na rysunku Jana Matejki

Nie opuszczę cię aż do śmierci

To nie był dla Bony łatwy okres. W jednym momencie spadły na nią wszystkie te tragedie, których najbardziej się obawiała. A także te, których nigdy nawet nie była w stanie przewidzieć. Właściwie przez cały okres pobytu w Polsce z niepokojem oczekiwała śmierci męża. Sądziła jednak, że ta przyjdzie szybko. W 1528 roku, podczas pierwszej poważnej choroby władcy, otoczenie postawiło na Zygmuncie Starym krzyżyk już po kilku tygodniach niemocy. Sama Bona nie wyobrażała sobie, by jego śmiertelna choroba mogła trwać dłużej niż kilka miesięcy. Tymczasem konanie Zygmunta przeciągnęło się na całe lata.

Okresy słabości dopadały go regularnie od połowy lat trzydziestych XVI wieku. Cierpiał na zwyrodnienie stawów, któremu często towarzyszyła wysoka gorączka, oraz na zapalenie szpiku. Stopniowo też tracił słuch. Źródła podają, że w 1544 roku już niemal nie był w stanie chodzić. Wprawdzie w sierpniu 1545 roku zdołał jeszcze o własnych siłach wybrać się na polowanie w Niepołomicach, ale był to ostatni taki przypadek. Później króla widać wyłącznie w specjalnej lektyce, w której jest przenoszony z miejsca na miejsce. Audiencji coraz częściej udziela, leżąc w łożu. Lub też nie udziela ich wcale, cedując ten obowiązek na żonę lub na syna.

Są dni, kiedy zupełnie traci zmysły, ale też takie, gdy podejmuje złożone decyzje i próbuje znowu brać do ręki stery państwa. Nie jest już jednak w stanie pojąć zawiłości bieżącej polityki – tym bardziej, że przez słaby słuch ma problem nawet z poznaniem wszystkich faktów. W ten okres otumanienia wchodzi głęboko skonfliktowany z żoną. Wiadomo, że od początku lat czterdziestych para królewska wyraźnie unika swojego towarzystwa. Nawet podczas łowów Bona nocuje w osobnym dworze, oddalonym od tego zajmowanego przez Zygmunta. Jest tak zarówno, gdy wypoczywają w kompleksie myśliwskim w litewskich Rudnikach, jak i wtedy, gdy polują pod Piotrkowem. Anonimowy komentator pisze enigmatycznie, że przyczynom takiego stanu rzeczy „lepiej dać spokój".

Bona nie ma już okazji, by dojść z mężem do porozumienia. Z dostojnego nestora rodu Zygmunt Stary przemienia się w infantylnego starca. „Stary król już popadł w zdziecinnienie. Niewiele słyszy i niewiele mówi. Co mu się powie, to prawie tak, jakby się na wiatr mówiło" – komentuje Jan Tarnowski. Bona tymczasem, wciąż będąca w sile wieku, staje w obliczu wzięcia na siebie obowiązków opiekunki umierającego człowieka. Ten jeden raz uczucie przywiązania wygrywa w niej z instynktem politycznym. Całą niemal swoją uwagę skupia na zapewnieniu komfortu konającemu Zygmuntowi. Z Włoch próbuje sprowadzić dla niego pomarańcze, znane z leczniczych właściwości (wiadomo o tym, ponieważ transport został skonfiskowany przez Habsburgów). Uprzyjemnia mu czas własnym śpiewem i tańcem. Zdaniem Stanisława Górskiego próbuje w ten sposób przedłużyć życie starca. Temu samemu celowi służą też częste wyjazdy poza Kraków. Wprawdzie odcinają one Bonę od ośrodka działalności politycznej, ale Zygmuntowi zapewniają czyste powietrze i ciszę. Wreszcie w ostatnim okresie królowa bierze na siebie osobiście wszystkie obowiązki pielęgniarki. Sama myje i dogląda męża, wykonując nawet najbardziej odstręczające czynności, tak by nie przysparzać dumnemu Zygmuntowi wstydu przed służbą i dworem. Znosi przez długie miesiące każdy trud i to mimo że sama nie do końca rozumie motywy, które pchają ją do wszystkich tych poświęceń. Już po śmierci męża napisze w liście do córki Izabeli:

> Z miłości oraz z powinności dobrej i wiernej małżonki, tak jak dawniej pilnie i wiernie czuwaliśmy nad nim, tak i w starości w długiej i ciężkiej chorobie jego, do ostatniego dnia nie zaniedbaliśmy niczego, co cierpienia jego mogłoby zmniejszyć.

Tymczasem Zygmunt, w nielicznych okresach, gdy odzyskuje umysłową sprawność, koncentruje swoje wysiłki na tym, by wbić jej nóż w plecy. W sporach pomiędzy synem oraz żoną rozsądza za każdym razem na korzyść tego pierwszego. Być może wciąż zbyt wyraźnie pamięta ostatnie kłótnie z Boną. A może raczej ma świadomość, że nie jest już w stanie ogarnąć całokształtu wydarzeń, więc decyduje się na ruchy gwarantujące przetrwanie dynastii.

Jakkolwiek by nie było, Bona czuje się zdradzona. Jej dezorientacja i wściekłość są tym większe, że ciosy spadają na nią zupełnie niespodziewanie i pozbawiają ją tego jednego punktu oparcia, który dodawał jej sił od dwudziestu lat. Królowa zawsze wiedziała, że śmierć Zygmunta za jej życia jest nieunikniona. Podpierała się nadzieją, że jeśli tylko starzec zdoła dożyć takiego wieku, by jego syn był przynajmniej młodzieńcem, to zarówno pozycję Bony, jak i losy monarchii uda się uratować. Odliczała dni i miesiące. I nigdy nie pomyślała, że to właśnie przejęcie władzy przez Zygmunta Augusta będzie oznaczać kres jej wpływów.

Właściwie wszystkie jej posunięcia polityczne i gospodarcze potwierdzają, że aż do 1544 roku żyła w zupełnym zaprzeczeniu. Jej syn właśnie rozpoczął kampanię na rzecz swojej niezależności, ona tymczasem zachowywała się tak, jakby jej sytuacja nie była w żaden sposób zagrożona. Pozwoliła, by na Litwie powstały wakaty na niemal wszystkich kluczowych stanowiskach. W 1544 roku nie było w Wielkim Księstwie ani kanclerza, ani marszałka ziemskiego, ani hetmana. Brakowało też pięciu wojewodów, dwóch kasztelanów i szeregu urzędników dworskich. Bona zamierzała na bazie tych godności powoli budować swoje nowe stronnictwo. Obdarzeni nimi ludzie mieli stać się podporą jej władzy na resztę życia – kolejne dwadzieścia, a może i trzydzieści lat. Zanim jednak Bona obsadziła którykolwiek z wakatów, Zygmunt Stary niespodziewanie oddał Litwę we władanie Zygmunta Augusta. Królowa, osłabiona bardziej niż kiedykolwiek, straciła grunt pod nogami. Dalej wypadki potoczyły się już ekspresowo.

Żaden polski król przed nim nie żył równie długo.
Zygmunt Stary na portrecie wykonanym dwa lata przed śmiercią

Urażona do żywego Bona robiła, co w jej mocy, by dać synowi odczuć swoją niechęć. W ogóle nie brała pod uwagę partnerskiej dyskusji z Zygmuntem Augustem. Instynktownie widziała w świecie polityki tylko dwie skrajności. Czuła, że albo można mieć wszystko, albo nie mieć nic. I dowolne ustępstwo na rzecz syna uważała za początek własnego upadku.

W znacznie większym stopniu przemawiały przez nią emocje niż rozsądek męża stanu. Musiał stawać jej przed oczami obraz matki, uwięzionej i poniżonej, kiedy tylko została wdową. A także prababki, Bianki Marii, która za próby zachowania politycznych wpływów po włożeniu wdowiego stroju zapłaciła śmiercią z rąk trucicieli. Zarazem Bona zupełnie zapomniała o tym, dla kogo przez te wszystkie lata gromadziła swój majątek.

Jeśli istniała jakakolwiek szansa na szybkie zażegnanie sporu, Bona zaprzepaściła ją w 1545 roku, gdy Zygmunt August przybył do Krakowa po posag swojej pierwszej żony, Elżbiety Habsburżanki. Świadkowie zanotowali, że Bona przyjęła syna z kamienną twarzą i ogniem w oczach. Ich poufna rozmowa potoczyła się katastrofalnie. „Z matką raz tylko król młody w osobności i to krótko rozmawiał. Nie lubi go ona" – zanotował kanonik Stanisław Górski. Zygmunt August zamiast na zamku królewskim, postanowił zatrzymać się przy krakowskim Rynku. Wynajął kamienicę, a na miejskim placu kazał zbudować wielką kuchnię polową dla swojego dworu. Ustąpił dopiero na żądanie wściekłego ojca. Zygmunt Stary rozkazał swoim gwardzistom natychmiast przewrócić namiot kuchenny i wezwać Zygmunta Augusta na Wawel.

Niesmaczny incydent tylko zaostrzył relacje między matką a synem. August, wraz ze stojącym za nim potężnym przymierzem Radziwiłłów, Tarnowskich i Maciejowskich, bezpardonowo uderzył na Bonę. Pozbawił ją uprawnień sądowniczych na Litwie, zaczął przejmować i przymusowo odkupywać jej dobra ziemskie. Zabrał jej nawet Kowno – drugie najważniejsze miasto w Wielkim Księstwie. Wprawdzie planował kontynuować główne kierunki polityki matki, ale ją samą zamierzał trzymać jak najdalej od jakichkolwiek decyzji.

Na tym problemy Bony się nie kończyły. Zdawało się, że jeden kamyk pociągnął za sobą całą lawinę. Na jaw wyszła sprawa romansu i małżeństwa Augusta z Barbarą Radziwiłłówną. Jednocześnie Bona poczuła nóż na własnym gardle. W 1544 roku zamaskowany zamachowiec wtargnął nocą do jej dworku myśliwskiego pod Piotrkowem. Z obnażoną bronią szykował się do zadania śmiertelnego ciosu. Królowa uszła z życiem tylko na skutek kuriozalnego wypadku. Skrytobójca potknął się o śpiącego przy oknie karła, zbudził domowników i był zmuszony salwować się ucieczką.

Świadkowie donieśli później, że w chwili zamachu dwór został otoczony przez cały oddział zbrojnych. Nigdy nie ustalono, kto był ich mocodawcą, choć musiał być to człowiek o potężnych wpływach. W tym newralgicznym okresie Bona jak nigdy potrzebowała wsparcia otoczenia. Tymczasem sojusznicy, jeden po drugim, odwracali się od niej. Ci, którzy nie porzucili władczyni podczas rokoszu lwowskiego, odchodzili teraz. Wiedzieli, że to ostatni moment, by opowiedzieć się po stronie człowieka, który lada dzień przejmie władzę. Bonie zostali głównie członkowie jej triumwiratu – ale i to miało się wkrótce zmienić. Piotr Gamrat umarł w 1545 roku. Piotr Kmita będzie jeszcze przez jakiś czas deklarować wierność, ale z coraz mniejszym przekonaniem.

Pośród wszystkich tych ciosów wreszcie przyszedł ostateczny. 3 marca 1548 roku konającego Zygmunta Starego przewieziono na saniach do Krakowa. Kolejne tygodnie spędził w łożu, w malignie. Wokół szalała polityczna burza, a litewskie stronnictwo Zygmunta Augusta posądzało Bonę o najgorsze spiski i zbrodnie. Nawet o nieudany zamach na życie Barbary Radziwiłłówny. Głośnym echem odbijały się także oskarżenia o zamordowanie Elżbiety Habsburżanki. W Niemczech i na dworze w Wiedniu przyjmowano wręcz za pewnik, że to Bona wysłała konkurentkę na tamten świat. Stara królowa nie miała sił ani czasu, by odpierać zarzuty. Każdą wolną chwilę spędzała teraz przy łożu męża. Bojąc się o przyszłość kraju, pozwoliła sobie tylko na jedno polityczne posunięcie. Wysłała w imieniu męża listy wzywające litewskich senatorów do walki z małżeństwem Zygmunta

Augusta. Na tym poprzestała, choć młody król odczytał rzecz zupełnie inaczej. Już zawsze będzie mu się wydawało, że bezduszna matka wolała oddać się intrygom, niż należycie pożegnać Zygmunta Starego.

29 marca półprzytomny król zapytał swojego lekarza Jana Solfę: „Doktorze! Patrzaj pulsa. Pojedziemy rychło do Boga?". Medyk próbował go uspokajać, ale dla wszystkich było już jasne, że agonia wchodzi w ostatnią fazę. Kolejne dni król spędzał na modlitwach. Tak też upłynęła cała noc z 31 marca na 1 kwietnia. Wreszcie około godziny wpół do dziewiątej rano w Wielkanoc Zygmunt umarł. Nie było przy nim syna. Do ostatnich chwil towarzyszyła mu natomiast Bona.

Świadkowie zgodnie twierdzili, że dla starej królowej był to olbrzymi cios. Kobieta, po której spodziewano się chłodnego cynizmu, zareagowała histerycznym szlochem. Na długie dni zaszyła się w swoich wawelskich komnatach. Okna kazała zasłonić, ściany obić czarnym kirem. Pogrążyła się ponoć w nietypowym dla siebie, ciężkim letargu. Sił starczało jej tylko na jedno. Jak w każdym dramatycznym momencie swego życia – pisała listy. I to na potęgę. „Już on wolny jest od wszystkich trosk tego życia. Nas tymczasem ciężkie czekają przygody, bo cóż nam pozostało? Płacz, smutek i osierocenie" – stwierdziła w wiadomości dla swojej najstarszej córki Izabeli. Zarówno ten list, jak też inne przepojone są strachem, poczuciem straty i niepewności. A także – niezwykłą fiksacją na punkcie nowego króla.

Do urażonej dumy i gniewu na syna doszedł teraz zupełnie nowy czynnik. Bona zaczęła oficjalnie twierdzić, że Zygmunt August doprowadził swoim nieodpowiedzialnym, haniebnym zachowaniem do śmierci jej męża. Nie był to żaden fortel polityczny. W tym konkretnym momencie Bona szczerze wierzyła w winę swojego syna.

Nie chodziło jej nawet o to, co dokładnie uczynił. Śmierć Zygmunta Starego i tak była nieunikniona. Stres co najwyżej przyspieszył ją o parę tygodni. Prawdziwe źródło wściekłości Bony kryło się gdzie indziej. Zygmunt August ostatecznie zawiódł wszystkie jej matczyne nadzieje. Przez lata snuła wobec niego wielkie plany i pomimo konfliktów i kłótni wciąż chyba wierzyła, że zdoła on stać się wyśnionym przez nią idealnym władcą. Światłym, otoczonym szacunkiem i gotowym przejąć odpowiedzialność za dynastię. Teraz dla Bony było już jasne, że nic takiego nie nastąpi.

Czuła, że całe dzieło jej życia zostało zaprzepaszczone. I zapałała żądzą zemsty.

Taka piękna katastrofa

Podobno w Polsce od ślubów piękniejsze są tylko pogrzeby. Taka opinia panowała już za życia Zygmunta Starego, ale dopiero jego pochówek miał na dobre ją ugruntować. Wszyscy mieli świadomość, że to nie była zwyczajna śmierć. Wraz ze zgonem Zygmunta w dniu 1 kwietnia 1548 roku odchodziła cała epoka. Niewielu jego poddanych pamiętało życie pod władzą innego króla. Jagiellończyk wstąpił na tron czterdzieści jeden lat wcześniej, w 1507 roku. Nawet dostojnicy stojący na szczycie hierarchii państwowej byli wtedy co najwyżej młodzieńcami. Samuel Maciejowski miał siedem lat. Mikołaj Dzierzgowski siedemnaście. Mikołaja Radziwiłła Czarnego nie było nawet na świecie. Władzę innego króla trudno było sobie wręcz wyobrazić.

Nic dziwnego, że nie tylko rodzina króla i jego najbliższe otoczenie, ale też wszystkie konkurujące frakcje polityczne oraz cały aparat władzy w jednej sprawie byli zgodni. Zygmuntowi należało sprawić pogrzeb, jakiego świat nie widział. Przygotowania trwały przez trzy miesiące. Wszystko zaplanowano w najdrobniejszych szczegółach. I wtedy nastąpiła katastrofa.

Marcin Bielski zapisał w swojej kronice, że w przededniu pogrzebu: „Zapaliło się na ulicy pod zamkiem, gdzie kościółek świętego Idziego zgorzał. Wielkie niebezpieczeństwo zamkowi i ciału umarłego króla to przyniosło". Głęboko szanujący Jagiellona Bielski wzbraniał się przed podaniem dalszych szczegółów. Napisał tylko, że „ugaszono ten ogień". Podobnych skrupułów nie mieli anonimowi świadkowie wydarzeń. Według jednego z zachowanych listów pożar prawie dosięgnął królewskiej sypialni. To właśnie tam złożono zabalsamowane zwłoki zmarłego niemal cztery miesiące wcześniej władcy. Sytuacja stała się tak groźna, że Zygmunt August sam rzucił się na ratunek doczesnym szczątkom ojca. Z pomocą kilku drabantów wyniósł ciało z komnaty i ukrył je w innej części zamku.

Podniósł się niesamowity rwetes, posypały się plotki. Władze zrobiły jednak wszystko, by uciszyć komentarze na temat fatum ciążącego nad rodziną panującą. Po kilku godzinach zwłoki powróciły na swoje miejsce, a pogrzeb mógł ruszyć według planu. Teraz jego rozmach nabrał dodatkowego znaczenia. Należało za wszelką cenę zatrzeć wspomnienia o incydencie.

Cały obrzęd został rozpisany na trzy dni. Był tak skomplikowany, że ceremoniał królewskich ślubów lub koronacji wydaje się przy nim niemalże prostacki. Trzy dni oznaczały zresztą wyłącznie wielki finał długiego cyklu obchodów. Wiele etapów ceremonii odbyło się jeszcze w kwietniu.

Zygmunt August, zajęty legalizacją związku z Barbarą Radziwiłłówną, zwlekał ze swoim przyjazdem z Litwy, jednak ciało władcy nie mogło czekać cały miesiąc na zabalsamowanie. Jego uroczyste obmycie i przygotowanie do pochówku odbyło się pod dyktando Bony.

Pośród żałobnych śpiewów biskup Samuel Maciejowski ubrał zwłoki w strój koronacyjny, jedwabne rękawiczki, buty z ostrogami i biskupią kapę. Włożył też zmarłemu Zygmuntowi koronę na głowę, a przy nim ułożył berło i jabłko królewskie oraz miecz. Ciało wystawiono następnie na widok publiczny na specjalnym pośmiertnym tronie. Był to odpowiednio stylizowany, przykryty złotogłowiem katafalk, skryty pod monarszym baldachimem. Po dwóch dniach modlitw i skomplikowanych obrzędów zwłoki złożono wreszcie do trumny. Zanim to jednak nastąpiło, prawdziwe insygnia zostały zamienione na drewniane odpowiedniki. Złota korona czy berło stanowiły przecież zbyt wielkie precjoza, żeby składać je do grobu po śmierci każdego władcy.

Na kolejne trzy miesiące trumna spoczęła w królewskiej sypialni, gdzie czuwały przy niej Bona i jej trzy młodsze córki. „My, z córkami naszymi, fraucymerem i panami senatorami odwiedzamy ciało codziennie" – stwierdziła królowa w jednym z listów do Izabeli Jagiellonki. Wreszcie 25 lipca rozpoczął się właściwy pogrzeb. O poranku na dziedzińcu Wawelu uformował się potężny orszak. Inaczej niż w przypadku zwykłych dworskich uroczystości nie zabrakło w nim miejsca dla mieszczan, a nawet dla biedaków. Pochód otwierali uczniowie krakowskich szkół i szeregowy kler. Dalej, z płonącymi świecami w dłoniach, szło dwustu nędzarzy ubranych w wykonane specjalnie na tę okazję czarne płaszcze z kapturami. Po nich następowali chorążowie w zbrojach, zupełnie tak, jakby ich rolą było nie tylko niesienie sztandarów, ale też pilnowanie, aby biedota nie zakłóciła uroczystości

---

Król spoczął we wspaniałej kaplicy Zygmuntowskiej.
Bona z pewnością przewidywała, że w przyszłości znajdzie się tam miejsce także dla niej. Na zdjęciu widać nagrobek Zygmunta Starego

jakimiś wybrykami. Kolejność jeźdźców została skrupulatnie rozpisana zgodnie z rangą poszczególnych prowincji i ziem, które reprezentowali. Dalej jeszcze przez setki metrów ciągnęła się procesja symboli.

Trzydzieści koni bez jeźdźców okrytych kapami; na każdej widniał inny herb przynależny królowi. Stu dwudziestu dworzan niosących trzydzieści mar okrytych złotogłowiem i przyozdobionych tymi samymi herbami. Rycerz odziany w zbroję Zygmunta I – tę samą, którą władca otrzymał ponad trzydzieści lat wcześniej od Habsburgów z okazji zjazdu wiedeńskiego. Za nim drugi rycerz wcielający się w króla i ubrany w jego czarny płaszcz, a obok chłopiec niosący tarczę i proporzec władcy. Wreszcie setki urzędników, senatorów, zagranicznych posłów. Wśród nich kilku wybrańców niosących insygnia królewskie w takiej samej kolejności jak podczas koronacji.

Dopiero po nich wszystkich niesiono trumnę z ciałem monarchy okrytą purpurową materią. Otaczało ją stu dworzan ubranych w czarne kapy z kapturami. W ślad za trumną szli, jedno za drugim – Zygmunt August i Bona Sforza. Za nimi postępowała rada miejska w komplecie, a wreszcie ci, którym nie przypisano żadnej roli w ceremonii: lud krakowski.

Tłumy były olbrzymie i ledwo mieściły się na Wzgórzu Wawelskim. Odetchnąć dało się dopiero w murach katedry. Tutaj weszli tylko wybrańcy. Jakby biorąc pod uwagę konflikt w rodzinie panującej, wyraźnie oddzielono od siebie starą królową i nowego króla. Stanęli po przeciwnych stronach kościoła. Bona była niemym świadkiem obrzędu, natomiast jej syn miał tego dnia odegrać kluczową rolę. Osobiście, przy wsparciu senatorów, opuścił na sznurach trumnę ojca do umieszczonej pod posadzką krypty. Wierzono, że poprzez ten fizyczny akt przejmował od Zygmunta Starego pierwiastek władzy.

Identyczna procesja uformowała się także nazajutrz, tym razem przechodząc przez całe miasto, wstępując do wszystkich kościołów na swej drodze i okrążając Rynek. Zamiast królewskiej trumny na marach niesiono insygnia władzy. Do orszaku dołączyło też czterech kasztelanów niosących misy wypełnione pieniędzmi i stanowiące obowiązkową zapłatę dla władz kościelnych za pochowanie dostojnego zmarłego.

Spektakl trwał długie godziny. W każdym kościele insygnia były składane na specjalnie przygotowanym tronie, a kolejni biskupi odprawiali msze w intencji Zygmunta Starego. Według relacji jednego ze świadków, na Rynku krakowskim samych członków cechów zebrało się ponad dwa tysiące. To wciąż nie był jednak koniec. Trzeciego dnia procesja sformowała się raz jeszcze. W katedrze wawelskiej miał nastąpić uroczysty finał obrzędu – symboliczne przekazanie władzy przez umarłego króla jego następcy. Zygmunt Stary nie mógł uczynić tego osobiście, dlatego do wnętrza katedry wjechał w jego imieniu rycerz ubrany w królewską zbroję. Pomiędzy katafalkiem a ołtarzem zwalił się z łoskotem na ziemię i zakrzyknął: „Boże, bądź miłościw duszy mego pana!". W polskich warunkach okrzyk ten oznaczał tyle samo co francuska formuła: „Umarł król, niech żyje król!".

Dzięki zabiegom Bony sprzed dwóch dekad król rzeczywiście żył i był już nawet koronowany. Bez dalszej zwłoki mógł przystąpić do zabawy. Kiedy tylko dopełnił wszystkich obowiązkowych obrzędów i wręczył urzędnikom nowe symbole ich władzy, wydał na Wawelu wielką ucztę.

Nie wiadomo, czy Bona wzięła w niej udział. Być może już tego samego dnia zarządziła wyjazd z Krakowa. Nie zamierzała spędzać w towarzystwie zdradzieckiego syna ani chwili dłużej – przynajmniej do czasu, aż wyjdzie z konfliktu z nim obronną ręką. W tym czasie wciąż uparcie wierzyła, że tak właśnie się stanie.

Wielka licytacja

Królowa jechała na Mazowsze. Kierunek nie był w żadnym razie przypadkowy. W na wpół dzikich zakolach Wisły czekało na nią jej własne, niezależne od zakusów syna państewko. Kiedy w 1544 roku Zygmunt Stary podjął decyzję o przekazaniu władzy na Litwie Augustowi, dla Bony było oczywiste, że została bezprzykładnie skrzywdzona. Stary król był innego zdania. Starał się, jak zawsze, rozstrzygnąć spór w salomonowy sposób. Wprawdzie odebrał żonie kontrolę nad Wielkim Księstwem Litewskim, ale jednocześnie podjął decyzję o zamianie jej dóbr oprawnych – czyli tych, w których posiadanie miała wejść z chwilą jego śmierci. Dotąd oprawa Bony była rozrzucona po całym kraju. Teraz król przekazał żonie zwarte i oddzielone od reszty państwa terytorium Mazowsza. Łącznie trzydzieści pięć miast, dwieście pięćdziesiąt trzy wsie, dziewięćdziesiąt osiem folwarków i dwieście trzydzieści młynów. Wartość tego zapisu nie mogła wprawdzie zrekompensować wszystkich strat, które stara królowa poniosła na Litwie, ale z drugiej strony przewyższała przynajmniej dwukrotnie zakres dotychczasowej oprawy. Przede wszystkim zaś – tworzyła iluzję niezależności.

Na mocy decyzji męża w granicach Mazowsza Bona wciąż była prawdziwą władczynią. To ona rozstrzygała o mianowaniu urzędników, dzierżyła władzę sądowniczą i legislacyjną. Wprawdzie pod jej berłem zamiast gigantycznego imperium Jagiellonów znajdowały się teraz wyłącznie dwie setki wsi, ale zaślepiona gniewem Bona i tak wierzyła, że dysponuje siłami wystarczającymi, by wytoczyć synowi walną bitwę.

Na Mazowsze pędziła na złamanie karku. Zdaniem niektórych, opuściła Kraków w takim pośpiechu, ponieważ chciała jak najszybciej zabezpieczyć swoje nowe dobra. „Wyjechała przez chciwość na oprawę swoją" – stwierdził habsburski agent. Zdaniem innych wzdrygała się przed spędzeniem na zamku wawelskim choćby jednego dnia w towarzystwie Barbary Radziwiłłówny. Ten argument znalazł wyraz w słowach podróżujących z nią córek. Królewny, niewątpliwie pod wpływem matki, stwierdziły, że wolą już nawet usługiwać w szpitalu, niż mieszkać pod jednym dachem z „panią Barbarą".

Prawdziwy powód pośpiechu Bony był jednak inny. Gotowała się do zajęcia pozycji przed walką. I kiedy tylko Zygmunt August sprowadził swoją żonę do Polski – przystąpiła do ataku.

W pierwszych miesiącach jeszcze się hamowała. Z jej działań jasno można wyczytać, że w tym najbardziej newralgicznym okresie wcale nie dążyła do odebrania swojemu synowi władzy. Nie próbowała prowokować rozruchów ani podważać monarszych uprawnień ostatniego Jagiellona. Na jej celowniku znalazł się nie tyle sam August, co jego małżeństwo i małżonka. „Mamy nadzieję w Panu Bogu, iż tych, którzy tę rzecz doradzając, syna naszego przywiedli do tego, Pan Bóg pokara, a tej rzeczy niedługo trwać dopuścić będzie raczył" – pisała w jednym ze swoich listów na temat związku syna z Barbarą Radziwiłłówną.

Gorycz narastała jednak w Bonie z tygodnia na tydzień. Słyszała o wszystkich kierowanych pod jej adresem zarzutach i insynuacjach. Teraz już nie tylko paszkwilanci, ale też własny syn miał ją za zdradziecką włoską żmiję. Dopuszczał się nawet jawnych zniewag. Kazał na przykład pojmać i uwięzić znachorkę matki, by w ten sposób rzucić na starą królową zarzut parania się czarną magią. Tego Bona nie potrafiła znieść. Nie była też chyba w stanie pogodzić się z tym, jak łatwo Zygmunt August poradził sobie na sejmie piotrkowskim w 1548 roku. Wbrew własnym zawiedzionym nadziejom względem syna liczyła, że teraz niedoświadczony młokos przegra i z podkulonym ogonem przyjdzie błagać ją o pomoc. On tymczasem zniósł falę sejmowych ataków i pomimo braku akceptacji swojej władzy przez naród szlachecki jak gdyby nigdy nic zaczął sprawować sądy i wydawać monarsze dyspozycje. Zdołał przetrwać największą burzę i na każdym kroku odpowiedzialnością za nią obciążał Bonę.

Jakby tego było mało, przejmował na własny użytek wszystkie wyćwiczone fortele polityczne matki. Zagarnął nawet jej życiową dewizę: „Kto nie umie udawać, przyznaje, że nie potrafi rządzić". Był niczym ona sama, tyle że młody, butny, bezczelny i nieodpowiedzialny. A przy tym – bezwzględny. Był gotów wziąć od matki wszystko, ale ją samą zamierzał wycisnąć niczym pomarańczę i wyrzucić. Wszystko to tylko zdopingowało starą królową do wywołania kolejnej zawieruchy.

Stała się nieobliczalna. Wsparcia zaczęła szukać u swoich najgorszych wrogów. „Dziwną przyjaźń chowa teraz dla Księcia Pruskiego, którego dawniej nienawidziła gorzej jak psa czy węża" – pisał o jej relacjach z Albrechtem Hohenzollernem agent habsburski Jan Lang. W atakach gniewu zaczęła nawet przebąkiwać o konieczności zastąpienia Zygmunta Augusta bardziej odpowiednim władcą. „Z pewnością nie byłoby to źle, gdyby mój syn umarł bezpotomnie. I ja się tego mocno obawiam, gdyż owa kobieta nigdy nie będzie miała potomstwa" – stwierdziła w rozmowie z będącym na usługach Hohenzollernów Stanisławem Bojanowskim. „Tą kobietą" nazywała rzecz jasna Barbarę Radziwiłłównę. Dalej, zapamiętała w gniewie, zapewniła, że jest w razie czego gotowa poprzeć habsburską kandydaturę na polski tron. „Byłoby to dobrze. I czy nie byłoby lepiej, abyście mieli króla z tak wielkiego rodu?" – pytała znacząco.

W 1549 roku wyścig zbrojeń trwał już w najlepsze. Bona nie ograniczała się do swojej klaustrofobicznej mazowieckiej dzielnicy. Przekupstwem i obietnicami starała się werbować sojuszników w całym kraju. Cel był jasny – uniemożliwić koronację Barbary Radziwiłłówny. Zygmunt August postępował dokładnie tak samo. Sam przyznał w liście do Mikołaja Radziwiłła Rudego, że wzorce czerpie od Bony. „Pieniądze, w których jedynie pokłada zaufanie matka nasza, wiele mogą" – pisał. Był też nie mniej wyrachowany od starej Sforzówny. Wysyłał do niej kurtuazyjne listy, jak gdyby nigdy nic dopytywał o zdrowie, a „niepokojącego" się o sytuację w rodzinie Jagiellonów Albrechta Hohenzollerna zapewniał, że rzekomy konflikt jest wymysłem plotkarzy.

Do decydującej rozgrywki doszło podczas sejmu w 1550 roku, na którym miała powrócić sprawa wyniesienia Barbary na tron. Bona nie brała w nim bezpośrednio udziału. Obrady odbywały się tradycyjnie w Piotrkowie, ona natomiast zatrzymała się w położonym nieopodal Gomolinie. Przebywała tam przez dwa miesiące. I z każdym dniem rosła w niej złość. Kiedy zaś cały gniew się wypalił, zastąpiła go rozpacz, a wreszcie – bezsilność.

Bona zrobiła wszystko, by osiągnąć swoje cele. Próbowała nawet wywalczyć w kurii rzymskiej unieważnienie synowskiego małżeństwa, nie po raz pierwszy odwołując się do swoich włoskich koligacji. Roztrwoniła ogromną część prywatnego majątku, byle utrzymać się w grze. Prawda była jednak taka, że przegrała już z chwilą śmierci męża. Później tylko żyła mrzonkami. W polskim systemie politycznym wyłącznie wariat wybrałby jednorazową darowiznę zamiast dożywotniego urzędu lub nadawanego bezterminowo majątku ziemskiego. Może i królowie Rzeczpospolitej zawsze byli bankrutami, ale na wiernej służbie u nich można było zbijać prawdziwe fortuny. A Zygmunt August właśnie był w nastroju do nagradzania każdego, kto zgadzał się porzucić jego matkę.

Bona szybko się o tym przekonała. Właśnie w okresie sejmu odwrócili się od niej ostatni sojusznicy. Nawet ci, których przed zaledwie paroma miesiącami obsypywała złotem. Zygmunt August przekupił wszystkich – w tym najbliższego starej królowej Piotra Kmitę. W 1548 roku to on doprowadził do realnego zerwania sejmu. Teraz, dla odmiany, „wszelkim sposobem królowi się lizał i jemu nadskakiwał". W zamian za poparcie Zygmunta Augusta otrzymał lukratywny kompleks dóbr przemyskich oraz wiele ziem pod Krakowem.

Król na tym nie poprzestał. Rozprawiwszy się z Polakami, rozbił całe stronnictwo Bony na Litwie, a wreszcie – przystąpił do pozbawiania jej wpływów na Mazowszu. Na celownik wziął dwóch ludzi stanowiących podporę rządów królowej w jej nowych dobrach: Jana Dzierzgowskiego oraz Szczęsnego Srzeńskiego. Pierwszy z nich był wojewodą mazowieckim i viceregensem, a więc faktycznym zastępcą władcy w dzielnicy. Drugi – wojewodą i starostą płockim. Obaj całą swoją karierę i wszystkie sukcesy zawdzięczali Bonie. Łączyły ich też z królową relacje osobiste. O rodzonej siostrze Dzierzgowskiego pisano nawet: „Bezwstydna ta kobieta w największej poufałości żyje z królową, wielce jest od niej kochaną. Kazała królowa odmalować jej portret. Ustawicznie wpatruje się w niego z największą rozkoszą".

REGINA BONA.

Pieniądze wygrały jednak z poczuciem lojalności. Dzierzgowski otrzymał od władcy miasto Janów pod Lublinem, wielkie połacie lasów oraz zwolnienie z wszelkich podatków w Warszawie. Co więcej, jego syn został mianowany podkomorzym ciechanowskim. W jeszcze większym stopniu obłowił się Szreński. Dostał wieś Czermno w Gostyńskiem, trzyletnie dochody skarbowe z Gdańska, szereg lasów i pastwisk w ziemi wiskiej, dodatkowe uposażenie w Malborku oraz zezwolenie na wykupienie wójtostwa w Łomży.

Podobny schemat powtarzał się także gdzie indziej. W efekcie król nawet nie musiał poruszać na sejmie sprawy koronacji swojej żony – wszyscy i tak się na nią zgadzali. Nie był to jednak jedyny efekt wielkiej licytacji pomiędzy matką i synem. Drugim było realne bankructwo polskiego króla.

Budżet władcy nadszarpnął już wspaniały pogrzeb Zygmunta Starego oraz wszystkie wydatki związane z zapewnieniem właściwego rozmachu dworowi Barbary Radziwiłłówny. Teraz do reszty wydrenowała go hojna ręka króla. Jan Lang pisał na ten temat do Ferdynanda Habsburga:

> Podziwu godne, jakim kosztem i z jaką wspaniałością król utrzymuje królową, a to pomnaża jeszcze zawiść ludzką do niej. Powiadają, że w porównaniu z tą, nasza świętej pamięci królowa Elżbieta nie lepsze miała utrzymanie od służącej.
>
> Król utrzymuje prócz tego dwór bardzo liczny i już wszystkie pieniądze przez ojca zostawione rozeszły się nie wiadomo na jakie potrzeby.

Lang tak naprawdę wiedział jednak, jakie to potrzeby stały za problemami finansowymi Jagiellona. W tym samym liście wspomniał, że „niektórych ludzi chce król do siebie przygarnąć hojnymi datkami". Szpieg zwrócił

Bona Sforza na dziewiętnastowiecznej kopii nieznanego portretu. O ile Barbara Radziwiłłówna wraz z kolejnymi stuleciami stawała się w wyobraźni malarzy coraz piękniejsza, o tyle Bona tylko brzydła

też uwagę na to, że Polacy „zastawiają już dobra stołu królewskiego". Czyli posiadłości stanowiące podstawę utrzymania monarchii.

Katastrofie przyglądała się także Bona, poznając chyba wreszcie skutki swojego gniewu. W ostatnim porywie złości wyrzuciła jeszcze Augustowi podczas jego wizyty w Gomolinie, że roztrwonił wszystko to, co ona ze swoim mężem zbierała przez lata. Król odgryzł się:

> Wasza miłość, nie mając względu na miłość macierzyńską, w fakcje przeciwko nam się wdała. Z konieczności czyniliśmy takie utraty i darowizny. I Wasza Miłość też na rzecz tych fakcji, które później Waszą Miłość porzuciły, niepotrzebnie wiele utraciła.

Zanim sejm dobiegł końca, pokonana Bona opuściła Gomolin i wróciła na Mazowsze. Nie czuła już nawet bezsilności, ale zupełną rezygnację. Obserwowała dalszy rozwój wypadków, jednak te, zamiast dodawać nowych sił do walki, budziły w niej wyłącznie wyrzuty sumienia. Pozbywszy się gniewu, Bona poczęła szukać płaszczyzny porozumienia z synem. O zgodę starała się tym bardziej, że z dnia na dzień coraz mniej znaczący zdawał jej się cały spór o Barbarę. Młoda królowa była nieuleczalnie chora i nawet Bona wreszcie zrozumiała, że jej koronacja to wyłącznie ostatni prezent zakochanego bez pamięci męża dla umierającej towarzyszki życia. Polityka nie miała tutaj nic do rzeczy.

Matka walczyła jeszcze z samą sobą przez kilka tygodni, aż wreszcie przemogła się i wysłała do Krakowa zaufanego mnicha z propozycją zawarcia ugody. Czuła, że to jedyna okazja, by wszystko wróciło do normy. Barbara nie mogła już jej zaszkodzić, a dwaj najpotężniejsi wrogowie królowej matki właśnie opuścili obóz Zygmunta Augusta. Samuel Maciejowski umarł w 1550 roku, zaś Jan Tarnowski bezpowrotnie skonfliktował się z monarchą.

Bona nigdy nie była równie spolegliwa co teraz. Zygmunt August nie był jednak w nastroju do pertraktacji. Sforzówna nie przewidziała, że król wcale nie jest w tym momencie tak osamotniony, jak mogłoby się wydawać. Choroba Barbary w żaden sposób nie uszczupliła wpływów Mikołaja Czarnego. Wręcz przeciwnie – właśnie w tym czasie wyrastał on na najpotężniejszego człowieka na dworze. Niemalże wicekróla. A w interesie Radziwiłła w żadnym razie nie leżało zawarcie pokoju z Boną.

Zygmunt August, „niczego nie pomijając", przekazał mnichowi wysłanemu przez matkę pełną listę swoich żalów i pretensji. Jakikolwiek rozejm uzależnił od spełnienia przez nią poniżających warunków – zarówno finansowych, jak i osobistych. Oczywiście przewidywał, że Bona, poznawszy jego oczekiwania, sama ze złością zerwie rozmowy. Ona tymczasem bez słowa na wszystko wyraziła zgodę. Za drugim razem do Krakowa wysłała już nie anonimowego braciszka, ale swojego osobistego spowiednika, Franciszka Lismanina.

30 marca 1551 roku w sali tronowej na Wawelu rozegrał się z jego udziałem niezwykły spektakl. Król zasiadał na tronie, obok w specjalnie przyniesionym łożu leżała Barbara. Nie brakowało świadków, choć Lismanin nalegał, by uroczystość miała charakter kameralny. Zygmunt August wiedział jednak lepiej. Sprosił cały dwór, panów koronnych, największych zamkowych plotkarzy i zagranicznych agentów. Wszyscy mieli słuchać, jak Bona – przez pośrednika, ale jednak – kaja się przed synem.

Niespeszony spowiednik przystąpił do dzieła. Oświadczył po łacinie, że najjaśniejsza królowa matka, „gdy poznała, że taka jest wola Boga Wszechmogącego", swą synową „za własną córkę uznać i uczcić pragnie". Następnie wręczył Barbarze osobisty list od teściowej. Na koniec powinszował pobladłej, wychudzonej i niezdolnej do powstania z łóżka Radziwiłłównie zdrowia i złożył w imieniu Bony życzenia „długiej i szczęśliwej pomyślności". Zupełnie tak jakby stara królowa nic nie wiedziała o chorobie synowej.

Cała ta tragifarsa bardzo wiele kosztowała dumną Bonę. Może i królowa pozwoliła Lismaninowi na drobne złośliwości, ale ogółem jej intencje były tym razem szczere. Autentycznie dążyła do przerwania spirali nienawiści. Nie mogła jednak przewidzieć, że spektakl jeszcze więcej będzie kosztować Barbarę. Chora władczyni opuściła go z ulgą malującą się na twarzy, ale zarazem niesamowicie wycieńczona.

Wkrótce jej stan uległ radykalnemu pogorszeniu. Zmarła miesiąc po spotkaniu ze spowiednikiem Bony. Zygmunt August nie potrzebował wiele czasu, by połączyć jeden fakt z drugim. To matka musiała zabić mu żonę!

Zalążki szaleństwa

Radziwiłłowie byli wściekli. Mikołaj Rudy pisał w pełnym emocji liście do Zygmunta Augusta: „Przebóg proszę, nie dawaj na pośmiewisko ciała jej i domu naszego Radziwiłłowego nieprzyjaciołom naszym!". Rozchodziło się o miejsce pochówku dopiero co zmarłej Barbary. Rudy błagał, by król złożył jej ciało na Wawelu, pośród pomazańców Bożych, a nie w prowincjonalnym Wilnie. „Połóż je tamże, dla wiecznej jej pamięci, aby ludzie nie mówili, że ją wyrzucono z Korony precz, ponieważ nie była godna leżeć między tymi koronowanymi panami!" – upraszał. Władca był jednak nieugięty. Pośród ciężkiej żałoby po Barbarze zostało mu tylko jedno. Doprowadzenie historii ich przeklętego związku do takiego zakończenia, jakiego ona pragnęła. I nie miało znaczenia, co ludzie będą o tym mówić lub myśleć.

Przez dwa tygodnie tkwił przy trumnie niczym sparaliżowany. Cały ten czas zwłoki leżały w królewskich komnatach. Dopiero 25 maja władca zgodził się na przeniesienie ich do katedry. Wciąż jednak nie był w stanie myśleć ani o ceremoniale, ani o kosztach pogrzebu. Zaordynował, by na niczym nie oszczędzać.

Gdy tylko kondukt żałobny wkroczył w mury Wilna,
odezwały się dzwony wszystkich kościołów

Na ostatnią podróż kazał wręczyć zmarłej królowej najprawdziwsze insygnia. Złoconą, srebrną koronę, takie same berło i jabłko, łańcuch ze szczerego złota oraz trzy drogocenne pierścienie. Z marnymi replikami mógł zostać pochowany on sam albo jego ojciec. Ale nie jego ukochana Barbara. Gdy precjoza spoczęły już w obitej złotogłowiem trumnie, a ciało zostało przebrane w piękną suknię z czarnego atłasu, wszystko to na żądanie króla zalano wapnem wymieszanym z popiołem. Tylko taki zabieg pozwalał bezpiecznie przewieźć zwłoki królowej do odległego o tysiąc kilometrów Wilna. Zapewniał też na swój sposób nieśmiertelność Barbarze. Pod warstwą wapna jej szczątkom nie groził zupełny rozkład i odejście w zapomnienie. Gdy czterysta lat później po wielkiej powodzi zostaną przypadkiem odkryte przez wileńskich archeologów, pozwolą określić wzrost i budowę ciała królowej. Rzucą też światło na przyczynę jej śmierci.

Król opuścił Kraków 25 maja wraz z liczącym czterystu konnych konduktem żałobnym. Miasto żegnało niechcianą władczynię pośród bicia

dzwonów i żałosnego zawodzenia żałobników. Każdy członek procesji niósł zapaloną czarną świecę. Świadkami tego samego widowiska byli mieszkańcy każdej wsi i miasteczka na drodze między Małopolską i Wielkim Księstwem Litewskim. Jeśli tylko w danej miejscowości znajdował się kościół, król zsiadał z konia i pieszo wprowadzał kolebkę z ciałem królowej w granice osady. Członkowie orszaku ponownie zapalali świece, z oddali rozlegał się dźwięk dzwonów. Naprzeciw władcy wychodziła procesja miejscowej ludności, z proboszczem na czele. Dopiero po odprawieniu mszy żałobnej kondukt ruszał w dalszą drogę. Przez Proszowice, Wiślicę, Szydłów, Radom, Łuków i Brześć Litewski.

Powolna, przerywana niemal każdego dnia droga do Wilna zajęła cały miesiąc. I kosztowała prawdziwą fortunę. Tylko na wyżywienie orszaku wydano kwotę 9416 florenów. Podobno kolejne sześć tysięcy pochłonął zakup czarnych świec i żałobnych szat dla wszystkich uczestników konduktu. Setki i tysiące florenów szły na każdy z kolei postój królewskiej kawalkady. W samym Radomiu, gdzie król zatrzymał się na parę dni, koszty wyniosły 1941 florenów. Dla porównania wszystkie znane wydatki związane z pogrzebem Elżbiety Habsburżanki w 1545 roku składają się na sumę zaledwie ośmiuset osiemdziesięciu siedmiu florenów. Nawet nie dziesięcio-, ale kilkudziesięciokrotnie niższą niż w przypadku pochówku Barbary.

Wreszcie 22 czerwca kondukt wkroczył w mury Wilna. Trumnę Barbary wniesiono do katedry – zawczasu obitej czarną materią, podobnie jak sale zamku wielkoksiążęcego i nawy czterech innych kościołów. Uroczysty pogrzeb odbył się dwa dni później. Według miejscowej kroniki, król „pochował królową Barbarę z wielkim żalem i pompą królewską". Po nabożeństwie trumnę opuszczono do tej samej krypty, w której spoczywały już szczątki pierwszej żony Augusta, Elżbiety. Wraz z ciałem król złożył też dwie srebrne tabliczki. Na pierwszej, umieszczonej w środku trumny, zapisano: „Najjaśniejsza Księżna Pani Barbara z łaski Bożej królowa Polski, wielka księżna Litwy (...) przez śmierć przedwczesną wzięta, tu leży pochowana". Druga, przybita do trumny od zewnątrz, zawierała osobiste epitafium: „Odeszła przed czasem, lecz choćby staruszką była, powiedziałby August: odeszła przed czasem".

Nuncjusz papieski Giulio Ruggieri podsumował cały związek króla z magnatką w krótkich słowach: „Pojął Barbarę Radziwiłłównę z zacnego litewskiego rodu, której naprzód gorąco pragnął, potem szczerze ją kochał, a po śmierci niezmiernie żałował". To ostatnie nie ulega wątpliwości. Żałoba króla po Barbarze była głęboka i szczera – choć zarazem obrosła grubą warstwą mitów i nieporozumień. Przede wszystkim Zygmunt August wcale nie obnosił się ze swoim żalem przez wszystkie kolejne lata. Przywdziewał wprawdzie czarne szaty, nie były to jednak żadne wory pokutne. Po prostu hołdował ówczesnej modzie, w której szczególnie ceniono ciemne barwy. Zdaje się zresztą, że czerń król polubił mniej więcej w tym samym czasie, gdy przyjechał na Litwę i poznał bliżej Barbarę Radziwiłłównę. Tak mu zostało już do końca życia. Mitem jest też przemiana, jaka miała rzekomo zajść w Auguście podczas długiego przemarszu do Wilna za trumną ukochanej. Według Zbigniewa Kuchowicza, „po tym pogrzebie stał się innym człowiekiem". Wyrzekł się władczej pychy, zrozumiał znój zwykłego człowieka, pojął, że władca nie może karmić się tylko miłością i pożądaniem. Słowem – dorósł do bycia takim królem, jakiego oczekiwali poddani. Brzmi to pięknie, a fakty potwierdzają, że Zygmunt August w tym tragicznym okresie rzeczywiście się zmienił. Tyle tylko, że była to zmiana zupełnie innego rodzaju.

Z hulaki przeobraził się w mrukliwego samotnika. Posiłki zaczął jadać w pojedynkę, nie dopuszczając do obitych kirem sal nikogo poza służącymi. Na długie tygodnie zaszywał się w puszczach, by polować na grubego zwierza. Nawet pracy wolał oddawać się sam niż w towarzystwie doradców. Kiedy zaś już otrząsnął się z pierwszego szoku, zaczął na potęgę wydawać pieniądze, kolekcjonować dzieła sztuki i niepraktyczne drobiazgi oraz otaczać się szczelnych kordonem setek dworzan, mających być nie tyle jego towarzyszami, co wspaniałym tłem dla majestatu króla.

Najważniejsza zmiana nie była jednak widoczna na pierwszy rzut oka. Już od kilku lat Zygmunt August hodował w sobie patologiczną wręcz podejrzliwość. Wszędzie widział zaczątki spisków i twarze zdrajców. Teraz, wraz ze śmiercią Barbary, którą niemal każdego dnia przestrzegał przed zamachem ze strony Bony, do reszty pogrążył się w odmętach paranoi.

Morderca królowej

Z pozoru Zygmunt August lepiej niż ktokolwiek inny wiedział, że schorzenie Radziwiłłówny rozwijało się w sposób wykluczający zastosowanie jakiejkolwiek znanej trucizny. To była długotrwała, postępująca przez lata choroba. Wyjaśnienie śmierci ukochanej tragicznym zrządzeniem losu było jednak dla niego zbyt prozaiczne czy wręcz zbyt prostackie. Nie był w stanie przyjąć, że kobieta, którą darzył tak silnym uczuciem, mogła po prostu umrzeć – bez powodu i bez uzasadnienia. Wolał wmówić sobie, że za wszystkim stały machinacje Bony. Nawet jeśli tych w żaden sposób nie dało się udowodnić.

Jego opinia szybko stała się znana. Kiedy tylko Bona zaproponowała swoje wsparcie przy wyborze kolejnej królewskiej małżonki, Zygmunt August przez posłańca przekazał, dlaczego uważa matkę za ostatnią osobę, od której oczekuje mieszania się w jego życie osobiste. Wyjaśnił, że miał już dwie żony, które przedwcześnie zmarły. I w obydwu tych zgonach dopatrywał się wrogiego działania. „Są ci, którzy do tego przyczynę dali, iż obie przed swym czasem z tego świata zeszły. Przeto oglądając się na to, aby i trzecia nie skończyła podobnie, nie chcemy więcej innym tego życzyć, co się za przyczyną niektórych tym dwóm naszym małżonkom stało" – tłumaczył.

Oskarżenie zostało skrzętnie zawoalowane, jednak August każdym słowem i gestem dawał do zrozumienia, że obawia się zamachu ze strony matki. W jednym z listów do Radziwiłłów przedstawił nawet dokładny scenariusz możliwego zamachu: „Do Gomolina [na spotkanie z Boną] wziąłem rękawice, na wypadek gdyby Jej Miłość nam jakiś pierścień dała. Tak, żebyśmy w rękawicy go od niej wzięli". Chodziło rzecz jasna o to, że pierścień mógł być zatruty, a Bona mogła próbować zranić nim Augusta. Przecież jeśli zabiła mu dwie żony, to nikt nie był bezpieczny. Ani trzecia małżonka, ani nawet on sam.

Bona wiedziała o tych oskarżeniach, ale mimo to usilnie próbowała pogodzić się z Augustem. On raz po raz brutalnie odtrącał jej wyciągniętą do rozejmu dłoń. Unikał też jakichkolwiek spotkań z matką. Pierwszy raz po śmierci Barbary widział się z nią dopiero 19 stycznia 1552 roku w Radomiu. To, co miało być chwilą pojednania, przerodziło się w litanię pretensji pod adresem matki. Bona wciąż nie ustawała w staraniach, wystawiając się w efekcie na śmiech i złośliwe docinki syna.

Nazajutrz zajechała mu drogę na trakcie pod Kozienicami, tak jakby nie mogła pogodzić się z żałosnym przebiegiem długo planowanego spotkania. Może nawet przemogła się i planowała poruszyć ten jeden temat, który nie przeszedł jej przez gardło w Radomiu, a na który ewidentnie czekał August: sprawę Barbary. Nawet jeśli tak było, to do szczerej rozmowy nie doszło. W liście do Mikołaja Rudego król relacjonował, nie bez szyderstwa:

> Ona umyślnie podobno na to czekała, by się w drodze do boru z nami gdzieś spotkać. Tak też się spotkała. Jechała na niemieckim wozie, który jej w Warszawie zrobiono, wzorując się na kształcie wozu Kieżgajłowego, bo wóz Kieżgajłów z Niemiec przez Warszawę wieziono.
>
> Także gdyśmy się dzisiaj w borze spotkali, żadnej więcej między nami rozmowy nie było. Tyle tylko, że chwaliła ten niemiecki wóz. I małą bardzo chwilę postawszy, nie mając o czym rozmawiać jak tylko o tym wozie, zaraz się rozjechaliśmy.

Widać, że króla dużo bardziej od matki interesował jej powóz. Spotkanie opisał niczym zetknięcie się z jakimś nachalnym, pozbawionym ogłady poddanym, który nie potrafi w należyty sposób wystarać się o audiencję.

To rozmowa nawet nie tyle członków skłóconej rodziny, co dwójki zupełnie obcych sobie ludzi.

Tak samo miało być też przy okazji wszystkich kolejnych, siłą rzeczy coraz rzadszych spotkań. W maju 1552 roku w Płocku Zygmunt August już nawet nie próbował okazywać matce kurtuazji. Zatrzymał się w okolicy na ponad miesiąc, by wypoczywać w myśliwskim dworze, ale Bonie poświęcił wyłącznie jeden wieczór. W ogóle nie zainteresował go fakt, że w płockim zamku po raz pierwszy od parunastu lat rodzina Jagiellonów zebrała się w komplecie. Były wszystkie córki Bony, nawet przybyła z Węgier Izabela razem ze swoim synem Janem Zygmuntem. Król wolał polować.

Jeden z nielicznych portretów Bony wykonanych prawdopodobnie jeszcze za jej życia. W luźnym wdowim stroju wygląda na kobietę wyjątkowo grubą i nieatrakcyjną. Można przypuszczać, że malarz celowo starał się odjąć jej urody, by podkreślić, jak ciężkim ciosem stała się dla królowej śmierć męża

Podobną wzgardę okazał matce rok później w Grodnie. Maria Bogucka, jedna z biografek Bony, stwierdziła krótko, że spotkanie było „konwencjonalne i męczące dla obojga". Na pewno śmiertelnie zmęczonego bez przerwy odgrywał Zygmunt August. Wprawdzie spędzili w jednym zamku dwa dni, ale ilekroć siadali do rozmowy, król zaraz decydował, że musi udać się na spoczynek lub na wieczerzę. Rzecz jasna nawet nie dopuszczał do głowy myśli o zajęciu miejsca przy jednym stole z Boną. Kiedy on jadł, ona zostawała piętro niżej.

Relację z matką sprowadzał wyłącznie do strony materialnej. W liście do Radziwiłłów wysłanym po spotkaniu w Grodnie narzekał na skąpe dary od Bony. Wyliczał i opisywał każdy po kolei prezent, przeciwstawiając im osiem koni, które sam sprezentował starej królowej. To nie była nawet, jak chcą historycy, cyniczna, kupiecka postawa. Należałoby raczej powiedzieć o zachowaniu godnym rozwydrzonego dziecka, które nie dostało na gwiazdkę takiego prezentu, jakiego się spodziewało.

Dla Bony trwałość impasu stała się już w tym czasie oczywista. Nie próbowała proponować kolejnych spotkań, przestała wysyłać pojednawcze listy i płaszczyć się przed Zygmuntem Augustem. Miała dość tej farsy. I wiedziała, że czegokolwiek by nie zrobiła, on i tak nigdy nie wybaczy jej tego, co rzekomo uczyniła Barbarze.

Na swój sposób Zygmunt August, poprzez kierowanie oskarżeń pod adresem matki, okłamywał samego siebie. Tak samo zresztą jak po śmierci Elżbiety Habsburżanki. Prawda była taka, że jeśli ktokolwiek przyczynił się do śmierci Radziwiłłówny, to był to on sam. A nie Bona.

Po odkryciu szczątków Barbary badacze ostatecznie odrzucili najczęściej głoszoną przyczynę jej śmierci: syfilis. Tak zwaną chorobę francuską insynuowali Barbarze nawet właśni bracia. W wymienianych między sobą listach zastanawiali się, czy powinni wyjawić swoje podejrzenia królowi i jego lekarzom. W rzeczywistości Barbara nie mogła jednak cierpieć na „francę". W XVI wieku leczono to schorzenie w jeden sposób: poprzez podawanie rtęci. Kości matki Bony, Izabeli Aragońskiej, są wręcz przesiąknięte tym śmiercionośnym pierwiastkiem. W szczątkach Barbary badacze w ogóle na niego nie natrafili. Także opisy przebiegu choroby w żaden sposób nie pokrywają się z objawami syfilisu.

Z wieloletniej dyskusji pomiędzy historykami i lekarzami na temat przyczyn śmierci królowej wyłoniły się dwa stanowiska. Według jednego Radziwiłłówna cierpiała na chorobę nowotworową, najprawdopodobniej raka szyjki macicy. Według drugiego – na ciężki stan zapalny narządów rodnych.

Postawienie ostatecznej diagnozy prawdopodobnie nigdy nie będzie możliwe, ale każdą z odpowiedzi proponowanych przez specjalistów można powiązać z Zygmuntem Augustem. Wiadomo, że przed poznaniem Barbary młody król wykazywał się wyjątkową swobodą seksualną. Znana jest historia jego romansu z ponadtrzydziestoletnią dwórką Bony Dianą di Cordona. Podobno przed ślubem z Elżbietą odwiedzał ją niemal codziennie w kamienicy przy ulicy Floriańskiej w Krakowie. To właśnie Diana, lub któraś z wielu innych kochanek, miała zarazić króla chorobą weneryczną wywołującą bezpłodność. Nie musiał to być, jak twierdziło wielu publicystów, syfilis. Szczegółowej odpowiedzi co do charakteru schorzenia może udzielić tylko ponowna ekshumacja szczątków Zygmunta Augusta. Akurat jego grobowca na Wawelu nie otwierano od niemal stu lat. Niezależnie od rodzaju przypadłości jest prawdopodobne, że przyczyniła się ona do rozwoju stanów zapalnych u Barbary. Mogła być też czynnikiem sprzyjającym chorobie nowotworowej.

Chorobę mogła też wywołać u Barbary bezpłodność. Plotkarze donosili, że Radziwiłłówna za wszelką cenę starała się zajść w ciążę. Łatwo się domyślić, że próbowała nawet najbardziej radykalnych środków na pobudzenie płodności: naparów, maści, umieszczania w pochwie woreczków z ziołami i magicznymi specyfikami. Sposoby te łatwo mogły doprowadzić do zakażenia, a następnie rozwinąć się w znacznie cięższą chorobę.

Wreszcie to nie bezpłodność, ale ciąża mogła sprowadzić na Barbarę śmiertelne niebezpieczeństwo. Informacje o jej dolegliwościach zdrowotnych pojawiają się niedługo po pobycie w Dubinkach, a zarazem – po poronieniu, do którego doszło w 1547 roku. To traumatyczne doświadczenie, wobec ograniczeń nowożytnej wiedzy medycznej, także mogło prostą drogą doprowadzić do stanu zapalnego przymacicza.

Niezależnie od tego, jak ciężka była początkowo choroba Barbary i jak duże lub małe były szanse wyzdrowienia, nie dano jej komfortu psychicznego i minimum spokoju potrzebnego, by wrócić do zdrowia. W Dubinkach żyła na granicy załamania nerwowego. Kolejne lata wcale nie okazały się lżejsze. I w znacznie większym stopniu było to winą Zygmunta Augusta niż jego matki. Może i Bona wspierała opozycję przeciwko synowskiemu małżeństwu, ale to August jako jedyny mógł wesprzeć Barbarę w chwilach, gdy samotność i niepewność jutra stawały się niemożliwe do zniesienia. Zamiast tego ignorował jej rozterki i całymi tygodniami nie odpisywał na jej listy. Najwidoczniej wyszedł z założenia, że jeśli kobieta kocha, to poczeka. I że nic złego nie może z tego wyniknąć.

Własna grządka

Na Mazowszu stał się cud. Co do tego nikt nie miał wątpliwości. W ciągu kilku lat Bona zrobiła to samo, co na Litwie zajęło jej dwie dekady. Popchnęła prowincję w nową epokę. Na jej rozkaz powstawały drogi, młyny, studnie i wytwórnie tkanin. Królowa porządkowała też podległe jej majątki, lokowała nowe wsie (wiele do dzisiaj nosi nadane przez nią nazwy), tworzyła ogrody warzywne i kompleksy rolne. Doprowadziła nawet do przyjęcia na Mazowszu pierwszych nowoczesnych przepisów przeciwpożarowych. Zakładała również winnice, nie zważając na kapryśny klimat.

W dzielnicy pozbawionej silnej szlachty, gdzie była niemalże udzielną władczynią, czuła się jak ryba w wodzie. Mogła realizować najbardziej ambitne projekty. Teraz cały swój czas poświęcała na to, co zawsze sprawiało jej największą przyjemność: detale. Doglądała każdej z osobna budowy, osobiście mianowała i kontrolowała zarządców dóbr, czujnie zwiedzała piwnice zamków i magazyny, sprawdzając, czy realne zapasy zgadzają się z inwentarzami. Pilnowała, żeby wszystko było w idealnym porządku. Efekty nie dały na siebie długo czekać.

Według najbardziej biegłej w tym temacie Anny Sucheni-Grabowskiej, przed przyjazdem Bony na Mazowsze tutejsze majątki przynosiły królowi około piętnastu tysięcy florenów rocznego dochodu. Na skutek reform starej władczyni kwota ta w przeciągu paru lat urosła do niemal trzydziestu tysięcy florenów. Realny wzrost był nawet większy, bo druga liczba określa czysty zysk, już po odjęciu kosztów wszystkich inwestycji sfinansowanych przez Bonę.

Na tym sukcesy się nie kończyły. Królowa ewidentnie potrzebowała udowodnić coś samej sobie. Doskonale wiedziała, że ma głowę do pieniędzy. Problem zawsze leżał nie w zdobywaniu majątku, ale w zjednywaniu sobie ludzi. W Polsce i na Litwie wielkie reformy Bony nieodłącznie przysparzały królowej wrogów. Zupełnie jakby ciążyła nad nią jakaś klątwa.

Początkowo sytuacja na Mazowszu wydawała się podobna. Wprawdzie Bona już wcześniej występowała w obronie przywilejów miejscowej ludności, ale szlachta prowincji i tak podchodziła do niej z wyraźną rezerwą. Królową wciąż podejrzewano o przyczynienie się do śmierci ostatnich Piastów mazowieckich. Nie brakowało też nowych obaw. Czarnowidze wieszczyli, że jej polityka przyniesie korzyść tylko jej samej, a na miejscowych sprowadzi ruinę.

Wystarczyło jednak kilka lat, a Bona zjednała sobie cały szereg obrotnych, umiejętnych i ambitnych współpracowników. Kiedy tylko zdołała zwalczyć własną pychę, łatwo znalazła wspólny język z prostolinijnymi Mazurami. Nie byli to wprawdzie ludzie wpływowi (takich już nie była w stanie kreować), ale za to oddani królowej w sposób autentyczny. Nie poprzez przekupstwa i nieszczere prezenty, lecz przez wspólnotę interesów i poczucie szacunku dla jej dokonań. To dodało Bonie sił. Zaraz posypały się nowe inicjatywy. Królowa zarządziła generalny remont zamków w Łomży i Gostyninie. Pod Warszawą zleciła budowę zupełnie nowego pałacu – dzisiaj już nieistniejącego letniego dworu w Jazdowie. Głęboko wierzyła, że Warszawa czy Płock nie muszą wcale być drugorzędnymi ośrodkami i wiele uwagi poświęcała ich rozwojowi. Gdyby nie jej projekty, Warszawa nigdy nie stałaby się miastem z prawdziwego zdarzenia. I nie miałaby żadnych szans na zostanie polską stolicą. Dopiero Bona zapoczątkowała proces, na skutek którego ludność Warszawy wzrosła z kilku tysięcy osób na początku wieku do nawet dwudziestu tysięcy u jego schyłku.

Mówiąc krótko, Bona wcale nie zaszyła się na Mazowszu, by użalać się nad sobą i rozpamiętywać poniesioną klęskę. Prowadziła wciąż życie wyjątkowo aktywne i ruchliwe. Pomimo swojego wieku ustawicznie przenosiła się z miejsca na miejsce. Królową widywano nie tylko w każdym większym mieście jej domeny, ale też na częstych polowaniach.

Widok Warszawy z końca XVI w. Gdyby nie Bona i jej córka Anna mazowieckie miasto pewnie nigdy nie zostałoby polską stolicą

Ktoś postronny mógłby stwierdzić ze zdziwieniem: żyła pełnią życia! To nie była jednak prawda. Może i w pierwszych miesiącach pobytu na Mazowszu Bona czuła, że jest w swoim żywiole. Nie minęło jednak wiele czasu, a zaczęła się dusić w ciasnych granicach wdowiej oprawy. Jeszcze niedawno decydowała o losach ponad siedmiu milionów poddanych na terytorium rozciągającym się od Poznania po Witebsk i Kamieniec Podolski. Teraz została sprowadzona do roli administratorki dóbr. I choć uwielbiała dbać o każdy szczegół, to jednak nie uważała, że pilnowanie upraw kapusty właściwie wykorzystuje jej władcze talenty.

Inny człowiek postawiony na jej miejscu szukałby nowego ujścia dla swojej energii. Nie brakowało w Polsce magnatów, którzy zaspokajali osobiste ambicje, fundując kościoły, wspierając rozwój nauk i dotując artystów. Bona jednak nigdy nie była prawdziwie wszechstronnym człowiekiem renesansu. Przez całe życie zaprzątały ją tylko trzy zagadnienia: walka o władzę, o pieniądze i o porządek. Trudne doświadczenia młodości i wieczne poczucie, że brakuje jej zabezpieczenia na przyszłość, wytworzyły w niej niepowstrzymany instynkt gromadzenia. Wszystko inne spychała na dalszy plan.

Mecenasem była wyłącznie w takim stopniu, jakiego wymagały jej interesy polityczne. Wspierała tych twórców, którzy byli jednocześnie przydatnymi dworzanami. Podupadającą Akademią Krakowską interesowała się tylko po to, by pozyskać intratne katedry dla swoich współpracowników. Nauka nie była jej obca, natomiast uwagę poświęcała w dorosłym życiu tym dziedzinom, które miały zastosowanie praktyczne. Bujającego w obłokach Mikołaja Kopernika i jego obroty sfer niebieskich zupełnie zignorowała.

Podobnie podchodziła do wielkiego mecenatu artystycznego. Zamiast stawiać kościoły i pomniki, by unieśmiertelnić samą siebie, inwestowała tam, gdzie mogła wyciągnąć z tego bezpośrednią korzyść. Dla zjednania sobie Litwinów ufundowała nagrobek księcia Witolda. W katedrze na Wawelu w podobny sposób nagradzała po śmierci swoich najwierniejszych protegowanych. Z kolei za życia stawiała im okazałe pałace. Znawca czasów odrodzenia, Kazimierz Morawski, twierdził, że „nigdy zapewne w Polsce tyle nie nabudowano zamków, nigdy nie przyczyniono się w takiej mierze do ozdobności i warowności miast, jak wtedy, a wielka zasługa w tym Bony". Można by wręcz powiedzieć, że to nie Kazimierz Wielki, ale Bona zostawiała Polskę murowaną. Tyle tylko, że wszystkie inwestycje podejmowała albo dla własnej wygody, albo – w ściśle określonym, politycznym celu.

Równie metodyczne było jej nastawienie do wiary. W praktykach religijnych uczestniczyła tylko w takim stopniu, jakiego wymagał dworski ceremoniał. Kilka razy udawała się wprawdzie na pielgrzymki, ale raczej dla celów wizerunkowych niż modlitewnych. Kościół był dla niej przede wszystkim narzędziem sprawowania władzy i poszerzania swoich wpływów. Takie podejście bulwersowało wielu polskich poddanych Bony, jednak we Włoszech i Europie Zachodniej nie uchodziło za nic niezwykłego. I królowa nie zamierzała zmieniać go na stare lata. Jeszcze przed śmiercią męża wdała się w spór z płockim duchowieństwem. Tamtejsi księża zajęli się sprzedażą piwa, robiąc konkurencję mieszczanom. Bona nie dość, że zakazała podobnej działalności, to jeszcze zrugała winowajców: „Ten proceder nie odpowiada ich stanowi i duchownej kondycji!". Także później broniła mazowieckich chłopów przed wyzyskiem wikariuszy z płockiej katedry, którzy nielegalnie zawyżali wymiar dziesięciny.

Jak na władczynię przystało, Bona nie tylko oddawała się publicznym modlitwom, ale też wyposażała kościoły i fundowała kaplice. Robiła to jednak na swój własny sposób. Jak w każdej dziedzinie, tak i w tej nic nie działo się bez przyczyny. Kult świętego Franciszka wspierała z uwagi na swoje bliskie związki z zakonem franciszkanów. Bractwo włoskie przy jednym z krakowskich kościołów dotowała, by zwiększyć swoje wpływy wśród przebywających w polskiej stolicy rodaków. Nawet budowa kaplicy świętego Stanisława na zamku w Bari nie była przypadkowa – jako patron Królestwa Polskiego Stanisław miał podnosić prestiż Bony wśród apulijskich poddanych, którzy znali ją tylko jako księżną.

Prywatne zainteresowania Bony ciążyły raczej ku sprawom teologii niż obrządków religijnych. Sporo czytała o reformacji. Zachowywała otwarty umysł i tolerancję dla religijnych nowinek, choć nie wierzyła, że poparcie Lutra lub Kalwina mogłoby wzmocnić pozycję polskiej dynastii. Mimo to wywołała prawdziwy popłoch na dworze habsburskim. Jan Lang pisał w liście do Wiednia: „Powiadają, że królowa Bona, która dotychczas niewiele o rzeczy boskie dbała, zaczyna nakłaniać się do nowinek w religii. Dziwna zmiana w umyśle tej kobiety!".

W rzeczywistości reformatorskie zapędy Bony stanęły na tym, że bez protestów przyjęła konwersję własnego spowiednika na kalwinizm. Poza tym po prostu nie okazywała bigoterii. W ostatnich latach życia zdarzyło jej się natomiast wypowiadać opinie cokolwiek konserwatywne – szczególnie o roli kobiet w Kościele. W rozmowie z biskupem warmińskim Stanisławem Hozjuszem stwierdziła gniewnie: „Nawet kobiety, jak słyszę, już miewają kazania! O, gdyby żył mój mąż nieboszczyk, nauczyłabym je, co to znaczy kaznodziejstwo! Ja jestem królową chrześcijańską! Nigdy nie dałam się wciągnąć w te błazeństwa!". Zygmunt jednak dawno nie żył, a Bona wcale nie miała ochoty poświęcać swoich wdowich lat na zwalczanie „błazeństw".

Z możliwych aktywności na przymusowej emeryturze zostawała jej jeszcze jedna, najbardziej oczywista – zadbanie o przyszłość własnych dzieci.

Zła matka

Dla zagranicznych gości przybywających na Wawel za życia Zygmunta Starego możliwość ujrzenia na własne oczy rodziny rządzącej potężnym imperium polsko-litewskim była nie lada gratką. Nic dziwnego, że w relacjach z krakowskiego zamku więcej uwagi poświęcano dostojnym gospodarzom niż samemu pałacowi. Najwięcej wersów zajmowały opisy starego władcy i jego dumnej żony. Na podobne zainteresowanie mógł liczyć królewski syn i następca tronu. Prawdziwą furorę robiła też najstarsza córka Bony Izabela – oczywiście do czasu, aż wyjechała na Węgry. Na tym jednak koniec. Nikt nie zauważał, że Bona miała jeszcze trzy córki. Można odnieść wrażenie, że na ten fakt nie zwracała uwagi także sama królowa.

W pierwszych latach życia Zofia (ur. 1522), Anna (ur. 1523) i Katarzyna (ur. 1526) nie mogły liczyć nawet na krztynę zainteresowania ze strony matki. Młode Jagiellonki mieszkały we trójkę w jednym pokoju, nie miały własnego dworu, a opiekowało się nimi zaledwie paru służących. Wprawdzie odbierały wykształcenie, ale nie mogło się ono równać z edukacją Zygmunta Augusta czy Izabeli. Nic nie słychać o tym, by Bona z myślą o nich szukała dostojnych mamek, utalentowanych opiekunek czy wybitnych tutorów. Sprowadziła dla nich warcaby i szachy, ale to tyle. Bardziej angażowała się nawet w wychowanie dzieci swoich dwórek niż w zapewnienie dobrego startu w życie własnym latoroślom.

Z biegiem lat oziębłość Bony stawała się jeszcze bardziej widoczna. Całą swoją uwagę koncentrowała na Izabeli i Zygmuncie Auguście. Na nich przelała wszystkie swoje macierzyńskie uczucia. Resztę dzieci traktowała tak, jakby były dla niej balastem. I przy pierwszej okazji wyrzuciła ten balast za burtę. W 1533 roku razem z mężem, synem i Izabelą wyjechała na Litwę, młodsze córki pozostawiając na opustoszałym Wawelu. Żyły tam odtąd niczym w ponurym więzieniu – pozbawione szansy na obserwowanie gwarnego życia dworu, a tym bardziej zgody na opuszczanie pałacowego wzgórza.

Matka nie spieszyła się z powrotem. Minęły całe trzy lata, a ona tylko raz, na parę tygodni, zawitała do Krakowa. Wcale nie stęskniła się za swoimi porzuconymi dziećmi. Po prostu obyczaj nakazywał, by wzięła udział w ślubie Jadwigi – córki Zygmunta z pierwszego małżeństwa. Kiedy tylko związane z nim ceremonie dobiegły końca, królowa – razem z Izabelą – szybko wróciła do Wielkiego Księstwa. I nawet nie przyszło jej do głowy, by zabrać ze sobą także Zofię, Annę i Katarzynę. Fakt, że te właśnie wchodziły w okres dojrzewania i bardziej niż kiedykolwiek potrzebowały

aus Polen

wsparcia matki, nie miał dla niej żadnego znaczenia. A może nawet nieświadomie uciekała przed tą właśnie odpowiedzialnością.

Rodzicielska niedbałość Bony przyniosła wreszcie tragiczne skutki. 18 października 1536 roku na niemal pustym Wawelu wybuchł pożar. „Od jutrzni do nieszporów panowały strach i milczenie. Ogień zajął się w pokoiku obok sypialni królewskiej i pochłonął gmachy wraz z dachami oprócz Kurzej Nogi, poczynając od tego pokoiku, aż do wieży Lubramki" – podawało źródło spisane niedługo po katastrofie. Podobnej klęski Kraków nie widział od kilkudziesięciu lat. Nie obeszło się bez ofiar w ludziach. Dalej autor rękopisu relacjonował:

> Gdy broniono troskliwie od ognia pokoik jakiś w samym środku zamku naprzeciw bramy, i jedni podawali wodę, a drudzy ciągnęli ją po dwóch szczytach, spadły środkowa rynna i dwa kominy na sklepienia i słupy, które runęły wraz z dzielnymi ludźmi podającymi wodę i przygniotły ich.
>
> Rzecz to okropna do opowiedzenia: potłuczone czaszki, zęby, ramiona, ręce, piersi, nogi, połamane kości, mózg wybiegły, krwią zalane miejsca, gdzie były oczy; na niektórych ani śladu po twarzy.
>
> Szczątki te zaniesiono na cmentarz, gdzie od wieczora do rana leżały. Nie miał kto ich grzebać.

Historycy szacują, że ofiar śmiertelnych było siedem lub osiem. Do tego dochodził tuzin rannych i dziesiątki osób zatrutych dymem. Cały Kraków zbiegł się, by ratować zamek królewski, gwardziści nie wpuszczali jednak nikogo do komnat Jagiellonów. Woleli pozwolić, by

---

Jadwiga Jagiellonka, margrabina brandenburska.
Bona zbierała pochwały za to, że wychowuje córkę Zygmunta z pierwszego małżeństwa niczym swoje własne dziecko. Potomstwo królowej nigdy jednak nie darzyło Jadwigi szczególną sympatią

pałac spłonął, niż dopuścić do kradzieży insygniów królewskich i skarbu Zygmunta Starego.

Poza majątkiem władcy chronili też jego dzieci. Wszystkie trzy porzucone córki przebywały na Wawelu, kiedy niemalże za ścianą rozszalała się pożoga. Niewykluczone, że już spały. Z wielkim trudem, w ostatniej chwili udało się wyprowadzić je z komnat na dziedziniec. Resztę nocy spędziły w jednej z kamienic przy Rynku Głównym. Wprawdzie źródła milczą na ten temat, ale wydaje się pewne, że była to dla nich noc bezsenna. Wiadomo, że przynajmniej Anna Jagiellonka po tym wydarzeniu już zawsze będzie panicznie bać się ognia.

Pożar udało się ugasić dopiero po kilkudziesięciu godzinach, a Wawel wymagał gruntownej odbudowy. Zygmunt i Bona natychmiast zlecili konieczne prace. Królowa spieszyła się jak mogła, by zabezpieczyć swoje precjoza. Nie wydaje się natomiast, by z taką samą uwagą pędziła na pomoc pozbawionym dachu nad głową i straumatyzowanym córkom. W jej relacjach z Zofią, Anną i Katarzyną nic nie drgnęło. W 1540 roku Bona znowu wyruszyła na rok na Litwę. Jej córki jak zawsze zostały w Krakowie.

Sytuacja królewien zmieniła się dopiero, gdy z dziewcząt przeistoczyły się w młode damy. Bona przestała traktować je jak balast. Teraz stały się dla niej pięknymi rekwizytami władzy. A może trafniej byłoby powiedzieć: piękną scenografią. Od początku lat czterdziestych XVI wieku wydawała krocie na ich okazały i modny ubiór. Co charakterystyczne, nie myślała nigdy o córkach jako o trzech odrębnych osobach. Kupowała lub zamawiała po prostu trzy identyczne przedmioty. Oczywiście zgodnie z własnym gustem.

Dla królewien sporządzono trzy identyczne naszyjniki. Otrzymały trzy takie same łańcuchy, a także trzy zdobne kołnierze. Rachunki burgrabiego krakowskiego zawierają także informacje o zakupie beretów dla

---

Bona dbała, by jej córki wyglądały niczym trojaczki.
Zofia Jagiellonka (obok) i Katarzyna Jagiellonka (na odwrocie)
na portretach wykonanych w warsztacie Łukasza Cranacha młodszego

królewskich córek. Początkowo udało się zdobyć tylko dwa, konieczne więc były energiczne poszukiwania trzeciego – oczywiście identycznego z pozostałymi. Nawet na znanej serii portretów rodziny Jagiellonów, wykonanej w warsztacie Łukasza Cranacha Młodszego, królewny wyglądają niemal identycznie. Mają takie same suknie, takie same ozdoby, fryzury i nakrycia głowy. Nie jest to w żadnym razie wynik lenistwa malarza. Po prostu Bona bardzo się starała, by jej trzy córki wyglądały niczym trojaczki. To czyniło z nich perfekcyjne tło!

Właśnie w tym czasie Zofia, Anna i Katarzyna zaczynają pojawiać się w towarzystwie matki. Zawsze idą o krok za nią, milcząco dodając jej splendoru. Ozdabiają uczty, turnieje, publiczne wystąpienia. Nie oczekuje się od nich żadnych słów ani gestów – to domena Bony. One mają po prostu dobrze wyglądać i nie przeszkadzać.

Będą mijać lata, a młode Jagiellonki ugrzęzną w tej właśnie roli. Pozostaną u boku coraz bardziej apodyktycznej, gniewnej i samotnej matki. Jako jedyne będą dotrzymywać jej towarzystwa, wciąż spotykając ze strony Bony znaną od dzieciństwa oziębłość. W międzyczasie zestarzeją się. Ze strachu przed matką nigdy nie poproszą jej, by zadbała o ich korzystne zamążpójście. Albo chociaż – jakiekolwiek zamążpójście. W ten sposób nadejdzie rok 1548.

Po śmierci ojca trzy królewny wyjechały z matką na Mazowsze. Jeszcze niedawno były pannami na wydaniu ze świetnej dynastii, o których dyskutowano w całej Europie. Teraz stały się co najwyżej starymi pannami. Zofia miała dwadzieścia sześć lat, Anna dwadzieścia pięć. Tylko dwudziestodwuletnia Katarzyna była na tyle młoda, by nie wzbudzić żadnych wątpliwości u potencjalnego pana młodego. Tradycja nakazywała jednak wydawać córki za mąż zgodnie z kolejnością urodzenia. To oznaczało, że wybiła ostatnia chwila, by zająć się tym problemem. Bona tymczasem wolała zakładać sady i winnice.

Badacze od dobrych dwóch wieków głowią się nad niezwykłą obojętnością starej królowej. Przez całe życie wszystkie swoje działania koncentrowała na polityce dynastycznej. Taką postawę wyssała z mlekiem matki. Dla dobra rodziny wyszła za mąż za Zygmunta Jagiellończyka. Dla dobra rodziny przeprowadziła ryzykowną elekcję *vivente rege* Zygmunta Augusta. Ba! Nawet swoją ukochaną córkę Izabelę wysłała na pogrążone w chaosie Węgry właśnie dla dobra domu Jagiellońskiego. Potem coś jednak w niej pękło. Odcięła się od całej matrymonialnej gry, przy pomocy której europejscy władcy prowadzili politykę w XVI wieku. Nawet nie próbowała znaleźć odpowiedniej partii dla córek – i to mimo że właściwy mariaż mógłby przynieść gigantyczne korzyści polityczne Rzeczpospolitej. Jakby tego było mało, ignorowała też polityczne walory ślubów członkiń swojego fraucymeru. Kolejne narzędzie, z którego domy panujące na całym kontynencie korzystały, by budować stronnictwa lub pacyfikować przeciwników. I tylko Bona tego nie robiła.

Większość historyków znajduje proste źródło jej zachowania: narastające z wiekiem skąpstwo. Rzeczywiście, im Bona była starsza, tym więcej uwagi poświęcała własnemu bogactwu. Tymczasem posagi kosztowały krocie. Tak samo kosztowało jednak wieloletnie utrzymywanie córek, a na to Bonie nie było szkoda pieniędzy. W ciągu jednego roku potrafiła zapłacić za same ich suknie nawet osiemset florenów.

Powody musiały być dużo bardziej złożone. Bona nigdy nie pozbierała się po tragedii w Niepołomicach, w której straciła drugiego syna. To od tego czasu ostatecznie odsunęła się od własnych córek. Zupełnie jakby obarczała je winą za to, że urodziły się i żyją – a wyczekiwany chłopiec zmarł. Na tym jej skrywana trauma się nie kończyła. W odczuciu Bony, losy tych dwojga dzieci, na których skupiła wszystkie swoje macierzyńskie uczucia, potoczyły się w sposób godny pożałowania. Izabela decyzją własnej matki została skazana na życie pełne cierpienia. Zygmunt August zupełnie wyparł się Bony, nie zważając na fakt, że ta całą swą działalność poświęciła właśnie jemu.

Królowa, zbyt dumna, by dostrzegać źródło własnych błędów, popadała w emocjonalne odrętwienie. Z zewnątrz jak zawsze władcza i wybuchowa, w rzeczywistości straciła zdolność do okazywania autentycznych uczuć. A mimo to – nie mogła się przemóc, by rozstać się z trzema niekochanymi córkami. Może tak bardzo bała się samotności na prowincjonalnym Mazowszu, że była zdeterminowana kurczowo trzymać się jedynej namiastki rodziny, która jej została. A może nie chciała skazywać już nikogo więcej na korowód tragedii i wyrzeczeń, jaki stawał się udziałem każdej kolejnej Jagiellonki. I każdej kobiety, która miała nieszczęście wejść w drogę Bonie.

Do wszystkich tych przyczyn w latach pięćdziesiątych XVI wieku doszła jeszcze jedna. W którymś momencie Bona zrozumiała, że ma już wszystkiego dość. Całej tej polskiej i rodzinnej wojny, w której różnych odmianach brała udział od dobrych dwóch dekad.

Nie chciała więcej walczyć i więcej się męczyć. Być może z tą właśnie myślą wyruszyła do Krakowa w lipcu 1553 roku. Do miasta wjechała w majestacie władzy na wspaniałym, bogato zdobionym rydwanie. Zaraz za nią stały rzecz jasna trzy królewny – nieodłączny i nieodmiennie strojny cień Bony.

To był już ostatni taki spektakl w wykonaniu starej królowej. Okazja nadarzyła się jednak zupełnie wyjątkowa. Zygmunt August właśnie żenił się po raz trzeci. Na ślubnym kobiercu miała z nim stanąć rodzona siostra zmarłej dekadę wcześniej Elżbiety, Katarzyna. Kolejna Habsburżanka. Tym razem jednak Bona nie zamierzała protestować.

Żałosne związki

Tego małżeństwa nikt nie chciał. A w każdym razie – nikt poza Habsburgami. Było wprawdzie oczywiste, że król musi ponownie się ożenić, jednak Zygmunt August aż za dobrze pamiętał swoje stadło z drętwą i cnotliwą Elżbietą. W żadnym razie nie uśmiechało mu się pakowanie w związek z kolejną córką Ferdynanda Habsburga. Katarzyna mogła przecież okazać się tak samo chorowita i obciążona epilepsją jak jej zmarła siostra. Król obawiał się też jej bezpłodności, bo rzecz jasna nie brał pod uwagę, że problemy żon z zajściem w ciążę mogłyby wynikać z jego winy. Przeciwko wiedeńskim związkom przemawiały także argumenty czysto polityczne. Wrogość wobec Habsburgów była tradycyjnie fundamentem polityki Bony. Podobnie jak w innych obszarach swojej działalności, także w tej dziedzinie król zamierzał czerpać z doświadczeń matki. W 1553 roku jasno stwierdził, że Habsburgowie „chcą mieć cały świat w swych kleszczach". On natomiast nie zamierzał pomagać im w osiągnięciu tego celu. Małżonki planował szukać raczej w Bawarii lub w Ferrarze.

Doskonale wiedział o tym wszystkim Mikołaj Czarny, którego Zygmunt August wysłał w 1553 roku do Wiednia. Król poinstruował go, by prowadził wyłącznie pozorowane negocjacje na temat możliwego małżeństwa, a prawdziwe działania podjął na innych dworach. Zarazem ufał Czarnemu tak bardzo, że oficjalnie w żaden sposób nie ograniczył zakresu jego poselskich uprawnień. I Radziwiłł postanowił z tego skorzystać.

Dla niego śmierć Barbary była prezentem od losu. Może i jego brat stryjeczny Mikołaj Rudy pozwalał sobie na osobiste sentymenty, jednak sam Czarny oceniał sprawę z chłodnym wyrachowaniem. Barbara spełniła swoją rolę. Scementowała związki pomiędzy domem Radziwiłłów i dynastią Jagiellonów, a poprzez swoją koronację ostatecznie przydała wszystkim krewnym monarszego prestiżu. Zrobiła, co trzeba i mogła odejść. Gdyby dalej tkwiła u boku Zygmunta Augusta, Czarny miałby z tego same problemy. Z Barbarą nie łączyły go więzi sympatii i nie liczył, że cokolwiek załatwi za jej wstawiennictwem. Poza tym tak długo, jak trwało to małżeństwo, pod znakiem zapytania stały kontakty Radziwiłłów z Habsburgami. Tymczasem Czarny od wielu lat właśnie we współpracy z niemiecką dynastią upatrywał szansy uczynienia ze swojego rodu prawdziwej potęgi. Już w 1547 roku otrzymał od cesarza tytuł księcia Rzeszy. To tylko rozbudziło jego apetyt. Nic więc dziwnego, że do Wiednia wcale nie pojechał na bezcelowe pertraktacje. Zamierzał przywieźć Augustowi żonę – niezależnie czy ten tego chciał, czy nie.

Nie informując o niczym króla, szybko załatwił wszystkie formalności. Ustalił wysokość posagu, spisał intercyzę i wziął udział w ceremonii ślubu *per procura* (przez pełnomocnika) pomiędzy Katarzyną Habsburżanką i nieobecnym polskim królem. Kiedy Zygmunt August dowiedział się o wszystkim, było za późno na jakiekolwiek wyjaśnienia. Mógł tylko robić dobrą minę do złej gry i z nieszczerym uśmiechem powitać w Krakowie nową małżonkę.

Dwudziestoletnia Katarzyna okazała się kobietą zupełnie inną od swojej siostry. Była ambitna, wygadana, przejawiała polityczne talenty. Dla Zygmunta Augusta nic z tego nie miało jednak znaczenia. Oczekiwał od żony tylko jednego: urodzenia syna. Po weselu na prawie cztery miesiące zaszył się z nią w swojej ulubionej rezydencji myśliwskiej w Knyszynie. Habsburscy agenci donosili, że pomiędzy parą młodą trwa najprawdziwsza sielanka. I rzeczywiście, dopóki Zygmunt August zachowywał nadzieję na przedłużenie rodu, jego postawie wobec małżonki niczego nie można było zarzucić. Katarzyna nie zachodziła jednak w ciążę, a król – nie słynął z cierpliwości.

Nie minęło wiele czasu, a historia zaczęła się powtarzać. Już na wiosnę 1554 roku jeden ze współpracowników Mikołaja Czarnego doniósł mu w poufnym liście, że młoda królowa żyje w „wielkim smutku", „ustawicznie płacze" i cierpi na chroniczną bezsenność. Paraliżował ją strach o własną przyszłość i o losy małżeństwa. Zygmunt August nie próbował jej pocieszać. Przeciwnie – zmusił żonę do wyjazdu do Wilna i ograniczył do minimum jej kontakty z otoczeniem. Ich pożycie uległo ostatecznemu rozpadowi po dziwnej historii, do której doszło właśnie w 1554 roku. Ogłoszono, że Katarzyna jest w ciąży. Dwór opanowała powszechna radość, sam król też zaczął na nowo zwracać uwagę na Habsburżankę. Dziecko jednak się nie urodziło. Być może doszło do poronienia, a może raczej – żadnej ciąży nie było.

Dziesięć lat później Zygmunt August zwierzy się nuncjuszowi apostolskiemu Franciszkowi Commendone, że między nim a Katarzyną nigdy nie pojawił się „pociąg krwi", ale on i tak sumiennie wypełniał swoje małżeńskie

Katarzyna Habsburżanka na obrazie nieznanego malarza.
Jeśli wierzyć portretom, nie była pięknością. Jednak Zygmunt August
nie oczekiwał od niej urody. Chciał wyłącznie syna

obowiązki i okazywał żonie należny respekt. Miało się to zmienić dopiero na skutek jej wielkiego oszustwa. Według króla ciąża była pozorowana, a Habsburżanka zamierzała sprezentować Jagiellonowi cudze niemowlę jako własne. Taki spisek albo był aktem gigantycznej głupoty (bo w warunkach życia dworskiego tajemnica musiała wyjść na jaw), albo w ogóle do niego nie doszło. Można szukać różnych wyjaśnień zagadkowej sytuacji. Katarzyna wiodła niemalże klasztorny żywot, a w każdej chwili dnia i nocy przypominano jej, że jedynym celem jej egzystencji jest przedłużenie rodu. Niewykluczone, że zaszła w ciążę urojoną. Dzisiaj jest to zaburzenie niezwykle rzadkie, jednak jeszcze w pierwszej połowie XX wieku występowało nawet u jednej kobiety na dwieście pięćdziesiąt ciężarnych. Siłą rzeczy ciąża rzekoma nie mogła się zakończyć rozwiązaniem. Istnieją też prostsze odpowiedzi. Niewykluczone, że Katarzyna zaszła w ciążę z innym mężczyzną lub poroniła – i dopiero Zygmunt August stworzył opowieść o jej rzekomym spisku, by skompromitować żonę w oczach otoczenia.

Jakkolwiek nie było, Katarzyna podzieliła los Elżbiety – jako skazana na samotność i pogardę malowana królowa. Ich historie różniły się tylko w jednym zasadniczym punkcie: roli, którą odegrała w nich Bona Sforza. Mimo ogarniającej ją rezygnacji stara królowa wciąż żywo interesowała się przyszłością swojej rodziny. Wpadała w gniew, ilekroć mówiła o szansach Zygmunta Augusta na przedłużenie rodu. Dla niej w tym okresie sprawa była już jasna – problem nie był z królowymi, tylko z królem. On był bezpłodny.

Bona nie rozciągała swojej złości na Katarzynę. Wręcz przeciwnie. Wydaje się, że podchodziła do niej przychylnie, okazywała jej pewne względy. To właśnie w liście do Bony Katarzyna wyznała, że jej ciąża nie zakończy się porodem. Gdyby istniał między tymi kobietami jakikolwiek konflikt, na pewno wybrałaby sobie inną powierniczkę. Z korespondencji Mikołaja Czarnego wiadomo też o pokątnych spotkaniach Katarzyny z „dwiema Amazonkami" podczas polowań w Niepołomicach. Amazonkami tymi była Bona oraz jej najstarsza córka – Izabela.

I właśnie los tej ostatniej pozwala zrozumieć nagłą sympatię okazywaną przez Bonę córce Ferdynanda Habsburga. Stała ona w zupełnej sprzeczności z tym, jak wcześniej królowa traktowała Elżbietę. Nie była to jednak spontaniczna przemiana wynikająca z dobroci serca. Bona jak zawsze wiedziała, co robi. Nawet jeśli na pierwszy rzut oka trudno było to poznać.

Mój przyjaciel cesarz

Takiej wolty nikt się nie spodziewał. W polityce Bony jeden dogmat był niezmienny: nie można pozwolić, by Węgry wpadły w ręce Habsburgów. Królowa trzymała się tej zasady, mimo że tak naprawdę na południe od Karpat od dawna nie było czego bronić. Sułtan podbił większość Węgier, ostatecznie zajmując stolicę i wiele głównych miast. Ferdynandowi Habsburgowi pozostał tylko ogryzek dawnego państwa, składający się raczej z ziem słowackich i Chorwacji niż z terytoriów prawdziwie węgierskich. Także sytuacja Izabeli i jej małoletniego syna Jana Zygmunta była nie do pozazdroszczenia. Z dawnych Węgier wschodnich zachowali wyłącznie okrojony do minimum Siedmiogród, istniejący na łasce Imperium Osmańskiego i *de facto* w jego granicach. Jakby tego było mało, wpływy Izabeli kurczyły się jeszcze szybciej niż terytorium jej kraju.

Wszyscy traktowali Siedmiogród jak państwo sezonowe – nawet jego mieszkańcy. Nikt nie wierzył, że kraj stworzony sztucznie na skutek widzimisię sułtana może przetrwać kolejne polityczne zawieruchy. Nikt też więc nie szanował władzy i majestatu Izabeli. Fakt, że była kobietą i obcokrajowcem, a po matce odziedziczyła impulsywny i emocjonalny charakter, tylko pogarszał jej sytuację. Krok po kroku niemal całą władzę wydarł jej z rąk Jerzy Martinuzzi – biskup Wielkiego Waradynu i dawny doradca Jana Zápolyi. Mimo że przed laty to on zabezpieczył dziedzictwo Zápolyów na wschodzie, teraz postanowił sprzymierzyć się z Habsburgami – i oddać im Siedmiogród we władanie.

Poniżana, stale zagrożona i otoczona przez zajadłych wrogów Izabela była już tylko figurantką. Od lat myślała o opuszczeniu Siedmiogrodu. O tym jednak Bona nawet nie chciała słyszeć. W listach stale przypominała jej o dynastycznych powinnościach, honorze i racji stanu. Aż nagle – zmieniła zdanie.

Po śmierci Zygmunta Starego królowa wdowa nie tylko przestała zniechęcać córkę do wyjazdu, ale wręcz zaczęła ją do niego namawiać. Oczywiście odwrót wymagał pertraktacji z Habsburgami, a Izabela nie zamierzała sprzedać skóry tanio. Na papierze wszystko wyglądało pięknie. Zgodnie z układem zawartym w 1551 roku Izabela miała otrzymać, w zamian za zrzeczenie się Siedmiogrodu na rzecz Habsburgów, sto tysięcy dukatów oraz nowe, dochodowe dobra w granicach cesarstwa. Dokument został podpisany przez obie strony. Izabela, działająca pod wpływem Bony, natychmiast przystąpiła do jego realizacji. Druga strona nie zamierzała jednak postępować równie honorowo.

Szybko okazało się, że dobra na Śląsku wyznaczone Izabeli przez Ferdynanda Habsburga są zrujnowane i zadłużone. Uzyskiwany z nich dochód nie wystarczał na utrzymanie obalonej królowej, a co dopiero odpowiadającego jej statusowi dworu. Wprawdzie w układzie zapisano, że w podobnym przypadku Habsburgowie będą zobowiązani wypłacić Izabeli sowitą rekompensatę, były to jednak tylko puste słowa. Siedmiogród znalazł się z powrotem w posiadaniu Ferdynanda, a że Izabela nie mogła mu się w żaden sposób przeciwstawić, toteż nie zamierzał jej płacić. Wyasygnował dla córki Bony tylko śmieszną kwotę sześciu tysięcy czterystu florenów. To miało starczyć Izabeli za całą rekompensatę oraz za umówioną wcześniej kwotę. Do rąk córki Bony nie wpłynęła nawet pierwsza rata ustanowiona traktatem, a po kilku miesiącach życia w biedzie na zapuszczonym Śląsku była zmuszona wyjechać do Polski, pod opiekę matki i brata. Mogła się cieszyć, że przynajmniej uszła z życiem.

Dla biskupa (a od niedawna także kardynała) Jerzego Martinuzziego, dzięki któremu Siedmiogród bez rozlewu krwi trafił w ręce Ferdynanda,

Habsburgowie nie byli równie łaskawi. Wydawał im się zbyt wpływowy i niezależny, a pewnie też – zbyt wymagający finansowo. Przy pierwszej nadarzającej się okazji doprowadzili do jego zgładzenia. Zamach był zupełnie jawny, a jego mocodawcy – powszechnie znani. Sprawa trafiła nawet przed papieski trybunał. Po kilku latach dyplomatycznych przepychanek papież Juliusz III bezradnie przyznał, że Habsburgowie widocznie mieli dobry powód, by pozbyć się purpurata. Rozgrzeszył ich z wszelkiej winy – i na swój sposób rozochocił do kolejnych politycznych zabójstw.

Wszystko to było do przewidzenia. Habsburgowie nie od wczoraj tak właśnie prowadzili swoją politykę. Bona jednak tylko kurtuazyjnie pozwoliła sobie zaprotestować przeciwko zwłoce w wypłacie ustalonych kwot. Prawdziwej walki w obronie Izabeli nie zamierzała podejmować.

Ferdynand Habsburg. Rozżalona Bona była gotowa sprzymierzyć się nawet ze swoim największym wrogiem

W rzeczywistości toczyła już w tym czasie zupełnie inną grę. Postanowiła zawrzeć osobisty sojusz z cesarzem i jego bratem.

Sytuacja zakrawała na kuriozum. Zarówno Bona, jak i Zygmunt August darzyli Habsburgów głęboką osobistą niechęcią. Mimo to, kiedy tylko umarł Zygmunt Stary, matka i syn zaczęli prześcigać się w zdobywaniu względów złowrogiej dynastii. Już w 1549 roku niemiecki agent Jan Lang donosił Ferdynandowi Habsburgowi o zadziwiającej rozrzutności Bony. „Wysłała do Cesarza Rzymskiego Jego Miłości Włocha, niejakiego Alfonsa, z 320 sobolimi futrami na podarek. Zapłaciła za nie 3500 florenów" – pisał.

Po raz kolejny wykosztowała się przy okazji ślubu Filipa II Habsburga z córką Tudorów w 1554 roku. Filip był jedynym synem cesarza,

Izabela Jagiellonka żegna Siedmiogród przed wyjazdem do Polski na życzenie matki. Obraz Sándora Wagnera

a starzejący się Karol V właśnie zaczął przekazywać mu władzę w swoich państwach. Bona była zdeterminowana wykorzystać zmianę warty dla swoich celów. Angielskie źródło podaje, że podarowała Habsburgowi dwa precjoza „tak niezwykle wykonane ze złota i srebra i tak bardzo upstrzone drogimi kamieniami, że rzadko się coś takiego widuje". Do prezentów dołączyła też piękną kameę ozdobioną swym własnym wizerunkiem. Na innych portretach z tego okresu Bonę można oglądać tylko jako ponurą wdowę, opatuloną w żałobny welon i ciemne szaty. Tutaj była zupełnie inna. Dumna i pełna majestatu, niczym następczyni antycznych bogiń wojny i mądrości.

Równie wartościowe prezenty, na dodatek wysyłane bez dobrego pretekstu, należały do rzadkości. Zupełnie nie zdarzało się natomiast, by fundowały je odsunięte od władzy wdowy! Bona nie tylko nie przejmowała się konwenansami, ale też – nie zamierzała poprzestawać na podarunkach. Prowadziła z Habsburgami coraz intensywniejszą korespondencję. Podobno dała nawet do zrozumienia ich agentom, że jest gotowa zapisać cesarstwu w spadku swoje włoskie księstwa, a być może także Mazowsze. W poufnych doniesieniach na ten temat więcej było pewnie pobożnych życzeń cesarza niż autentycznych dążeń Bony. Z drugiej strony nie sposób wykluczyć, że królowa rzeczywiście coś gdzieś napomknęła – byle ściągnąć na siebie uwagę Habsburgów.

Zygmunt August był rzecz jasna wściekły. Już sama niezależność Bony na Mazowszu stanowiła dla niego kamień obrazy. Tym bardziej nie mógł pogodzić się z faktem, że matka wciąż próbuje się mieszać do wielkiej polityki. Wziął jednak udział w tym, co wydawało mu się grą Bony. Również słał do Wiednia kurtuazyjne listy i prezenty. Zawarł nawet z Ferdynandem układ sojuszniczy o udzieleniu sobie wzajemnej pomocy w wypadku buntu poddanych. Robił też wszystko, by uniemożliwić Bonie działalność publiczną. Nie ulega wątpliwości, że chciał z niej zrobić na Mazowszu dostojnego więźnia. Sam się do tego przyznał. W jednym z listów do Mikołaja Czarnego napisał: „My nie widzimy innej drogi, jak tylko, żeby

Jej Miłość prawie w kleszcze była wzięta. I żeby zaopatrzona we wszystko, siedziała sobie, nic o niczym nie wiedząc".

Nawet nie przyszło mu do głowy, że brutalnie marginalizując Bonę, ostatecznie utwierdził ją w podjętej decyzji. Wbrew temu, co wydawało się Zygmuntowi Augustowi, kontakty jego matki z Habsburgami wcale nie były wymierzoną w niego cyniczną grą. Bona potrzebowała zjednać sobie cesarza i arcyksięcia, ponieważ planowała wyjechać z Polski.

Ten pomysł zakiełkował w jej głowie chyba już w 1548 roku. Początkowo nie mógł być niczym więcej jak tylko mrzonką, do której Bona wracała w chwilach gniewu. Nawet sama władczyni nie traktowała go poważnie. Mimo wszystko Polska była jej ojczyzną – a Zygmunt August jej synem. Poza tym wiedziała, że porzucenie kraju przez królową matkę byłoby postępkiem bez precedensu. Każdy uznałby je za ucieczkę. I nie byłoby już dla niej powrotu.

Bona nie była jednak ślepa. Ciało jej męża jeszcze nie zdążyło ostygnąć, a nad jej własną głową już zaczęły się zbierać sępy. W jednym z listów do Izabeli pisała w odniesieniu do podarowanego jej przez Zygmunta Starego Mazowsza: „Wielu spośród Panów Senatorów i ze stanu rycerskiego odgraża się, że nam to odbiorą". Sytuacja od początku była nieciekawa, a stawała się tylko coraz trudniejsza. W połowie lat pięćdziesiątych Bona była samotna, zmęczona i zaszczuta. Nie chciała też już dłużej patrzyć na to, co dzieje się w Polsce. A przede wszystkim – na rozpustnego i bezpłodnego syna, który prowadził rodzinę prostą drogą do zagłady. Nie dość, że zniweczył szanse na przedłużenie rodu, to roztrwonił też cały jego majątek. W 1562 roku jego długi będą wynosić prawie pół miliona florenów. Większość z nich zaciągnął jeszcze na oczach matki i to wcale nie tylko na prowadzenie polityki. August uwielbiał się bawić, kochał luksusy i dworskie życie. A kiedy widocznym stawał się fakt, że nie będzie go stać na utrzymanie tysiąca dworzan i służących, coraz bardziej łakomym wzrokiem spoglądał na majątek matki.

Bona nie zamierzała dać się obrabować. Ale nie zamierzała też dłużej walczyć. Chciała po prostu zniknąć.

Złota klatka

„Pokazała nam oko, które widzieliśmy z obydwu stron bardzo spuchnięte. Mówi, że kiedy na tym oku śpi, tak jej z niego płynie, że ledwo jest je w stanie otworzyć" – pisał Zygmunt August do Mikołaja Czarnego w 1552 roku. Rzadko zdarzało się, by choroba oka zajmowała tyle miejsca w państwowej korespondencji. Jednak tym razem oko naprawdę miało rangę stanu. Właśnie problemami ze wzrokiem Bona tłumaczyła pilną potrzebę wyjazdu na leczenie do Włoch. Zapewniała, że wróci, kiedy tylko jej się poprawi. Nikt w to nie uwierzył. I nikt nie zamierzał wypuszczać jej z kraju.

Pierwszy raz Bona zwierzyła się Zygmuntowi Augustowi ze swoich planów właśnie w 1552 roku. Szybko tego pożałowała. Syn nie tylko nie zamierzał jej wspierać, ale wręcz robił wszystko, byle ją zatrzymać. A przede wszystkim – by zatrzymać wywożony przez nią za granicę majątek.

Prawdopodobnie już w 1548 roku Bona zaczęła stopniowo wysyłać swoje klejnoty i pieniądze do Włoch. Początkowo nie miało to żadnego związku z jej własnym wyjazdem. Królowa po prostu zabezpieczała majątek. Nie mogła być pewna, jak potoczą się dalsze wydarzenia i wolała nie trzymać całej swojej fortuny w jednym miejscu. Ani w jednym kraju.

Chodziło o jej prywatną własność. Formalnic królowa mogła z nią zrobić, cokolwiek chciała. Zygmunt August był jednak innego zdania. W jednym z listów do Mikołaja Czarnego wprost układał plany przeprowadzenia napadu na transport wysłany przez Bonę:

> Dano nam teraz znać, że Królowa Jej Miłość Matka Nasza wysłała 16 tysięcy portugalów i trzy tysiące czerwonych oraz jakieś ozdobne zapięcie.
>
> Jako że ten Włoch z tymi pieniędzmi przez Wrocław jedzie, mógłby Twoja Miłość o tym pomyśleć, jak ten Włoch mógłby w państwie

króla Jego Mości Rzymskiego być zahamowany, tak aby się tym Włochom to wynoszenie pieniędzy uprzykrzyło i zahamować mogło.

Do kradzieży niemal dwudziestu tysięcy złotych monet końcowo nie doszło. Powodem była paradoksalnie pazerność Zygmunta Augusta. W liście jasno zastrzegł, że gdyby na skutek przeprowadzonej akcji pieniądze miały zostać skonfiskowane przez Habsburgów, „to już lepiej dać temu spokój". Najwidoczniej zaistniało wspomniane ryzyko. Górę nad Augustem mógł też wziąć strach. W liście przyznał, że obawia się, aby zatrzymanie włoskiego kuriera nie sprawiło, że „Jej Miłość Matka Nasza, rozgniewawszy się, testamentem odbierze nam wszelkie ruchome rzeczy".

Nieśmiałe pomysły i projekty szybko rozwinęły się w otwartą wojnę. Bona zażądała prawa do swobodnego wyjazdu. A Zygmunt August jej tego prawa odmówił. Murem stanęli za nim senatorowie. Oni także myśleli tylko o pieniądzach. Bona po wyjeździe z kraju mogłaby roztrwonić majątek albo co gorsza – zadłużyć posiadane w kraju dobra. W teorii nic nie stało na przeszkodzie, by zastawiła całe Mazowsze lub wszystkie pięćdziesiąt miast, które posiadała na terenie Polski. To byłaby nieodwracalna katastrofa. Słowem, wyjazd rozżalonej – a przez to nieobliczalnej – królowej wydawał się po prostu zbyt niebezpieczny dla państwa. Racja stanu nakazywała trzymać Bonę pod kluczem. Niczym żmiję w złotej klatce.

Już w 1554 roku do władczyni wysłano specjalną delegację. Biskup krakowski oraz wojewoda kaliski nawoływali ją do zmiany decyzji. Tłumaczyli, że przecież musi opiekować się córkami, że powinna mieć wzgląd na szacunek, jakim obdarza ją syn, i na to, że ten obiecał czcić ją aż do śmierci – byle tylko nie ruszała się z miejsca. Wściekła Bona zarzucała senatorom, że nigdy żadnej królowej nie traktowano w Polsce tak źle jak jej. W bezpośrednich rozmowach nie potrafiła też ukryć swoich prawdziwych zamiarów. To nie była wycieczka do sanatorium, tylko emigracja.

Supliki nie przynosiły żadnych efektów, a konflikt stopniowo rozlewał się poza Polskę. Zarówno Bona, jak i Zygmunt August nie zawahali się, kiedy przyszło im prać publicznie swoje brudy przed Habsburgami. Bona skarżyła się cesarzowi, że jest więziona we własnym kraju. O pomoc zwróciła się też do angielskiej królowej Marii Tudor. Zygmunt August w odpowiedzi błagał cesarza o braterską radę – bo już sam nie wie, co z tą swoją matką zrobić. Kompromitująca awantura stała się głośna na całą Europę. W Polsce jednak mało się tym przejmowano.

Apogeum sporu przypadło na 1556 rok. Do Bony wędrowały kolejne poselstwa. Biskup krakowski Andrzej Zebrzydowski raz jeszcze apelował

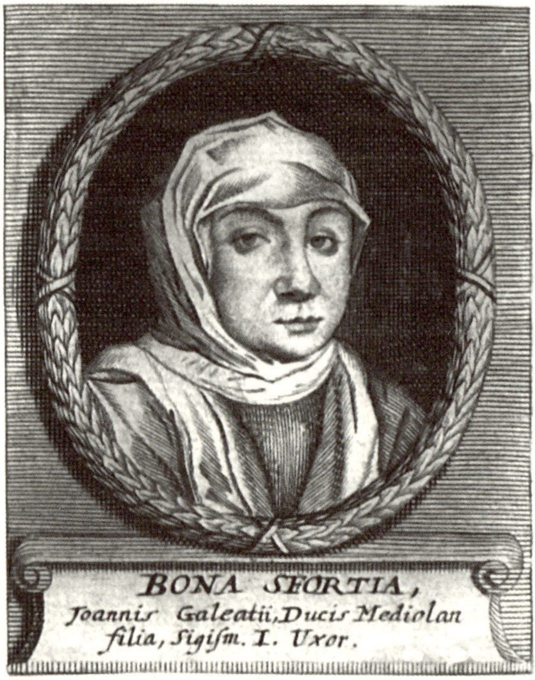

Bona Sforza na siedemnastowiecznym portrecie autorstwa Gilliama van der Gouwena

do władczyni, że przecież podróż do Italii jest zupełnie bezcelowa. Równie dobrze może sprowadzić do Warszawy medyków i urządzić sobie na miejscu doskonałe cieplice. Królowa, powstrzymywana za wszelką cenę od ponad dwóch lat, wreszcie nie wytrzymała. Warknęła na swojego byłego protegowanego, że „rady biskupiej w tej sprawie najmniej potrzebuje". A poza tym nie zamierza słuchać człowieka, który „biskupstwo kupił". Zebrzydowski niespeszony odparł, że kupił, bo przecież było na sprzedaż. A sprzedawała sama Bona.

Majątek Bony stał się głównym tematem rozmów w kraju. O skarbach królowej dywagowali magnaci, szlachta, nawet pospólstwo. Mówiono, że podczas pobytu w Warszawie rozrzutna wdowa już przepuściła dobre pół miliona florenów. Zupełnie tak, jakby utratę dobytku uznała za swój nowy życiowy cel. Bona nie próbowała nawet studzić emocji. Zapytała zadziornie, skąd niby miałaby wziąć taką fortunę. Według kolejnych spekulacji królowa planowała wywieźć do Wenecji całe dwa miliony florenów. „A może od razu siedem milionów?" – odgryzła się.

Kiedy stało się oczywiste, że monarchini nie zamierza się ugiąć, senatorowie wydali specjalny edykt. Pod groźbą kary śmierci wszystkim chłopom i mieszczanom, a pod groźbą utraty praw szlachcicom zakazano wspierania w jakikolwiek sposób Bony lub towarzyszenia jej w wyjeździe. Taka regulacja czyniła podróż zupełnie niemożliwą. A przynajmniej – zmuszała do przedsięwzięcia naprawdę radykalnych środków.

Bona nie dawała się zwieść. Miała absolutną pewność, że za decyzją nie stoi rada koronna, lecz król. Złorzeczyła, iż „gwałt jej się dzieje od tego, którego w brzuchu nosiła i z winy tego cierpi, który wszystko co ma na świecie, ma właśnie od niej. Od niej życie, od niej i stolicę królewską, za co wszystko w niewolę ją bierze!". Nie zamierzała jednak kapitulować. „Nogę bym jedną dała, a drugą bym uciekła!" – miała stwierdzić rozjuszona. Zamiast nogi dała jednak pieniądze. Pisarz kancelarii koronnej Łukasz Górnicki opowiadał, że nie mogąc wygrać prośbami i groźbami, królowa posłużyła się zakrojonym na gigantyczną skalę przekupstwem.

„Z osobna do każdego pana wysłała poselstwo, a do pięknych słów dołączone też były upominki do niektórych senatorów, tak iż resztę dnia tego i wielką część nocy na tym strawiła" – relacjonował. Przekupiony został także sam Zygmunt August. Bona zgodziła się oddać mu w zarząd wszystkie swoje dobra. Zabierała tylko to, co dało się załadować na wozy. Wreszcie król, naciskany również przez Habsburgów i Tudorów, orzekł: „Lepiej ją puścić!".

Przed wyjazdem trzeba było jeszcze załatwić tylko jedną sprawę. Bona porzucała Polskę, ale przecież musiała coś zrobić z córkami. Nie zamierzała zabierać ich do Włoch. W ostatniej chwili doprowadziła do wydania najstarszej, Zofii, za mąż. Wydawało się to konieczne, bo Zofia zaczęła ciężko chorować. Lekarze twierdzili, że „puchnie" z winy staropanieństwa i że może wkrótce umrzeć. Matka znalazła lekarstwo na jej przypadłość, ale w żadnym razie nie takie, jakiego oczekiwała Zofia. Małżeństwo trzydziestoczterolatki było zupełnie przypadkowe. Organizowano je w pośpiechu i nie przyniosło żadnej chwały ani Rzeczpospolitej, ani Jagiellonom. Panem młodym był Henryk, książę brunszwicki – sześćdziesięciosiedmioletni konserwatywny starzec. Zofia nie mogła liczyć na szczęście u jego boku. Jeszcze gorzej rysowały się perspektywy jej sióstr. Porzucenie w Warszawie brzmiało dla Anny i Katarzyny niczym wyrok. Obserwowały, jak matka pakuje cały swój dobytek na dwadzieścia cztery ciężkie wozy. Wiedziały, że brat nimi pogardza i że na ich losie zależy mu jeszcze mniej niż matce.

Wreszcie nadszedł dzień wyjazdu, 1 lutego 1556 roku. Świadków uderzył kontrast pomiędzy radością Bony i głębokim smutkiem córek. Według anonimowej relacji, Bona „poszła do kościoła z wesołą twarzą, a królewny za nią bardzo rzewliwie płacząc". Po wysłuchaniu mszy władczyni wróciła do pałacu. Świadkowie byli zgodni, że rezydencja została ogołocona – Bona nie zostawiła w niej nawet jednego arrasu, zestawu porcelany czy obrazu. W tej ponurej scenerii, przy gołych, odrapanych ścianach, pożegnała trzydziestotrzyletnią Annę i trzydziestoletnią Katarzynę.

Źródło podaje, że „obie panienki gorzkimi łzami się oblewały". Bona na pocieszenie dała im „tylko po jednym pierścieniu". Nie jest jednak prawdą, że wyjeżdżając, pozbawiła je jakiegokolwiek majątku, a wszystko zabrała ze sobą. Zamek był pusty dlatego, że Bona podarowała całe jego wyposażenie wyjeżdżającej do Brunszwiku Zofii. Zawsze przeliczała relacje z ludźmi na pieniądze. Tym razem było podobnie. Żałosne małżeństwo i własną nieczułość Bona próbowała chyba wynagrodzić córce sowitą wyprawą. Nie wiadomo, czy poprawiło to nastrój kobiety skazanej na pożycie ze starcem, który spokojnie mógłby być jej ojcem. Na pewno zachwycony był pan młody.

Podobne prezenty Bona przygotowała także dla pozostałych córek. Nie chciała jednak, by z chwilą jej wyjazdu Zygmunt August natychmiast położył na nich łapę. „Klejnoty, perły, łańcuchy i ubiory królewien Ich Mości" zamknęła w dwóch ciężkich skrzyniach ukrytych w zamkowej piwnicy. Klucz zabrała ze sobą. Królewskiemu urzędnikowi Rafałowi Wargawskiemu wyjaśniła: „Gdy królewny wyjdą za mąż, to wtedy im do tych rzeczy klucze poślę. Tak, żeby było wiadomo, że to ode mnie mają, a nie od króla". Inną sprawą było bieżące utrzymanie królewien. Bona stanowczo stwierdziła, że odtąd musi je wziąć na siebie Zygmunt August. I dla podkreślenia swojego stanowiska nie zostawiła w Warszawie nawet jednej srebrnej łyżki. „Gdyby nie srebro Waszej Królewskiej Mości, przyszłoby Ich Miłościom na cynie jadać" – stwierdzi Rafał Wargawski w liście do króla.

Dla królewien cała ta demonstracja była zupełnie niezrozumiała, podobnie jak wyjazd matki. Bona niczego nie próbowała im tłumaczyć. „Nie wypuściwszy ani jednej łzy", wsiadła do przygotowanej karety. Razem ze sobą, na pierwsze kilometry podróży, zabrała tylko ukochaną Izabelę. Ale nawet ona nie potrafiła pogodzić się z decyzją matki. Po latach, kiedy wbrew woli Bony wróci do Siedmiogrodu, napisze do Zygmunta Augusta: „Matka nasza, mając się dobrze, opuściła nas pięcioro, a ja jednego syna opuścić nie chciałam, mimo że dobrze znałam rozkosz węgierską".

Daleka droga do domu

Włochom trudno było czymkolwiek zaimponować. I nie ma się co dziwić. W epoce, w której wielcy i zamożni jak ognia unikali wyjazdów zagranicznych, zdawało się, że tylko do Italii wybiera się każdy. Władcy, arystokraci, dyplomaci, kupcy i duchowni dzień w dzień rywalizowali o uwagę włoskiego plebsu wystawnymi orszakami, pięknymi ceremoniami i kwiecistymi przemowami. W wartkim potoku podróżnych nie brakowało najwybitniejszych osobistości i koronowanych głów. Mieszkańcy włoskich miast widzieli już wszystko i wszystkich. Mimo to znalazły się wiosną 1556 roku taka podróżniczka i taka wędrówka, które zelektryzowały każdego.

Był 26 marca, gdy przy wtórze armatnich wystrzałów do Padwy wjechała wspaniała paradna lektyka obita czarnym aksamitem i wyściełana pięknie haftowanym fioletowym atłasem. Niosły ją dwa dumne muły, także ozdobione najlepszymi materiami. Wzdłuż ulic wyznaczonych na trasę przemarszu zebrały się setki gapiów. Niezliczone tłumy obserwowały widowisko z okien, dachów i balkonów. By pomieścić wszystkich, wybudowano nawet specjalne trybuny. Od rana krążyły pogłoski, że godzina wjazdu zostanie przesunięta, wielu więc na wszelki wypadek tkwiło na raz obranych miejscach przez cały dzień. Gdy oczekiwana podróżniczka wreszcie się pojawiła, wzbudziła powszechny zachwyt. Wiele kobiet, które jeszcze dzień wcześniej opłakiwały swoich ojców i mężów zabitych przez niedawną zarazę, dziś przywdziało najwspanialsze szaty i klejnoty, byle tylko „wyrazić wielką radość z przybycia Jej Wysokości". Do komitetu powitalnego zaproszono dwóch szacownych kardynałów. Władze miasta zdecydowały się nawet wystawić na cześć gościa specjalny łuk triumfalny – zupełnie jakby do Padwy wjeżdżał wódz zwycięskiej armii, a nie sterana życiem i zniszczona przez własnego syna wdowa po władcy dalekiego kraju.

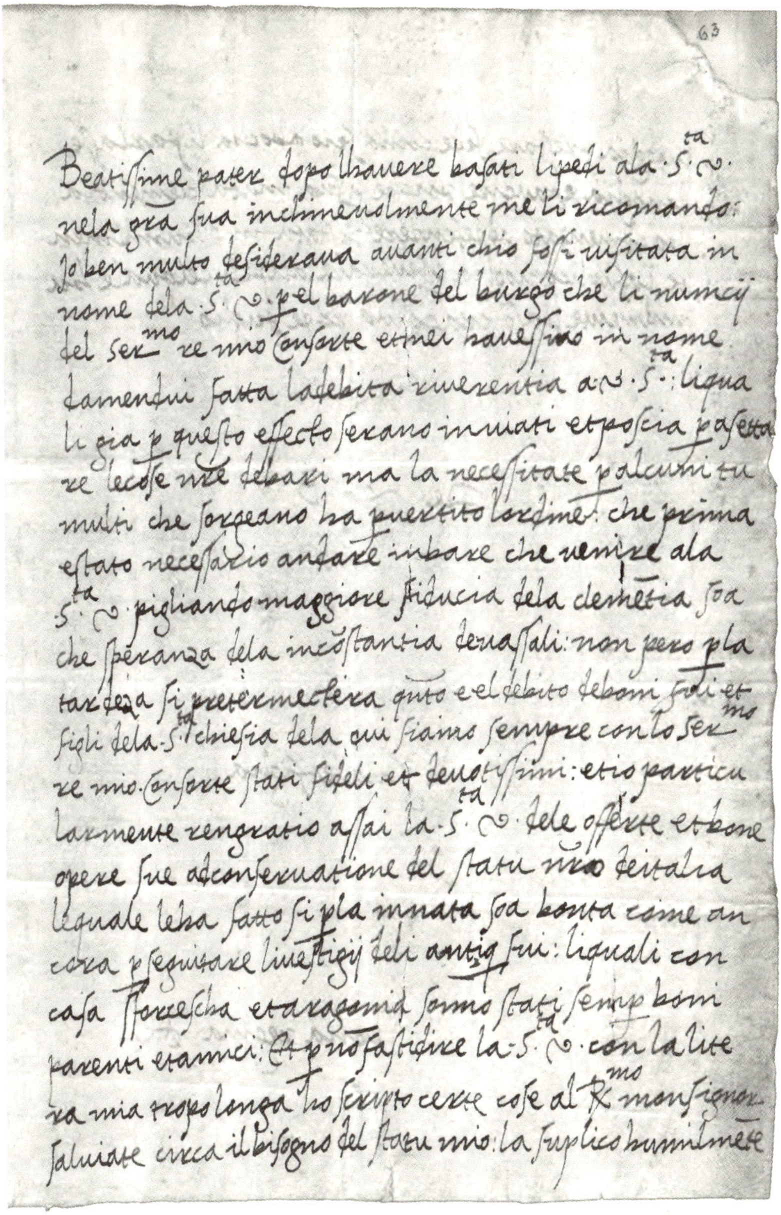
63

Beatissime pater dopo lhavere basati li pedi ala S.ta V.
nela gra sua inclinemendmente me li ricomando:
Jo ben multo desiderava avanti chio fossi visitata in
nome dela S.ta V. pel barone del burgo che li nuncij
del Ser.mo re mio consorte et mei havessino in nome
damendui fatta la debita riverentia a V. S.ta : liqua
li gia p questo effecto serano inviati et poscia passata
re le cose nre debari ma la necessitate p alcuni tu
multi che sorgeano ha pervertito lordine: che prima
e stato necessario andare in bare che venire ala
S.ta V. pigliando maggiore fiducia dela clementia soa
che speranza dela incostantia de vasali: non pero p la
tardeza si pretermectera quto e el debito deboni fideli et
figli dela S.ta chiesia dela qui siamo sempre con lo Ser.mo
re mio consorte stati fideli et devotissimi: et io particu
larmente rengratio assai la S.ta V. dele offerte et bone
opere sue ad conservatione del statu nro de italia
liquale lera fatto si p la innata soa bonta come an
cora p seguitare li vestigij deli antiq sui: liquali con
casa sforcescha et aragonia sonno stati semp boni
parenti et amici: Et p no fastidire la S.ta V. con la lite
ra mia troppo longa ho scripto certe cose al R.mo monsignor
salviate circa il bisogno del statu mio: la supplico humilmete

Napisany odręcznie list Bony

Każdy chciał wiedzieć, jak wygląda, jak się zachowuje, jakim jest człowiekiem. „Wewnątrz [lektyki] siedziała Jej Wysokość ubrana w czarne wdowie szaty z głową owiniętą śnieżnobiałą bawełnianą tkaniną i pozdrawiała wszystkich bardzo życzliwie" – zanotował jeden z obserwatorów uroczystości. „Co się tyczy osoby Jej Królewskiej Mości, nie jest ona zbyt wysoka i raczej tęższa niż szczuplejsza" – dopowiadał inny, od aparycji szybko przechodząc do charakteru. „Dobroduszna, wesoła i roztropna, zna wiele języków, mówi bardzo dobrze po włosku i jeszcze lepiej po łacinie" – wyliczał. Wszystko to ciekawiło ludzi, jednak sedno zainteresowania podróżniczką leżało gdzie indziej. Każdy Padewczyk zachodził w głowę, jakim cudem polska królowa w ogóle zdołała dotrzeć do Włoch i do ich miasta.

Historia jej eskapady zdawała się żywcem wyjęta z baśni. Zaledwie pół roku wcześniej zakończyła się wielka wojna religijna w Niemczech. Kontynent przemierzały bandy maruderów, na traktach szalały bezprawie i bandytyzm. Nikt w takich warunkach nie woził skrzyń z pieniędzmi i kosztownościami. Jeśli transportowano walutę, to tylko w formie bankowych weksli. Nawet do ochrony własnego życia podróżujący arystokraci najmowali całe oddziały żołdaków. Bona tymczasem ruszyła w drogę tylko z symbolicznym orszakiem. Zamiast zbrojnej eskorty zabrała ze sobą wozy załadowane po brzegi jedną z największych fortun Europy. Jakby tego było mało, trasa jej podróży biegła przez ziemie Habsburgów – dynastii, o której w całej Europie wiedziano, że wpisała polską królową na listę swych największych wrogów.

Wszyscy czekali na tragedię, ale ta nie następowała. Habsburgowie przyjęli Bonę z wszelkimi należnymi królowej honorami. Drugi raz w życiu Sforzówna gościła w Wiedniu i podobnie jak przed prawie czterdziestu laty przez ten jeden dzień życie austriackiej stolicy kręciło się wokół niej. Ferdynand Habsburg zaprosił ją nie na audiencję, ale na partnerską rozmowę o sprawach węgierskich, a zapewne także włoskich. Nie zatrzymywał jej długo. I chyba nawet nie próbował przypominać Bonie, że wciąż uważa ją za winną śmierci swojej ukochanej córki. Zresztą taki sam werdykt wydał przed dekadą także sejm Rzeszy.

Bony nie zatrzymali również bandyci. Wprawdzie do uszu królowej dotarła pogłoska, że na jej orszak zaczaiło się na Śląsku stu pięćdziesięciu uzbrojonych po zęby rozbójników, ale i ten problem udało się rozwiązać. Wystarczyło opóźnić o tydzień przemarsz przez zagrożony teren. Już większe niebezpieczeństwo zawisło nad nią na terenie Polski. Niechętny wyjazdowi królowej starosta ostrołęcki rozesłał po kraju heroldów, wzywając możnych panów do zatrzymania siłą Bony i jej skarbów. Nikt się nie odważył.

Bony nie zdołały spowolnić nawet koszmarne austriackie trakty. W 1518 roku tonęła w błocie i śniegu, narażając życie w drodze do Polski. Tym razem nie zamierzała ani ryzykować, ani znosić niewygód. Tam gdzie drogi nie były wystarczająco szerokie i komfortowe, posyłała przodem inżynierów i opłacała remonty z własnej kiesy. „W skałach kuto kamienie i ciosano, żeby szeroko wozy i kolebki iść mogły" – opowiadał Łukasz Górnicki. W efekcie jechała do Włoch na skróty, prosto przez Alpy.

Gdy dotarła do celu, czuła się jak nowo narodzona. Zapomniała o wszystkich troskach, o porażkach, wrogach. A nawet o tym, że ma sześćdziesiąt dwa lata i dobiega powoli kresu życia, które ciężko byłoby nazwać spełnionym lub szczęśliwym. Teraz znów czuła się tak, jakby ledwo skończyła dwudziesty czwarty rok życia i jechała w nieznane, wszędzie po drodze zbierając hołdy i drogie podarunki. Różnica była tylko taka, że tym razem to ona, jako osławiona krezuska, rozdawała prezenty. A w ślad za nimi spadał na nią deszcz wyrazów czci i uznania.

Czas spędzała w iście monarszym stylu. Na uroczystościach, ucztach i nabożeństwach. Wielkanoc świętowała w klasztorze świętego Stefana w Padwie, ofiarowując mnichom zdobiony koralem krucyfiks i sto dukatów. Kilka kolejnych tygodni zajęła jej kuracja u wód cieplicowych, prawdopodobnie w Abano. Nie zabrakło czasu także i na jej ukochane polowania. Wreszcie, gdy znudziła się Padwą, wjechała triumfalnie do Wenecji. Czy też raczej – wpłynęła. Przed miastem powitało ją stu najznamienitszych obywateli Republiki. Dalej czekała już galera dożów weneckich, wypełniona setką najlepiej urodzonych Wenecjanek. Ku czci polskiej królowej przemawiała nestorka humanizmu, dziewięćdziesięciojednoletnia Kasandra Fedele. Głos zabrał też obiecujący młody mówca Ludwik Groto d'Adria. Chwalił Bonę jako władczynię tak wspaniałą, że nawet Bóg zechciał, by jej imię miało tyle samo liter co jego własne (przynajmniej po hebrajsku). W podzięce d'Adria otrzymał od królowej drogocenny pierścień.

Bona rozkoszowała się atmosferą Włoch. Oddychała pełną piersią, śmiała się, nie myślała o spiskach, nie wypatrywała na każdym kroku wrogów i nie szukała w każdym słowie drugiego dna. Była wolna. I miała wrażenie, że wreszcie odzyskała wszystko to, do czego tęskniła przez dziesiątki lat spędzonych w Polsce. Jeszcze w Wenecji postanowiła zerwać z ciążącym jej nadwiślańskim balastem. Odprawiła cały swój polski dwór i w dalszą drogę ruszyła już tylko we włoskim towarzystwie. Pięknie przyozdobionym żaglowcem – prosto do Bari.

Tak zwana sala Bony Sforzy na zamku w Bari. Obecnie nie jest udostępniana zwiedzającym

Czar trwał nadal, gdy 12 maja wpływała do baryjskiego portu w eskorcie sześciu galer. Zgodnie z relacją miejscowego historyka, tworzącego w XVII wieku Antoniego Beatilla, specjalnie na tę okazję przy przystani „wybudowano most godny jej królewskiej osoby". Z portu władczyni została wprowadzona „bardzo szeroką drogą" do miasta, gdzie z honorami witali ją mieszczanie, patrycjusze, miejscowa szlachta i apulijscy artyści. Na tę okazję przygotowano nawet specjalny utwór ku chwale Bony. Napisał go i wygłosił pochodzący z pobliskiego Modugno wierszokleta Amadeusz Cornale. I właśnie wtedy, gdy podniosłym tonem zaczął on recytować kolejne strofy sonetu, zaklęcie, w którego uścisku znajdywała się dotąd królowa, niepostrzeżenie się rozproszyło. Bona stała oniemiała, jakby zdzielono ją obuchem.

Właśnie przemierzyła pół Europy, by ostatecznie zerwać ze starym życiem. Tymczasem Cornale jedna po drugiej otwierał każdą z bolesnych i ledwo zabliźnionych ran. Sławił „drugiego Zygmunta", który „od najmłodszych lat wznosi się na skrzydłach chwały, podążając śladami ojca". Podkreślał, że to człowiek „kochający męstwo i nienawidzący kłamstwa, ceniący sprawiedliwość i skromność". W jego opisie młody polski król wydawał się istnym przeciwieństwem nieczułego, mściwego, niewdzięcznego i bezmyślnego Zygmunta Augusta, którego znała Bona. A to przecież nie był jeszcze koniec. Poeta brnął dalej, przypisując monarsze wręcz boskie przymioty. „Jest wśród nas najgodniejszy, aby rządzić ziemią!" – skwitował, tylko po to, by od Augusta przejść do kolejnego wyrzutu sumienia Bony: córek, które pozostawiła w Warszawie na pastwę losu.

„Pełne nieprzemijającego blasku, tak teraz, jak i w dzieciństwie" – charakteryzował Cornale Katarzynę i Annę. Dla niego był to niewinny komplement. Dla Bony – raczej frontalny atak na staropanieństwo córek. Nie było przecież tajemnicą, że ich blask z każdym dniem stawał się coraz bledszy. „Nie mając równych w swej boskiej urodzie, godne są korony i królewskiego płaszcza!" – biegły kolejne wersy, niczym tekst aktu oskarżenia przeciw wyrodnej matce. Bo nawet jeśli Anna i Katarzyna były „godne korony", to z winy Bony żadnych koron nie zdobyły. I nie zanosiło się, by kiedykolwiek miało to ulec zmianie.

Łatwo zgadnąć, że Bona nie mogła i nie chciała dalej tego słuchać. Nic dziwnego, że nie zachowały się żadne wzmianki o zwyczajowym wynagrodzeniu poety ani o jego dalszej służbie na dworze Sforzówny. Być może Bona, swoim zwyczajem, wybuchła gniewem, zrugała poetę i odpowiadających za jego pracę patrycjuszy, a następnie wycofała się w mury baryjskiego zamczyska. Tego samego, w którym spędziła większość swojego dzieciństwa.

I tutaj czekał ją kolejny cios. Jeszcze w Polsce biskup Andrzej Zebrzydowski, chyba szczerze, przestrzegał królową przed marzeniami o krainie młodości. „Teraz to nie ziemia włoska Waszej Królewskiej Mości tak smakuje, gdy o niej myślisz" – mówił – „ale smakują tamte lata młodzieńcze. Wszyscy przecież ludzie wolą wiosnę od zimy". Bona, jako kobieta racjonalna i praktyczna, zbyła ten komunał złośliwym komentarzem. Prawda jednak była taka, że racjonalnością odznaczała się młoda Bona. Ta Bona, która wyjeżdżała z Polski w 1556 roku, dawno straciła oparcie w rzeczywistości. Nie mogła już łapać się niczego poza marzeniami. Jadąc do Włoch, mimochodem myślała o wszystkich krewnych, przyjaciołach, o dziesiątkach włoskich władców i arystokratów, z którymi przez całe życie prowadziła ożywioną korespondencję. Oczyma wyobraźni już widziała wystawne bankiety z ich udziałem. Już planowała tańce, koncerty i polowania. Już stawiała się w roli dyskutantki, która wreszcie nie będzie musiała zważać na kompleksy i niedostatki wiedzy polskich magnatów. Wreszcie będzie mogła zabłysnąć w ciągnących się do rana filozoficznych dysputach! A przy okazji – pokaże tym wszystkim, którzy wątpili w nią w 1518 roku, jak daleko zdołała zajść. Ona będzie błyszczeć.

Tyle tylko, że nie było już przed kim. Włochy, które pamiętała Bona, nie istniały. Od jej wyjazdu z rodzinnych ziem minęła cała epoka. Apulia była inną krainą, Bari innym miastem. Zmieniły się obyczaje, problemy codzienności, zainteresowania i bolączki elit. A przede wszystkim zmienili się ludzie. Ci wszyscy, których Bona pamiętała z młodości – ci, których pospiesznie żegnała na przystani w Manfredonii, tak jakby miała się z nimi spotkać ponownie najdalej za parę miesięcy – dawno umarli. Na ich miejscu Bona widziała tylko obce twarze.

Nie mniej obcy okazał się zamek w Bari. Bona pamiętała go jako tętniącą życiem, luksusową rezydencję, której siermiężne średniowieczne mury ukrywały się nieśmiało za zdobnymi makatami, firanami i obiciami. To była stolica humanizmu, pełna dworskich gier, balów i wystawnych uczt. Małej Bonie wydawało się, że nawet wiatr hulający po korytarzach twierdzy woła: „*Carpe diem*!". Teraz przeraźliwy świst wiatru był głośniejszy niż kiedykolwiek, ale nie skrywała się w nim żadna radosna nuta. Zamek był posępny i opustoszały. Było widać ślady wieloletnich zaniedbań, nadużyć, może nawet kradzieży. Jedna z zamkowych baszt zupełnie zniknęła z krajobrazu Bari – rażona piorunem rok po śmierci Izabeli Aragońskiej i nigdy nie odbudowana.

W tej ponurej scenerii do królowej musiało wreszcie dotrzeć, że jej wyjazd był tak naprawdę ucieczką. I to ucieczką donikąd. Idylla, o której śniła Bona, nie istniała. Istniały tylko prawdziwe Włochy: rozrywane intrygami, skłócone i przeliczające każdą sprawę na pieniądze. Bona mogła się poddać i na resztę dni zaszyć w swoich komnatach albo raz jeszcze zakasać rękawy i zacząć wszystko od początku. Wybrała to drugie. I był to błąd, za który przyjdzie jej zapłacić życiem.

Ambicja nie umiera nigdy

Na pierwszy rzut oka nic się nie zmieniło. Bona, tak samo jak w Polsce, na Litwie i na Mazowszu, brylowała w sztuce zarządzania. Tradycyjnie zajmowała się wszystkim – od spraw najdrobniejszych po największe. Zleciła budowę dwóch cystern na wodę w Bari oraz wykopanie studni w Modugno, by zaradzić niszczycielskim skutkom suszy. Stworzyła system dystrybucji zboża dla biedoty, by uspokoić nastroje społeczne. Wybudowała też przytułek dla najuboższych. Szybko zaskarbiła sobie sympatię i wdzięczność ludności księstwa. Nie było to trudnym zadaniem, bo poddani cenili ją już wcześniej, mimo że większość z nich nigdy nie widziała swojej pani na oczy.

W okresie pobytu w Polsce Bona wielokrotnie interweniowała u miejscowych elit w sprawie nawet zupełnie drobnych nadużyć. Zachował się przykładowo jej list z 1540 roku wysłany do kapituły bazyliki świętego Mikołaja w Bari, w którym królowa rugała duchownych za próbę przywłaszczenia sobie majątku pewnej upośledzonej umysłowo sieroty. „Nie chcemy pozwolić, aby zarówno w tym mieście, jak i w jakiejkolwiek innej części naszego państwa, uciskano, gnębiono czy oszukiwano ubogich podopiecznych, sieroty, wdowy i innych biedaków" – pisała z werwą. Od podobnych akcji zaroiło się także w 1556 roku.

Jednocześnie Bona zaczęła wykupywać dobra od miejscowych wielmożów, konsolidując swoją własność ziemską i zabezpieczając się przed naciskami arystokracji. Z prawdziwą pasją oddała się również remontowi baryjskiego zamku. Chodziło o zabezpieczenie twierdzy przed Turkami, ale Bona dała zarazem upust swoim gustom artystycznym. Przebudowała dziedziniec zamku, tak jakby chciała stworzyć sobie w Bari namiastkę wawelskich krużganków.

To wszystko były jednak sprawy przyziemne. Bona przede wszystkim zapragnęła wrócić do wielkiej polityki. Wiedziała, że w Polsce nie ma czego szukać – ten rozdział jej życia został ostatecznie zamknięty. Królowa nie chciała jednak wierzyć, że nie czeka na nią już żaden kolejny, wielki epizod. Z Wawelu trafiła na prowincjonalne Mazowsze, stamtąd do równie

---

Zamek w Bari. U góry widać klatkę schodową, której budowę zleciła Bona. Miała być dla niej skromną namiastką wspaniałych krużganków Wawelu. U dołu z lewej – widok na dziedziniec z zamkowej kaplicy św. Stanisława. Z prawej jedna z trzech wież twierdzy, mury i fosa

prowincjonalnego Bari. Chciała wreszcie odwrócić trend. Jej ambicja zdawała się teraz nie mniej rozbuchana co przed dwudziestu czy trzydziestu laty. Bonie brakowało jednak dawnej ostrożności, wyrachowania i roztropności. Była coraz starszą i coraz bardziej zagubioną kobietą, która jak zawsze odmawiała przyjmowania rad od kogokolwiek.

Wiedząc, że nie ma wiele czasu, chciała dążyć do celu jak najkrótszą drogą. Pewnie to dlatego już do reszty uwierzyła w swój świeżo zawiązany sojusz z Habsburgami. Po wszystkich wcześniejszych gestach sympatii nadeszła pora na ten najważniejszy. Jeszcze w tym samym 1556 roku Bona zgodziła się udzielić gigantycznej pożyczki wicekrólowi Alby. Rzeczywistym odbiorcą gotówki był król Hiszpanii, Neapolu i Sycylii Filip II Habsburg – następca dopiero co zmarłego cesarza Karola. Umowa opiewała na kwotę czterystu trzydziestu tysięcy złotych dukatów. Podobno przekazane przez Bonę monety ważyły półtorej tony. Według jednego z możliwych wyliczeń – opartego na cenie kruszcu – dzisiaj dukaty te byłyby warte dwieście trzydzieści pięć milionów złotych.

Bona dała sobie wmówić, że będzie to dla niej doskonała inwestycja, zarówno polityczna, jak i gospodarcza. Wiele wskazuje na to, że w tym czasie starała się u Habsburgów o nową koronę. Ponieważ w Polsce była już tylko malowaną królową, zapragnęła zyskać prawdziwą władzę we Włoszech, jako wicekról Neapolu. Najwidoczniej uwierzyła, że nie będzie to dla niej oznaczać degradacji, ale wręcz awans. Wprawdzie wicekrólowie Neapolu dotąd zawsze byli zwykłymi aparatczykami i zmienianymi niczym rękawiczki narzędziami w rękach Habsburgów, jednak polska królowa siebie widziała w zupełnie innej roli. Marzyła jej się pozycja drugiego po papieżu władcy Włoch – z szerokimi kompetencjami, dużą dozą niezależności od cesarstwa i prestiżem należnym następczyni rzymskich konsuli. A gdyby to wszystko się nie udało, to była gotowa przyjąć nagrodę

Bazylika św. Mikołaja.
Zapomniane miejsce wiecznego spoczynku polskiej królowej

pocieszenia w postaci tronu Mediolanu. Słowem, łaskawie zgadzała się wymienić jedną absurdalną fikcję na drugą.

Równie wątpliwie prezentowała się finansowa strona przedsięwzięcia. Zgodnie z zawartym kontraktem pożyczka została zabezpieczona na dochodach z komory celnej w Foggi. Aż do czasu jej spłacenia Bona miała otrzymywać co roku jedną dziesiątą przekazanej Habsburgom kwoty, czyli czterdzieści trzy tysiące dukatów. Z pozoru był do dobry interes. Już po dekadzie królowa – lub jej spadkobiercy – zaczęliby liczyć zyski. Teoria rozmijała się jednak z praktyką z jednego prostego powodu. Habsburgowie nie mieli w zwyczaju dotrzymywać obietnic ani spłacać długów. A już tym bardziej nie przejmowali się tak naiwnymi koncepcjami, jak „dług wdzięczności" czy „honorowe zobowiązanie". Paradoksalnie nikt w Europie nie wiedział tego lepiej od Bony Sforzy.

Przecież to właśnie ona przez całe życie załamywała ręce nad naiwnością swojego męża w relacjach z Habsburgami. Ze zgrozą obserwowała, jak Zygmunt w każdej sprawie ustępuje przed swoim sojusznikiem cesarzem, mimo że ten nie przegapiał żadnej okazji, by wbić Jagiellonowi nóż w plecy. Nawet kiedy Polacy poparli habsburską kandydaturę na cesarza, Karol V z dnia na dzień zapomniał o tej przysłudze, zawłaszczając należny Sforzównie spadek po królowej Joannie, a na kilka lat także księstwo Bari. Takie samo podejście do uczciwości przejawiał jego brat Ferdynand chociażby w sprawie sum należnych córce Bony Izabeli.

Pomimo wszystkich tych doświadczeń i na przekór dekadom rywalizacji z Domem Austrii, Bona niemal z dnia na dzień zgodziła się oddać Habsburgom olbrzymią część swojej fortuny. Dlaczego? Rozwiązanie tej zagadki może się kryć w najbardziej nieprzewidywalnym z ludzkich uczuć. Wiele wskazuje na to, że Bona się zakochała. A przynajmniej tak jej się wydawało.

Bezpośrednio po śmierci Zygmunta Jagiellończyka na dworze starej królowej zapanował popłoch. Opuszczali ją nawet wierni słudzy i zausznicy, przeczuwając, że pozostawanie u boku wdowy nie przyniesie im niczego dobrego. W tym czasie, gdy zdrada była na porządku dziennym, a monarchinię traktowano niczym trędowatą, Bona jak nigdy potrzebowała oparcia. I właśnie wtedy, niczym z nieba, spadł jej Jan Wawrzyniec Pappacoda – włoski arystokrata pochodzący z okolic Bari. Jego życiorys i kariera od pięciuset lat są tematami spekulacji. Nie wiadomo ani jak wyglądał, ani jakimi odznaczał się zaletami. Nie ulega natomiast wątpliwości, że momentalnie wkupił się w łaski królowej.

Jednego dnia był nikomu nie znanym dworakiem. A kolejnego – już zarządzał majątkiem monarchini na Mazowszu i wyruszał w jej imieniu w najważniejsze misje dyplomatyczne. Stał się dla niej podporą i zaufanym doradcą. A jeśli wierzyć źródłom – także kimś więcej. Neapolitański kronikarz Antoni Bulifon twierdził, że polska królowa „była bardzo zakochana w Janie Wawrzyńcu Pappacodzie, szlachcicu neapolitańskim, swoim dworzaninie". Podobne opinie można odnaleźć także w szeregu innych włoskich źródeł. I choć nie da się tego dowieść z całą pewnością, to Bona chyba rzeczywiście zapałała uczuciem do młodego, rzutkiego arystokraty.

Była już zmęczona życiem, którego naczelną zasadą stała się patologiczna ostrożność. Odkąd tylko przyjechała do Polski, odmawiała sobie każdej dwuznacznej przyjemności. Przestała nawet tańczyć, by nie prowokować plotek. Słowem, robiła wszystko, by odsunąć od siebie podejrzenia o rozpustną naturę i świecić przykładem jako cnotliwa matrona. Mimo to padła ofiarą najgorszych plotek i pomówień.

Teraz była już zbyt posunięta w latach, by poważnie myśleć o związku z jakimkolwiek mężczyzną. To jednak nie wykluczało marzeń i platonicznej fascynacji. Pappacoda musiał zdawać sobie z tego sprawę. Nieustannie prawił Bonie komplementy, kokietował ją, traktował tak, jakby wciąż była piękną i młodą księżniczką na wydaniu. Ani się obejrzała, a niewinny flirt przerodził się w destrukcyjne zauroczenie. Pappacoda owinął sobie Bonę wokół palca. To on posłował w jej imieniu do Habsburgów, on najsilniej ze wszystkich namawiał ją do wyjazdu z Polski, on wreszcie był jej reprezentantem w dyskusjach nad udzieleniem olbrzymiego kredytu królowi

Hiszpanii. Przykładał rękę do każdego niemal potknięcia starej Bony. I ludzie powoli zaczęli to zauważać. Tylko Bona, najdłużej ze wszystkich, łudziła się, że jak zawsze sama kieruje każdym swoim ruchem.

Kiedy wreszcie zrozumiała, że stała się marionetką w rękach własnego dworzanina, jej los był przesądzony.

Zapomniana królowa

„Czy ludzie o niej pamiętają? Być może. Ja tu pracuję od niedawna, więc trudno mi coś o niej powiedzieć" – tyle na temat Bony wiedziała sympatyczna ekspedientka w księgarni na zamku w Bari. Jej wyraźne zakłopotanie było zupełnie niepotrzebne. Bona jest równie enigmatyczną postacią dla niej, co dla każdego typowego Baryjczyka. I nic dziwnego, zważywszy, że w rodzinnym mieście po Sforzównie nie pozostał niemal żaden ślad.

W Polsce Bari kojarzy się z bliżej nieokreślonym historycznym księstwem. Jednak dla współczesnych Włochów to aglomeracja jak każda inna. Można śmiało powiedzieć, że dzisiaj znaczy dużo więcej niż w czasach Bony Sforzy. To dziewiąte najludniejsze miasto we Włoszech. Wraz z przedmieściami zamieszkuje je ponad sześćset tysięcy osób. Autorzy przewodników takich jak *Be Our Guest in Bari* starają się jak mogą, by podkreślić, że ich miasto to nie tylko relikt historii, ale też tętniąca życiem metropolia. Siedziba zakładów przemysłowych, centrum nocnego życia.

I rzeczywiście, to Bari, które każdy przybysz widzi jako pierwsze po przyjeździe na miejsce, niewiele różni się od dowolnego innego

---

Bazylika, w której spoczęła Bona, słynie przede wszystkim z wystawionych w jej podziemiach szczątków świętego Mikołaja z Miry. W XI w. zostały one wykradzione z Azji Mniejszej przez baryjskich marynarzy

europejskiego miasta. Ponure blokowiska, fabryczne hale, zapuszczone okolice dworca. Wszystko to powstało w ostatnim stuleciu, nie ma więc sensu szukać w nowym Bari śladów przeszłości. Ta zaszyła się w niewielkim śródmieściu, odgrodzonym od całej reszty zabudowy tak, jakby były to dwie osobne, tylko graniczące ze sobą miejscowości. Wystarczy przedostać się przez przecinającą miasto w poprzek trakcję kolejową, by wylądować w typowym adriatyckim miasteczku, wyrwanym żywcem z XVI czy XVII wieku. Zabytkowe kamienice sąsiadują z tysiącletnimi kościołami oraz rzecz jasna – ze zwalistą bryłą średniowiecznego zamku. Historia wyziera z każdego miejsca rozległej starówki. Tylko Bony jak na złość nie ma nigdzie.

Zamek nosi dzisiaj miano Castello Svevo di Bari – Szwabskiej Twierdzy. Zarówno nazwa, jak i wszystkie okoliczne pamiątki odnoszą się do średniowiecza. Zaraz pod murami tkwi zresztą cokół ku czci dwunastowiecznego cesarza Fryderyka Hohenstaufa. Wprawdzie nie był Włochem,

a Bari rządził na dystans, z Sycylii, ale dzisiaj jest najlepiej znaną w mieście postacią historyczną. Pamięć o nim jest kultywowana na każdym kroku. Tymczasem Bona została z historii Bari skutecznie wymazana. Ma ulicę swojego imienia, ale to tylko ślepy, zapuszczony zaułek w brudnej okolicy dworca. Na wzmiankę o polskiej królowej, która nigdy nie zapomniała o swoim ukochanym mieście, zabrakło miejsca nawet w jej własnym mauzoleum.

Wspaniały grobowiec dla matki ufundowała u schyłku XVI wieku Anna Jagiellonka. Został on umieszczony zaraz za ołtarzem, w głównej nawie bazyliki św. Mikołaja. Była to jedna z największych polskich inwestycji zagranicznych w całej tej epoce, a świątynia na długi czas stała się dla władców Rzeczpospolitej swoistą wizytówką. Każdy kolejny król tradycyjnie sponsorował nowe malowidła na ścianach kościoła. Bazylikę ozdobiły między innymi portrety Anny Jagiellonki, Zygmunta III Wazy, Jana Kazimierza i Ludwiki Marii Gonzagi.

Dzisiaj nie ma po nich ani śladu. Zostały z rozmysłem zniszczone na początku XX wieku, bo rzekomo nie pasowały do surowej, romańskiej bryły kościoła. Wchodząc dzisiaj do bazyliki, można odnieść wrażenie, że także marmurowe mauzoleum Bony razi baryjczyków. Nie zostało wprawdzie całkowicie usunięte, ale miejscowi zrobili wszystko, by ukryć jego obecność. Każdy zabytkowy obiekt w świątyni jest opatrzony barwną, szczegółową tablicą informacyjną. W kilku długich akapitach na dwumetrowej tablicy opisano nawet podrzędny osiemnastowieczny ołtarzyk. Tymczasem o mauzoleum i o tym, kto w nim spoczywa, nigdzie nie ma ani słowa.

Właściwie jedyne miejsce w mieście, w którym można natrafić na ślady po Bonie, to wnętrza baryjskiego zamku. Dzisiaj wyglądają chyba nie mniej posępnie niż w pierwszych dniach po powrocie królowej do Włoch. Przez ostatnie stulecia pełniły funkcje między innymi koszar i więzienia. Dopiero w drugiej połowie XX wieku przywrócono im dawne, historyczne oblicze. Po pustawych, ciemnych salach i po zbudowanym przez Bonę dziedzińcu znów hula wiatr. I tylko z filmiku puszczanego na pojedynczym infokiosku w podziemiach twierdzy można się dowiedzieć, że polska królowa była „kobietą czarującą i zaradną". Oraz że za jej sprawą „zamek w Bari przeżył ostatni okres świetności w swoich dziejach". Ale tutaj miejscowi raczej nie zaglądają.

Dwa testamenty

Jan Wawrzyniec Pappacoda dwoił się i troił, by utrzymać dyskretną kontrolę nad polską królową. I to zupełnie dosłownie. Na Wawelu mógł liczyć tylko na własny spryt, ale z chwilą ściągnięcia Bony do Apulii otwarły się przed nim zupełnie nowe możliwości. Twierdzę w Bari i budowany niemal od podstaw włoski dwór Bony momentalnie opanowała rodzina Pappacodów. Franciszek Pappacoda zarządzał zamkiem. Artur Pappacoda zorganizował uroczysty wjazd Bony do Wenecji i znalazł dla niej nowego lekarza, Jana Antoniego di Materę. Wreszcie sam Jan Wawrzyniec wyspecjalizował się w kontaktach z Habsburgami. Pomiędzy 1550 a 1555 rokiem kilkukrotnie odwiedzał w imieniu Bony zarówno cesarza Karola V, jak i jego syna Filipa II. Być może to podczas którejś z tych wizyt dał się skaptować Habsburgom i przeszedł na potajemną służbę u nich. Bardziej prawdopodobna wydaje się jednak wersja, wedle której od samego początku był podstawionym agentem. To by oznaczało, że jego przyjazd do Polski był elementem dalekosiężnego planu uknutego w Wiedniu lub w Madrycie. Fakt, że Pappacoda szybko stał się nieoficjalnym szefem dyplomacji na dworze Bony, tylko ułatwiał mu zadanie. Mógł zupełnie jawnie spotykać się ze swoimi mocodawcami, prowadzić z nimi korespondencję i projektować kolejne posunięcia. Królowa tak ślepo zawierzyła Pappacodzie, że oddała mu na przechowanie własną pieczęć. Dworzanin dysponował też całą stertą podpisanych przez nią *in blanco* pustych pergaminów i kartek papieru. Był w stanie bez wiedzy Bony sporządzić w zasadzie dowolny dokument, mający wszelkie oznaki autentyczności. I rzecz jasna skwapliwie korzystał z tej możliwości.

Perfekcyjnie mydlił królowej oczy, ale nie mógł zmienić rzeczywistości. Skrzynie wypełnione po brzegi złotymi dukatami wyruszyły do Habsburgów. Tymczasem Bona została z niczym. Nie tylko nie otrzymała obiecywanej władzy nad Neapolem, ale też znalazła się na celowniku tamtejszych biurokratów. Akurat po zainkasowaniu hojnej pożyczki Habsburgowie rozpoczęli otwartą walkę z dezintegracją państwa. Chodziło o ograniczenie niezależności księstw wchodzących nominalnie w skład Królestwa Neapolu, ale posiadających własne władze, sądownictwo i system podatkowy. Były na ziemiach Neapolu dwa sztandarowe przykłady państewek tego rodzaju: Bari i Rossano.

Urzędnicy Bony padali ofiarą szykan, jej poborców podatkowych zatrzymywano, a taksy ściągane od mieszkańców Bari były konfiskowane. Habsburgowie zbywali temat, tradycyjnie zasłaniając się literą prawa. O jawnych nadużyciach też nie chcieli dyskutować – te przecież można było łatwo zrzucić na karb panującej we Włoszech korupcji. Filip II wolał rozmawiać z Boną o przyszłości jej księstw. Kilkukrotnie otwarcie namawiał ją, by w obliczu konfliktu z synem zapisała swoje dobra... właśnie jemu. Zarazem rzecz jasna nawet nie zaczął spłacać udzielonej mu przez Bonę pożyczki.

Dla królowej stało się jasne, że dała się ograć. Rozpoczęła pospieszne przygotowania do wyjazdu z Bari. Oficjalnie wybierała się do Wenecji. Ślady jej korespondencji z Zygmuntem Augustem sugerują jednak, że stamtąd zamierzała wyruszyć w drogę powrotną do Polski. Król nie uronił wprawdzie z tęsknoty po matce ani jednej łzy, obawiał się jednak, że ta do reszty roztrwoni swój majątek. A tym samym – jego przyszły spadek.

Filip II Habsburg. Bona zrobiła wszystko,
by zaskarbić sobie sympatię nowej głowy niemieckiej dynastii.
Nie przewidziała, jak wiele będzie ją to kosztować

Właśnie ze względu na pieniądze, które kochał zdecydowanie bardziej od ludzi, był gotów zezwolić Bonie na powrót do kraju. Ba, zgodził się nawet zwrócić jej wszystkie posiadłości, których wyrzekła się w 1556 roku. Potem zamierzał cierpliwie odliczać czas do chwili, aż matka wreszcie umrze, a on zagarnie wszystko, co do niej należało.

Oczekiwanie okazało się dużo krótsze, niż przypuszczał. Pappacoda nie mógł pozwolić, by królowa wyrwała się spod jego wpływów. Jeśli udałoby jej się wrócić do Polski, niechybnie zaczęłaby odwoływać jego decyzje. Może nawet z pomocą syna zakwestionowałaby układy zawarte z Habsburgami. Mało tego – zabrałaby całą swoją fortunę, a Jan Wawrzyniec ostatecznie straciłby do niej dostęp. Cesarski agent pozyskał potrzebną truciznę, zawiązał spisek przy udziale całej zamkowej służby, w tym nawet najbliższej Bonie pokojówki Maryny d'Arcamone, i przystąpił do działania.

Dumna i stanowcza. Bona chciała, by tak właśnie ją zapamiętano. Na zdjęciu jeden z ostatnich medali z jej podobizną

W pierwszych dniach października 1557 roku Bona zapadła na tajemniczą chorobę. W połowie miesiąca była już w agonii. Pappacoda ułożył w jej imieniu testament, na mocy którego królowa oddawała cały swój majątek Habsburgom oraz jemu samemu. Zygmunt August i córki Bony zostali na mocy dokumentu faktycznie wydziedziczeni. Skrytobójca nie przewidział tylko jednego. Dzień po żałosnej uroczystości, podczas której ręką półprzytomnej Bony podpisano jej ostatnią wolę, królowa przebudziła się. Zawsze miała silny organizm. Walczył on nawet teraz, pomimo dwukrotnego podania trucizny.

Osłabiona królowa pamiętała, co zaszło dzień wcześniej. Wszystkie elementy układanki zaczęły dopasowywać się, tworząc spójną całość. Bona wiedziała już doskonale, kto ją oszukał i na czyje zlecenie. Musiała też zdawać sobie sprawę z tego, że została otruta i że nie ma już dla niej nadziei na ratunek. Mimo to w ostatnich godzinach życia robiła wszystko, by przynajmniej uratować swoje dziedzictwo.

Natychmiast wezwała swoją zaufaną pokojówkę Liwię, a za jej pośrednictwem sekretarza zamkowej kancelarii Scypiona Catapaniego. Komuś musiała zaufać. Te dwie osoby były jej niezbędne. Kilka kolejnych dobrała, kierując się ich długą służbą i wiekiem. Musieli to być ludzie, którzy z Pappacodami mieli jak najmniej do czynienia. Wszystkim innym mieszkańcom twierdzy poleciła niezwłocznie udać się do bazyliki św. Mikołaja i odprawić modły za jej zdrowie. Pod nieobecność dworzan i służby podyktowała nowy testament. Catapani posiadał uprawnienia notariusza papieskiego, tak więc sporządzony przez niego dokument był pod względem prawnym nie do podważenia. Pozostali zebrani pełnili rolę świadków.

Królowa odwołała wszystkie zapisy na rzecz Filipa II Habsburga. Na swojego głównego spadkobiercę wyznaczyła, pomimo jątrzącego się od lat konfliktu, Zygmunta Augusta. Poczyniła też wiele mniejszych zapisów, rozdysponowując tak drobne ruchomości, jak ulubiona karoca czy najładniejsza perła z jej kolekcji. W ostatnich chwilach życia była, jak za dawnych lat, metodyczna i wyrachowana. Zapisała trzynaście tysięcy dukatów nawet Janowi Warzyńcowi Pappacodzie. Pewnie łudziła się, że w ten sposób zabezpieczy się przed reakcją habsburskiego agenta na zniweczenie jego wspaniałego planu.

Wreszcie cały majątek został rozdany, a Bonie zostało już tylko czekanie, aż trucizna dokona swego dzieła. Umierała w samotności, otoczona przez wrogów, oszukana i pogardzana przez najbliższą rodzinę. Może przynajmniej czerpała jakąś pociechę z tego, że zostanie po niej jej ostatnia wola. Nie mogła przewidzieć, że dokument nigdy nie doczeka się realizacji i że samo jego spisanie będzie oznaczać wyrok śmierci dla jedynych wiernych jej ludzi.

Jak na ironię, dosięgła jej ta broń, o której używanie ją samą posądzano przez całe życie. Odeszła wreszcie 19 listopada 1557 roku. I nikt po niej nie płakał.

PRZEKLĘTE DZIEDZICTWO

ANNA JAGIELLONKA

„Że też się ta Warszawa nie zapadnie przez swoje grzechy!". Słowa wypowiedziane przed paroma miesiącami dudniły teraz w głowie Anny z siłą armatniego wystrzału. Nie musiała nawet patrzeć na swojego brata. Sama myśl o nim wywoływała uczucie odrazy. W przyszłości pruderyjni historycy stwierdzą, że życie Zygmunta Augusta stało się nieuporządkowane. Anna wiedziała jednak swoje. Jej brat stoczył się w odmęty grzechu.

Aż za dobrze pamiętała ciągłe tyrady matki. Zygmunt to, Zygmunt tamto. Ona stała w cieniu, niekochana i niepotrzebna. On był dla Bony całym światem. Miał zostać królem idealnym. Wodzem, który poprowadzi Polskę w przyszłość tak świetlaną, że złoty wiek Bolesława Chrobrego stanie się marną karykaturą nowej ery. Teraz wiersze o dumnym następcy Cezara, Zygmuncie Auguście, budziły w Annie tylko niesmak.

Ledwie Bona wyjechała z Polski, a jej królewski brat z własnej woli wyrzekł się splendorów Wawelu. Wspaniałą polską stolicę, do której obrazu z dzieciństwa Anna tęskniła niemal każdego dnia, zamienił na dzikie ostępy Litwy. Do centrum cywilizacji wracał coraz rzadziej. A po 1559 roku nie zawitał tam już nigdy. Im był starszy, tym większym barbarzyńcą wydawał się Annie. Odrzucił Chrystusa, skłaniał się ku plugawym herezjom. A kiedy wbrew prawom ludzkim i boskim zostawił swoją trzecią żonę, całą uwagę skupił na cielesnych żądzach. Zamiast panować, szukał coraz to nowych kochanek.

W grudniu 1569 roku przybył do Warszawy otoczony miłośnicami i astrologami. Ciągły strach przed śmiercią próbował zagłuszać, uciekając się do miłosnych naparów, czarnoksięskich ceremonii i bezbożnych uciech. W chwilach, gdy nie był obezwładniony magią – odurzał się alkoholem. Nuncjusz apostolski Giulio Ruggieri pisał o nim, że „jada bardzo mało, pije bardzo często, tak iż zaledwie siądzie do stołu, już pić zaczyna". Anna też doskonale wiedziała o tym, że król wlewa w siebie całe beczki mocnego węgierskiego wina. Nic jednak nie mogła zrobić. Brat zupełnie się od niej odciął.

Królewna starała się myśleć, że po prostu o niej zapomniał. Wiedziała jednak, że to nieprawda. Zygmunt August z rozmysłem ją zaniedbywał. Uświadamiał sobie, jak bardzo ona pogardza jego stylem życia, i postanowił się zemścić. Królewna w jednym ze swoich listów przyznała, że nie ma co jeść ani w co się ubrać. Czuła się jak żebraczka. Brat nawet nie odpowiadał na jej prośby o pomoc. Wolał obsypywać złotem kolejne nałożnice. Mówił, że to jego „sokoły". I że tylko one utrzymują go przy życiu. Anna nie mogła się powstrzymać. W myślach prosiła Boga, by sprowadził na niego zasłużoną karę. Teraz rozglądała się naokoło zupełnie oniemiała i przerażona. Nie wierzyła, że Pan jej wysłucha. I tak naprawdę chyba tego nie pragnęła.

„Pan bardzo się rozgniewał. Kaźnią swoją karać raczy" – zanotowała w szoku. Na Mazowsze spadła zaraza, jakiej kraj nie widział od lat. Wymierały wioski i miasteczka. Morowe powietrze zbliżało się powoli do Warszawy. Tu zaś, w murach dawnego zamku książąt piastowskich, leżał powalony chorobą Zygmunt August. Już od kilku lat otoczenie obserwowało, jak króla opuszczają siły. Cierpiał na podagrę, nawracające ataki febry i problemy z nerkami. Rozwijała się też chyba u niego gruźlica. Coraz częściej kaszlał krwią. Dla Anny było jasne, że jego ciało gnije, bo pozwala, by gniła mu dusza. Próbowała go ratować. Zygmunt August był jednak nieprzejednany. Ludzie mówili, że „nie chce się opamiętać", że nie potrafi „odmienić serca".

Schorowany Zygmunt August podczas burzliwych obrad sejmu w 1569 r. Ilustracja Jana Matejki

Annie ani razu nie pozwolił odwiedzić komnat, w których złożony chorobą spędził ostatnie miesiące życia. Aż do finalnego dnia.

Był 19 czerwca 1572 roku. O tym, że król zamierza opuścić Warszawę i skryć się przed zarazą w Knyszynie, usłyszała przez pośredników. Wiedziała, że brat jest bliski agonii. Była wściekła – na niego, na siebie i na sytuację. Narastający latami żal domagał się ujścia. A jednak nie mogła nic zrobić ani nic powiedzieć. Patrzyła tylko przez okno na formujące się oddziały gwardii i na przygotowywane do podróży wozy. Od Zygmunta Augusta, zajmującego przeciwległą część kompleksu zamkowego, oddzielały ją tylko łaźnia i królewska kuchnia. Śmiesznie mały dystans. A jednak własna godność i królewski zakaz nie pozwalały go pokonać.

Poczucie bezsilności przytłaczało ją. I właśnie wtedy, gdy zdawało jej się, że już nigdy nie zobaczy brata, rozległo się pukanie do drzwi. Stał w nich niejaki Karwicki, jeden z dworzan Zygmunta Augusta. Król każe przyjść! – przekazał.

Anna weszła do położonej na pierwszym piętrze sypialni z pełną dumy miną. Na dłuższą chwilę stanęła zaraz przy wejściu. Drzwi zatrzasnęły się w ślad za nią i wzrok Anny potrzebował czasu, by przywyknąć do ciemności. Zygmunt August kazał zasłonić okna i obić wszystkie ściany czarnym kirem. Ludzie szeptali, że to oznaka żałoby po Barbarze Radziwiłłównie. Od śmierci drugiej żony króla minęło dwadzieścia lat, ale wraz z postępami choroby Zygmunt August zapominał o upływie czasu. Teraz cierpiał na wspomnienie Barbary tak samo jak w dniu jej śmierci. A może nawet bardziej – bo żałował nie tylko jej, ale też własnego, jałowego i przepełnionego nienawiścią życia.

Leżał w wielkim królewskim łożu blady, wychudzony, zapadnięty w sobie. Na tle wspaniałej pościeli z najlepszego aksamitu jego wyniszczone i przedwcześnie postarzałe ciało przedstawiało żałosny widok. Kiedy Anna weszła, nie odezwał się do niej ani słowem. Czekał.

Jeszcze chwilę wcześniej królewna czuła, że wybuchnie, jeśli nie da upustu swoim emocjom. Chciała krzyczeć, złorzeczyć. Chciała dać bratu ostatnią lekcję i zmusić go, by pogodził się z Bogiem. Wystarczyło, że go zobaczyła. W mgnieniu oka cała złość zniknęła. Został tylko żal. Anna stanęła przy wezgłowiu i wybuchnęła płaczem. Z przejęcia nie była w stanie nic powiedzieć. A on wciąż tylko na nią patrzył. Wreszcie wyłkała: „Przepraszam".

Zygmunt August drżącą ręką podał jej zwinięty rulon papieru. Powiedział kilka grzecznościowych słów. Widać było, że każde sprawia mu ból – i to nie tylko fizyczny. Gdy skończył, natychmiast wezwał sługi i zarządził wyjazd. Zawczasu przygotowano olbrzymi pojazd, na którym zostało umieszczone całe królewskie łoże. Kilku drabantów przeniosło bezwładnego monarchę przed zamek i umieściło go na wozie. Przy władcy zajęło miejsca dwóch dworzan i kilku pokojowców. Na placu zebrały się już setki służących i dworzan. Nie było jednak słychać rozmów, śpiewów ani nawet szeptów. Rozległo się tylko wezwanie herolda. Ponury i pogrążony w ciszy pochód ruszył.

Wystarczyło kilka minut, a smagany wiatrem brukowany plac opustoszał. Anna spojrzała na rulon papieru, który wciąż ściskała w dłoni. Niepewną ręką rozwinęła go. Zaczęła czytać z coraz większym zdumieniem. To był testament Zygmunta Augusta. Największą część swojego majątku zapisał właśnie jej. Już za paręnaście dni miała zostać jedną z najbogatszych kobiet Europy.

Szkoła cierpliwości

Anną nikt się nie interesował. I tak było właściwie od zawsze. Rodzona matka zwróciła na nią uwagę tylko raz. Kiedy dziewczynka przyszła na świat 18 października 1523 roku, ze złością i rozczarowaniem kazała przygotować szybki, rutynowy chrzest. Nie czekała z ceremonią nawet na powrót przebywającego na sejmie męża. Odbębniła ciążący na niej obowiązek, oddała córkę pod opiekę piastunek i na tym jej osobista relacja z Anną

dobiegła końca. Porodem nikomu się nie chwaliła. Nie urodził się syn, więc nie było o czym pisać w listach.

Ten brak zainteresowania przejął od Bony mąż, a potem syn. Wszyscy traktowali Annę tak, jakby była niewidzialna. O młodym królu wiadomo, że zawsze był wobec niej „srogiego umysłu". Los siostry zaczął leżeć mu na sercu dopiero, gdy jej obecność odczuł monarszy skarbiec. Bona wyjechała z kraju, a ktoś przecież musiał łożyć na utrzymanie królewien. Już przy okazji ślubu Zofii Jagiellonki hetman Jan Tarnowski wyjaśnił, jak wygląda stanowisko Zygmunta Augusta. „Dla Jego Królewskiej Mości lepiej, że zmniejszą się wydatki, bo łatwiej dwie siostry utrzymać niż więcej" – stwierdził. Jeszcze prościej było utrzymać jedną. Albo najlepiej nie utrzymywać żadnej. O osobistych sentymentach nie mogło być tu mowy. Najmłodsza z Jagiellonek, Katarzyna, stwierdziła wprost, że Zygmunt August „nigdy nie był dla niej bratem". I Anna Jagiellonka mogłaby powiedzieć to samo.

W 1556 roku nie była już młodą dziewczyną. Skończyła trzydzieści trzy lata i jeśli Zygmunt August chciał wydać ją za mąż, to musiał działać szybko. W tym momencie na drodze do małżeństwa nie stały jeszcze ani wygląd, ani zdrowie królewny. Na portrecie wykonanym rok wcześniej wygląda wciąż świeżo i korzystnie. Twarz ma szczupłą, usta delikatne, a rysy twarzy przyjemne dla oka. Sylwetka jej ciała też jest drobna i zgodna z gustami epoki. Zdaniem swojej biografki, Marii Boguckiej, nie jest na tym obrazie „całkiem pozbawiona uroku". Widać wprawdzie zaczątki przyszłej brzydoty – zbyt wysokie czoło, lekko wyłupiaste oczy, spiczastą brodę – ale Anna wciąż może się podobać. Na pewno wygląda o niebo lepiej niż jej własna matka w podobnym wieku.

Problem z zamążpójściem leżał zupełnie gdzie indziej. Zygmunt August nie chciał przepłacać. To zaś skazywało Annę na korowód przypadkowych

---

Anna Jagiellonka na portrecie wykonanym w warsztacie Łukasza Cranacha młodszego. Jako trzydziestoparolatka była dużo ładniejsza od swojej matki w tym samym wieku

i niezdecydowanych kandydatów do jej ręki. Książę Pomorza Zachodniego, Jan Fryderyk, wycofał się z rozmów, gdy tylko usłyszał, jak niski jest posag Jagiellonki. Tak samo nieugięty był jego brat Barnim. Może i związek matrymonialny z siostrą polskiego króla dawał szanse na korzystny sojusz, ale Pomorzanie mieli swój honor. I nie zamierzali brać żony za darmo. Zresztą trudno im było przełknąć wiek Anny. Jan Fryderyk był od niej dwadzieścia lat młodszy. Barnim – ponad dwadzieścia pięć.

Wysłannicy króla próbowali zachęcić do ożenku któregoś z Habsburgów. W Wiedniu jednak propozycję ślubu z Anną potraktowano jak żart. Obiecująca możliwość otworzyła się wreszcie w Wirtembergii. Za sprawą starań swojej siostry, księżnej brunszwickiej Zofii, Anna otrzymała propozycję ślubu od dwudziestotrzyletniego księcia Eberhardta. Cóż z tego, skoro kawaler pechowo umarł zaraz po wysłaniu swatów. Kolejny potencjalny małżonek, brat palatyna reńskiego Ryszard Wittelsbach, nawet nie podjął pertraktacji. Trzydzieści dwa tysiące florenów posagu wydało mu się kwotą obrażającą jego godność.

Szczególnie zdeterminowany kandydat pojawił się w Danii w osobie brata królewskiego Magnusa. „Pan Bóg go nawiedził, nie ma jednego oka i to ubogi pijanica" – pisała o nim Katarzyna Jagiellonka. Innymi słowy: wariat, ślepiec, bankrut i alkoholik. Nawet duńscy historycy nazywali go człowiekiem „nieudanym i zwyrodniałym". Jakby wad było jeszcze mało, Magnus miał za sobą karierę biskupią, był zatwardziałym awanturnikiem i młokosem – między nim i Anną była niemal dwudziestoletnia różnica wieku. Zygmunt August bardzo chciał się pozbyć siostry. Sam przyznał w liście do Radziwiłłów, że marzy mu się, „aby już dłużej tego obowiązku na sobie nie nosić". Ale duńska propozycja to była po prostu przesada. Konkury odrzucono, natomiast Anna i tak czuła się upokorzona. Przecież ten żałosny wichrzycieli i szaleniec był jedynym człowiekiem naprawdę gotowym ją poślubić. Nie dawało jej to dużych nadziei na to, że los może się jeszcze odmienić.

Nie bardzo już było do kogo wysyłać pytań o małżeństwo. Zresztą, jeśli pojawiał się poważny kandydat, to Anna i tak przegrywała w konkurencji ze swoją siostrą. Katarzyna była młodsza, ładniejsza i bardziej pewna siebie. Nawet wielki książę moskiewski Iwan IV Groźny wybrał właśnie ją. Jego delegacja przybyła do Wilna w 1560 roku. Posłom nie pozwolono na rozmowę z królewnami, ale podobno pokazano im je przez małe zamkowe okienko. Inscenizacja miała podkreślać pokorę i pracowitość Anny. Obie królewskie siostry siedziały przy kołowrotku i przędły kądziel. Odległość pomagała ukryć zmarszczki i ślady upływających lat. Na nic się to nie zdało. Iwan stwierdził, że jeśli z kimś ma się żenić, to tylko z Katarzyną.

Do małżeństwa z księciem nie doszło, ale sytuacja po dwóch latach się powtórzyła. Do Wilna przybyli posłowie księcia Finlandii Jana Wazy. Chcieli wyswatać swojego pana z polską królewną – ale rzecz jasna tylko z tą młodą i piękną. Takie postawienie sprawy wywołało konsternację na dworze Zygmunta Augusta. Panny zawsze należało wydawać za mąż zgodnie z kolejnością urodzenia. W tym przypadku ta zasada wydawała się szczególnie ważna. Wydanie za mąż Katarzyny byłoby sygnałem, że małżeństwo Anny to stracona sprawa. I że najwyższa pora pogodzić się z dożywotnim staropanieństwem trzydziestodziewięcioletniej Jagiellonki.

Spekulacje przerwała wreszcie sama Anna. Poszła do króla i zażądała, by „już dłużej nie pozbawiał szczęścia królewny Katarzyny". Trudniej było przekonać samą zainteresowaną. Anna i Katarzyna były sobie niezwykle bliskie. Razem przez długie lata znosiły despotyczne ciągoty matki i poniewierkę ze strony brata. Wspólnie uratowały się z pożaru, razem mieszkały, bawiły się i cierpiały. Już i tak siostrzana więź została nadwyrężona. Wcześniej była ich nierozłączna trójka, ale Zofia wyszła za mąż i wyjechała do Brunszwiku. Od tego czasu bez przerwy wymieniały listy, przesyłały sobie rady i wyrazy wsparcia. „Wasza Książęca Mość raczy dobrze pamiętać tę miłość naszą, gdyśmy mieszkały ze sobą. Jedna bez drugiej nie szła tam, gdzie jej trzeba było. Zawsze wszystkie trzy, jedna obok drugiej. Tą miłością nieodmiennie także teraz Waszej Książęcej Mości służę" – pisała Katarzyna w jednej z wiadomości do Zofii. Siostry wiedziały jednak, że rozłąka będzie nieodwołalna. I że korespondencyjny kontakt to tylko cień tego, co miały dotąd.

Katarzyna wahała się długo, ale wreszcie stwierdziła, że o żadnym ślubie nie chce słyszeć. „Innego stanu niż ten, w którym jestem teraz, nie pragnę" – odparła, kiedy przyszli do niej wspólnie Anna i Zygmunt August. Wolała zostać z siostrą i razem znosić staropanieństwo. Była pewna, że Anna tylko przyklaśnie jej decyzji. Ta tymczasem sama zaczęła ją przymuszać do wyjazdu. „Przecież Wasza Królewska Mość przede mną przyzwoliłaś! Po co inaczej mówić teraz?" – obruszyła się. Zdezorientowana Katarzyna zamilkła. Anna tylko na to czekała. Z zadziorną miną zwróciła się do Zygmunta Augusta: „Przyzwoliła, Miłościwy Królu! Nie racz Wasza Królewska Mość więcej pytać!". Nie było sensu dalej się spierać. Katarzyna przyjęła oświadczyny Jana Wazy i wyjechała na daleką północ. I tylko Anna wiedziała, jak wiele ta jedna rozmowa ją kosztowała.

Nigdy nie miała silnego charakteru. Z całej trójki to Zofia była tą stanowczą i inteligentną, Katarzyna piękną. A ona? Po prostu była. Tak długo, jak miała przy sobie siostry, nie potrzebowała przebojowości, sprytu ani zalotności. W ich nierozłącznym trio każda uzupełniała braki pozostałych. I nie było wątpliwości co do tego, że najwięcej korzystała właśnie Anna. Na akt prawdziwej stanowczości zdecydowała się tylko raz w życiu – właśnie podczas rozmowy z Katarzyną i Augustem w 1562 roku. Nie ma wątpliwości, co naprawdę czuła. „Anna jest niezadowolona, że młodszą wydano przed nią" – zanotował sekretarz jednego z dworzan Zygmunta Augusta, a jednocześnie agent Albrechta Hohenzollerna. Mało powiedziane. Królewna cierpiała tak, jakby wyrwano jej część własnego ciała. Skazała samą siebie na życie w niekończącej się samotności, pogardzie i niemocy. I jeśli cokolwiek podnosiło ją na duchu, to fakt, że przynajmniej zapewniła szczęście ukochanej siostrze.

To przeświadczenie nie mogło utrzymać się długo. Związek Katarzyny był tragedią, tylko czekającą by się wydarzyć. Jak zwykle, gdy

---

Katarzyna Jagiellonka na obrazie Dawida Weissa.
Mawiano, że spośród trzech sióstr to ona była najpiękniejsza

w grę wchodziły pieniądze, Zygmunt August zapomniał o zdrowym rozsądku. Małżeństwo nie tylko nic go nie kosztowało, ale na dodatek otrzymał od Jana Wazy pożyczkę w wysokości stu dwudziestu tysięcy talarów. To wystarczyło, by uśpić jego czujność. Nie wziął pod uwagę, że Jan jest głęboko skłócony ze swoim przyrodnim bratem i suwerenem, królem Szwecji Erykiem XIV Wazą. Eryk ślub z Jagiellonką – którego nikt z nim nie skonsultował – uznał za akt wojny. Katarzyna ledwie zdołała rozgościć się w swym nowym domu, a już zamek Jana w Åbo (dzisiejszym Turku) został oblężony przez szwedzkie wojska. Niewiele brakowało, a polska królewna straciłaby życie w trakcie szturmu. Jedna z kul armatnich przebiła ścianę jej komnaty sypialnej i doszczętnie ją zdemolowała. Od tej chwili jej sytuacja tylko się pogarszała. Razem z Janem trafiła do aresztu, a następnie do więzienia. Proponowano jej wprawdzie uwolnienie, ale pod warunkiem, że wyrzeknie się męża. Na to córka Bony była zbyt dumna. W odpowiedzi pokazała tylko wysłannikowi Eryka swoją obrączkę. Na pierścieniu wygrawerowano: „Nikt oprócz śmierci [nas nie rozłączy]". I Jagiellonka zamierzała się tego trzymać.

Do Anny docierały tylko strzępy wiadomości o jej sytuacji. Wiedziała, że Katarzyna w więzieniu straciła swoje pierwsze dziecko. Być może usłyszała także o nowych żądaniach Iwana IV Groźnego. Moskiewski samodzierżca nigdy nie puścił w niepamięć zniewagi, która go spotkała. Poprosił Zygmunta Augusta o rękę Katarzyny i został odtrącony. Teraz postanowił się zemścić. Zwrócił się do Eryka XIV Wazy z prośbą o wydanie mu Jagiellonki. A szwedzki król bez wahania wyraził zgodę. Można się tylko domyślać, co moskiewski car pragnął zrobić z królewną. Ona w każdym razie czuła się tak, jakby położono jej nóż na gardle.

Anna, która słuchała opowieści o cierpieniach siostry, nie była już tą samą kobietą co pięć czy dziesięć lat wcześniej. Wraz z wyjazdem Katarzyny do reszty wyrzekła się dworskiego splendoru i beztroskich rozrywek. Zgryzoty wynikające z samotności, braku perspektyw i poczucia, że zmarnowała swoje życie i życie Katarzyny, odciskały na niej coraz głębsze piętno.

Stawała się wiecznie nadąsaną, zgryźliwą starą panną. Odziedziczona po Bonie duma przepoczwarzyła się w niej w nieustanne uczucie zgorszenia. Cały swój wolny czas trawiła na modlitwach. Zdarzało się nawet, że fanatyczna dewocja wpędzała ją w ciężkie choroby. Nie akceptowała niczego, co nie zgadzało się z jej coraz bardziej konserwatywnym obrazem świata. Ciągłe krytykanctwo stało się dla niej sensem życia. A Zygmunt August już zadbał o to, żeby miała kogo i co krytykować.

Królewskie pragnienia

Jeśli nie dacie mi rozwodu, to abdykuję! Albo się zabiję! Zygmunt August nie przebierał w słowach. Był gotów powiedzieć cokolwiek, byle tylko pozbyć się budzącej w nim wstręt żony. Nuncjusz apostolski Franciszek Commendone był na to przygotowany. Doskonale znał skłonność polskiego króla do przesady i pozoranctwa. Przewidział nawet, że ten może powołać się na przykład Anglii i zagrozić przejściem na protestantyzm. Uderzył pierwszy. Przestrzegł władcę, że chyba nie chce skończyć tak samo jak Henryk VIII. „Jemu przyniosło to tylko zgryzoty, nieustanne żonobójstwa, coraz to nowsze bezwstydne śluby, katowskim toporem zrywane!" – przypominał wysłannik papieża. Liczył, że uda mu się przemówić do rozsądku i godności monarchy. Zupełnie nie docenił tego, jak bardzo Zygmunt August jest zdesperowany.

Był rok 1565 i monarcha zbliżał się do swoich czterdziestych piątych urodzin. Pragnienie posiadania dziecka, zawsze obecne, przerodziło się w prawdziwą obsesję. Zygmunt August miał za sobą trzy małżeństwa. Niezależnie od tego, czy kochał swoją żonę, czy jej nienawidził – żadna nie urodziła mu następcy tronu. Nie doczekał się nawet córki. Dla niego było jasne, gdzie leży przyczyna. Królewska obsesja mieszała się z narastającą od dziesięcioleci paranoją. Wniosek mógł być tylko jeden: to był spisek. I zamach.

Katarzyna Habsburżanka „z nienawiści do Polski postarała się o poronienie". Taką wersję kolportował prymas Jakub Uchański, ale bardzo możliwe, że z czasem uwierzył w nią także Zygmunt August. Przede wszystkim był zaś przekonany, że to przebiegli Habsburgowie uknuli intrygę mającą na celu wytępienie dynastii Jagiellonów. Celowo podsyłali mu żony chore, brzydkie, mało płodne i obciążone epilepsją. Nie dał się przekonać żadnymi argumentami. Zapomniał, że ślub z Elżbietą został zaplanowany, gdy jeszcze byli dziećmi. Ignorował fakt, że matką obu Habsburżanek była Jagiellonka i ukochana siostra jego własnego ojca. Puścił mimo uszu przypomnienia, że to jego zausznik Mikołaj Czarny ukartował ślub z Katarzyną. Był równie uparty i zacietrzewiony jak wtedy, gdy oskarżał Bonę o zabicie Barbary Radziwiłłówny.

Widział tylko jedno wyjście z sytuacji. Skoncentrował wszystkie swoje wysiłki na pozbyciu się żony. Wprowadził na jej dworze ścisłą kontrolę i inwigilację. Uprzykrzał jej każdy dzień życia i uniemożliwiał jakąkolwiek niezależną działalność. Poniżał ją przy dowolnej okazji. Jednocześnie bombardował Kościół żądaniami. Nuncjuszowi wyjaśniał, że „czuje do Katarzyny nieprzezwyciężony wstręt, bo uważa związek z siostrą byłej żony za niemoralny i kazirodczy". Podkreślał, że „łatwiej mu będzie wyrzec się tronu i życia, niż dłużej dźwigać to jarzmo". Kiedy petycje nie przyniosły efektu – postanowił przynajmniej przepędzić żonę z kraju. Z tym nie było żadnego problemu. 8 października 1566 roku Katarzyna wyjechała do Wiednia. Wystarczyło, że opuściła Polskę, a wielki kamień spadł jej z serca. Dotąd dzień w dzień obawiała się zamachu. Niedawno zdarzyło się, że marszałek jej własnego dworu, wybrany przez Zygmunta Augusta Gabriel Grabowiecki, poczęstował ją wiśniami. Zjadła ledwie kilka. Momentalnie zaczęła zwijać się z bólu, dostała wysokiej gorączki i ciężkich dolegliwości gastrycznych. O mało nie wyzionęła ducha pośród wymiotów i biegunki. Lekarz orzekł: to było otrucie.

Zygmunt August nigdy nie odniósł się do tego wypadku. Tylko niektórzy dostojnicy państwowi przypominali sobie scenę, do której doszło parę miesięcy wcześniej podczas obrad senatu. Król, rozwścieczony prośbami o pogodzenie się z żoną, zagroził: „Dajcie już pokój. Mieszkać z nią nie mogę, żeby inaczej do tego dojść nie miało". Po tych słowach przejechał sobie palcami po gardle. Nikt nie potraktował dramatycznej zapowiedzi poważnie. Przynajmniej do czasu. Niewykluczone zresztą, że nie była to jedyna próba zamordowania kobiety, której jedyną winą było to, iż stała polskiemu królowi na drodze do nowego ożenku. Już po swoim wyjeździe, w lecie 1567 roku, Katarzyna znów ciężko zachorowała. Medycy rozpoznali nieżyt żołądka. Musieli jednak chyba podejrzewać coś więcej. Właśnie w tym czasie wygnana żona króla ostatecznie pozbyła się wszystkich swoich polskich dwórek. Miały je zastąpić bardziej godne zaufania Włoszki i Niemki.

Król ze swojej strony nie marnował czasu. Trawiąca go obsesja w coraz mniejszym stopniu dotyczyła przedłużenia dynastii, a w coraz większym – udowodnienia samemu sobie, że jest stuprocentowym mężczyzną. Jeszcze przed rozstaniem z Katarzyną uwiódł jedną z jej dam dworu. Otoczenie monarchy zaczęło nawet się obawiać, że ten poślubi kobietę niskiego stanu, którą „rad widział przy żonie". Pisała o tym ze strachem Zofia Jagiellonka. Nie mogła przewidzieć, że przelotny romans będzie tylko pierwszym z całego szeregu miłosnych podbojów Zygmunta Augusta. Jego kochanka wyjechała razem z królową, tymczasem monarcha znalazł sobie nową miłośnicę. A po niej kolejną i kolejną. „Odesławszy w 1566 roku Katarzynę, chociaż już dawniej zawsze lubił kobiety, teraz dopiero w intrygi miłosne gwałtownie się wplątał" – pisał kronikarz Reinhold Heidenstein. Zygmunt August szukał w kobiecych ramionach zapomnienia, a jego dworzanie – tylko mu w tym pomagali. Wielkie kariery zaczęli robić ludzie z przypadku. Bez wykształcenia i ogłady, ale za to zupełnie bezwstydni. Najbardziej do króla zbliżył się niejaki Mikołaj Mniszech. Dostał osobny apartament na parterze warszawskiego zamku, zaraz pod monarszą sypialnią. Oficjalnie był pokojowcem, ale tylko dlatego, że jego prawdziwy urząd nie doczekał się w Polsce formalnego uznania. Mianowicie Mniszech załatwiał królowi towarzystwo na noc. I doskonale się w tej roli spisywał.

Rozwiązłość brata od początku gorszyła Annę. Król przeszedł jednak samego siebie po tym, jak zimą 1569 roku zajechał do Warszawy i postanowił na kilka miesięcy zatrzymać się w mazowieckiej stolicy. On zamieszkał w głównym gmachu zamku. Królewna gniotła się w ciasnym Dworze Mniejszym. Spotykali się rzadko, a rozmawiali jeszcze rzadziej, ale bliskie sąsiedztwo nie pozostało bez konsekwencji. Zygmuntowi Augustowi wpadła w oko jedna z dwórek siostry – Anna Zajączkowska. Maria Bogucka, biografka Anny Jagiellonki, pisała, że była to „szlachcianka uboga, lecz hoża". Na pewno była też ambitna. Zygmunt August porwał ją z dworu pod pozorem małżeństwa. Co zrozumiałe, to nie on miał być panem młodym. Wysłał jednego ze swych dworzan, niejakiego Mokrskiego, by oświadczył się Zajączkowskiej. Dama przyjęła konkury; wyraziła na nie zgodę również królewna Anna. Rozradowany pan młody szybko wywiózł swoją narzeczoną z Warszawy i słuch po nich zaginął. Dopiero po paru tygodniach siostra króla odkryła, że to Zygmunt August stał za trefnymi oświadczynami. Zajączkowska wcale nie miała narzeczonego, zyskała za to królewskiego kochanka. Monarcha osadził ją na zamku na jeziorze Bugaj pod Piotrkowem, często odwiedzał i obsypywał prezentami.

Anna nie mogła znieść takiej hańby. Dwór królowej to była w szesnastowiecznej Polsce prawdziwa instytucja. Właśnie do fraucymeru najlepsze rodziny szlacheckie wysyłały swoje córki, by nabierały ogłady, nawiązywały znajomości i korzystnie wychodziły za mąż. Może i Anna nie była królową, ale przecież nikt inny w kraju nie mógł zorganizować dworu kobiecego z prawdziwego zdarzenia. Bona od dawna nie żyła, Katarzyna uciekła. Przynajmniej Anna robiła, co mogła. A brat nie dość, że nigdy nie pomagał, to teraz uczynił z niej zupełne pośmiewisko.

Oliwy do ognia dolewała jeszcze sama Zajączkowska. Nie tylko nie przejęła się porwaniem, ale szybko dostrzegła życiową okazję w byciu królewską metresą. Wyczuwała, czego oczekuje Zygmunt August, i jak na zawołanie zaczęła szkalować swoją dotychczasową panią i opiekunkę. Tak by otoczenie nie tylko nie krytykowało króla, ale wręcz zaczęło chwalić go za to, że uwolnił ciemiężoną dwórkę spod tyranii bezwzględnej i zgryźliwej starej panny. Zaprzyjaźniony z Anną urzędnik, referendarz królewski Stanisław Czarnkowski, pisał: „Ten Zając, mając dziwnie zajątrzone serce, na królewnę Jej Mość chciałby proporce swoje rozciągnąć".

Król w żadnym razie nie ograniczał się do tej jednej kochanki. Otaczał go cały wianuszek kobiet będących jednocześnie wiedźmami i miłośnicami. Zygmunt August już od wielu lat fascynował się czarami. Marcin Bielski zapisał w swojej kronice, że „o magię i alchemię chętnie się pytał". Wiadomo, że jeszcze gdy był w pełni sił, zatrudniał całą gromadę alchemików i astrologów. Kluczowe decyzje polityczne podejmował w oparciu o wróżby lub horoskopy. Na Wawelu miał nawet specjalny pokój, którego ściany z pedantyczną dokładnością wymalowano w przeróżne magiczne znaki. W tym właśnie wielobarwnym pomieszczeniu magowie układali swoje prognozy. I jak stwierdził historyk Marek Wrede, niektóre z nich „były w stanie zafrapować nawet sceptyków". Jeden z astrologów przepowiedział Zygmuntowi Augustowi, że umrze w 1552 roku. Niewiele się pomylił. Właśnie w tym roku doszło do tragicznego incydentu podczas uroczystego wjazdu króla do Królewca. Z murów wystrzelono salwę na wiwat. Kule nie powinny były nawet zbliżyć się do pochodu. Tymczasem jedna z nich minęła monarchę o centymetry, trafiając prosto w jadącego obok dworzanina. Nieszczęśnik został zmieciony z konia i rozerwany na strzępy. Niezależnie od tego, czy był to zamach w wykonaniu Hohenzollernów, czy tylko wypadek – Zygmunt August zaczął odtąd bardzo uważnie słuchać horoskopów.

Z wiekiem postanowił też połączyć przyjemne z pożytecznym. Słuchał rad mędrców biegłych w sztukach tajemnych i zmurszałych guślarek, które już w czasach Kazimierza Jagiellończyka sporządzały swoje pierwsze napary. Otaczać wolał się jednak ich córkami i wnuczkami. Głośno było o jego stosunkach z niejaką Zuzanną Orłowską. Anonimowy dworzanin pisał, że była to: „białogłowa niepewnego pochodzenia, to jest bękartka pewnego kanonika krakowskiego, z którą król po odjeździe żony już znacznie

Król uchodzący kiedyś za przystojnego i silnego młodzieńca przedwcześnie zamienił się w stetryczałego starca. Zygmunt August na ilustracji z kroniki Marcina Kromera

nierządniej mieszkał przez lat siedem". Przede wszystkim jednak Orłowska była siostrzenicą jednej z nadwornych wiedźm króla, niejakiej Koryckiej.

Lista kochanek ciągnęła się niemal bez końca. O jednej, znanej tylko z nazwiska jako Relska, mówiono nawet, że urodziła królowi córkę. W to jednak nikt nie wierzył. Po dziesiątkach romansów dla wszystkich było jasne to, o czym już przed laty mówiła Bona: Zygmunt August był bezpłodny. Z jego niezdolności do przedłużenia rodu naśmiewał się nawet nowy cesarz, Maksymilian II Habsburg. Tymczasem o samym królu mówiono, że „ożeniłby się nawet z żebraczką, gdyby tylko dała mu syna".

I nagle pojawiła się kobieta, co do której Zygmunt August miał pewność, że to właśnie zrobi. Musiała urodzić mu syna. Bo po co inaczej Bóg stawiałby na jego drodze nowe wcielenie Barbary Radziwiłłówny?

Powrót Barbary

Do północy zostało już tylko kilka minut. Przygotowania trwały przez cały dzień, a mimo to mistrz nauk tajemnych Laurentius Duranovius nie był zadowolony. Zmarszczył czoło i z grymasem na ustach omiótł wzrokiem pomieszczenie. Komnata była niemal pusta. Wybrał ją sam mag, twierdząc, że w tym właśnie miejscu najprościej będzie przeniknąć barierę oddzielającą świat żywych od krainy umarłych. Poza zdobionym krzesłem, na którym zasiadał schorowany władca, znalazły się w niej tylko przedmioty potrzebne do przeprowadzenia rytuału. Księga zaklęć umieszczona na podwyższeniu i specjalne lustro wykonane z kruchego stopu srebra, cynku i cyny. Szeroka i wysoka na pół metra tafla miała kluczowe znaczenie dla przebiegu inkantacji. To przy jej użyciu mistrz Duranovius obiecał wywołać ducha ukochanej małżonki króla Barbary Radziwiłłówny.

W oddali słychać było pierwsze uderzenia kościelnych dzwonów, oznajmiające północ. Mag spojrzał gniewnym wzrokiem na zebranych dworzan. W komnacie paliła się tylko jedna świeca ustawiona na kominku.

W półmroku odziany w wyszywane magicznymi wzorami szaty mistrz roztaczał wokół siebie aurę strachu. Obite czarnym kirem ściany tylko potęgowały atmosferę grozy. Fakt, że mag miał zaledwie pięćdziesiąt cztery lata, stracił teraz na znaczeniu. Podobnie jak to, że służył królowi przez połowę swojej kariery, a wszyscy zebrani byli z nim w niemalże familiarnych stosunkach. W chwili, gdy przystępował do magicznego obrzędu, nie był już zwykłym śmiertelnikiem – z dworskiego szarlatana i alchemika urastał do rangi włodarza sił nadprzyrodzonych.

Dworzanie natychmiast ruszyli ku wyjściu, poganiani niecierpliwym wzrokiem maga. Po chwili w komnacie zostali już tylko Duranovius, Zygmunt August i królewska guślarka, która nauczyła władcę potrzebnych formuł magicznych. Monarcha wiercił się na swoim miejscu, wyraźnie zaniepokojony. Raz jeszcze powtórzył pytanie, które nie dawało mu spokoju, odkąd tylko podchwycił propozycję jednego z zaufanych, by wykorzystać magiczne talenty Duranoviusa i przed śmiercią raz jeszcze spotkać się z Barbarą.

Czy rytuał na pewno nie naruszy spokoju jej duszy? Pytał już o to astrologa Piotra Proboszczowicza oraz rzecz jasna samego Duranoviusa. Tym razem mag tylko niecierpliwie zmarszczył brwi. Nie było czasu na bezcelowe dyskusje. Zamiast odpowiedzieć, tubalnym głosem przestrzegł króla przed ryzykiem przerwania czaru. Pod żadnym pozorem władcy nie wolno było wstawać z miejsca – niezależnie od tego, co zobaczy, usłyszy i poczuje. W przeciwnym razie groziła mu śmiertelna klątwa i gniew umarłych. Na moment oddał jeszcze głos guślarce. Kiedy stało się jasne, że król pamięta wszystkie słowa i reguły, kobieta, nosząca miano „Wielkiego Ożoga", wyszła. Rytuał mógł się rozpocząć. Mag pochylił się nad opasłą księgą, ledwie słyszalnym szeptem odczytując magiczne formuły. W ustalonym momencie przerwał i chrząknął, dając znać królowi, że teraz pora na jego część zaklęcia. Zygmunt August był zbyt przejęty, by płynnie wypowiedzieć inkantację. Łamiącym się głosem wydukał słowa, przekręcając lub pomijając przynajmniej co drugie.

Horoskopy, przepowiednie, mikstury i magiczne rytuały. Magia była stale obecna w życiu ostatniego Jagiellona. Ilustracja Jana Matejki przedstawia nadwornego czarodzieja i magiczną ceremonię w jego wykonaniu

Przez moment nic się nie działo. Nagle jednak drzwi sąsiedniej komnaty uchyliły się i stanęła w nich młoda kobieta. W półmroku nie dało się dostrzec szczegółów, ale król nie miał żadnych wątpliwości. Suknia, włosy, twarz – wszystko się zgadzało. To była ta sama Barbara, którą przedwcześnie pożegnał w 1551 roku.

Zygmunt August nie zamierzał zważać na przestrogi. W tej chwili nie interesowały go żadne klątwy ani wieczne potępienie. Musiał, po prostu musiał jej dotknąć. Zerwał się z krzesła i rzucił w stronę drzwi. Przez moment zdawało mu się, że w oczach zjawy dostrzega przerażenie. Słyszał krzyk mistrza ceremonii. Dobiegł do niego dźwięk pękającej tafli lustra. Nic go jednak nie mogło powstrzymać. I właśnie wtedy, gdy był zaledwie o krok od drzwi, w komnacie zapadła ciemność. Świeca stojąca na kominku, jedyne źródło światła, zgasła. Kiedy zapalono ją ponownie, po zjawie nie został żaden ślad.

Tak mniej więcej wydarzenia, do których doszło na warszawskim zamku, wyglądały z perspektywy króla. O próbie wywołania ducha Barbary Radziwiłłówny wspominają dwa niezależne źródła. Pierwszym jest spisana pół wieku później relacja nadwornego lekarza Joachima Possela. Drugim – nigdy nie odnaleziona, ale znana w odpisach, szczegółowa opowieść Jana Ghysaeusa, przelana na papier niedługo po seansie. Dwa manuskrypty zgadzają się właściwie tylko w kwestii tego, że do seansu doszło. W każdym innym szczególe różnią się od siebie. Possel przedstawia historię dość naiwną, przepojoną magią i tajemnicą. Ghysaeus jest bezlitosny. Zrywa zasłonę, za którą kryją się prawdziwi organizatorzy ceremonii. I udowadnia, że wywołanie ducha Barbary Radziwiłłówny nie było niczym więcej, jak tylko przebiegłą mistyfikacją.

Za wszystkim stał Mikołaj Mniszech. Bycie alkowianym króla nie zaspokajało jego ambicji. A przede wszystkim – nie wystarczało mu do napełnienia własnej kiesy. Jako człowiek równie rozwiązły, co sam Zygmunt August Mniszech zakradł się pewnego dnia do warszawskiego klasztoru Bernardynek. Uwiódł tam jedną z sióstr – niespełna dwudziestoletnią córkę lichwiarza, Barbarę Giżankę. Odwiedzał ją wielokrotnie, przywdziewając dla niepoznaki kobiece szaty. I chyba właśnie podczas jednej z namiętnych schadzek uświadomił sobie, jak wielkie korzyści może mu przynieść znajomość z Giżanką. Dziewczyna nie tylko nosiła takie samo imię jak ukochana żona Zygmunta Augusta. Miała też podobne rysy i budowę ciała. Na pewno nie była jej sobowtórem. Ale też nie musiała być. Od śmierci Radziwiłłówny minęło niemal dwadzieścia lat. Nawet w pamięci króla jej sylwetka dawno się zatarła – miał przecież do dyspozycji tylko nieliczne portrety i własne, zawodne wspomnienia. Mniszech postanowił z tego skorzystać.

Plan był ryzykowny. Sukces zależał wyłącznie od tego, czy Zygmunt August okaże się wystarczająco bezkrytyczny i łatwowierny. Mniszech wierzył, że tak będzie. Zniedołężniały król z własnej woli uciekał do krainy sennych mar i złudzeń. Wystarczyło odpowiednio pokierować jego marzeniami. Po pierwsze, chodziło o to, by przekonać władcę, że Barbara Radziwiłłówna wyglądała dokładnie tak jak Barbara Giżanka. Następnie należało sprezentować królowi tę drugą. Dla Mniszcha, doskonale znającego gusta swego pana, było oczywiste, że taka miłośnica momentalnie zawróci mu w głowie. Był tylko jeden warunek: król nie mógł wiedzieć, że został oszukany.

Po pomoc Mniszech zwrócił się do Franciszka Krasińskiego – podkanclerzego koronnego i jednej z najwyżej postawionych osób na dworze. Jest niemal pewne, że to właśnie on zaproponował organizację magicznego seansu. Na zamku przebywał człowiek idealny do przeprowadzenia takiej maskarady, a Krasiński prawdopodobnie już od czasu studiów był z nim blisko zaprzyjaźniony. Chodziło o Wawrzyńca Duhra – jednego z królewskich alchemików. Oficjalnie przedstawiał się on z łacińska, jako Laurentius Duranovius. W rzeczywistości był jednak Niemcem z Norymbergii i typowym dla swej profesji hochsztaplerem. W przeszłości służył Albrechtowi Hohenzollernowi i Mikołajowi Czarnemu. Szedł tam, gdzie najwięcej płacili. Całe życie dobrze zarabiał dzięki temu, że umiejętnie kłamał.

Tak samo było tym razem. Mniszech i Krasiński zaoferowali mu pokaźną sumę w zamian za wywołanie ducha Barbary Radziwiłłówny. Był tylko jeden haczyk. Zamiast jakiegoś widziadła z dymu i lustrzanych odbić miał pokazać królowi kobietę z krwi i kości – Barbarę Giżankę. Według relacji Jana Ghysaeusa, organizatorzy intrygi starali się zabezpieczyć na każdą okoliczność. Zupełnie zbałamucili Giżankę, gwarantując sobie jej lojalność i milczenie. Sprowadzili ją na zamek nocą lub tajnym podziemnym przejściem (tak podawał kronikarz, ale o istnieniu podobnego przejścia nic nie wiadomo). Na spektakl wybrali komnatę przylegającą do sali, z której dziewczynę można było szybko i łatwo ewakuować. Pamiętali też o dyskrecji. Świadkiem pokazu miał być tylko i wyłącznie król. Jego dworzanie mogliby przecież zacząć coś podejrzewać. Utrzymaniu tajemnicy służyły także reguły ceremonii – zakaz wstawania z miejsca i ograniczone

Mistyfikacja udała się wyśmienicie. Żyjący wspomnieniami i ułudami król łatwo uwierzył, że widzi przed sobą ukochaną żonę. Wywołanie ducha Barbary w wyobrażeniu Jana Matejki

do minimum oświetlenie. Wprawdzie król złamał pierwszą zasadę i niemal zdemaskował cały spisek, ale drugie zabezpieczenie zadziałało bez zarzutu. Podobno w murze celowo wywiercono otwór, za którym stał jeszcze jeden członek tajnego sprzysiężenia – pokojowiec Wypczyński. Kiedy tylko dojrzał, że król zrywa się z miejsca, przy użyciu trzymanego w dłoni kija zrzucił z kominka jedyną zapaloną świecę. Zanim światło wróciło, inny pokojowiec, Łepkowski, już zabrał Barbarę w bezpieczne miejsce.

Mistyfikacja udała się doskonale. Król wierzył, że to, co widział, to była jego ukochana Barbara. Mniszech i Krasiński triumfowali. Byli gotowi do sprezentowania mu przy pierwszej okazji nowej kochanki – rzekomo łudząco podobnej do zmarłej władczyni. I tylko Wawrzyniec Duhr nie mógł się cieszyć z łatwego zarobku. Spiskowcy na wszelki wypadek woleli się go pozbyć. Wynajęte przez nich zbiry schwytały i zamordowały alchemika, kiedy ten stanął na noc w karczmie w miejscowości Mystki-Rzym na Podlasiu. Krasiński na pamiątkę zatrzymał sobie jego magiczne lustro, przekazywane następnie z pokolenia na pokolenie przez jego potomków. Przetrwało do dzisiaj i jest przechowywane w zakrystii kościoła parafialnego w Węgrowie.

Historia królewskiego maga przetrwa wieki i tylko nazwisko ulegnie zmianie. W XIX wieku literaci i historycy z Niemca Duhra zrobią polskiego szlachcica Twardowskiego. Bo przecież *durus* to po łacinie twardy.

Ostatnia nałożnica

„Wszyscy widzą, kiedy w oknie siada z dziecięciem. Do niej chodzą, karteczki piszą o wsparcie" – relacjonowała w liście do siostry Anna Jagiellonka. Aż gotowała się ze złości. Nic nie wiedziała o spisku, ale jednego była pewna. Odkąd na przełomie 1570 i 1571 roku na zamku zorganizowano diabelskie przedstawienie, Zygmunt August do reszty stracił kontakt z rzeczywistością. „Zła białogłowa", „matka szczenięcia"! Anna złorzeczyła, ale niewiele mogła zrobić. Niedługo po magicznej ceremonii otaczająca króla kamaryla przyprowadziła do niego jakąś wykradzioną z klasztoru mieszczkę. Nie dość, że dziewczyna owinęła sobie władcę wokół palca, to jeszcze wmówiła mu, że jest „jego" Barbarą. Że w jakiś niepojęty, nadprzyrodzony sposób coś ją łączy z Barbarą Radziwiłłówną. Jakby tego było mało – równo dziewięć miesięcy później urodziła córkę.

W kraju rozpętała się burza, jakiej nie pamiętano od 1548 roku. Król był przekonany, że w żyłach dziecka płynie jego własna, jagiellońska krew. Rozpoczął starania na rzecz oficjalnego uznania córki. Jednak zamiast gratulacji słyszał tylko kpiny. „Jakie to potomstwo, skoro go dotąd nie ma, a królowa sto mil od króla?" – pytali posłowie, w ogóle nie przyjmując do wiadomości, że Zygmunt August może mieć dzieci. Równie lekceważąco sprawę potraktował nuncjusz Wincenty Portico. „Urodziło się małe z ladacznicy" – pisał w depeszy skierowanej do kurii. – „On uważa je za swoje, ale powszechnie się w to nie wierzy".

Dla Giżanki, Mniszcha i Krasińskiego nie miało to żadnego znaczenia. Ważne, że król ufał kochance. Kiedy tylko została matką, zaczął ją traktować niczym przyszłą polską królową. Momentalnie przypomniał sobie horoskop postawiony przed laty przez astrologów. Według niego miał doczekać się dziecka, ale dopiero z czwartą żoną. Przepowiednia wreszcie zaczęła się sprawdzać. A Giżanka nagle stała się dysponentką monarszych łask. Król podarował jej cały kompleks dóbr ziemskich pod Łomżą i nadał szlachectwo. Pławiła się w luksusach, decydowała o awansach, rozdawała stanowiska. Na jej prośbę przyjaciel Krasińskiego i szwagier Mikołaja Mniszcha, Jan Firlej, dostał nominację na wojewodę krakowskiego. Sam Mikołaj wzbogacił się o starostwo łukowskie i dochodowe królewszczyzny radzymińską oraz osiecką. Jego brat Jerzy, również wtajemniczony w spisek, został kuchmistrzem nadwornym i starostą sanockim. Najlepsza nagroda przypadła jednak Krasińskiemu. Objął najważniejsze polskie biskupstwo – Kraków. Wprawdzie na dworze zaczęto go przezywać „Księdzem Gize", ale puszczał to koło uszu. Stanowisko jest stanowiskiem – niezależnie od tego, jak się je zdobyło. „Jest to zły, niecnotliwy ksiądz, Panu Bogu nie służy, złe przykłady daje, a mnie gdzie tylko może, złe świadectwo wystawia, przed obcymi obmawia" – skarżyła się królewna Anna.

Miała powody do żalu, bo to właśnie ona znalazła się 1571 roku na celowniku Giżanki. Królewska nałożnica wiedziała, że nikt nie jest jej równie niechętny jak siostra Zygmunta Augusta. Przede wszystkim zaś miała świadomość, że musi się jej pozbyć, jeśli chce w przyszłości stanąć z królem na ślubnym kobiercu.

Anna nigdy nie pozwoliłaby na tak niegodną i hańbiącą dla rodziny ceremonię. Już sama myśl o tym, że musiałaby się kłaniać prostytutce, wzbudzała w niej odrazę. I wcale się z tym nie kryła. To dlatego, na skutek nacisków Giżanki, została zupełnie odgrodzona od brata i od królewskiego dworu. Krasiński zaczął rozpowiadać każdemu, kto się napatoczył: „Miły bracie! Wystrzegam cię, jeśli chcesz mieć łaskę Jego Królewskiej Mości, nie bywaj u królewny!". Sam Zygmunt August wstrzymywał się z mianowaniem ochmistrza na dworze siostry, a ważnym urzędnikom zabraniał wizyt u niej. „Anna u brata nie jest tak, jako była dawniej" – twierdził blisko związany z Jagiellonką Stanisław Czarnkowski. Sama królewna dramatyzowała, twierdząc, że „czasem nie ma co jeść". W rzeczywistości jej sytuacja nie była aż tak zła. Zachowane rachunki wskazują, że nawet jeśli zaciskała pasa, to wciąż żyła w dostatku. Król naruszył jej godność, ale nie podstawy bytu. Inwigilował też chyba jej korespondencję. Anna uparcie prosiła siostry, by paliły listy, które do nich wysyłała. W przeciwieństwie do brata nie była paranoiczką, coś więc musiało być na rzeczy.

> Z łaski króla ludzie podłego stanu zyskali wielkie znaczenie, a biskupi, wojewodowie i inni przedniejsi senatorzy nie mieli wstępu do króla i musieli prawie za wrotami oczekiwać. Wszystko było sprzedajne. Wśród tych kradzieży siostra królewska, infantka Anna, w największym była niedostatku, a wszystkie nierządnice królewskie opływały w zbytki.

Tak sytuację panującą w kraju w trakcie romansu króla z Giżanką opisze za parę lat kronikarz Światosław Orzelski. Deszcz zniewag sypał się na głowę Anny. Dziewiętnastowieczny historyk Julian Bartoszewicz stwierdził wprost: „Na królewnę wszystko się tedy spiknęło". Ona jednak potrafiła reagować tylko w jeden sposób. Bezradnie załamywała ręce. „Nikomu nie jest gorzej niż mnie w tym sieroctwie" – pisała do siostry w jednym liście. „Ja nikogo nie mam przy sobie. Wokół mnie wielki nierząd" – dodawała w kolejnym. Na więcej nie była w stanie się zdobyć.

W obliczu problemów stało się jasne, jak bardzo bezsilna i zagubiona jest bez Zofii i Katarzyny u boku. Od wielu lat, jeśli podejmowała jakąś aktywność, to niemal zawsze na życzenie lub za radą sióstr. Siostrzane więzy szczególnie często wykorzystywała Zofia. Anna wysyłała do Brunszwiku suknie, koszyki, klejnoty i portrety. Dopilnowała nawet przygotowania u najlepszych poznańskich mistrzów krawieckich ozdobnych rękawów dla siostry. Przy każdej okazji podkreślała, że pragnie oddawać Zofii „wieczne służby". I rzeczywiście, w listach pada nawet informacja o nadaniu do Brunszwiku „oliwek czarnych, agrestu i nowej tatarki". „Waszej Królewskiej Mości odsyłam, aby w dobrym zdrowiu jeść raczyła" – podkreślała Anna. Kiedy jednak królewna musiała decydować o czymś sama, zastygała w bezruchu. Po czym chwytała za pióro i żaliła się siostrom. „W Bogu Panu mam nadzieję, że mnie nie opuści w tym życiu" – kwitowała swoje wynurzenia.

Charakterystyczna była sprawa Beaty Kościeleckiej. Dawna wychowanica Bony i córka Katarzyny Telniczanki popełniła tragiczną pomyłkę. Wyszła za mąż za znacznie młodszego od siebie wojewodę sieradzkiego Olbrachta Łaskiego. Wystarczyło, że przepisała na niego swój majątek, a ten zrzucił maskę czarującego rycerza i pokazał swoją prawdziwą twarz. Nie był

Zygmunt August i Barbara Giżanka na obrazie Tadeusza Popiela. Kochanka króla ściska w dłoni rulon papieru – być może akt nadania szlachectwa, a może darowizny w pieniądzach lub ziemi

nikim więcej jak tylko bezwzględnym łowcą posagów. Odebrał żonie ostatni floren, a ją samą uwięził na jednym ze swoich najbardziej oddalonych zamków. Bona nie potrzebowałaby nawet jednego dnia, żeby rozprawić się z takim szubrawcem i pomścić obrazę majestatu. Anna – nawet nie próbowała działać. Na pytania siostry o postępy sprawy odpowiedziała: „Wasza Królewska Mość raczyła pisać, żebym dała znać, czy Jej Miłość pani Łaska wyszła z więzienia. Nie wyszła i nie wyjdzie z niego, aż umrze, przez co mi bardzo żal". I to były słowa córki oraz siostry króla z dynastii, która pół wieku wcześniej budziła respekt w całej Europie.

Pojawienie się Barbary Giżanki zmieniło tylko jedno. Uświadomiło wszystkim, że Anna nie umie walczyć nawet o swoje.

Klątwa Jagiellonów

Widmo śmierci zaczęło krążyć nad dynastią Jagiellonów. Zygmunt August wciąż nie miał syna, tymczasem los nie oszczędzał jego możliwych następców. W 1571 roku niespodziewanie zmarł Jan Zygmunt Zápolya. Syn Izabeli Jagiellonki przez ostatnie dwanaście lat rządził Siedmiogrodem. Nie był dobrym władcą. Okazał się zbyt młody, niedoświadczony, a przede wszystkim – przesadnie łagodny i niemrawy. Węgrzy bronili ostatnich strzępów swojej niezależności. Potrzebowali wybitnego i niezłomnego wodza, a nie wymuskanego humanisty. Człowieka, który nigdy nie miał ojca, charakter odziedziczył po dziadku, a apodyktyczna matka skutecznie odizolowała go od polityki. Po czym niespodziewanie umarła, gdy on miał zaledwie dziewiętnaście lat.

Mimo wszystkich swoich wad Jan Zygmunt był uważany za niemal pewnego kandydata do polskiej korony. Nie tylko doskonale posługiwał się językiem polskim, ale przede wszystkim czuł się Polakiem. Administrację, dwór i służby dyplomatyczne Siedmiogrodu budował właśnie w oparciu o przybyszów znad Wisły. Utrzymywał stały kontakt z zasiadającym

Wnuk Bony, Jan Zygmunt.
Zarzucano mu, że jest zbyt młody,
niedoświadczony i niemrawy, ale mimo to uchodził
za głównego kandydata do polskiej korony

ÆTATIS SVÆ
1565

na tronie Jagiellonów wujem i z ciotkami. Może i pieczętował się innym herbem, ale był do szpiku kości Jagiellonem. Jego śmierć w wieku trzydziestu jeden lat wywołała w Polsce powszechny szok. „Chorobę tak okrutną ostatecznie miał, że się w nim żyły targały i kości trzeszczały" – pisała Anna Jagiellonka w liście do swojej siostry Zofii. Natychmiast zaczęły krążyć plotki, według których to Habsburgowie otruli swojego rywala. Bardzo możliwe, że wierzył w nie także Zygmunt August. Tym razem był w błędzie. Jan Zygmunt cierpiał na epilepsję. Ta sama choroba, która zabiła pierwszą żonę polskiego króla, teraz przyszła po jego następcę.

Bezlitosny los uderzył także w dom Hohenzollernów. Albrecht w ostatnich latach życia miał szczęście doczekać się syna. W 1553 roku urodził się Albrecht Fryderyk, a to niweczyło marzenia Bony o ponownym przyłączeniu Prus do Polski. Pruski książę zrealizował najważniejszy cel swojego życia – spłodził następcę. Na tym jednak nie zamierzał poprzestawać. Wiedział od swoich szpiegów, jak marne są szanse Zygmunta Augusta na powtórzenie jego własnego wyczynu. Od początku wychowywał Albrechta Fryderyka na przyszłego króla Rzeczpospolitej. Uczył go polskiego języka, praw i obyczajów. Umierał w przekonaniu, że nowy książę niechybnie sięgnie po koronę Jagiellonów. Nie mógł przewidzieć, że w 1572 roku Albrecht Fryderyk zapadnie na ciężką chorobę umysłową. I że ta nie tylko wykluczy go z wyścigu do polskiego tronu, ale też z jakiejkolwiek działalności politycznej.

Zygmunt August słuchał informacji o śmierci Jana Zygmunta, o szaleństwie Albrechta Fryderyka. Doszły go też słuchy o tym, że w podeszłym wieku umarł jego szwagier, książę Henryk Brunszwicki. Dla Zofii oznaczało to początek ciężkiej batalii z pasierbem o majątek i wpływy. Niewiele później zmarł Joachim II – elektor brandenburski i mąż przyrodniej siostry

---

Nikt nie mógł oczekiwać, że Zygmunt Waza dożyje dorosłości. Król Szwecji Eryk XIV postanowił wcielić się w rolę Heroda i pozbawić swojego brata pierworodnego syna

Zygmunta Augusta Jadwigi. Jakby tego było mało, ducha wyzionął syn tej pary. Zygmunt Hohenzollern, podobnie jak Jan Zygmunt Zápolya przymierzany do polskiej korony.

Przede wszystkim jednak, odeszła kobieta, której polski król od lat życzył śmierci: Katarzyna Habsburżanka. Przed zgonem swój pierścień zaręczynowy wysłała do Anny Jagiellonki. W imię kobiecej solidarności. Albo konkretnie: w imię solidarności dwóch kobiet skrzywdzonych przez tego samego mężczyznę.

Referendarz Stanisław Czarnkowski zanotował złośliwie, że „płacz niemały udał się Królowi Jego Mości i żałobę przywdział". Powszechnie sądzono, że Zygmunt August tylko udawał smutek. Niekoniecznie tak było. Bardzo możliwe, że żałoba króla była szczera. Tyle tylko, że płakał nie po Katarzynie, ale po samym sobie. Obserwując śmiertelne żniwa, czuł, że jemu też nie zostało wiele czasu.

Poza Zygmuntem Augustem żył już tylko jeden mężczyzna, którego Polacy mogliby uznać za członka dynastii i kontynuatora tradycji Jagiellonów. Był to urodzony w niewoli syn Jana Wazy i Katarzyny Jagiellonki. Przyszedł na świat w 1566 roku. Na chrzcie miał otrzymać imię Zygmunt – na chwałę dziada, Zygmunta Starego, i w nadziei, że dożyje równie sędziwego wieku. Na razie to ostatnie wydawało się niemal niemożliwe. Eryk XIV, który wtrącił do więzienia Jana i jego rodzinę, był nie tylko sadystą i despotą. Jego umysł trawiło narastające z roku na rok szaleństwo. Gdy usłyszał o narodzinach Zygmunta, postanowił wcielić się w rolę biblijnego Heroda. Zawyrokował, że pierworodny jego brata musi zginąć. Wszystko było już przygotowane, gdy nagle zainterweniowała metresa Eryka – obserwująca ze zgrozą jego upadek moralny Karin Månsdotter. Wiedziała, że w ceremonii chrztu będzie brać udział wdowa po poprzednim królu, Katarzyna Stenbock. Natychmiast wysłała do niej list: „Niczego mi tak nie żal, jak tego dziecięcia Zygmunta, iż musi ginąć. Miłuję go jak swoje własne dziecię, a ta niewinna duszyczka miałaby tak marnie umrzeć. Wielka by to była szkoda, Bóg to będzie karać. A tak, gdy tam miłościwa pani jedziesz do nich na chrzciny, to ostrzeż, kiedy możesz, żeby go tu z sobą matka nie brała. Niech go gdzieś za morze wyśle, aby tu marnie nie zginęło".

Królowa wdowa spełniła prośbę. Nikt jednak nie przewidział, że Katarzyna Jagiellonka na atak odpowie atakiem. Po śmierci Izabeli to w niej jednej skupiła się cała stanowczość i bezwzględność odziedziczone po Sforzach. Zamiast uciekać za morze, przekonała męża, że czas zbuntować się przeciwko bratu i sięgnąć po władzę w kraju. Dzięki temu już niedługo Jan Waza zostanie królem Szwecji, a Zygmunt – jego następcą. Na razie jednak z perspektywy Polski było tylko widać, jak północ pogrąża się w odmętach chaosu. I Zygmunt August nie wierzył, że dla krwi jego przodków jest jeszcze jakakolwiek nadzieja. Być może stwierdził z rezygnacją, że nad dynastią Jagiellonów musi wisieć klątwa.

Na pewno czuł, że klątwa wisi nad nim samym. Już kiedy rozpoczynał się rok 1571, Zygmunt August nie mógł opędzić się od myśli o jednym z postawionych sobie horoskopów. Piotr Proboszczowicz przepowiedział mu wiele lat wcześniej, że umrze w roku siedemdziesiątym drugim. Król zawsze myślał, że chodzi o wiek siedemdziesięciu dwóch lat – a więc że dożyje niemal tak późnej starości jak jego ojciec. Teraz było dla niego jasne, że się mylił. Ledwie poruszał się na nogach. Ciągle kaszlał i nawet nie był w stanie porządnie opróżnić pęcherza. Jego kamica moczowa stała się tematem tak głośnym, że pisał o niej nuncjusz Wincenty Portico. „Wyszły z niego dwa kamienie, większe niż bobowe ziarno i trzeci graniasty, także wielki. Srodze go zraniwszy, zemdliły go" – informował Stolicę Apostolską. A to przecież była tylko jedna z wielu chorób Zygmunta Augusta. Czuł się wrakiem człowieka. Miał niespełna pięćdziesiąt jeden lat. Doskonale wiedział, że jego ojciec w tym wieku też nie miał męskiego potomka i dopiero zastanawiał się nad nowym małżeństwem, które miało odmienić jego panowanie. Ale Zygmunt August już nie wierzył, że jego czeka jakiekolwiek nowe otwarcie. Oczekiwał rychłej śmierci – właśnie w 1572 roku.

W grobowym nastroju przystąpił do spisywania testamentu.

Komnata cudów

Majątek króla był olbrzymi. Wprawdzie przez całe życie się zadłużał, ale nigdy na własny rachunek. Pożyczki zaciągał, zastawiając królewszczyzny i sprzedając urzędy. Budżet państwa cierpiał, tymczasem jego prywatna fortuna stale rosła. Nie ma żadnych wątpliwości: Zygmunt August kochał się w zbytkach bardziej niż jakikolwiek inny polski władca.

Bardzo możliwe, że manię kolekcjonerską rozbudziła w nim konkurencja z matką. Niedługo przed śmiercią w 1548 roku Zygmunt Stary kazał dostarczyć sobie ze skarbca ciężką skrzynię wyładowaną klejnotami. Niezależnie od zapisów testamentu podarował ją Bonie. Wzgardzony w ten sposób Zygmunt August postanowił stworzyć własny zbiór kosztowności. Udało mu się to doskonale. Skarby, które zebrał przez całe życie, nie zmieściłyby się w żadnej, nawet największej skrzyni. Legat papieski Bernard Bongiovanni pisał w 1562 roku:

> Król ma przepiękne sprzęty, między innymi posiada w Wilnie 180 wielkich i niezliczone małe armaty, bardzo pięknie wykonane, w czym ma szczególne upodobanie. Dla siebie Jego Majestat ma wspaniałe zbroje, z których cztery są wprost cudne, zwłaszcza jedna, na której w srebrze wykonano delikatnie ryte przedstawienia wszystkich zwycięstw jego przodków nad Moskwą. Kosztowała 6000 skudów. Na pozostałych zbrojach przedstawione są inne zwycięstwa.

Zbiory militariów stanowiły tylko skromny wycinek monarszej kolekcji. Większość skarbów była trzymana w tajemnicy. Zygmunt August sam przyznał legatowi, że „nie chce, żeby Polacy wiedzieli, że ma ich tak wiele". Znając szlachecką mentalność, przeczuwał, że posłowie na sejmach prędzej przymusiliby go do wyprzedania zbiorów, niż zgodzili się na jakiekolwiek podatki. Wolał odgrywać rolę bankruta. „W jednej z sal znajduje się wielki stół, zajmujący prawie całe pomieszczenie. Stoi na nim szesnaście szkatuł, każda na dwa łokcie długa, a na półtora szeroka, wszystkie wypełnione klejnotami" – relacjonował dalej Bongiovanni. Papieski wysłannik szczegółowo opisał cały szereg precjozów. Wspomniał o „pięknych rzeczach, w których się król kocha, jak fontanny, zegary z figurami wielkości człowieka, organy i inne instrumenty". Zygmunt August miał nawet „glob ziemski ze wszystkimi znakami niebieskimi, podług swojej miary", a także czapkę „pełną szmaragdów, rubinów i wielkich diamentów". Wartość tylko tej ostatniej legat szacował na co najmniej trzysta tysięcy skudów. Kolejne pół miliona skudów miały kosztować cztery z szesnastu szkatuł wypełnionych precjozami.

W te kwoty aż trudno uwierzyć. Są oszałamiająco wielkie. Skud był złotą monetą o wysokiej próbie. Zależnie od mennicy skudy różniły

Szczęśliwość rajska. *Arras z kolekcji Zygmunta Augusta. Pasję kolekcjonerską król bez wątpienia odziedziczył po matce*

się wartością, ale Bongiovanni miał pewnie na myśli pieniądz papieski. Według historyka Henryka Wojtyski taki skud był warty „nieco więcej niż jeden floren polski". Za królewską czapkę można by więc kupić w Krakowie jakieś dwieście, może trzysta kamienic. Innymi słowy – całe miasto i jeszcze kilka sąsiednich.

Legat stwierdził szczerze: „Ani w Wenecji, ani w Rzymie, ani w żadnych skarbach królewskich nie widziałem niczego, co mogłoby się równać z bogactwem króla polskiego". Ten komentarz nie wyjaśnia jednak, jakim cudem Zygmunt August zgromadził tak ogromny majątek. Miał na to przecież tylko kilkanaście lat, a działał w wybitnie niesprzyjających okolicznościach, góry pieniędzy wydając na skaptowanie politycznych sojuszników.

Być może rozwiązanie tajemnicy jest takie samo jak przyczyna, dla której król zaczął gromadzić skarby: Bona Sforza. Królowa matka zabrała do Włoch dwadzieścia cztery wozy wypełnione kosztownościami. Zdecydowana większość precjozów przepadła wraz z jej śmiercią i dzisiaj nawet nie sposób stwierdzić, co dokładnie straciła polska kultura. Dopiero dwadzieścia jeden dni po tym, jak Pappacoda uśmiercił Sforzównę, przystąpiono do inwentaryzacji jej majątku. W tym czasie na zamku w Bari nie było już prawie żadnej gotówki. Zachowało się natomiast sporo ruchomości, siłą rzeczy trudniejszych do wywiezienia i upłynnienia. Inwentarz, przebadany przez Magdalenę Piwocką, podaje między innymi: dwieście siedemdziesiąt pierścieni, trzydzieści naszyjników, osiemdziesiąt zawieszeń, czterdzieści sznurów pereł, sto dwadzieścia osiem luźnych klejnotów służących do ozdabiania ubrań i trzynaście bransolet. Królowa miała w swoich zbiorach nawet fragmenty rogu jednorożca (w rzeczywistości był to zapewne kieł narwala).

Zygmunt August przez długie lata z uporem maniaka walczył o odzyskanie każdej pozostałości po matczynej fortunie. Znany jest list, w którym dopytywał nawet o pojedynczą „kołdrę", którą przykryto trumnę Bony. Ostatecznie znudzeni sporem Habsburgowie zwrócili polskiemu królowi cztery szkatuły kosztowności. Według Bongiovanniego Zygmunt August wzbogacił się w efekcie o przedmioty warte dwieście tysięcy skudów. Bardzo możliwe, że korzyść była nawet większa. Łatwo sobie wyobrazić, że monarcha starał się wyolbrzymiać własne osiągnięcia kolekcjonerskie, a pomniejszać zasługi matki.

Jeszcze większa część skarbów przypadła Habsburgom, dając jeden z impulsów do stworzenia „Komnaty sztuki i cudów". Była to rodzinna kolekcja precjozów i kuriozów, którą Habsburgowie zaczęli na dobrą sprawę tworzyć właśnie w drugiej połowie XVI wieku. Przetrwała do dzisiaj pod nazwą *Kunstkammer* i stanowi trzon zbiorów wiedeńskiego Muzeum Sztuk Pięknych. W kilkudziesięciu salach zebrano wszelkiej maści eksponaty. Od średniowiecznych polewaczek w kształcie gryfów przez arcydzieła rzeźby i odlewy wykonywane z żywych zwierząt po dziwaczne konstrukcje z jajem strusia w roli głównej i nowożytne roboty, jak choćby posrebrzany niedźwiedź ze strzelbą w dłoni. Przechadzając się po tej niesamowitej kolekcji, aż trudno uwierzyć, że w 1572 roku zbiory Habsburgów nie mogły się nawet równać pod względem różnorodności i wartości z olbrzymią „komnatą cudów" Zygmunta Augusta. Skarby polskiego króla przepadły jednak bez śladu.

Jagiellończyk przypieczętował ich los już z chwilą spisania testamentu. Kiedy 6 maja 1571 roku złożył swój autograf pod dokumentem, wydawało się, że uczynił swoje siostry krezuskami. To właśnie im – a przede wszystkim przebywającej w Polsce Annie – zapisał wszystko, co do niego należało. Nie nagrodził ani otaczających go dworzan, ani nawet senatorów. Dla tych ostatnich przeznaczył tylko po jednym koniu, w zamian za dopilnowanie realizacji testamentu.

Najwidoczniej w ostatnich miesiącach życia zrozumiał, że otacza go wyłącznie chór nieszczerych pochlebców. Nie miał nikogo, komu mógłby zaufać. W obliczu przejmującej samotności wolał zawierzyć więzom krwi. I to mimo że przez całe życie szkoda mu było na siostry czasu, wysiłku, a nade wszystko – właśnie jego ukochanych pieniędzy.

Hieny cmentarne

Nikt nie wierzył, że Zygmunt August umiera. A w każdym razie nikt poza nim samym. Niedawno odeszła Katarzyna Habsburżanka i na dworze w najlepsze trwała dyskusja na temat nowego królewskiego małżeństwa. Jeśli coś pozostawało niejasne, to tylko – z kim król planuje się potajemnie żenić. Pozycja Giżanki nie była już tak pewna jak jeszcze parę miesięcy wcześniej. Być może nawet do uszu monarchy doszła informacja, że u jego metresy „za ścianą drewnianą" bywa każdy, kto tylko zechce. Zupełnie jak w zamtuzie. W wyścigu o królewskie względy przewagę znowu zaczęła zyskiwać Zajączkowska. Czarnkowski był wręcz przekonany, że ślub z nią jest przesądzony. „Jeśli Pan Bóg sam łaską swą tego nie odmieni, to nie wiem, co by mogło temu złu zapobiec" – pisał. W tym samym czasie nuncjusz Commendone wciąż śmiertelnie bał się związku króla z Giżanką. Monarcha sam dolewał oliwy do ognia, mówiąc: „Nie brońcie mi się żenić tak jak chcę i z kim mi się podoba!".

Nieliczni obrońcy majestatu władzy na gwałt starali się znaleźć Zygmuntowi Augustowi lepszą narzeczoną. Proponowano między innymi ślub z wdową po hetmanie Tarnowskim i z jedną z córek rodziny Latalskich. Wszystkie kandydatki miały cechę wspólną. To były wręcz kompromitująco słabe partie. Kiedy Zygmunt Stary w tym samym wieku przymierzał się do ślubu, mógł przebierać w najzamożniejszych i najlepiej urodzonych pannach Europy. Każda marzyła, by mieć takiego męża jak on. Teraz – ze świecą trzeba by szukać dynastii gotowej wysłać swoją córkę nad Wisłę.

Dla Zygmunta Augusta to nie był problem. Nie przyznawał się do tego nikomu, ale porzucił nadzieje na nowe małżeństwo. W ostatnich tygodniach życia wszystkie jego myśli zaprzątał majątek. Coraz mniej ufał otoczeniu, kazał więc cały swój dobytek zgromadzić w jednym, pilnie strzeżonym miejscu. Kronikarz Reinhold Heidenstein pisał: „Król wszystkie złote i srebrne sprzęty oraz dwieście tysięcy czerwonych złotych zebrał i w Tykocinie złożył". W dawnej twierdzy Gasztołdów na Podlasiu skarby miały zostać przeliczone i zinwentaryzowane. Król nie wierzył chyba nawet kontrolerom. Kiedy Warszawę opanowała zaraza, kazał się wieźć właśnie w stronę Tykocina. Nie zdążył już do swoich pieniędzy. Postój nastąpił w pobliskim Knyszynie. Tam 7 lipca 1572 roku Zygmunt August „rozdzielił się z tym światem".

Nie była to dobra śmierć. Król umierał samotny i pogardzany. „Pozmykali najpoufalsi królewscy ulubieńcy" – podaje jedno źródło. „Kochankowie jego zaraz od ciała uciekli i się stamtąd wynieśli" – dopowiada inne. Według Światosława Orzelskiego nie znalazł się nawet nikt, kto obmyłby i przyodział królewskie zwłoki. „Taki okropny widok opuszczenia

Zygmunt August kona na zamku w Knyszynie.
Na obrazie Jana Matejki widać, jak słudzy i dworzanie rzucają się do rabunku królewskiego majątku

przedstawiał nieboszczyk, iż nie było czym przykryć jego nagiego trupa" – pisał kronikarz. Ten sam obraz nędzy i porzucenia odmalował na kartach swojej księgi także Reinhold Heidenstein: „Wielu odbiegło od niego zaraz po śmierci i tak ciało jego zaniedbane leżało".

Wszyscy zausznicy króla byli teraz piekielnie zajęci. Wiedzieli, że fortuna Zygmunta Augusta sama się nie ukradnie. I że kto pierwszy – ten lepszy. Już kilka godzin po śmierci władcy z piwnic zamku zaczęły znikać wypełnione kosztownościami skrzynie. Ktoś widział, jak jedną „wynoszono po nocy". Kolejna została „wywieziona na wozie, na którym wcześniej wożono mięso dla dworu". Dowódca straży królewskiej zeznał, że skradziono także jedną z największych szkatuł – tak ciężką, że potrzeba było sześciu ludzi do jej udźwignięcia. Zabrał ją nie kto inny, a Mikołaj Mniszech. Jego słudzy wyczyścili też z wszelkich wartościowych przedmiotów królewską sypialnię.

W XIX w. tylko tyle zostało z zamku w Knyszynie.
Rysunek Napoleona Ordy

Kolejna skrzynia, z trzynastoma tysiącami dukatów, trafiła w ręce Barbary Giżanki. Cztery tysiące dukatów dostała Zajączkowska. Mniszech jak gdyby nigdy nic wytłumaczył, że to spadek obiecany im od króla. I że dla królewny Anny Zygmunt August też coś przed śmiercią przygotował – okrągły tysiąc dukatów. Oczywiście żadnych dokumentów na potwierdzenie tych dyspozycji nie był w stanie przedstawić. Ale też w ferworze rabunków nikt o nie nie prosił.

Z okazji do obłowienia się skorzystała nawet angielska królowa Elżbieta I Tudor. Zachowała się korespondencja, w której monarchini zlecała swoim agentom zakupienie w Polsce wspaniałych pereł, należących wcześniej do Barbary Radziwiłłówny. Na rynek na pewno nie wystawili ich Jagiellonowie. Można się domyślać, że zrobiła to rodzina Mniszchów. Być może za pieniądze z tej właśnie transakcji Jerzy Mniszech będzie w stanie trzydzieści lat później zorganizować słynną Dymitriadę.

Według Kaspra Irzykowicza, dworzanina i naocznego świadka wydarzeń, na koniec w skarbie królewskim zostało tylko dziesięć tysięcy i trzy czerwonych złotych. Reszta przepadła, bo: „jedno kochankowie pobrali, drugie się kurwom rozdało".

Anna nic nie mogła zrobić. Siedziała w tym czasie zamknięta w areszcie domowym. Do królewskiego ciała i skarbca jej nie dopuszczono. Zbyt wiele było jeszcze do zrabowania.

Zwycięstwo demokracji

W 1572 roku przez moment wydawało się, że Anna wreszcie wejdzie w buty matki. Przez czterdzieści dziewięć lat swojego życia siedziała cicho jak mysz pod miotłą. Wystarczyło jednak, że umarł Jan Zygmunt Zápolya, a Zygmunt August ciężko zaniemógł, by oczy całej Europy zwróciły się właśnie w jej stronę. Jako ostatnia niezamężna Jagiellonka stała się na nowo doskonałą partią.

Chciał ją swatać sam turecki wezyr. Jej zamążpójściem żywo interesowała się Stolica Apostolska. Przede wszystkim zaś – uaktywniły się najpotężniejsze dynastie kontynentu. Habsburgowie już nie traktowali Anny jak chodzącego żartu. Z pełną powagą proponowali, by wyszła za jednego z synów cesarza. Maksymilian II doczekał się ich łącznie dziewięciu i choć czterech nie dożyło dorosłości, to zapewnienie odpowiedniego zajęcia pozostałym potomkom stale spędzało władcy sen z powiek. W Wiedniu liczono, że uda się powtórzyć scenariusz z czasów Jadwigi Andegaweńskiej. I że ślub z dziedziczką rodu pozwoli łatwo sięgnąć po polską koronę. Kandydatem do ręki Anny oraz do władzy nad Wisłą został niespełna dwudziestoletni młokos – Ernest Habsburg.

Niewiele starszego kawalera wysunęła dynastia Walezjuszów. Francją rządził w tym czasie Karol IX. Miał zaledwie dwadzieścia dwa lata, a jego żona już była w ciąży z pierwszym dzieckiem. Wszyscy oczekiwali, że monarcha nie tylko będzie panować przez długi czas, ale też zapewni ciągłość dynastii. W efekcie zupełnie zbędny wydawał się królewski brat – młodszy o rok Henryk. Rodzeństwo nie przepadało za sobą, a Karol, od dziecka przekonywany przez matkę, że jest głupszy od brata, za wszelką cenę starał się pozbyć potencjalnego buntownika z kraju. Młodszego Walezjusza nie udało się osadzić ani na tronie Anglii, ani Szkocji, ani nawet Algierii. Zostawała jeszcze opcja polska.

Anna Jagiellonka przyjęła to nagłe zainteresowanie swoją osobą z pewnym zdziwieniem, ale – nie bez entuzjazmu. Uwierzyła chyba, że potrafi znacznie więcej, niż dotąd jej wmawiano. Jeszcze niedawno własnej ochmistrzyni pozwalała „fukać na siebie jak na sługę". Siostra strofowała ją też, że ciągle poddaje się sugestiom „sekretarek". Teraz zapragnęła wybić się na niezależność. Zaczęła prowadzić niezwykle ożywioną działalność. Miała sześciu woźniców z kilkudziesięcioma końmi, co pozwalało jej przemieszczać się z miejsca na miejsce, ale też utrzymywać stały kontakt z zagranicznymi dworami. Korzystne zapisy testamentu tylko dodatkowo ją rozochociły. Marzyła, że po śmierci brata jej głos wreszcie zacznie coś znaczyć w Polsce. Chciała uosabiać godność dynastii Jagiellonów, współdecydować o wyborze nowego władcy i zrobić dobry użytek z ogromnego majątku. Nie rozumiała, że jest w swoich pragnieniach zupełnie odosobniona. Dla dostojników państwowych nie była żadnym autorytetem. Widzieli w niej tylko przeszkodę na drodze do własnego sukcesu.

Nie minął nawet tydzień od śmierci króla, a stronnictwa polityczne rzuciły się sobie do gardeł. Nikt nie przygotował kraju do bezkrólewia. Nie wiadomo było, kto ma rządzić, kto wybierać władcę, a kto zapewniać porządek w państwie. Wypracowywany od setek lat system polityczny w ogóle nie zakładał zupełnego wygaśnięcia dynastii. W całym kraju wzywano szlachtę i magnatów na zjazdy, ale nikt nie był w stanie zebrać w jednym miejscu członków wszystkich frakcji. Prymas Jakub Uchański zaprosił senatorów do Łowicza. Przyjechali tylko popierający go Wielkopolanie. Jan Firlej zorganizował konkurencyjny zjazd w Krakowie. Przybyli jego sojusznicy, nawołujący przede wszystkim do ograniczenia władzy prymasa. Wielkie rody liczyły, że same wybiorą nowego władcę, zdobywając dzięki temu godności, majątki i stanowiska. Szeregowa szlachta nie tylko nie chciała na to pozwolić, ale wręcz dążyła do wyrwania sterów państwa z rąk magnaterii. Panowie herbowi żądali nowych praw i przywilejów. A także króla, którego to oni wybiorą – a nie wąskie grono senatorów. Interesów obydwu stron nie dało się pogodzić. Chaos był niemiłosierny. I wszyscy zgadzali się właściwie tylko co do jednego: należało natychmiast pozbyć się Anny Jagiellonki.

Senatorowie niezwłocznie wyznaczyli jej przymusowych opiekunów. Każdy krok królewny miał być obserwowany. Nie wolno jej było pisać i odbierać listów, przyjmować gości ani opuszczać rezydencji. W każdej sprawie miała zasięgać rady senatu. Zakaz obejmował także odwiedziny w Knyszynie lub Tykocinie. Dostojnicy państwowi wprost zabronili królewnie pokazywania się przy ciele Zygmunta Augusta, a tym bardziej w pobliżu jego skarbca. Jeśli zamyślano o jej wyjeździe, to tylko w celu

Legenda o niezwykłej brzydocie Anny Jagiellonki powstała stosunkowo niedawno. Na portrecie z XVII w. królewna może nie wyglądać wyjątkowo atrakcyjnie, ale na pewno też nie odstręcza

Zofia Jagiellonka przez całe życie była dla Anny podporą.
Nie zdecydowała się jednak wrócić do Polski i ratować siostry,
kiedy naprawdę była potrzebna.
Domniemany portret pędzla Piotra Spitzera z ok. 1556 r.

usunięcia Jagiellonki z eksponowanego warszawskiego zamku. Senatorowie woleli, by zaszyła się w jakiejś prowincjonalnej, odciętej od świata posiadłości. Najwygodniej dla wszystkich byłoby, gdyby po prostu umarła. Jeśli uparcie nie chciała tego zrobić, to mogła przynajmniej udawać, że podobnie jak Zygmunta Augusta już jej nie ma. „Za życia brata była sierotą. Po jego śmierci została niewolnicą" – trafnie skomentował historyk Julian Bartoszewicz.

Powodów wojny wypowiedzianej królewnie nie trzeba było daleko szukać. „Ty nam nie będziesz obierać pana, byśmy na wieczność zginąć mieli!" – mówili jej wprost senatorowie. Oficjalnie twierdzono, że na Annę trzeba uważać, bo może się okazać nową Boną. „Ona jest upadkiem Rzeczpospolitej!" – rzucił jeden z panów. Tak naprawdę chodziło jednak o to, by z nikim więcej nie dzielić się władzą. Jagiellonka była jedyną osobą spoza rzesz szlacheckich zdolną powstrzymać rabunek państwowego majątku. Mogła też w pojedynkę wpłynąć na wybór króla. Dostojnicy państwowi nigdy nie okazywali jej szacunku. Widzieli w niej tylko głupią, brzydką i zacietrzewioną kobietę. Bali się, że puszczona samopas zaraz zacznie się na nich mścić za lata pogardy.

Do tego dochodziła jeszcze drażliwa kwestia spadku po Zygmuncie Auguście. Po kosztownościach przewiezionych przez króla do Knyszyna nie było nawet śladu. Wszystko skradziono. Nienaruszony pozostawał jednak główny skarbiec władcy, ulokowany w piwnicach pobliskiego zamku w Tykocinie. Nie czekając na nic, senatorowie zablokowali realizację monarszego testamentu. Ten dokument wydawał im się jednym wielkim nieporozumieniem. Wiernie służyli królowi, tymczasem on zamiast docenić ich ciężką pracę, przepisał wszystko na siostry. Nie mogli pozwolić, by tak bezmyślna i niekorzystna dla nich decyzja weszła w życie! Dostojnicy zdecydowali, że: „Ze skarbu publicznego wszystkie potrzeby Królewny Jej Mości mają być spełniane, zgodnie z jej stanem i godnością". Znaczyło to tyle, że na czas nieokreślony sprawa testamentu zostanie zawieszona, a Anna znajdzie się na garnuszku państwa. Miała otrzymywać kwoty zgodne z jej dynastyczną rangą. W praktyce nie dostawała niemal nic. Niedługo będzie zmuszona nocować przy ciężkich mrozach w nieogrzewanej komnacie jakiegoś podrzędnego pałacyku. Nikomu poza nią to jednak nie przeszkadzało.

Honor królewny

W pierwszej chwili królewna była zupełnie zrozpaczona i zdezorientowana. Sporo wysiłku kosztowało ją, by zaryzykować i wysłać potajemną wiadomość do Zofii. „Ze strachem to piszę bardzo prędko, aby mnie nikt nie widział" – stwierdziła wprost. Dalej odmalowała ponury obraz sytuacji, w której się znalazła: „Co czynię, z kim mówię, co piszę i do kogo, chcą o wszystkim wiedzieć. Co komu mam odpisać, to mi rozkazują, jak chcą". Siostra królewny była nie mniej zszokowana niż ona sama. Zofii nawet nie doniesiono o śmierci Zygmunta Augusta. Wprawdzie jej panowie koronni nie byli w stanie zamknąć w więzieniu, ale przynajmniej mogli próbować odciąć ją od spraw polskich. Ten afront nie wystarczył jednak, by księżna brunszwicka odpowiedziała na apel Anny. Nie chciała jechać nad Wisłę i jej ratować.

Królewna musiała radzić sobie sama. Stopniowo coraz głośniej protestowała przeciwko czynionej sobie krzywdzie. „Twierdzę o Ichmościach panach koronnych, że tego, jak mnie potraktowali, a także tego, co stało się tej woli nieboszczykowej ostatecznej, której gwałt się dzieje, żałować będą" – stwierdziła przy jednej okazji. „Miałam pradziada, dziada, stryja, ojca i brata królami polskimi" – mówiła z dumą podczas innego spotkania. I podkreślała, że każdy z jej przodków pomagał senatorom tuczyć się na państwowych majątkach i godnościach. Nie godziło się, by teraz w podzięce ona miała cierpieć. Posłowie słuchali jej tyrad, po czym tylko się śmiali z tego, że przy nich płacze. Prymas Jakub Uchański wprost stwierdził, że królewna nic nie zyska na tym, że będzie panów drażnić.

Wyłącznie w jednej sprawie Anna odniosła sukces. Była pozbawionym podstawowych praw więźniem, ale skarbu złożonego w Tykocinie nie dała sobie wyrwać. Pilnujący go sekretarz zmarłego króla, ksiądz Stanisław Fogelweder, był nieugięty. Zygmunt August na łożu śmierci nakazał mu, by klucze do piwnic oddał wyłącznie w ręce Anny. Wprawdzie senatorowie zaklinali księdza, że teraz to oni są władzą i słowo króla nic nie znaczy, ale Fogelweder nie zamierzał łamać przysięgi. Przekazał klucze królewnie. Zaraz odezwały się głosy, że w takim razie do skarbca należy dostać się siłą, zabrać z niego co najmniej pół miliona florenów, a Annę – należycie ukarać.

Na to senat ostatecznie się nie zdecydował. Być może obawiano się, że skandal po jawnym włamaniu do skarbca będzie zbyt głośny. Panowie próbowali jeszcze wejść tam podstępem. Tym razem Anna jasno pokazała, że wcale nie jest tak naiwna, za jaką się ją uważa. Panowie prosili, by wpuścić ich do tykocińskiego zamku, bo są tam szlacheckie przywileje, których potrzeba do zorganizowania elekcji. Królewna odparła wprost: „Tam nie ma żadnych przywilejów koronnych. Zresztą pojedźcie Waszmościowie razem ze mną do Tykocina, a tam poszukamy, albo poślemy po skrzynie". Takie rozwiązanie oczywiście senatorów nie zadowalało.

Ten drobny triumf Anny w żaden sposób nie poprawił jej sytuacji. Darzono ją jeszcze większą nienawiścią. Zaczęto kolportować plotki, że podobnie jak matka jest trucicielką. I że przy pierwszej okazji zamierza zamordować zarówno Jana Firleja, jak i Franciszka Krasińskiego. Naśmiewano się coraz głośniej z jej wieku. Na padające z rzadka sugestie, że dziedziczkę polskich królów wypada traktować z respektem, szlachta odpowiadała: „Jaka pociecha by nam z tego była, ona potomstwa mieć nie może, bo tyle lat ma!". Anna doskonale zdawała sobie sprawę z tych komentarzy. W jednym z listów do Zofii stwierdziła wprost: „Prawda, żem niemłoda, próżno to taić". Nie potrafiła natomiast zrozumieć, dlaczego tylko z winy wieku zrobiono z niej popychadło.

Szlachta i magnaci nie poprzestawali na obelgach. Trzymali Annę w coraz ściślejszej izolacji. Zakazy i pogróżki adresowano już nie tylko do niej, ale również do jej służby. Zaczęła się też nowa forma rabunku. Na Litwie magnateria, nic nie robiąc sobie z testamentu Zygmunta Augusta, uwłaszczyła się na dobrach Anny Jagiellonki. Kiedy zdesperowana królewna zwróciła się z napomnieniem, że to jej należą się dochody z dóbr wykupionych niegdyś przez Bonę – została odsądzona od czci i wiary. Bo rzekomo domagając się własnych praw, dybała na szlacheckie wolności.

Po wszystkim, co zrobiono Annie przez te kilka burzliwych miesięcy, królewna nie miała już żadnych powodów, by okazywać Polakom lojalność lub przywiązanie. Na to właśnie potajemnie liczyli Litwini. Atmosfera w Wielkim Księstwie była niesamowicie napięta. Niedługo przed śmiercią Zygmunt August podjął decyzję o połączeniu obydwu swoich państw. W efekcie tron litewski przestał być dziedziczny, a sama Litwa skurczyła się niemal o połowę. Wielkie rody, z Radziwiłłami na czele,

Anna stała na drodze szlacheckiej demokracji. Wszystkie skłócone stronnictwa polityczne zgadzały się w jednej sprawie: należało za wszelką cenę się jej pozbyć. Na ilustracji stroje szlacheckie i magnackie z końca XVI w.

były oburzone zarówno rozbiorem państwa, jak i ograniczeniem swojej roli w wyborze nowych władców. Powszechne było przekonanie, że po śmierci Zygmunta Augusta uda się ukręcić łeb jego pomysłom. Choćby za cenę zerwania unii.

Magnaci pragnęli do swoich celów wykorzystać rozżaloną królewnę. Potajemnie zaproponowali jej wybór na wielką księżną litewską. Obiecywali, że cały kraj będzie jej okazywać szacunek należny Jagiellonce, że odzyska swoje dobra, a nawet będzie mogła wybrać sobie męża według własnego uznania. Starosta żmudzki Jan Chodkiewicz już zbierał żołnierzy, by siłą uwolnić królewnę z więzienia i przewieźć ją do Wilna.

Oferta musiała być dla Anny kusząca. Starczyło powiedzieć „tak", a niepewną przyszłość, obelgi i biedę zamieniłaby na splendor dworskiego życia i samodzielną władzę. Ceną był jednak podział państwa, a może nawet wojna pomiędzy Polską i Litwą. Anna nie zamierzała przykładać ręki do zniszczenia resztek dziedzictwa swoich rodziców. Odmówiła.

Za ten akt patriotyzmu nikt jej nie podziękował. Litwini uznali ją za zdrajczynię i największego wroga. Polski senat do reszty stracił do niej zaufanie. Wielkim panom nie mieściło się w głowach, że ktokolwiek mógłby odrzucić tak lukratywną propozycję. Doszli do wniosku, że najwidoczniej udało im się w porę zapobiec ucieczce królewny. Kiedy ta zaczęła tłumaczyć, że jagiellońska duma nie pozwoliłaby jej mieszać się w podobne spiski, patrzyli na nią z powątpiewaniem. A gdy ze złością rzuciła, że zachowała się tak, a nie inaczej, bo „chciała być mężczyzną, a nie białogłową" – tylko się śmiali.

Polityczne mosty

Polacy nie chcieli takiego króla. Co do tego nie ma właściwie żadnych wątpliwości. „Gdyby w owych czasach istniało coś, co dziś nazywane jest badaniem opinii publicznej, wynik potwierdziłby, że szanse kandydata francuskiego były znikome" – wyjaśniał historyk Marek Borucki.

Jeśli Henryk Walezy zwyciężył, to tylko dzięki swojemu obrotnemu ambasadorowi.

Habsburgowie wciąż żyli przeszłością. Prowadzili klasyczną politykę przekupywania polskich magnatów i byli święcie przekonani, że to wystarczy do zdobycia tronu. Niemieckie dukaty płynęły do Polski szerokim strumieniem. Na efekty nie trzeba było długo czekać. Z dnia na dzień rosła rzesza dostojników wychwalających cesarza i plujących na dynastię Walezjuszów. „Z przeciwnikiem Krzyża świętego przystaje i z nim towarzystwo ma! Przeto dla Pana Boga strzeżmy się tego jadu!" – głosiła jedna z wymierzonych w Henryka ulotek politycznych.

Francuzi nie mieli ochoty wydawać gór złota. Do Polski wysłali człowieka, który zapewnił, że poradzi sobie bez grosza przy duszy. Jan Monluc był biskupem Walencji, ale jego talenty nie miały nic wspólnego z religią. Był człowiekiem niezwykle towarzyskim, elokwentnym i dowcipnym. Bez trudu odnajdywał się w dowolnym otoczeniu. Z ludźmi inteligentnymi potrafił prowadzić wyrafinowaną dyskusję w kilku różnych językach. W towarzystwie bardziej pospolitym nie wahał się pić i złorzeczyć. Był niczym kameleon. Przy protestantach ostentacyjne opychał się w piątki mięsem. Przy katolickich konserwatystach – wyzywał lutrów i kalwinów od psów. Pławił się w polskiej anarchii. To, co habsburskim agentom spędzało sen z powiek, jemu sprawiało niekłamaną przyjemność. W systemie, w którym prawo silniejszego lub głośniejszego brało górę nad zmurszałymi kodeksami, czuł się jak ryba w wodzie.

Przede wszystkim jednak Monluc hołdował jednej konkretnej zasadzie. Tak samo jak przed laty Bona Sforza, tak też on twierdził, że dobry polityk to przede wszystkim dobry kłamca. Mówił Polakom dokładnie to, co chcieli usłyszeć. Zjazdy szlachty w całym kraju prześcigały się w wygórowanych, nierealnych lub wprost absurdalnych żądaniach pod adresem nowego króla. Jedni chcieli, by władca spłacił z własnej kieszeni wszystkie długi państwa. Drudzy, by prywatnym kosztem wystawił armię. Trzeci domagali się opłacanej przez monarchę floty. Kolejni jeszcze mówili, że zgodzą się tylko na takiego władcę, który co roku będzie wpłacać do skarbu państwa pół miliona florenów. Monluc słuchał uważnie każdej propozycji i... na każdą wyrażał zgodę.

Byli oczywiście tacy, którym obietnice naprawy państwa nie wystarczały. Na nich Monluc też miał sposób. Na lewo i prawo rozdawał w imieniu przyszłego króla dobra ziemskie, urzędy, godności i prezenty w czystym złocie. Z pozoru robił to samo co Habsburgowie od dziesiątków lat. Różnica polegała na tym, że Niemcy płacili swoim agentom. Monluc tylko składał obietnice. Jednocześnie żył w Polsce na kredyt. Pożyczki zaciągał zresztą często u tych samych ludzi, których zwabił wizją francuskiej fortuny.

Wręczanie „subwencji" i łapówek uważał za o wiele za drogą imprezę. Skaptowanie wpływowego sojusznika mogło kosztować kilkaset, a w skrajnych przypadkach nawet kilkanaście tysięcy florenów. Monluc wolał za tę cenę zjednać sobie tysiąc osób, a nie jedną. Im bliżej było do elekcji, tym bardziej oczywiste stawało się zwycięstwo mas szlacheckich. Wielcy panowie i dostojnicy państwowi wciąż liczyli, że utrzymają kontrolę nad procesem wyborów, a w efekcie – nad państwem. Tak naprawdę przegrali jednak już w chwili, gdy postanowiono, że każdy szlachcic będzie miał prawo wziąć udział w wielkim sejmie na polach pod Warszawą. Przeszło trzydzieści lat wcześniej nieszczęsna wojna kokosza pokazała, jak trudną do utrzymania w ryzach siłą są zastępy niezdyscyplinowanej i żądnej wpływów szlachty. Powtórka tej historii była nieunikniona. Na sejm elekcyjny zjechało nawet sto tysięcy osób. Spośród nich połowa legitymowała się szlacheckim herbem. Niemal wszyscy stawili się uzbrojeni i odziani tak, jakby chodziło o wojnę, a nie o wybory. Wystarczyło kilka dni, a olbrzymie obozowisko pogrążyło się w chaosie. Dochodziło do ciągłych bijatyk i pojedynków. Zdarzyło się nawet, że grupa demokratycznie nastawionych panów braci wtargnęła do namiotu senatu, by wymusić korzystny dla siebie wynik obrad. Rezultat deliberacji mógł być tylko jeden. Postanowiono, że prawo głosu w elekcji będzie mieć każdy szlachcic bez wyjątku i że wszystkie głosy będą się liczyć po równo – niezależnie od rozmiaru delegacji poszczególnych ziem i województw.

Szlachta obwieściła zwycięstwo demokracji. Monluc tymczasem przymierzał się do pokazania, że jeśli coś zwyciężyło – to tylko jego manipulacje. Wybory odbywały się pod Warszawą, a więc na obszarze zamieszkanym przez wielkie rzesze słabo wykształconej politycznie szlacheckiej biedoty. Na pięćdziesiąt tysięcy głosujących jedna czwarta pochodziła z okolicy. W efekcie to właśnie Mazowszanie mieli zdecydować o wyniku wyborów – zarówno tych, jak i każdych kolejnych aż do upadku Pierwszej Rzeczpospolitej.

Monluc doskonale zdawał sobie z tego sprawę. Każdemu szlachciurze z Mazowsza, który przybył na sejm, zgodził się wypłacać po dwa grosze dziennie w zamian za oddanie głosu na Henryka Walezego. Dopilnował też zorganizowania specjalnej kuchni polowej dla miejscowych obywateli. Mazowszanie nie musieli się nawet kłopotać transportem – francuscy stronnicy dosłownie zwozili ich na miejsce obrad. Do opornych wystosował odezwę wojewoda Stanisław Ławski. Zagroził, że odbierze prawa i przywileje każdemu, kto nie przybędzie wybierać króla. Nie mógłby oczywiście tego zrobić – ale nieznający ustaw zagrodowcy woleli nie ryzykować.

Sam gremialny przyjazd Mazowszan, a nawet groszowe łapówki nie mogły jeszcze zagwarantować Francuzom zwycięstwa. Monluc miał jednak ostatniego asa w rękawie. Do swoich kłamstw przekonał nie tylko szlachtę, ale też – Annę Jagiellonkę.

Francuski poseł od samego początku był pewien, że królewna odegra kluczową rolę w elekcji. Po śmierci Zygmunta Augusta pędził do Polski na złamanie karku, ale wcale nie po to, żeby proponować kandydaturę Henryka Walezego na króla. Złożył senatorom kondolencje, a następnie poprosił w imieniu swojego pana o rękę Anny Jagiellonki. Działał zgodnie z intencją paryskiego dworu i w myśl otrzymanych na piśmie instrukcji. „Monluc miał podkreślić wolny stan królewskiego brata, który może pojąć żonę z Polski, spoza niej, bądź konkretnie infantkę Annę. Zależnie od tego, co Polacy uznają za korzystniejsze dla kraju" – wyjaśniał znawca stosunków polsko-francuskich Maciej Serwański. Plan był jasny: dopiero poprzez małżeństwo Walezjusz miał dostąpić korony.

Minęło nieco czasu, nim Monluc zrozumiał, że ślub nie wystarczy do zwycięstwa w wyborach. Uświadomił też sobie, że pozycja polityczna ostatniej przedstawicielki rodu jest, oględnie mówiąc, skomplikowana. Raz rzucony projekt pozostał jednak w mocy do samego końca elekcji. Przyklasnęło mu wielu polskich polityków. Wydanie Anny Jagiellonki za nowego króla rozwiązałoby kilka problemów naraz. Senat nie musiałby już więzić i inwigilować niewygodnej królewny. Zniknęłoby ryzyko powstania odrębnego ośrodka władzy na Mazowszu. Także temat skarbu Jagiellonów znalazłby wreszcie finał. Senatorowie wyobrażali sobie, że kontrolę nad majątkiem odziedziczonym przez Annę sprawowałby król, a więc *de facto* przeszedłby on na własność państwa. Nawet wiek panny młodej wydawał się w pewnych kręgach atutem. Anna nie mogła już mieć dzieci, a to dawało okazję do ugruntowania systemu wolnych elekcji. Gdyby Henryk Walezy umarł bezpotomnie, szlachta mogłaby zażądać od kolejnego kandydata do tronu jeszcze większych ustępstw i jeszcze szerszych przywilejów.

Monluc też dostrzegł zupełnie nową korzyść płynącą z opowiedzenia się za małżeństwem Anny i Henryka. Może i królewna została skutecznie odizolowana od wielkiej polityki, ale na Mazowszu jej wpływy były niezachwiane. Prostolinijni Mazurzy, z którymi tak łatwo dogadywała się Bona, także jej córkę obdarzyli ogromnym kredytem zaufania. Królewna wiedziała o tym i od lat starała się wspierać lokalne interesy. O tym, jak bardzo była przywiązana do Warszawy i okolic, dała znać zaraz przed sejmem elekcyjnym. Zygmunt August nie zdążył ukończyć przed śmiercią

Polacy oczekiwali, że Henryk Walezy przywiezie ze sobą nad Wisłę całą fortunę Walezjuszów. Zawiedli się, tak samo jak wystawiona do wiatru Anna. Na ilustracji portret Henryka wykonany około 1578 r.

największej chyba inwestycji w dziejach Mazowsza – budowy pierwszego warszawskiego mostu na Wiśle. Konstrukcja powstawała od ponad czterech lat i w każdym tygodniu król wydawał na nią czterysta florenów. Łącznie, do chwili jego śmierci posadowiona na piętnastu słupach i długa na tysiąc sto pięćdziesiąt kroków przeprawa pochłonęła dobrze ponad osiemdziesiąt tysięcy florenów. Była już niemal na ukończeniu. Wystarczyło jednak, że zapanowało bezkrólewie, a wszyscy stracili zainteresowanie warszawskim cudem inżynierii. Piętnaście pali sterczało ponuro z rzeki, a porzucona i niezabezpieczona konstrukcja niszczała z każdym dniem. W obawie, że z nieukończonego mostu zostanie tylko wspomnienie, Anna zawzięła się. Wciąż nie miała dostępu do swojego spadku, a żyła tylko dzięki pożyczkom od siostry i przyjaciół. Mimo to zdobyła pieniądze, najęła majstrów i dopilnowała ekspresowego ukończenia mostu. Niespodziewanie odkryła, że choć nie ma w sobie przebiegłości i zmysłu politycznego matki, to zdecydowanie odziedziczyła jej talent organizacyjny.

Dla Polaków to był przedni dowcip. W całym kraju śmiano się teraz z królewny, która próbuje mieszać się do polityki, budując mosty. Senatorowie i przywódcy szlachty nie potrafili zrozumieć tego popisu głupoty. Tak samo nie docierało do nich, jak wielką rolę podczas elekcji odegrają „ci chłopi" spod Warszawy, którzy na skutek jakiejś dziejowej pomyłki zdobyli herbowe tarcze. Tylko Monluc w mig zrozumiał, że po takim wyczynie Anna miała całą mazowiecką szlachtę zagrodową w kieszeni. Miejscowa biedota widziała w niej, bardziej niż kiedykolwiek, swoją własną królewnę. I zamierzała głosować zgodnie z jej wolą.

Francuski poseł wiedział, co trzeba robić. Skoncentrował wszystkie swoje wysiłki na przekonaniu Anny do poparcia kandydatury Walezjusza. Potajemnie przekazał jej nawet list od matki Henryka i przyszłej teściowej. Dostarczył też na warszawski zamek portret przewidywanego pana młodego. Podobno Anna wpatrywała się w niego przez cztery tygodnie, podczas gdy wizerunku Ernesta Habsburga nawet nie chciała przyjąć. Wreszcie uwierzyła. „Sami posłowie mnie przekonywali, że nie czeka mnie nic innego, jak tylko wyjście za królewicza francuskiego" – pisała do Zofii. – „On nie dba o królestwo, a tylko o królewnę".

Nic dziwnego, że gdy wreszcie doszło do elekcji, jeden z habsburskich agentów donosił z przerażeniem: „Mazurowie, których była siła, z wrzaskiem zaraz dziwnym mianowali królewicza francuskiego. Ja, widząc przy użyciu jakich dzieje się to instrumentów i kto nadymał nieuświadomioną większość, pytałem, czemu z tak wielką chęcią do tego przystąpili. Zdradziło mi kilku w sekrecie, że to jest wola i sprawa Królewny Jej Mości".

Pogoń za szczęściem

Senatorowie mieli ją za idiotkę. To jedno jasno wynika z listu odkrytego kilkanaście lat temu w szwedzkich archiwach. Wiadomość jest datowana na 13 stycznia 1574 roku. Grupa dostojników przebywających w Krakowie, z Franciszkiem Krasińskim i Janem Firlejem na czele, wysłała ją do trzech senatorów pilnujących w Warszawie Anny. Po wielu miesiącach negocjacji i po niezwykle ślamazarnej podróży, do granic kraju wreszcie zbliżał się wybrany niemal rok wcześniej król Henryk Walezy. Należało przygotować się do pogrzebu Zygmunta Augusta i do koronacji nowego monarchy. Autorzy listu podawali przewidywane daty ceremonii i przestrzegali, by czasem królewnie „nie pomieszał się pogrzeb z koronacją".

Przede wszystkim jednak poruszyli kwestie finansowe. W jakiejś wcześniejszej, nieznanej korespondencji Anna musiała donieść im, że nie ma za co wyjechać do Krakowa, a tym bardziej opłacić orszaku, który godnie odprowadzi do stolicy trumnę z ciałem jej brata. Mijało półtora roku, odkąd była na łasce senatu i wszelkie jej rezerwy finansowe dawno się wyczerpały. Dostojników nic to nie obchodziło. Wprawdzie właśnie trwonili krocie na przygotowanie Wawelu do hucznych uroczystości, ale królewnie jasno dali znać, że dla niej żadnych pieniędzy nie mają. Łaskawie zaoferowali, że może co najwyżej skorzystać z zastawy stołowej, którą wcześniej jej pożyczyli. I że jeśli pragnie dotrzeć z trumną do Krakowa, to niech: „sama pieniądze gdzieś zdobędzie za część jakąś tych sreber, które przy Jej Królewskiej Mości są. Tam panowie niektórzy majętni są niedaleko Jej Królewskiej Mości". Oczywiście naczynia spisano i wyceniono, tak by później ściągnąć za nie należność od Anny Jagiellonki. W rzeczywistości była to zapewne jej własna zastawa, odziedziczona zgodnie z prawem po bracie – ale ten szczegół senatorów nie interesował.

Anna nie protestowała. Po latach upokorzeń wreszcie zaświtała dla niej iskierka nadziei. Z niecierpliwością wyczekiwała ślubu z Henrykiem. Agent francuski w Polsce Jan Bazin donosił Walezjuszowi w szyfrowanej depeszy, że królewna już szykuje wspaniałe stroje, a nawet sprawiła sobie idealną na ślub suknię haftowaną we francuskie lilie. Na tym jej przygotowania się nie kończyły. Podczas gdy sama nie miała grosza przy duszy, po raz pierwszy uległa prośbom senatorów o udostępnienie im skarbów złożonych w Tykocinie. Z zamkowych piwnic zabrano kosztowności warte przynajmniej sto siedemnaście tysięcy florenów. Pierwsza motywacja działań Anny była oczywista. Chciała, by po kilkunastu miesiącach ciało jej brata wreszcie zostało pochowane. Wprawdzie zaraz po śmierci usunięto z jego zwłok wszystkie łatwo psujące się narządy, a resztę szczątków zabalsamowano, ale tu chodziło o zwyczajną przyzwoitość. Nie godziło się, by jakikolwiek człowiek czekał latami na pogrzeb. Tym bardziej król.

Na pogrzeb starczyłaby jednak znacznie mniejsza kwota. Jeśli Anna zdecydowała się na hojny gest, to z zupełnie innych przyczyn. Jak wyjaśniała Maria Bogucka – zrobiła to „oczarowana małżeńskimi perspektywami". Pozwoliła nawet zabrać z Tykocina całą masę obić, naczyń, mebli i drogich futer. Na prezenty dla Henryka Walezego i na odpowiednie uświetnienie jego koronacji. Wiedziała, że utrata tak wielkiej części rodzinnego majątku narazi ją na najpoważniejszy w życiu konflikt z siostrami. Liczyła jednak, że gościnnym przyjęciem zaskarbi sobie sympatię nowego króla i zagwarantuje ślub z nim.

To nie była dziecinna fascynacja, jak twierdzą liczni historycy. Anna była skrzywdzoną przez życie, pozbawioną złudzeń i niemłodą już kobietą. Może nie posiadała horyzontów umysłowych Bony, ale uczuciowa fikcja właściwa dynastycznym małżeństwom nie była dla niej tajemnicą. Między bajki trzeba włożyć pamiętające XIX wiek tłumaczenia, że jako białogłowa o niczym nie marzyła tak bardzo, jak o ślubie i towarzystwie mężczyzny. Anna sama stwierdziła: „Przed Bogiem świadczę i sumieniem swoim, że o nic takiego nie dbam". Jej potrzeby były inne. Anna pragnęła wreszcie odzyskać kontrolę nad swoim życiem, otoczeniem i rodzinnym majątkiem. Nie widziała innej drogi do celu niż tylko związek z królem.

Czekał ją srogi zawód – podobnie jak wszystkich Polaków, którzy zagłosowali na Walezego. Monluc był gotów obiecać wszystko, ale program wyborczy jego kandydata stracił ważność z chwilą, gdy ten włożył na głowę polską koronę. Henryk Walezy nie zamierzał wpłacać do skarbca milionowych kwot, utrzymywać Akademii Krakowskiej, kształcić setek synów szlacheckich w Paryżu ani wszczynać wojny z Moskalami. Przede wszystkim zaś – nie mieściło mu się w głowie branie ślubu z kobietą, która mogłaby być jego matką.

Anna nawet nie zauważyła, kiedy na nowo znalazła się na marginesie wydarzeń. Henryk jeszcze przed wyjazdem z Paryża odmówił potwierdzenia przysięgi Monluca zobowiązującej go do ślubu z Jagiellonką. Tłumaczył się formalnościami – nie dostał oficjalnej zgody na ślub od Anny, a nie wypadało przecież, żeby podejmował decyzję za nią. Wszystko obiecał wyjaśnić na miejscu, w Krakowie. Królewna przyjęła tłumaczenia i nawet wysłała do Francji własnego posła.

Próbowała okazać zrozumienie także wtedy, gdy odmówiono jej prawa pobytu na Wawelu podczas pogrzebu Zygmunta Augusta i koronacji Henryka Walezego. Niewiele wcześniej zapowiadała swojej siostrze Zofii: „Mieszkać będę w komnatach, gdzie Królowa Jej Miłość sławnej pamięci matka nasza była. Panie Boże daj, żeby mi to przyniosło pociechę i sławę". Senatorowie jednak nie wyrazili na to zgody. Anna wzięła udział w ceremoniach, ale spać kazano jej w kamienicy przy Rynku. Z dala od króla i dostojników.

Walezy usilnie starał się ją udobruchać. Zapewniał, że to wszystko tylko nieporozumienia, niezręczności, może problemy w komunikacji. „Dwa razy odwiedził Najjaśniejszą Infantkę i zawsze bardzo czule, trzymając jej rękę w swojej" – opowiadał towarzyszący orszakowi Walezjusza Włoch, podpisujący się jako Paweł Magik. Dalej ciągnął:

> Jednego z tych dni byłem z polecenia Króla u Najjaśniejszej Infantki dla sprawienia jej zabawy. Gdy nadeszła pora obiadu, Infantka nie jadła, a ja rzekłem: „Wiem dobrze, dlaczego nie jecie! Z radości, że Król dotknął się Waszej ręki". Roześmiała się, a potem sama rozkazała mi dać obiad, pijąc do mnie za zdrowie króla Jego Mości.

Anna robiła dobrą minę do złej gry, ale tak naprawdę coraz mniej wierzyła Henrykowi. Król zapewniał, że weźmie ją w obronę, zadba o wyjaśnienie jej spraw majątkowych i ukróci rabunek fortuny pozostawionej przez Zygmunta Augusta. Ilekroć Anna wysyłała do niego prośby, uprzejmie kiwał głową i powtarzał – rozumiem, pomogę, będzie dobrze. Co innego robił. Nie był w stanie i nie zamierzał zaspokajać żądań szlachty, która ogłosiła go królem. Jednocześnie nie miał środków, by zbudować własne stronnictwo polityczne. Czas spędzał na grze w karty lub na uciechach cielesnych. „Sprawy dobrej żadnej w nim nie masz. Sprawiedliwości nikomu nie czyni, a nawet prawa gwałci. Obiecać bardzo chętnie obiecuje, potem żadnej rzeczy nie wypełnia. Cokolwiek pieniędzy ze sobą przywiózł, to przegrał, w Krakowie się już sam niemało zadłużył". Tak sytuację Henryka odmalował jeden z dworzan Anny w liście pisanym pod jej dyktando. A to był dopiero wierzchołek

---

Anna Jagiellonka. Litografia według wykonanego za jej życia drzeworytu

góry lodowej. Nowy król szybko zauważył, w jakim poważaniu senatorowie mają królewnę. Mówiono mu, że Jagiellonka otruła swojego brata, a nawet, że jest wprawną czarownicą. Wątpliwe, by wierzył w te bujdy. Doszedł jednak do wniosku, że nikt nie stanie w obronie królewny, jeśli zagarnie jej majątek.

Jedna po drugiej zaczął oddawać należne Annie królewszczyzny zaprzyjaźnionym ze sobą ludziom. Kiedy królewna wysłała mu spis swoich dóbr i poprosiła o odkręcenie pomyłki, oczywiście zapewnił ją o swojej dobrej woli. A następnie – już ze szczegółowym rejestrem w dłoni – przystąpił do dalszego rozdawania nie swoich ziem. Majątek Anny miał stać się kołem zamachowym jego kariery. Wszystko wskazuje na to, że dobrał się także do skarbca w Tykocinie. W którymś momencie, już bez żadnej kontroli dostojników państwowych, zaczęły znikać z niego kosztowności.

Anna była zrozpaczona. Bliscy jej ludzie pisali, że znowu nieustannie płacze. Próbowała wziąć stery polityki we własne ręce, a straciła na tym i godność, i szacunek sióstr, i rodową fortunę. Pomoc przyszła z zupełnie niespodziewanej strony. Henryk Walezy wytrzymał w Polsce tylko kilka miesięcy. Nagle umarł jego brat. Przed Henrykiem otworzyła się szansa przejęcia władzy we Francji. Nie czekając na nic, pod osłoną nocy uciekł z Wawelu. Senatorowie nie zatrzymywali go, bo akurat leżeli pijani po hucznej uczcie. W Krakowie zostawił tylko kilku dworzan, by przypilnowali jego drogocennych mebli.

Polscy politycy nagle znaleźli się w tej samej sytuacji co Anna. Poniżeni, pozbawieni godności, a na dobrą sprawę – wystrychnięci na dudka. Ci, którzy dopiero co nawoływali do uwięzienia Anny, teraz stali się jej gorącymi orędownikami. W jej osobie skupił się cały gniew narodu. Powtarzano, że Henryk wzgardził jagiellońską krwią. A przynosząc hańbę królewnie – zhańbił też całą Rzeczpospolitą.

Szykowała się nowa elekcja. I niespodziewanie wszystkie oczy były zwrócone na córkę Bony.

Druga Jadwiga

Do dwóch razy sztuka. Tak mogłaby powiedzieć lub pomyśleć Anna. Niedawno skończyła pięćdziesiąt dwa lata, ale tego konkretnego dnia czuła się o wiele młodsza. Z portretu spogląda hardym wzrokiem. Na jej twarzy maluje się nieznaczny uśmiech. I tylko cienie pod oczami wskazują, że przed momentem płakała. Właśnie wyszła z ceremonii, podczas której na jej głowę włożono królewską koronę, a na palec pierścień zaręczynowy. Można by pomyśleć, że zalewała się łzami przejęta tym niezwykłym wydarzeniem. Wcale tak nie było. Anna płakała, bo do ostatniej chwili nie była pewna, co zrobić. Szlachta postawiła ją przed najtrudniejszym wyborem w życiu, a ona nie miała się nawet kogo poradzić. Zofia zmarła rok wcześniej i Anna musiała o wszystkim zdecydować sama.

Wydarzenia po ucieczce Henryka Walezego potoczyły się w tempie przyprawiającym o zawrót głowy. Tym razem senat nawet nie próbował doprowadzić do końca legalnego sejmu elekcyjnego. Prymas Jakub Uchański, otoczony przekupionymi przez Habsburgów dostojnikami, samowolnie ogłosił nowym królem cesarza Maksymiliana II.

Niewielkie zbiorowisko szlachty, obradujące w tym czasie w Warszawie, uznało działania magnatów za zamach stanu. Panowie herbowi nie mieli żadnego lepszego kandydata. Większość z nich, po historii z Walezym, zupełnie zraziła się do obcych królów. Otwarcie proponowano, by na tronie zasiadł jakiś Polak. Nikt jednak nie był w stanie podać odpowiedniego nazwiska. Najpotężniejszych rodzin magnackich za bardzo się bano, by nagradzać je tronem. Tych słabszych nie szanowano na tyle, by mogły dostąpić korony. Zresztą szacunek ogółem stał się w tym czasie dobrem deficytowym. Uchańskiego wzywano, by „stulił gębę", grożono mu śmiercią. Jeszcze niedawno podobna postawa względem prymasa byłaby nie do pomyślenia. Równocześnie w kołach szlacheckich narastała podejrzliwość. Pod aktem elekcji Maksymiliana podpisał się nawet sławny poeta Jan Kochanowski. Jeśli on zdradził, to komu można było ufać?

Szeregowa szlachta była pewna właściwie tylko jednego. Za żadną cenę nie zgadzała się, by na tronie zasiadł Habsburg. W toku burzliwych narad padł nagle pomysł: niech królem zostanie Anna Jagiellonka!

Propozycja, która jeszcze dwa–trzy lata wcześniej wydawałaby się absurdalna, teraz spotkała się z niemal powszechną aprobatą. Uczestnicy zjazdu przywoływali przykłady legendarnej Wandy i całkiem realnej Jadwigi. Jeśli one mogły być królami, to w czym gorsza była ostatnia Jagiellonka? Do sceptyków przemawiał dodatkowy argument. Parę lat wcześniej w Anglii zasiadła na tronie kobieta, Elżbieta I Tudor. Wieszczono, że to będzie koniec dla jej kraju i narodu. Tymczasem Anglia na oczach całej Europy właśnie urastała do rangi największego imperium morskiego. Najwidoczniej „białogłowe panowanie" wcale nie musiało nieść ze sobą widma upadku.

15 grudnia 1575 roku sprawa została postanowiona, a do Anny Jagiellonki – teraz już oficjalnie nazywanej „zrodzoną z krwi polskiej" infantką królestwa – wysłano uroczystą delegację. Oferta przedstawiona królewnie brzmiała aż zbyt pięknie. Miała otrzymać rangę wyższą nawet od swojej wszechpotężnej matki. Bona została przydana królowi jako małżonka. Tym razem to Anna miała być królem, a mężczyzna, którego szlachta wybierze na władcę, miał zostać tylko wyznaczony na jej towarzysza. Swoistego księcia małżonka, choć takie określenie nie funkcjonowało w nowożytnej Polsce. Szlachta widziała w tej osobliwej konstrukcji formę zabezpieczenia na przyszłość. Jak zawsze chciała ograniczyć pozycję i pole manewru monarchy. Przy okazji chodziło o to, by wykluczyć powtórkę sytuacji sprzed roku. Powszechnie sądzono, że król związany przysięgą małżeńską już raczej z Polski nie ucieknie. Anna widziała sprawę prościej. Wreszcie otwierała się przed nią szansa, by naprawdę zacząć rządzić.

Musiała mieć całą masę wątpliwości. Doskonale pamiętała, jak wodzono ją za nos w sprawie ślubu z Walezym. Niczego nie bała się bardziej niż ponownej ucieczki pana młodego. Pisała w jednym ze swoich listów, że nie chce, by „potem śmiech był jak poprzednio. Już się sparzyłam na tych obietnicach". W innym miejscu dodała: „Wolałabym śmierć niż tego więcej". Miała na myśli kolejną małżeńską kompromitację. Mimo wszystko, gdy nadeszła chwila decyzji – powiedziała: „tak". Podobno wyjaśniła: „Ponieważ wszyscy mocarze ubiegali się o koronę, czemużbym ja ofiarowanej przez szlachtę nie miała przyjąć?". Inna relacja podaje, że odparła krócej: „Poddaję się wyrokowi Boga". I to drugie zdanie wydaje się dużo bardziej pasować do jej charakteru.

17 grudnia królewnę odwiedziła także delegacja senatorów, z Jakubem Uchańskim na czele. Prymas usilnie próbował odwieść córkę Bony od popierania ludzi, których uważał za warchołów i podżegaczy. Anna odpowiedziała krótko: „wolę być królową niż królewiczową". I chyba zbyt wiele miała w sobie dumy, by wykorzystać okazję do przypomnienia wszystkich krzywd, które spadły na nią z winy arcybiskupa i innych dostojników.

Dwa miesiące później była już w drodze do Krakowa. Tym razem nie musiała pożyczać pieniędzy potrzebnych na podróż ani prosić kogokolwiek o pomoc. Wyruszyła do stolicy w iście królewskim orszaku. Towarzyszył jej tysiąc żołnierzy, a sama jechała we wspaniałej złocistej karocy ciągniętej przez sześć pięknych rumaków. Także powitanie w murach miasta w niczym nie ustępowało uroczystościom urządzanym, gdy żył jeszcze ojciec Anny. Tym razem nikomu nawet nie przeszło przez myśl, by przygotowywać dla królewny nocleg w Rynku. Gdy odebrała już hołdy mieszczan i dostojników, zawieziono ją prosto na Wawel. Miała spać nawet nie w dawnych komnatach Bony, ale w apartamencie porzuconym przez Henryka Walezego. Jak na nowego króla przystało.

Anna była zachwycona, ale też – coraz bardziej zaniepokojona. Wspaniała oprawa wydarzeń nie mogła ukryć piętrzących się z każdym dniem przeszkód i wątpliwości. Było już wiadomo, kto zostanie mężem królewny. Szlachta wybrała na króla wojewodę siedmiogrodzkiego Stefana Batorego. Elekt miał wiele zalet. Pochodził z kraju, w którym jeszcze przed paroma laty rządzili Jagiellonowie. To on witał Izabelę Jagiellonkę w granicach Siedmiogrodu, kiedy ta wbrew życzeniom matki zdecydowała się wrócić do wstrząsanego wojnami państwa. Później był bliskim współpracownikiem Jana Zygmunta Zápolyi. Znał polską kulturę i od lat otaczał się Polakami. Anna jednak widziała w nim przede wszystkim wady. Mówiono, że Batory to wasal i sługus Imperium Osmańskiego. Bezpośrednio do królewny pisał w tej sprawie z Rzymu bliski jej kardynał Stanisław Hozjusz. „Ja bym z serca życzył, żeby Wasza Królewska Mość była królową i panią naszą koronowaną. Ale bym tego nie życzył, żeby ojczyzna nasza miła miała być w mocy u tureckiego sułtana!" – przestrzegał. Bogobojna Anna na pewno nie puściła uwag księcia Kościoła koło uszu. Jakby tego było mało, sam Batory nie ukrywał, że nie jest szczególnie religijny. Zaraz po przyjeździe do Polski zwierzył się witającej go delegacji, iż zna tylko „przedniejsze zasady wiary katolickiej", choć postara się szybko uzupełnić braki w wiedzy. Do tego wojewoda uchodził za człowieka mało wyrafinowanego i brutalnego. Spory polityczne zdarzało mu się rozwiązywać, mordując przeciwników. A uciechę znajdował przede wszystkim w prowadzeniu wojen. Anna musiała czuć, że tak prymitywny osobnik nie powinien być nawet wpuszczany w mury Wawelu. A co dopiero jako jego przyszły pan. Pocieszała się tylko jedną myślą. Wierzyła, że łatwo owinie sobie Batorego wokół palca.

Kolejny problem wynikał z chaosu wciąż panującego w państwie. Szeregi zwolenników wyboru Anny i Batorego rosły. Zorganizowano nawet nowy sejm elekcyjny. Wzięło w nim udział dwadzieścia tysięcy obywateli – z jednej strony, olbrzymia rzesza ludzi. Z drugiej, liczba znacznie mniejsza niż podczas wyboru Henryka Walezego. Prymas i jego klika pozostawali nieugięci. Za legalnego króla Rzeczpospolitej uważali Maksymiliana II

Tego dnia wyglądała dumnie i pięknie.
Anna Jagiellonka w stroju koronacyjnym

Habsburga. Cesarz tymczasem jawnie nawoływał do wojny domowej i rozbioru Polski. „Gdyby przeciwnicy żadną miarą nie dali się pozyskać i wybór ani na syna naszego, ani na nas, ani nawet na brata naszego paść nie mógł, to skierujcie rzecz ku secesji" – pisał z Wiednia do swoich stronników. Nie było nawet jasne, kto dokona koronacji i kto weźmie w niej udział. Zawsze władców namaszczał arcybiskup, ale jego przyjazdu nie należało oczekiwać. Ogółem frekwencja w Krakowie okazała się marna. Spośród stu czterdziestu senatorów stawiło się tylko trzydziestu ośmiu. Trudno było przewidzieć, jak rozwinie się sytuacja w kolejnych miesiącach. I czy Anna w ogóle utrzyma się na tronie.

Najważniejsza przeszkoda miała jednak inny charakter. Już po wyrażeniu zgody przez królewnę szlachta wysunęła nowy warunek. A na dobrą sprawę – ultimatum. Anna zostanie koronowana, ale tylko jeśli zrzeknie się swojego spadku i doprowadzi do unieważnienia testamentu Zygmunta Augusta. Majątek króla miał przejść na własność państwa. Annie gwarantowano hojną oprawę wdowią i dochody z wybranych dóbr, ale nic poza tym.

Po latach upokorzeń, podczas których sił dodawała jej tylko świadomość, że jest ostatnią obrończynią dziedzictwa Jagiellonów, trudno było przełknąć podobne żądanie. „Infantka wahała się czas niejaki, miotana gniewem i żalem, nareszcie zalała się łzami" – zapisał Światosław Orzelski. Maria Bogucka stwierdziła, że właśnie przy tej okazji po raz pierwszy dał o sobie znać skrywany dotąd włoski temperament Anny. Wśród korytarzy Wawelu odbijały się echem jej krzyki, pretensje i argumenty. Dostojnicy zebrani na zamku nie zamierzali jednak ulec. Sprawa była prosta – jeśli królewna nie zapłaci, nie będzie koronacji.

Anna wahała się do ostatniej chwili. Dyskusje doprowadziły do przesunięcia wszystkich uroczystości najpierw o jeden dzień, następnie o dwa. Wreszcie królewna podpisała akt zrzeczenia się majątku. Zrobiła to już na stopniach ołtarza, przed samą ceremonią. Był 1 maja 1576 roku. „Uskarżała się gorzko, że tak małą pokładano w niej ufność i że godziwiej byłoby nie zmuszać jej do podpisu na oczach wszystkich" – dopowiada kronikarz. Uroczystość wypadła ponuro. To nie był ślub na miarę imperium. Obeszło się bez wielotygodniowych uczt, bez festynów, turniejów i tysięcy gości. Ślub odbył się nawet nie w katedrze, ale w małej salce na Wawelu służącej dotąd za jadalnię Anny. Rolę świadków odegrało skromne grono senatorów i posłów szlacheckich. Oprawa koronacji była nieco bardziej uroczysta. Ale tylko nieco. Brakowało wysokiego kleru, a mszę celebrował nie prymas, lecz biskup kujawski. Splendoru i majestatu całej uroczystości przydawała właściwie tylko Anna Jagiellonka. Włożyła na tę okazję wspaniałą białą suknię, obszytą i obwieszoną niezliczonymi klejnotami. Niewykluczone, że była to najdoskonalsza ze wszystkich sukni ślubnych polskich władczyń. Może i córka Bony nie odznaczała się wyjątkową urodą, ale tego dnia wyglądała godnie i pięknie. Nikt nie mógł temu zaprzeczyć.

„Śpiewano hymny, przygrywała muzyka, biskup kujawski zanosił do Boga uroczyste modły" – relacjonował świadek wydarzeń. Wreszcie nastąpiła właściwa koronacja. A razem z nią nowy zgrzyt. Wbrew pierwotnym ustaleniom to nie Anna została koronowana pierwsza, ale Batory. Zupełnie tak, jakby po poznaniu elekta szlachta zrezygnowała z wcześniejszych ustaleń i ze szczególnej roli przeznaczonej dla królowej. Anna mimo to starała się być dobrej myśli. Pan młody zrobił na niej doskonale wrażenie. Miał, jak podaje jedno ze źródeł, postać „zwięzłą, urodziwą, czerstwą, twarz przystojną i rycerską". Był też znacznie bardziej kulturalny, niż przewidywała. Dukał nawet trochę po polsku i po włosku; łaciną władał zupełnie zręcznie. Przede wszystkim był natomiast mężczyzną w sile wieku, dobrze po czterdziestce. Nie żadnym młodzieniaszkiem, jak Ernest Habsburg czy Henryk Walezy. Anna nie wyglądała przy nim śmiesznie ani żałośnie. Zdawało się wręcz, że do siebie pasują.

Nawet skrzywdzonej przez życie królowej mogło przemknąć przez myśl: będę z tym człowiekiem szczęśliwa. Nie bez napięcia oczekiwała nocy poślubnej.

Seks to tylko formalność

Tradycji stało się zadość. Król „dzieląc łoże z królową, dokonał ślubowanego małżeństwa" – podsumował Światosław Orzelski. Nazajutrz Anna otrzymała należne dary. Drogocenne bransolety, naszyjniki, napierśniki oraz puchar wypełniony monetami. Batory przekazał przez pośredników swoje wyrazy zadowolenia z przebiegu nocy poślubnej i nadzieje na dalsze udane pożycie. To by jednak było na tyle. Jak na sumiennego polityka przystało, spełnił swój obowiązek, natomiast nie zamierzał podtrzymywać fikcji, za jaką uważał to małżeństwo. Anna łudziła się jeszcze długo.

Jeden z agentów nuncjusza apostolskiego zanotował, że król spędził w sypialni królowej tylko dwie lub trzy noce. Później, gdy przestał się u niej pokazywać, Anna próbowała wziąć sprawy w swoje ręce. Nie przejmując się plotkami, chodziła do monarszej alkowy. Kiedy przed laty to samo robiła zdesperowana Elżbieta Habsburżanka, cała krytyka spadła na zaniedbującego ją Zygmunta Augusta. Teraz dworzanie śmiali się nie z króla, ale z królowej. Szczególnie, że władca unikał jej z wprost imponującą determinacją. Za pierwszym razem Anna bezskutecznie czekała na małżonka przez pięć godzin. Za drugim – przez siedem. Ale Stefan Batory się nie zjawiał.

Anna wciąż liczyła, że jako królowa będzie mieć przynajmniej jakąś władzę. „Odkąd chłopa dopadła, gębę nosi wysoko i hardo" – pisał kilka dni po ślubie jeden ze świadków uroczystości. Już w tym liście pojawia się jednak ponura dla Anny wróżba: „Widzę po nim samym, że nim rządzić nie będzie, bo to prawy chłop!". Rzeczywiście Batory ani nie prosił żony o polityczne wsparcie, ani go nie oczekiwał. Szybko okazał się

Stefan Batory zrobił na Annie wyjątkowo dobre wrażenie. Starała się jak mogła, by uczynić z ich związku coś więcej niż tylko formalność. Bez skutku

EPHANVS
C: REX POLONIÆ

utalentowanym strategiem i skutecznie stłumił opór opozycji. Zapowiadał, że nie będzie królem malowanym, i od słów potrafił w mgnieniu oka przechodzić do czynów. Wszyscy zapomnieli, że to on miał być małżonkiem, a Anna – królem. Stało się to jasne podczas jednej z dworskich uroczystości. Batory uprzejmie pozwolił małżonce iść obok siebie. Ceremoniał był w tym względzie jasny: pierwszy zawsze powinien iść król, a dopiero za nim królowa. Nawet Bona stosowała się do tej zasady. Tym razem należałoby jednak zwrócić uwagę na szczególny status Anny. Zgodnie z dyplomem elekcyjnym miała ona rangę równą lub nawet wyższą od tej przysługującej Batoremu. Otoczenie króla nie zamierzało tego respektować. Marszałek nadworny koronny Andrzej Zborowski publicznie zrugał królową i kazał jej zająć właściwe miejsce. A w każdym razie – właściwe w jego opinii.

Królowa w tych pierwszych tygodniach zadziałała właściwie tylko raz. Wysłała list do Rzymu, apelując do kurii o zaakceptowanie elekcji jej męża i zaprzestanie popierania cesarza w walce o polski tron. Batory jej za to nie podziękował. Chyba nawet był zirytowany, widząc, że kobieta miesza się do jego spraw. Konflikt stawał się nieunikniony. „Pani infantka jest mocno niezadowolona, nie mając takiego, jak się spodziewała, autorytetu oraz będąc mało zaspokojona przez towarzystwo małżonka" – zapisał nuncjusz Wincenty Laureo. Mimo to wciąż się nie poddawała. Źródła podają, że próbowała przygotowywać dla Batorego „bankiety, bale i ciągłe rozrywki". Efekt był odwrotny od zamierzonego. Król jako urodzony żołnierz nudził się na dworze, a wydawanie pieniędzy na organizację hucznych zabaw uważał za zwykłe marnotrawstwo. Przy jednej okazji powiedział Annie z przekąsem, że nie uważa, aby było go stać na taki styl życia.

Batory mógłby nie żyć, a Annie nie zrobiłoby to większej różnicy.
Król postarał się, by wiodła żywot godny wdowy.
On tymczasem spędzał czas na wyprawach wojennych.
Na ilustracji – Batory pod Pskowem w wyobrażeniu Jana Matejki

Kiedy indziej – po prostu nie stawił się na bankiecie. Nuncjusz Jan Andrzej Caligari donosił papieżowi: „Kazała królowa oświecić sale i przygotować instrumenty muzyczne, aby wyprawić bal dla swych panien i dworzan. Kiedy jednak otrzymała wiadomość, że król zostanie na Litwie, kazała pogasić światła i wynieść instrumenty, po czym z wielkim gniewem ustąpiła na swoje komnaty".

Ten sam obserwator stwierdził w sierpniu 1578 roku: „Rozterka pomiędzy królem a królową nie da się naprawić. Mówią tu, że król nie ma do niej ufności, że boi się trucizny z jej ręki, z którą to sztuką dobrze była obeznana jej matka Bona". Spotkania pary monarszej stawały się coraz rzadsze. Jeśli Stefan nawet odwiedzał Annę, to spędzał z nią nie więcej niż „kęs czasu". Normą stawały się rozmowy przez pośredników i drętwe, oficjalne powitania małżonków. Anna starała się zachowywać godnie i uprzejmie. Pod maską powagi buzowały jednak emocje.

Córka Bony nie mogła przeboleć, że jej kariera zakończyła się, zanim w ogóle zdążyła się rozpocząć. Przez krótką chwilę była potrzebna szlachcie i magnatom do realizacji ich celów. A kiedy tylko przestała być – wyrzucili ją na śmietnik historii. Teraz robiła wszystko, byle zwrócić na siebie uwagę. W niezgrabny, wręcz głupi sposób zaczęła mieszać się w spiski przeciwko mężowi. Trudno uwierzyć, by naprawdę chciała mu zaszkodzić. Chyba po prostu próbowała skupić na sobie zainteresowanie Stefana Batorego. Po raz kolejny wybrała najgorszy możliwy sposób. Otoczenie króla zaczęło ostentacyjnie sugerować, że monarcha powinien się rozwieść i założyć nową dynastię. Wprawdzie sam Batory podkreślał, że nawet nie myśli o tak bezbożnym akcie, ale sygnał był dla Anny jasny.

Był rok 1580 i skończyły się wszelkie niedomówienia. Anna przestała mieszać się do polityki, a tym bardziej – mieszać szyki mężowi. Stefan w odpowiedzi zupełnie zerwał z nią kontakt. Cały czas spędzał na wojnach z Moskwą lub w Grodnie, gdzie dorastał jego syn z pozamałżeńskiego związku. Anna tymczasem wróciła do Warszawy. Pogodziła się z myślą, że na dobrą sprawę została wdową jeszcze przed śmiercią męża. Nie zamierzała jednak spędzić reszty życia bezczynnie. Jeśli nie dano jej szansy odbudowy imperium rodziców, postanowiła odbudować przynajmniej ich wspaniały dwór. To gwarne, przesiąknięte sztuką i kulturą miejsce, do którego tęskniła od dzieciństwa.

Ostatnie ogniwo

Nowym Wawelem miał być Zamek Królewski w Warszawie. A nową Boną – Anna Jagiellonka. Królową do reszty opętały widma przeszłości. Rozbudowywała ogrody założone niegdyś przez Bonę, remontowała i upiększała stawiane przez matkę rezydencje. Tak samo jak ona z uporem maniaka doglądała najdrobniejszych szczegółów. Osobiście zlecała prace cieślom, projektantom czy ogrodnikom. Stworzyła nawet pałacowy zwierzyniec z żubrami, turami i jeleniami – bardzo podobny do tego, który rodzice mieli na Wawelu. Starała się trzymać dwór krótko i robiła wszystko, by fraucymer na nowo stał się elitarną instytucją. Patronowała artystom teatralnym i muzykom. Wzorując się na Bonie, zorganizowała regularne połączenie pocztowe pomiędzy Rzeczpospolitą i Włochami. Podobnie jak matka prowadziła ożywioną korespondencję z italską arystokracją, szczególnie z rządzącymi Toskanią Medyceuszami.

Stale miała ręce pełne roboty. Tak jakby czuła, że musi udowodnić coś zmarłej matce. A równocześnie – jakby bała się, że bezczynność doprowadzi ją prostą drogą do bolesnych myśli o siostrach, niekochającym bracie, nieobecnym mężu i ogółem: straconym życiu. Na to nie mogła pozwolić. Ludzie, którzy obserwowali ją w tym czasie, zachodzili w głowę, jakim cudem tak młodo i radośnie wygląda. „Królowa jest świeża i tak bardzo dobrego zdrowia, że nie uważałbym za cud, gdyby miała zajść w ciążę" – pisał jeden z gości dworu w 1579 roku. Anna miała wówczas pięćdziesiąt sześć lat. W rzeczywistości nie czuła się dobrze ani na ciele, ani na duchu. Po prostu – wreszcie nauczyła się ukrywać własne cierpienie.

Jej zdrowie zawsze pozostawiało wiele do życzenia, a każdy kolejny życiowy cios odciskał na nim coraz głębsze piętno. Już w 1564 roku Anna zatrudniła osobistego lekarza i aptekarza, a na same leki wydała czterysta siedemnaście florenów. Trzy lata później żaliła się Zofii:

> Pan Bóg raczył mnie nawiedzić niedobrym zdrowiem, a tak bardzo, że już zwątpiłam. Miałam tak wielkie bóle w połowie głowy i w oku lewym takie strzykanie, że mi od wielkiego bólu febra przyszła. Zaczynał się o godzinie szóstej na półzegarze ból tak ciężki, że byłam jak bez rozumu ani mówić nie mogłam. A tak ciężki ból lewego oka, że nie dało się go zobaczyć przez opuchliznę. Już się spodziewałam zostać bez oka. A wolałabym zemrzeć niż bez oka być.

Ciężkie choroby powracały z zatrważającą regularnością. Anna cierpiała na ciągłe przeziębienia, artretyzm, nerwobóle i nawroty źle leczonej malarii. „Jeszcze z jednej choroby nie wyszłam, a druga na mnie przypadła. Kolkę, morzenie żywota, krzyży łupanie, żołądka wielką boleść miałam przez cztery niedziele po febrze" – piała w 1573 roku. Później raporty na temat jej zdrowia się urywają, ale tylko dlatego, że nie ma ich komu wysyłać. Umiera Zofia Jagiellonka. Kilka lat po niej odchodzi także Katarzyna – do końca skłócona z Anną. Królowa, unieważniając testament Zygmunta Augusta, odebrała jej zarówno spadek, jak i szansę na wypłatę posagu, którego ostatni Jagiellon nigdy nie uiścił. Sama też zresztą straciła nawet najcenniejsze pamiątki po bracie i rodzicach. To, czego nie rozkradziono po śmierci Zygmunta Augusta, zjadły myszy w niepilnowanych piwnicach zamku w Tykocinie. Taki los spotkał nawet wspaniałe suknie Barbary Radziwiłłówny, zapisane przez ostatniego Jagiellona swojej siostrze. Anna została zupełnie sama i czuła, że śmierć niedługo przyjdzie także po nią.

Zawsze religijna, teraz popadła w całkowitą dewocję. W każdym zdarzeniu widziała Boską rękę. A w każdym człowieku – grzesznika. Kaznodzieja Piotr Skarga mówił o niej, być może żartem, że „kapłanom warszawskim starczała za biskupa i wizytatora". Klerowi wcale jednak nie było do śmiechu. Anna z prawdziwą pasją doglądała porządku w kościołach i właściwej oprawy mszy świętych. Do byłego kapelana Zygmunta Augusta pisała: „Dochodzą nas wieści, że odprawiacie w naszej kaplicy nabożeństwa bez muzyki. Ta wieść bardzo nam jest niemiła. Zalecamy wam przeto, pod groźbą utraty naszej łaski królewskiej, abyście odtąd służbę Bożą odprawiali ze śpiewaniem. Anna królowa polska". Zdarzyło się też, że zaraz po hucznym dworskim festynie poszła o świcie do kościoła robić awantury zbyt długo śpiącym kanonikom. Księża chyba jako pierwsi dostrzegli jej huśtawki nastrojów, ale szybko cały dwór zaczął drżeć przez nieobliczalnymi humorami Anny. W jednym momencie mogła zachowywać się jak dostojna, nobliwa dama, tylko po to, by chwilę później rzucać najgorszymi obelgami. Bezwiednie z kobiety zaszczutej i sterroryzowanej sama przemieniła się w siejącą postrach tyrankę. Nawet jej własny sekretarz żalił się: „Kat mi tę godność dał!". Nie ulega wątpliwości, że cierpiała na nasilającą się z wiekiem nerwicę. Niewykluczone, że miała też stany depresyjne i lękowe. Jeśli cokolwiek utrzymywało ją w ostatnich latach we względnej psychicznej równowadze, to tylko świadomość, że jest ostatnim ogniwem dynastii. Nie mogła umrzeć ani oszaleć. Ktoś przecież musiał zadbać o pamięć po Jagiellonach.

Anna nigdy chyba nie wybaczyła Bonie braku matczynej miłości. Nie mogła jednak pogodzić się z tym, jak Zygmunt August potraktował matkę po śmierci. W 1557 roku król był zdruzgotany, ale tylko utratą matczynej fortuny oraz dwóch włoskich księstw. Plan Habsburgów udał się perfekcyjnie. Drugi, prawdziwy testament Bony został szybko obalony jako fałszywka sporządzona rzekomo pod dyktando polskich agentów. Jak wyjaśnia znawca tematu historyk Stanisław Cynarski, każdy, kto mógł zeznać o tym, jak było w rzeczywistości, został usunięty: „za pomocą trucizny, terroru lub przekupstwa". Zygmunt August procesował się o należny sobie spadek, ale od początku stał na straconej pozycji. Sędzią w sprawie był ten sam człowiek, który kazał zabić jego matkę – Filip II Habsburg.

Co charakterystyczne, samo morderstwo najmniej dotknęło Zygmunta Augusta. Nie zachowały się żadne ślady szczerej żałoby po Bonie. Król myślał tylko o pieniądzach. Nigdy nawet nie próbował tak naprawdę rozliczyć spiskowców, którzy dokonali zbrodni na zamku w Bari. Jan Wawrzyniec Pappacoda otwarcie przyznał się do otrucia wdowy po Zygmuncie Starym. W liście do jednego z habsburskich ministrów napisał: „Przez śmierć królowej polskiej wywiązałem się z obietnicy, uczynionej dworowi króla Jego Miłości Katolickiego". Za swoje usługi został sowicie wynagrodzony. Otrzymał wysoką roczną pensję. Mianowano go też margrabią Capurso oraz kasztelanem Bari. Do tego dochodziły hojne darowizny wyszczególnione w sfałszowanym testamencie Bony oraz nowe prezenty od Filipa II Habsburga. Zleceniodawca morderstwa czuł się tak pewnie, że nagrodził Pappacodę nawet za to... jak wierną służbą odznaczał się na dworze jego bliskiej przyjaciółki, polskiej królowej. Zbrodniarz nigdy nie poniósł odpowiedzialności. Dwukrotnie się ożenił i prowadził spokojny żywot, aż do śmierci z przyczyn naturalnych w 1576 roku.

Bona tymczasem nie tylko umarła w bólu i upokorzeniu, ale po śmierci została odarta z resztek ludzkiej godności. Papież ekskomunikował ją jako sojuszniczkę skłóconych z nim Habsburgów. Fakt, że ci sami Habsburgowie doprowadzili do jej śmierci, nic go nie obchodził – stanowczo sprzeciwił się katolickiemu pochówkowi królowej. Ciało Bony potraktowano tak, jakby była żebraczką, a nie władczynią. Niedbale wycięto jej wnętrzności i wrzucono do przypadkowych, popękanych naczyń. Same zwłoki wylądowały w prostej sosnowej trumnie pozbawionej choćby znaku krzyża. Porzucono je w zamkowej kaplicy, gdzie niemal spłonęły po tym, jak ktoś przewrócił lichtarz ze świecami. Później trumna została przeniesiona do zakrystii baryjskiego kościoła

---

Tyle zostało do dzisiaj ze wspaniałego mauzoleum Bony Sforzy w Bari

PR

św. Mikołaja. Przez długie lata doczesne szczątki Bony uchodziły za rodzaj jarmarcznej atrakcji. Księża pokazywali je wybranym gościom, ponieważ – jak wyjaśniał nie kto inny, tylko Mikołaj Czarny – ciało było „całe, jeno jedna część wargi wierzchniej się nadpsuła". Zygmunt August nic z tym hańbiącym procederem nie zrobił. Wolał walczyć o zwrot wielkiej pożyczki udzielonej przez Bonę Habsburgom.

Na razie nie była to głośna sprawa. Dopiero w kolejnym stuleciu sumy neapolitańskie urosną do rangi symbolu. Wtedy nikt już nie będzie pamiętać, że w ostatnich latach życia Zygmunt August wymusił wreszcie na Habsburgach spore ustępstwa. Wprawdzie nie wywalczył zwrotu samych kwot, ale przez ponad dekadę otrzymywał od nich odsetki. Tak więc – wbrew powszechnym wyobrażeniom – kwota równa pożyczonej przez Bonę w końcu wróciła do Polski. To jednak nie mogło już w niczym pomóc sponiewieranej królowej.

Anna Jagiellonka kontynuowała walkę o odzyskanie pożyczonych pieniędzy i to ze sporymi sukcesami. Łącznie wywalczyła przynajmniej siedemdziesiąt tysięcy dukatów i to już po opłaceniu wszystkich kosztów działalności jej włoskich agentów. Przede wszystkim jednak Anna zrobiła to, o co nigdy nie zadbał Zygmunt August: zapewniła matce godny pochówek.

To z jej inicjatywy na początku lat dziewięćdziesiątych XVI wieku w kościele św. Mikołaja w Bari powstało wspaniałe mauzoleum Bony, a w jego centrum – piękny pomnik władczyni w ostatnich latach życia. Królowa z rękoma złożonymi do modlitwy klęczy na poduszce, odziana w prostą, ale elegancką suknię oraz długi płaszcz. Twarz ma dumną, ładną i spokojną. Wygląda jak majestatyczna matrona, a nie umęczona życiem wdowa. Anna chciała, żeby tak właśnie ją pamiętano – a nie jako trupa, któremu zgniła tylko jedna warga.

Tak samo królowa starała się zadbać o pamięć po swoim bracie. Mimo przepaści dzielącej ją i Zygmunta Augusta, dokończyła budowę wspaniałej Kaplicy Zygmuntowskiej na Wawelu. Przy sarkofagu Zygmunta Starego znalazło się także godne miejsce dla jego syna. Wkrótce w tej samej kaplicy planowała spocząć sama Anna Jagiellonka. Wpierw czekało ją jednak jeszcze jedno zadanie.

W 1586 roku niespodziewanie umarł Stefan Batory. Królowa uznała tę śmierć za znak dany od Boga.

Złoty strzał

Zaraz po weselu Jagiellonki i Batorego kasztelan miński Jan Hlebowicz pisał, że „po pani Annie nie należy się spodziewać niczego dobrego". Dziesięć lat później nie spodziewano się po niej już w ogóle czegokolwiek. Infantka zaszyła się w swoich mazowieckich dobrach i od lat nie słyszano, by mieszała się do spraw państwa. Wielu panów herbowych zapomniało chyba nawet, że żyje. A tym bardziej – że jest koronowanym królem Polski.

Szlachta zjeżdżała się na pola pod Warszawą niczym na wojnę. Podczas dwóch poprzednich elekcji skłócone stronnictwa konsekwentnie sprawdzały, jak daleko mogą się posunąć. Teraz wszelkie hamulce puściły. Z jednej strony obóz rozbiła fakcja skupiona wokół rodziny Zborowskich. Być może najpotężniejszej, a na pewno najgłośniejszej familii w kraju, na czele której stał marszałek nadworny koronny Andrzej Zborowski. Z drugiej – stały siły posłuszne najbliższemu współpracownikowi zmarłego króla, kanclerzowi i hetmanowi wielkiemu koronnemu Janowi Zamoyskiemu. Rozwinięto chorągwie, rozstawiono oddziały. Na pole sejmowe zostały nawet wtoczone armaty. To był krajobraz jak przed bitwą.

Spór miał w równym stopniu charakter polityczny, co osobisty. Przed paroma laty Zamoyski doprowadził do wykonania kary śmierci na jednym z członków rodu Zborowskich. Andrzej o niczym nie marzył bardziej niż o pomszczeniu swojego brata. Wprawdzie egzekucja Samuela Zborowskiego była uzasadniona i legalna, ale dla przywódcy rodu to był po prostu zamach. Zamierzał doprowadzić do wyboru takiego króla, który pozwoli mu wywrzeć zemstę na kanclerzu. Zamoyski ze swojej strony nie tylko nie zamierzał przepraszać za swoje dawne decyzje, ale wprost planował zostać królem. Posłowie już poprzednio nawoływali do obrania władcą „Piasta". A któż miałby być lepszym „Piastem" niż zwycięski wódz armii i utalentowany szef dyplomacji?

Kronikarz Reinhold Heidenstein zanotował: „Już z zamieszek poprzednich bezkrólewiów wykrył się sekret, że kto będzie silniejszy i śmielszy, ten króla obierze". Takiego samego rozwoju wypadków oczekiwano tym razem. Nikt nie przewidział, że do rozgrywki dołączy trzecia strona. Albo raczej: że na jaw wyjdzie, iż ta trzecia strona rozstrzygnęła o wyniku elekcji, zanim w ogóle do niej doszło.

Anna się nie wychylała. Przez lata z najwyższą dyskrecją pomnażała swój osobisty majątek i wpływy. Jako królowa mogła wreszcie zabłysnąć umiejętnościami gospodarczymi. Zdobywanie pieniędzy przychodziło jej z podobną łatwością, co niegdyś Bonie. Może i została z niczym, zrzekając się spadku, ale szybko odrobiła straty. Zarazem zawsze była oszczędna, a zdaniem obserwatorów wręcz skąpa. Prowadziła wystawne dworskie życie, jednak na ekstrawagancje na skalę Zygmunta Augusta sobie nie pozwalała. W efekcie wzbogacenie się władczyni łatwo było przegapić.

Tak samo dostojnicy państwowi nie zauważyli, jak umiejętnie Anna tworzy siatkę własnych faworytów i sojuszników. Nie była już zagubionym klakierem, przyklaskującym każdemu pomysłowi własnej służby i uzależnionym od zdania sióstr. Przymuszona okolicznościami wybiła się na niezależność. Stale wstawiała się za różnymi ludźmi tak w Polsce, jak i na dworach Europy. Sponsorowała wyjazdy edukacyjne i subtelnie wpływała na

---

Anna Jagiellonka po śmierci Batorego. Ten jeden portret stanął u podstaw legendy o strasznej brzydocie królowej. W rzeczywistości to raczej artystyczna kreacja mająca na celu podkreślenie ciężkiego losu wdowy

ANNA IAGIELLONIA D. G.
REGINA POLONIÆ ETC.

obsadzanie stanowisk. Wiele rodzin obiecywało jej swoje usługi już za samą szansę oddania córki do wspaniałego fraucymeru królowej. Przede wszystkim jednak Anna nauczyła się cierpliwości. Nie działała raptownie, nie wybuchała płaczem za każdym razem, gdy coś poszło nie po jej myśli. I nie załamywała rąk. Miała czas, a przede wszystkim miała w sobie determinację, by ułożyć plan najważniejszej rozgrywki w całym swoim życiu.

Celem było zwrócenie polskiego tronu dynastii Jagiellonów. Ostatnim męskim potomkiem rodziny po kądzieli był szwedzki królewicz Zygmunt Waza. Chłopak od dziecka uczył się polskiego języka i obyczajów. Wzrastał w przekonaniu, że jest w takim samym stopniu Polakiem i Jagiellonem co Szwedem. Anna zamierzała poświęcić wszystko, by oddać koronę w ręce człowieka, w którego żyłach płynie krew Jagiełły. W 1576 roku nie miała ku temu żadnych środków. Także Zygmunt nie był gotowy: miał zaledwie dziesięć lat. Szlachta nie chciała nowego młokosa na tronie. Tym bardziej nie zaakceptowano by dziecka. Teraz, dekadę później, sytuacja wyglądała zupełnie inaczej.

Anna rozpoczęła swoje starania jeszcze za życia Batorego. W 1585 roku po raz pierwszy pisała w tej sprawie do papieża. W 1586 anonsowała projekt Habsburgom, sondując szanse połączenia małżeństwem Zygmunta Wazy i którejś z córek Maksymiliana II. Takie rozwiązanie miałoby zabezpieczyć Polskę przed kolejną burzliwą elekcją. Przede wszystkim jednak – coraz odważniej sięgała do skarbca. O ile na co dzień ważyła w dłoni każdego wydawanego florena, o tyle na elekcję Zygmunta nie bała się sypać groszem. Niepostrzeżenie w jej obozie znalazł się niemal cały senat i episkopat z prymasem na czele. Annę popierał też ojciec święty Sykstus V.

Anna na tle nagrobka Stefana Batorego na akwareli Jana Matejki. Król decyzją żony spoczął w kaplicy Mariackiej na Wawelu. Najwidoczniej Anna doszła do wniosku, że siedmiogrodzki wojewoda nie jest godzien leżeć we wspaniałej kaplicy Zygmuntowskiej – obok synów jagiellońskiej dynastii

Właśnie w 1586 roku obdarował ją najwyższym możliwym odznaczeniem – Złotą Różą. Przerzedzone szeregi wrogów królowej mogły w tej sytuacji tylko powtarzać ułożony na poczekaniu wierszyk: „Długo się nam aniołem Anuchna stawała, ale się na ostatku w czarta obróciła". Jeśli paszkwil dotarł do uszu Anny, to pewnie tylko się z niego ucieszyła. Zawsze marzyła, by być takim właśnie czartem.

Wielu stronników królowej nawet sobie nie uświadamiało, że to ona steruje całym przedsięwzięciem. Dyskretni agenci opłacali odpowiednie osoby, kolportowali ulotki i paszkwile. Nagle popieranie szwedzkiego królewicza stało się postawą zupełnie oczywistą. Wręcz modną i patriotyczną. Kasztelan sochaczewski Stanisław Gostomski zadeklarował: „Do królewicza Jego Mości szwedzkiego przystępuję, którego też za Piasta uważam". Wpływowy magnat Konstanty Wiśniowiecki posunął się jeszcze dalej. Stwierdził, że Zygmunt Waza jest dla niego niczym „króla Augusta syn". Propagandzie Anny do reszty dał się omotać także włoski szpieg Horacy Spanocchi. Napisał on w swojej korespondencji, że Zygmunt „będzie prędzej niż kto inny wybrany. Pierwsza i najgłówniejsza przyczyna leży w tym, że jest ostatnim potomkiem familii jagiellońskiej". Na tym agent jednak nie poprzestał. Dalej powiedział wprost: szlachta „powinna powołać na tron królewicza Zygmunta".

Im bliżej było do decyzji, tym bardziej widoczne stawało się osobiste zaangażowanie królowej. Anna układała instrukcje dla posłów szlacheckich i osobiście wysyłała delegacje do Szwecji. To z nią negocjował ojciec kandydata i ją prosił o sformułowanie odpowiednich warunków elekcji. Królowa nie bała się też konfrontacji z Habsburgami. Jasno przekazała im, że jest gotowa walczyć na śmierć i życie. Zadeklarowała, że jeśli zajdzie taka potrzeba, to wyda na elekcję nawet i dwieście tysięcy talarów. Była też chętna rozdać nowym stronnikom Zygmunta wszystkie wakujące urzędy na Mazowszu.

Dla Zborowskich i Zamoyskiego stało się jasne, że się spóźnili. Kanclerz wciąż jednak nie wierzył, że mógłby przegrać jakąkolwiek polityczną rozgrywkę. Tym bardziej nie zamierzał ustępować przed kobietą, którą miał za prymitywną furiatkę. Parę lat wcześniej to właśnie on zachęcał Batorego do rozwodu. Teraz postanowił taktycznie zmienić front. Opowiedział się za Zygmuntem Wazą, ale tylko po to, by przy pierwszej okazji ukręcić łeb jego kandydaturze. Nie przewidywał żadnych trudności – wciąż był przecież szefem dyplomacji.

Szwecja i Rzeczpospolita miały wiele sprzecznych interesów. Kością niezgody była przede wszystkim Estonia. Oba państwa uważały ją za część swojej strefy wpływów, choć ostatecznie weszła w granice Szwecji. Zamoyski wiedział, że państwo Jana III Wazy nigdy nie zgodzi się oddać jej bez walki. Właśnie dlatego postawił warunek: Zygmunt zostanie polskim królem, ale tylko jeśli weźmie ze sobą Estonię. Dla wszystkich było jasne, że Wazowie odmówią. Tymczasem – w ogóle nie musieli odpowiadać.

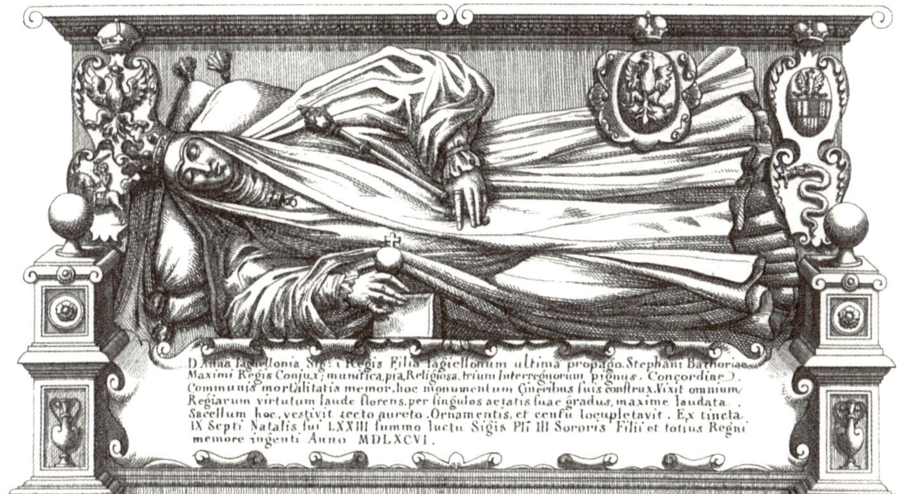

Grób Anny na Wawelu.
Na jej twarzy wreszcie maluje się spokój

„Anna okazała się nieodrodną córką swojej matki, wykazując więcej sprytu niż mistrz propagandy i doktor obojga praw Jan Zamoyski" – skomentował historyk Przemysław Szpaczyński. Kanclerz nie przewidział jej ruchu, bo nie rozumiał, jak bardzo jest zdeterminowana. Królowa, jak gdyby nigdy nic, poręczyła zwrot Estonii całym swoim prywatnym majątkiem. Jej triumf stał się nieunikniony. 27 grudnia 1587 roku syn Katarzyny Jagiellonki został koronowany na polskiego króla jako Zygmunt III Waza.

To wydarzenie nie pogodziło zwaśnionych Polaków jak za dotknięciem magicznej różdżki. Państwo pogrążyło się w wojnie domowej, Maksymilian II Habsburg ośmielił się nawet wkroczyć zbrojnie do Polski. Jan Zamoyski nie miał jednak wyjścia. Raz opowiedział się za Zygmuntem i teraz to do niego należało wyplewienie z kraju niemieckiego chwastu. Kiedy za wroga miał wszechpotężnego cesarza, a nie niepozorną polską królową – poradził sobie już bez problemu.

Wielki sukces nie uczynił z Anny lepszego człowieka. W kolejnych latach była tak samo znerwicowana, zrzędliwa i rozczarowana brakiem wystarczającego wpływu na bieżącą politykę jak zawsze. Zarazem jednak – wreszcie czuła się spełniona. Cierpliwie oczekiwała śmierci. W ostatnich miesiącach życia co wieczór wkładała pod łóżko pośmiertne szaty i gromnicę. Umarła 9 września 1596 roku.

Razem z nią odszedł polski złoty wiek, robiąc miejsce wiekowi złotej szlacheckiej wolności. A zresztą, może nigdy żadnego złotego wieku nie było.

Nota autora

Źródła historyczne pozwalają odtwarzać uporządkowane chronologicznie fakty, nie dają jednak możliwości wiernego zrekonstruowania myśli, uczuć i intencji osób żyjących przed setkami lat. Te ostatnie można sobie tylko wyobrażać w oparciu o dostępne materiały.

Damy złotego wieku to książka przygotowana na podstawie literatury i źródeł historycznych, nie jest to jednak praca naukowa. Oceny zachowań i charakteru bohaterów, a także fabularyzowane sceny wzbogacające poszczególne rozdziały stanowią wizję autora – jedną z możliwych, ale na pewno nie jedyną.

Zarazem *Damy złotego wieku* nie są w żadnym razie powieścią. Wszystkie wypowiedzi i cytaty wyszczególnione w książce w cudzysłowach pochodzą ze źródeł historycznych. Dla ułatwienia ich odbioru zdecydowałem się natomiast na pewne ingerencje edytorskie. Język XVI wieku, a szczególnie dopiero wchodząca do pisemnego użytku polszczyzna, jest pełen kwiecistych wyrażeń, niezrozumiałych dzisiaj archaizmów i długich, wielokrotnie złożonych zdań. W efekcie w książkach traktujących o tej epoce przyjemne w lekturze cytaty sąsiadują z wypowiedziami niemal niemożliwymi do zrozumienia. Pierwsze stanowią współczesne tłumaczenia z języków obcych i operują dzisiejszą składnią czy słownictwem. Drugie to pozbawione jakiejkolwiek ingerencji cytaty zapisane w nowożytnym języku polskim.

Starałem się zaradzić podobnemu problemowi na kartach *Dam złotego wieku*. Fragmenty cytowane ze źródeł zostały w miarę potrzeby skrócone, składnia uporządkowana, a trudne do rozszyfrowania archaizmy zastąpione łatwiejszymi w odbiorze synonimami. Celem było stworzenie książki wiernie odtwarzającej historię, ale przede wszystkim – przyjemnej w lekturze. Pełne wersje cytatów lub przyjęte w literaturze, tradycyjne przekłady źródeł można odnaleźć, kierując się umieszczoną na końcu bibliografią.

Książka tego rodzaju co *Damy złotego wieku* z oczywistych względów ma charakter kompilacji. Zbiera często hermetyczne ustalenia dziesiątków badaczy tworzących na przestrzeni ostatnich dwóch stuleci, przetwarzając je w możliwie wciągającą opowieść o zawiłych ludzkich losach. W tym miejscu pragnę podziękować zarówno autorom książek, z których czerpałem, historykom, którzy służyli mi radą, jak też użytkownikom portalu Ciekawostki historyczne.pl, których wnikliwe komentarze zachęcały mnie do odkrywania z pozoru trywialnych zagadnień z zupełnie nowej strony.

Podczas prac nad książką dołożyłem starań, by dotrzeć do wszystkich istotnych materiałów. Publikacja na pewno jednak – jak każda książka historyczna – zawiera braki lub przekłamania. Czytelników pragnących podzielić się swoimi uwagami lub sugestiami zachęcam do kontaktu za pośrednictwem wydawnictwa.

Aneks
Ile były warte renesansowe pieniądze?

W złotym wieku złote były także pieniądze – przynajmniej oficjalnie. W listach, dokumentach i innego rodzaju źródłach wartości pieniężne były podawane z zasady w złotych monetach: talarach, skudach, florenach czy po prostu złotych.

System finansowy renesansowej Europy był niezwykle zagmatwany, ale głównie ze względu na mnogość nazw. W rzeczywistości większość z nich oznaczała mniej więcej to samo. Kwotę odpowiadającą monecie zawierającej około trzy i pół grama złota i wartej około trzydziestu groszy.

Dla wygody czytelników na kartach *Dam złotego wieku* nazwy pieniędzy zostały w miarę możliwości ujednolicone. Tam, gdzie nie są konieczne dodatkowe rozróżnienia, autor używa dwóch określeń: dukat i floren.

Za panowania Zygmunta Starego 1 floren (czyli 1 złoty polski) przeliczał się oficjalnie na 0,7 dukata, a jeden dukat na 1,4 florena. Wartość florena była zapisana ustawowo i niezmienna, z kolei cenę dukatów regulował rynek. Jest to jednak wyłącznie teoria. Zależnie od kontekstu różnica wartości pomiędzy dukatami i florenami może być zerowa lub wynosić kilkanaście do kilkudziesięciu procent. Po prostu autorzy piszący o florenach tak naprawdę często mieli na myśli dukaty lub odwrotnie. Czytając, wystarczy przyjąć, że pieniądze te miały zbliżoną wartość.

Dobre wyobrażenie o sile nabywczej florenów dają informacje o zarobkach i cenach w XVI wieku. Urzędnik państwowy średniej rangi otrzymywał nie więcej niż trzydzieści, a często tylko dziesięć florenów rocznie. Podobny był pułap zarobków elit w dużych miastach. Szczegółowe dane z Lublina wskazują, że skarbnik miejski otrzymywał niespełna dwadzieścia florenów rocznie. Gaża organisty wynosiła około dziewięciu florenów, a nauczyciela – poniżej sześciu florenów za dwanaście miesięcy pracy.

Podobnie kształtowały się zarobki wielu rzemieślników, a robotnicy niewykwalifikowani nie mogli liczyć nawet na tyle. Ogółem w miastach mało kto zarabiał więcej niż trzydzieści florenów rocznie. To zresztą i tak była astronomiczna kwota dla prostych chłopów.

Prawdziwy majątek w renesansowej Polsce można było zbić, będąc właścicielem dóbr ziemskich lub – człowiekiem na usługach dworu. Najwyżsi urzędnicy dworscy otrzymywali pensje w wysokości około dwustu florenów. Pokrywano im także koszty utrzymania orszaków i sług. Podobne kwoty ostatni Jagiellonowie płacili swoim lekarzom, choć najbardziej zaufani z nich dostawali nawet siedemset florenów rocznie. Także królewski golibroda zgarniał okrągłą sumę stu florenów rocznie. Na swoje pensje nie mogli narzekać nawet szeregowi członkowie królewskiej orkiestry. Dostawali po czterdzieści florenów rocznie.

Wiele towarów pozostawało zupełnie poza zasięgiem szerokich warstw społeczeństwa. Konie pociągowe kosztowały co najmniej sześć, siedem florenów, a koń pod wierzch – od kilkunastu do nawet powyżej dwudziestu.

Wół stanowił wydatek rzędu dwóch, trzech florenów. Florena lub dwa mogła kosztować w mieście para dobrych butów, podobnie elegancki kożuch. Z drugiej strony za jednego florena można było żywić się przez co najmniej miesiąc, a oszczędnie – nawet przez kwartał. Bochenek żytniego chleba kosztował 1/10 grosza, tak więc za jednego florena można było zaopatrywać się w chleb przez niemal cały rok. Taka kwota wystarczała też do kupienia stu litrów piwa, podobnej ilości gorzałki lub jakichś trzydziestu, czterdziestu kur.

Rozrzut płac, potęgowany jeszcze przez koszty życia, był prawdopodobnie największy w dziejach Polski. Niesamowite bogactwo sąsiadowało ze straszną biedą, pozwalając magnatom na zatrudnianie setek służących i werbowanie prywatnych wojsk.

Bibliografia

ŹRÓDŁA PUBLIKOWANE I NIEPUBLIKOWANE:

Acta Tomiciana, t. XVI–XVII, oprac. Władysław Pociecha, Sumpt. Bibliothecae Kornicensis, 1960–1966.

Autografy królów i członków rodzin królewskich z lat 1524–1791, Zakład Narodowy im. Ossolińskich, sygn. 12046/III.

Bielski Marcin, Bielski Joachim, *Kronika polska Marcina Bielskiego*, Drukarnia A. Gałęzowskiego, 1829.

Decjusz Jodok Ludwik, *Księga o czasach króla Zygmunta*, Państwowe Wydawnictwo Naukowe, 1960.

Dyaryusze sejmów koronnych 1548, 1553 i 1570 r., wyd. Józef Szujski, Komisya His. Tow. Nauk. Krak., 1872.

Elementa ad fontium editiones, t. XXX–LXII, oprac. Karolina Lanckorońska, Lucjan Olech, Institutum Historicum Polonicum Romae, 1973–1985.

Fedele Cassandra, *Letters and Orations*, oprac. Diana Robin, University of Chicago Press, 2007.

Górnicki Łukasz, *Dzieje w Koronie Polskiej od r. 1538 do r. 1572*, nakł. Karola Pollaka, 1855.

Heidenstein Reinhold, *Dzieje Polski. Od śmierci Zygmunta Augusta do roku 1594*, t. I–II, B. M. Wolff, 1857.

Kromer Marcin, *Kronika polska Marcina Kromera biskupa warmińskiego*, t. II, nakł. Karola Pollaka, 1868.

Kromer Marcin, *Mowa na pogrzebie Zygmunta I oraz O pochodzeniu i o dziejach Polaków: księgi XXIX i XXX*, oprac. Jerzy Starnawski, Pojezierze, 1982.

Listy króla Zygmunta Augusta do Radziwiłłów, oprac. Irena Kaniewska, Wydawnictwo Literackie, 1999.

Lustracja województwa mazowieckiego 1565, cz. 1–2, oprac. Irena Gieysztor, Anna Dunin-Wąsowicz, Państwowe Wydawnictwo Naukowe, 1967–1968.

Niemcewicz Julian Ursyn, *Zbiór pamiętników historycznych o dawnej Polszcze*, t. I–V, N. Glücksberg, 1838–1840.

Nieznane listy Barbary Radziwiłłówny do Mikołaja Radziwiłła Rudego i do Zygmunta Augusta, oprac. Franciszek Jan Pułaski, nakł. Rubieszewskiego i Wrotnowskiego, 1906.

Orzechowski Stanisław, *Kroniki Stanisława Orzechowskiego*, nakł. Karola Pollaka, 1856.

Orzechowski Stanisław, *Wybór pism*, oprac. Jerzy Starnawski, Ossolineum, 1972.

Orzelski Światosław, *Świętosława Orzelskiego bezkrólewia ksiąg ośmioro*, Polska Akademia Umiejętności, 1917.

O przyjiezdzie krolowey Bony do Polski. Rzecz z rękopisma pewnego wybrana, oprac. Minasowicz Józef Epifani, 1774.

Pisma polityczne z czasów pierwszego bezkrólewia, oprac. Jan Czubek, Akademia Umiejętności, 1906.

Rachunki dworu królewskiego 1544–1567, oprac. Adam Chmiel, Akademia Umiejętności, 1911.

Relacye nuncyuszów apostolskich i innych osób o Polsce od roku 1548 do 1690, t. I, oprac. Erazm Rykaczewski, Księgarnia B. Behra, 1864.

Testament Zygmunta Augusta, oprac. Antoni Franaszek, Zamek Królewski na Wawelu, 1975.

Zbiór pamiętników historycznych o dawnéy Polszcze z rękopismów, tudzież dzieł w różnych językach o Polszcze wydanych oraz z listami oryginalnemi królów i znakomitych ludzi w kraju naszym, t. I–IV, wyd. Julian Ursyn Niemczewicz, N. Glücksberg, 1822.

LITERATURA KLASYCZNA (DO 1939 ROKU):

Adamczyk Władysław, *Ceny w Lublinie od XVI do końca XVIII wieku*, Instytut Popierania Polskiej Twórczości Naukowej, 1935.

Ady Cecilia, *A History of Milan Under the Sforza*, Forgotten Books, 2012 (reprint).

Baliński Michał, *Pamiętniki o królowej Barbarze, żonie Zygmunta Augusta*, t. I–II, J. Glücksberg, 1837.

Baliński Michał, *Studia historyczne*, nakł. Józefa Zawadzkiego, 1856.

Bartoszewicz Julian, *Anna Jagiellonka. Dwa tomy w jednym*, nakł. K. Bartoszewicza, 1882.

Bartoszewicz Julian, *Charakter Barbary Radziwiłłówny jej choroba i śmierć*, Księgarnia Polska A. Dzwonkowskiego, 1864.

Bartoszewicz Julian, *Śmierć królowej Bony*, Księgarnia Polska A. Dzwonkowskiego, 1864.

Bartoszewicz Kazimierz, *Radziwiłłowie*, Księgarnia J. Czerneckiego, 1928.
Bogatyński Władysław, *Stanowisko społeczeństwa polskiego wobec małżeństwa Zygmunta Augusta z Barbarą*, „Sprawozdanie z czynności i posiedzeń Akademii Umiejętności", t. XX (1915).
Bogatyński Władysław, *Z dziejów małżeństwa Zygmunta Augusta z Barbarą*, Akademia Umiejętności, 1916.
Bostel Ferdynand, *Ostatnia księżna mazowiecka*, „Kwartalnik Historyczny", t. 6, z. 3 (1892).
Chłędowski Kazimierz, *Dwór w Ferrarze*, Księgarnia H. Altenberga, 1907.
Chłędowski Kazimierz, *Królowa Bona. Obrazy czasu i ludzi*, t. I–II, Zakład Narodowy im. Ossolińskich, 1932.
Danysz Antoni, *O wychowaniu Zygmunta Augusta*, Akademia Umiejętności, 1915.
Darowski Adam, *Bona Sforza*, Tipografia del Senato, 1904.
Gołąb Julian, *Pogrzeb króla Zygmunta Starego*, Fundusz Naukowy, 1916.
Gołębiowski Łukasz, *Gry i zabawy różnych stanów w kraju całym, lub niektórych tylko prowincyach*, N. Glücksberg, 1831.
Gołębiowski Łukasz, *Ubiory w Polszcze. Od najdawniejszych czasów aż do chwil obecnych sposobem dykcyonarza*, drukiem A. Gałęzowskiego i Komp., 1830.
Hare Christopher, *Isabella of Milan. Princess d'Aragona, and wife of Duke Gian Galeazzo Sforza*, Harper, 1911.
Jankowski Edmund, *Dzieje ogrodnictwa w Polsce*, Bank dla Handlu i Przemysłu, 1923.
Jasnowski Józef, *Mikołaj Czarny Radziwiłł (1515–1565)*, Towarzystwo Naukowe Warszawskie, 1939.
Kantecki Klemens, *Summy Neapolitańskie*, „Przewodnik Naukowy i Literacki" (dodatek do „Gazety Lwowskiej"), nr 6 (1879).
Kieszkowski Jerzy, *Kanclerz Krzysztof Szydłowiecki. Z dziejów kultury i sztuki zygmuntowskich czasów*, Księgarnia Żupańskiego, 1912.
Kolankowski Ludwik, *Zygmunt August. Wielki Książę Litwy do roku 1548*, Towarzystwo dla Popierania Nauki Polskiej, 1913.
Kot Stanisław, *Z dziejów propagandy polskiej w wieku XVI; dyplomaci polscy w Neapolu*, Krakowska Spółka Wydawnicza, 1928.
Linde Samuel Bogumił, *Słownik języka polskiego*, t. 1–6, Drukarnia XX. Piiarów, Warszawa 1807–1814.
Liski Xawery, *Dyplomacja polska roku 1527*, Zakład Narodowy im. Ossolińskich, 1869.
Morawski Kazimierz, *Andrzej Patrycy Nidecki. Jego życie i dzieła*, Akademia Umiejętności w Krakowie, 1884.
Morawski Kazimierz, *Czasy zygmuntowskie na tle prądów odrodzenia*, Państwowy Instytut Wydawniczy, 1965 (reprint).

Pajewski Janusz, *Węgierska polityka Polski w połowie XVI wieku, 1540–1571*, Polska Akademia Umiejętności, 1932.

Papi Jadwiga, *Pogrzeb ostatniego Jagiellona. Wolna Elekcja*, Gebethner i Wolff, 1908.

Pułaski Kazimierz, *Szkice i poszukiwania historyczne*, nakład J.K. Żupańskiego i K.J. Heumanna, 1906.

Prochaska Antoni, *Rokosz lwowski w r. 1537*, „Kwartalnik Historyczny", t. 16 (1902).

Przezdziecki Aleksander, *Jagiellonki polskie w XVI wieku. Obrazy rodziny i dworu Zygmunta I i Zygmunta Augusta Królów Polskich*, t. I–V, Drukarnia Uniwersytetu Jagiellońskiego, 1868–1878.

Skalska R., *Barbara Radziwiłłówna. Królowa polska, żona Zygmunta Augusta*, nakład i druk J. Glücksberga, 1861.

Szajnocha Karol, *Barbara Radziwiłłówna*, Gebethner i Wolff, 1909.

Szujski Józef, *Opowiadania i roztrząsania*, t. I, nakł. rodziny autora, 1885.

Tomkowicz Stanisław, *Na dworze królewskim dwóch ostatnich Jagiellonów*, Gebethner i Wolff, 1924.

Tomkowicz Stanisław, *Wawel*, t. I: *Zabudowania Wawelu i ich dzieje*, „Teka Grona Konserwatorów Galicji Zachodniej", t. 4 (1908).

Zakrzewski Wincenty, *Po ucieczce Henryka. Dzieje bezkrólewia 1574–1575*, Akademia Umiejętności, 1878.

Zakrzewski Wincenty, *Stanisław Górski i jego prace historyczne*, Akademia Umiejętności, 1909.

Ziembicki Witold, *Barbara Radziwiłłówna w oświetleniu lekarskim*, „Polska Gazeta Lekarska", nr 42 (1935).

LITERATURA WSPÓŁCZESNA:

Andrachuk Gregory Peter, *The Confrontation between Reality and Fiction in Qüestión de Amor* [w:] *Studies on the Spanish Sentimental Romance, 1440–1550. Redefining a Genre*, red. Joseph J. Gwara, E. Michael Gerli, Tamesis Books, 1997.

Barycz Henryk, *Bona Sforza. Regina di Polonia* [w:] *Dizionario Biografico degli Italiani*, t. XI, Istituto della Enciclopedia Italiana, 1969.

Basiński Jan, *O przyczynie śmierci Barbary Radziwiłłówny w naświetleniu medycznym*, „Archiwum Historii Medycyny", t. 39, nr 2 (1976).

Be Our Guest in Bari, red. Ferruccio Arnoldi, Infoset, 2011.

Besala Jerzy, *Barbara Radziwiłłówna i Zygmunt August*, Świat Książki, 2007.

Besala Jerzy, *Zygmunt Stary i Bona Sforza*, Zysk i S-ka, 2012.

Bodolai Zoltán, *The Timeless Nation. The History, Literature, Music, Art and Folklore of the Hungarian Nation*, Hungarian Publishing Company, 1978.

Bogucka Maria, *Bona a rola dworu monarszego jako centrum kulturalno-obyczajowego (1518–1548)* [w:] *Człowiek i świat. Studia z dziejów kultury materialnej i mentalności XV–XVIII wieku*, Wydawnictwo Naukowe Semper, 2008.

Bogucka Maria, *Renesansowy władca a religia. Kilka refleksji na temat pobożności ostatnich Jagiellonów* [w:] *Człowiek i świat. Studia z dziejów kultury materialnej i mentalności XV–XVIII wieku*, Wydawnictwo Naukowe Semper, 2008.

Bogucka Maria, *Anna Jagiellonka*, Ossolineum, 2009.

Bogucka Maria, *Bona Sforza*, Ossolineum, 2009.

Bogucka Maria, *Hołd Pruski*, Interpress, 1985.

Bogucka Maria, *Renesansowy władca a religia. Kilka refleksji na temat pobożności ostatnich Jagiellonów* [w:] *Człowiek i świat. Studia z dziejów kultury materialnej i mentalności XV–XVIII wieku*, Wydawnictwo Naukowe Semper, 2008.

Borkowska Urszula, *Codzienny i odświętny ceremoniał religijny na dworze Jagiellonów* [w:] *Theatrum ceremoniale na dworze książąt i królów polskich*, red. Mariusz Markiewicz, Ryszard Skowron, Zamek Królewski na Wawelu, 1999.

Borkowska Urszula, *Dynastia Jagiellonów w Polsce*, Wydawnictwo Naukowe PWN, 2011.

Borkowska Urszula, *Królewskie zaślubiny, narodziny i chrzest* [w:] *Imagines potestatis. Rytuały, symbole i konteksty fabularne władzy zwierzchniej. Polska X–XV w.*, Instytut Historii Nauki Polskiej Akademii Nauk, 1994.

Borkowska Urszula, *Pacta matrimonialia domu Jagiellonów* [w:] *Cursus mille annorum. Prace ofiarowane Profesorowi Eugeniuszowi Wiśniewskiemu*, „Roczniki Humanistyczne", t. 48, z. 2 (2000).

Borkowska Urszula, *Polskie pielgrzymki Jagiellonów* [w:] *Peregrinationes. Pielgrzymki w kulturze dawnej Europy*, Instytut Historii Polskiej Akademii Nauk, 1995.

Borkowska Urszula, *Przepisy kulinarne Jagiellonek* [w:] *Aetas media, aetas moderna. Studia ofiarowane profesorowi Henrykowi Samsonowiczowi w siedemdziesiątą rocznicę urodzin*, Instytut Historyczny Uniwersytetu Warszawskiego, 2000.

Borucki Marek, *Jak w dawnej Polsce królów obierano*, Ludowa Spółdzielnia Wydawnicza, 1976.

Brzeska Agnieszka, *Inwentarz Zofii Jagiellonki jako źródło do poznania wyprawy ślubnej królewskiej córki* [w:] *Curia Jagellonica. Sudia z dziejów dworu i kultury dworskiej w XV–XVI wieku*, Wydawnictwo Diecezjalne i Drukarnia, 2009.

Brzezińska Anna, *Female control of dynastic politics in sixteenth-century Poland* [w:] *The man of many devices, who wandered full many ways...: Festschrift in honour of János M. Bak*, red. Balázs Nagy, Marcell Sebők, Central European University Press, 1999.

Bugaj Robert, *Nauki tajemne w Polsce w dobie odrodzenia*, Ossolineum, 1976.
Burckhardt Jacob, *Kultura odrodzenia we Włoszech*, Państwowy Instytut Wydawniczy, 1991.
Cameo Appearances, Metropolitan Museum of Art, 2008.
Carlqvist Knut, *Eryk XIV Waza. Król ludu*, Finna, 2010.
Civitello Linda, *Cuisine and Culture. A History of Food and People*, John Wiley & Sons, 2007.
Cynarski Stanisław, *Sprawa ostatniego testamentu królowej Bony*, „Zeszyty Naukowe Uniwersytetu Jagiellońskiego", nr 469, z. 56 (1977).
Cynarski Stanisław, *Zygmunt August*, Ossolineum, 2004.
Dembińska Anna, *Zygmunt I. Zarys dziejów wewnętrzno-politycznych w latach 1540–1548*, Poznańskie Towarzystwo Przyjaciół Nauk, 1948.
Dembińska Maria, *Food and Drink in Medieval Poland. Rediscovering a Cuisine of the Past*, University of Pennsylvania Press, 1999.
Dubas-Urwanowicz Ewa, *Dwaj ostatni Jagiellonowie i Radziwiłłowie. Między współpracą a opozycją* [w:] *Faworyci i opozycjoniści. Król a elity polityczne w Rzeczypospolitej XV–XVIII wieku*, red. Mariusz Markiewicz, Ryszard Skowron, Zamek Królewski na Wawelu, 2006.
Dubas-Urwanowicz Ewa, *Konflikt Anny Jagiellonki z dostojnikami litewskimi w pierwszym bezkrólewiu po śmierci Zygmunta Augusta* [w:] *Z dziejów Europy Środkowo-Wschodniej. Księga pamiątkowa ofiarowana prof. dr. hab. Władysławowi Serczykowi w 60 rocznicę Jego urodzin*, Dział Wydawnictw Filii Uniwersytetu Warszawskiego, 1995.
Dubas-Urwanowicz Ewa, *Koronne zjazdy szlacheckie w dwóch pierwszych bezkrólewiach po śmierci Zygmunta Augusta*, Wydawnictwo Uniwersytetu w Białymstoku, 1998.
Dubas-Urwanowicz Ewa, *Polskie opinie o Henryku Walezym. Oczekiwania i rzeczywistość*, „Przegląd Historyczny", t. 81, z. 1 (1990).
Duczmal Małgorzata, *Izabela Jagiellonka. Królowa Węgier*, Rytm, 2000.
Duczmal Małgorzata, *Jagiellonowie. Leksykon biograficzny*, Wydawnictwo Literackie, 1996.
Dybkowska Alicja, *Zygmunt August*, Wydawnictwo Test, 2003.
Dziechcińska Hanna, *W krzywym zwierciadle. O karykaturze i pamflecie czasów renesansu*, Ossolineum, 1976.
Marek Ferenc, *Królowa i jej brat. Stosunki Barbary Radziwiłłówny z Mikołajem Radziwiłłem „Rudym"* [w:] *Faworyci i opozycjoniści. Król a elity polityczne w Rzeczypospolitej XV–XVIII wieku*, red. Mariusz Markiewicz, Ryszard Skowron, Zamek Królewski na Wawelu, 2006.
Ferenc Marek, *Mikołaj Radziwiłł „Rudy" (ok. 1515–1584)*, Historia Iagellonica, 2008.

Ferenc Marek, *Rola i udział dworu w ceremonii pogrzebowej Zygmunta Augusta* [w:] *Theatrum ceremoniale na dworze książąt i królów polskich*, red. Mariusz Markiewicz, Ryszard Skowron, Zamek Królewski na Wawelu, 1999.

Firlet Elżbieta, *Zabudowa wawelskiego wzgórza na portrecie Zygmunta I Starego z roku 1554. Najstarszy widok zamku od strony północno-zachodniej*, „Studia Waweliana", t. VI/VII (1997/1998).

Getz Christine Suzanne, *Music in the Collective Experience in Sixteenth-Century Milan*, Ashgate Publishing 2005.

Gibbons Ann, *The Thousand-Year Graveyard*, „Science", nr 342, 13 grudnia 2013.

Gołębiowski Eugeniusz, *Zygmunt August. Żywot ostatniego z Jagiellonów*, Czytelnik, 1962.

Grzybowski Stanisław, *Henryk Walezy*, Ossolineum, 1980.

Grzybowski Stanisław, *Jan Zamoyski – faworyt i opozycjonista* [w:] *Faworyci i opozycjoniści. Król a elity polityczne w Rzeczypospolitej XV–XVIII wieku*, red. Mariusz Markiewicz, Ryszard Skowron, Zamek Królewski na Wawelu, 2006.

Grzybowski Stanisław, *Król i kanclerz*, Krajowa Agencja Wydawnicza, 1988.

Grzybowski Stanisław, *Królowie i plotkarze. Pamflet, paszkwil, oszczerstwo jako broń polityczna w XVI w.*, „Odrodzenie i Reformacja", t. XLII (1998).

Grzywacz Jerzy, *Nominacje biskupów w Polsce przedrozbiorowej*, Towarzystwo Naukowe KUL, 1960.

Gwizdałówna Jadwiga, *Ogrody królewskie na Wawelu* [w:] *Królewskie ogrody w Polsce*, Towarzystwo Opieki nad Zabytkami, 2001.

Haag Sabine, *Masterpieces of the Kunstkammer Vienna*, Kunsthistorisches Museum, 2013.

Hennel-Bernasikowa Maria, Piwocka Magdalena, *Badania nad inwentarzem ruchomości królowej Bony*, „Sprawozdania z Czynności i Posiedzeń Polskiej Akademii Umiejętności", t. 66 (2004).

Ihnatowicz Ireneusz, Mączak Antoni, Zientara Benedykt, *Społeczeństwo polskie od X do XX wieku*, Książka i Wiedza, 1979.

Janicki Marian, *Zgon króla Zygmunta I i znaczenie fiducji w jego pobożności. List Jana Benedyktowicza Solfy do Jana Dantyszka i królowej Bony do córki Izabeli*, „Studia Źródłoznawcze. Commentationes", t. XXXVII, 2000.

Jansen Sharon, *The Monstrous Regiment of Women. Female Rulers in Early Modern Europe*, Palgrave Macmillan 2002.

Jasienica Paweł, *Ostatnia z rodu*, Czytelnik, 1984.

Jasienica Paweł, *Polska Jagiellonów*, Polski Instytut Wydawniczy, 1986.

Jasiński Kazimierz, *Okoliczności śmierci ostatnich książąt mazowieckich*, „Rocznik Polskiego Towarzystwa Heraldycznego", t. III (XIV), 1997.

Kaniewska Irena, *Stanisław Lupa Podlodowski. Działacz sejmowy pierwszej połowy XVI wieku*, „Odrodzenie i Reformacja w Polsce", t. 5 (1960).

Karpiński Andrzej, *Pauperes. O mieszkańcach Warszawy XVI i XVII wieku*, Państwowe Wydawnictwo Naukowe, 1983.

Kenneth Meyer Setton, *The Papacy and the Levant, 1204–1571*, American Philosophical Society, 1984.

Kosman Marceli, *Królowa Bona*, Książka i Wiedza, 1971.

Kosman Marceli, *Przy dworze i w opozycji. Próba spojrzenia na ród Radziwiłłów w XV–XVIII wieku* [w:] *Faworyci i opozycjoniści. Król a elity polityczne w Rzeczypospolitej XV–XVIII wieku*, red. Mariusz Markiewicz, Ryszard Skowron, Zamek Królewski na Wawelu, 2006.

Kuchowicz Zbigniew, *Barbara Radziwiłłówna*, Wydawnictwo Łódzkie, 1989.

Kulikowski Andrzej, *Aptekarz królowej Bony*, „Magazyn Heraldyczny", listopad–grudzień 1990.

Kultura Wielkiego Księstwa Litewskiego. Analizy i obrazy, opracowanie zbiorowe, Universitas, 2006.

Lesiak-Przybył Bożena, *„Bona Sforza. Królowa Polski i księżna Bari" – wystawa w Castello Svevo w Bari (27 stycznia – 16 kwietnia 2000 r.)*, „Krakowski Rocznik Archiwalny", t. 7 (2001).

Lesiak-Przybył Bożena, *„Bona Sforza". Wystawa na Wawelu*, „Archeion", t. 104 (2002).

Link-Lenczowska Stanisława, *Wachlarz królowej Bony. Ze studiów nad zegarami renesansu* [w:] *Zegary i zegarmistrzostwo w Polsce*, Muzeum Okręgowe w Toruniu, 2005.

Łowmiański Henryk, *Polityka Jagiellonów*, Wydawnictwo Poznańskie, 2006.

Makkai László, *Stefan Batory w Siedmiogrodzie*, Książka i Wiedza, 1961.

Mańkowski Tadeusz, *Dzieje wnętrz wawelskich*, Wydawnictwo Sztuka, 1957.

Marchwińska Agnieszka, *Królewskie dwory żon Zygmunta Augusta. Organizacja i składy osobowe*, Towarzystwo Naukowe w Toruniu, 2008.

Marchwińska Agnieszka, *Początki dworu królewskiego Barbary Radziwiłłówny*, „Przegląd Bydgoski", t. 12 (2001).

Marchwińska Agnieszka, *Pogrzeb Barbary Radziwiłłówny i odprawa jej królewskiego dworu (1551)*, „Studia Waweliana", t. 13 (2007).

Marchwińska Agnieszka, *Rejestr dworu królowej Barbary (1548–1551)*, „Studia Źródłoznawcze. Commentationes", t. XXXVIII, 2000.

Melchiorre Violano Antonella, *Bari. A Tourist's Guide to the Culture of the City and Province*, Adda Editore, 2005.

Melton Edgar, *Manorialism and Rural Subjection in East Central Europe, 1500–1800* [w:] *The Cambridge World History of Slavery*, t. III: *AD 1420–AD 1804*, red. David Eltis, Keith Bradley, Stanley L. Engerman, Paul Cartledge, Cambridge University Press, 2011.

Mola Stefania, *Apulia. The Castles*, Adda Editore, 2007.

Molenda Maria, *Splendide Vestitus. O znaczeniu ubiorów na królewskim dworze Jagiellonów w latach 1447–1572*, maszynopis pracy przygotowywanej do wydania.

Molenda Maria, *Una gonella di raso cermesi con l'arbori di cerque d'oro. Wyprawa ślubna królowej Bony jako bezcenny przekaz kulturowy doby renesansu* [w:] *Osviecimensis. Kroniki Zamkowe*, Muzeum Zamek w Oświęcimiu, 2013.

Morka Mieczysław, *Sztuka dworu Zygmunta I Starego. Treści polityczne i propagandowe*, Agraf, 2006.

Nowak-Dłużewski Juliusz, *Okolicznościowa poezja polityczna w Polsce. Czasy zygmuntowskie*, Instytut Wydawniczy „Pax", 1966.

Nowak-Dłużewski Juliusz, *Okolicznościowa poezja polityczna w Polsce. Pierwsi królowie elekcyjni*, Instytut Wydawniczy „Pax", 1969.

Olejnik Karol, *Stefan Batory*, Rytm, 2013.

Perria Antonio, *Okrutni Sforzowie*, Państwowy Instytut Wydawniczy, 1985.

Pieńkowska Anna, *Zjazdy i sejmy z okresu bezkrólewia po śmierci Stefana Batorego*, Wydawnictwo Akademii Humanistycznej im. Aleksandra Gieysztora, 2010.

Płaza Stanisław, *Wielkie bezkrólewia*, Krajowa Agencja Wydawnicza, 1988.

Pirożyński Jan, *Krakowskie uroczystości państwowe i dworskie w drugiej połowie XVI wieku w świetle ówczesnych prototypów prasowych* [w:] *Theatrum ceremoniale na dworze książąt i królów polskich*, red. Mariusz Markiewicz, Ryszard Skowron, Zamek Królewski na Wawelu, 1999.

Pirożyński Jan, *Zofia Jagiellonka (1522–1575) i jej księgozbiór*, Polska Akademia Umiejętności, 2004.

Pociecha Władysław, *Barbara Radziwiłłówna* [w:] *Polski Słownik Biograficzny*, t. I.

Pociecha Władysław, *Bona Sforza* [w:] *Polski Słownik Biograficzny*, t. I.

Pociecha Władysław, *Elżbieta Austriaczka* [w:] *Polski Słownik Biograficzny*, t. VI.

Pociecha Władysław, *Gasztołd Stanisław* [w:] *Polski Słownik Biograficzny*, t. VII.

Pociecha Władysław, *Królowa Bona 1494–1557. Czasy i ludzie odrodzenia*, t. I–IV, Poznańskie Towarzystwo Przyjaciół Nauk, 1949–1958.

Pochodniak Zbigniew, *Alojzy Feliński – Barbara Radziwiłłówna. Między tragedią a melodramatem* [w:] *Dramat polski. Interpretacje*, t. 2, red. Jan Ciechowicz, Zbigniew Majchrowski, Słowo/obraz terytoria, 2002.

Polak Katarzyna, Polak Wojciech, *Nieznane materiały do biografii Anny Jagiellonki z Riksarkivet w Sztokholmie (list senatorów i inwentarz sreber Zygmunta Augusta z 1574 r.)*, „Czasy Nowożytne", t. 3 (1997).

Przybyszewski Bolesław, *Barbara Zapolya. Królowa Polski 1512–1515*, De Arte, 2000.Quirini-Popławska Danuta, *Działalność Włochów w Polsce w I połowie XVI wieku. Na dworze królewskim, w dyplomacji i hierarchii kościelnej*, Ossolineum, 1973.

Rożek Michał, *Złoty wiek*, Krajowa Agencja Wydawnicza, 1991.

Rzońca Jan, *Ceremoniał zaślubin i koronacji Bony Sforzy* [w:] *Wesela, chrzciny i pogrzeby w XVI–XVIII wieku. Kultura życia i śmierci*, red. Henryk Suchojad, Instytut Historii Polskiej Akademii Nauk, 2001.

Rudzki Edward, *Polskie królowe. Żony Piastów i Jagiellonów*, Instytut Prasy i Wydawnictw, 1985.

Ruszczycówna Janina, *Nieznane portrety ostatnich Jagiellonów*, „Rocznik Muzeum Narodowego w Warszawie", 1976.

Ruszczyńska Marta, *Romantyczna wersja Barbary Radziwiłłówny Dominika Magnuszewskiego* [w:] *W świecie literatury romantycznej*, red. Władysław Magnuszewski, Wyższa Szkoła Pedagogiczna im. Tadeusza Kotarbińskiego, 1991.

Sajkowski Alojzy, *Stanisław Koszutski. Sekretarz Barbary Radziwiłłówny*, „Sprawozdania Poznańskiego Towarzystwa Przyjaciół Nauk", 1966.

Satała Zbigniew, *Poczet polskich królowych, księżnych i metres*, Glob, 1990.

Servadio Gaia, *Renaissance Woman*, I.B. Tauris, 2005.

Serwański Maciej Jerzy, *Henryk III Walezy w Polsce. Stosunki polsko-francuskie w latach 1566–1576*, Wydawnictwo Literackie, 1976.

Sisa Stephen, *The Spirit of Hungary. A Panorama of Hungarian History and Culture*, Vista Court Books, 1995.

Starnawski Jerzy, *O listach Jana Dantyszka do królewskiej pary z lat 1526–1528 i z 1538 r.*, „Libri Gedanenses", t. 11/12 (1993/1994).

Strybel Robert, Strybel Maria, *Polish Heritage Cookery*, Hippocrene Books, 2005.

Sucheni-Grabowska Anna, *Nowy sąd nad Barbarą*, „Miesięcznik Literacki", nr 9 (1977).

Sucheni-Grabowska Anna, *Odbudowa domeny królewskiej w Polsce 1504–1548*, Muzeum Historii Polski, 2007.

Sucheni-Grabowska Anna, *Spory króla ze szlachtą w złotym wieku*, Krajowa Agencja Wydawnicza, 1988.

Sucheni-Grabowska Anna, *Zygmunt August. Król polski i wielki książę litewski 1520–1562*, Universitas, 2010.

Suziedelis Saulius, *Historical Dictionary of Lithuania*, Scarecrow Press, 2011.

Szczucki Lech, *Giovanni Lorenzo Pappacoda przed trybunałem inkwizycji rzymskiej* [w:] *Cała historia to dzieje ludzi... Studia ofiarowane profesorowi Andrzejowi Wyczańskiemu w 80-tą rocznicę urodzin i 55-lecie pracy naukowej*, red. Cezary Kukla, Wydawnictwo Uniwersytetu w Białymstoku, 2004.

Szenic Stanisław, *Królewskie kariery warszawianek*, Iskry, 1971.

Szenic Stanisław, *Ongiś*, Wydawnictwo Ministerstwa Obrony Narodowej, 1986.

Szpaczyński Przemysław, *Anna I Jagiellonka kontra Jan Zamoyski. Kilka uwag w sprawie dążeń królowej do zapewnienia ciągłości dynastii Jagiellonów*, „Klio. Czasopismo poświęcone dziejom Polski i powszechnym", t. 28 (2014).

Szwagrzyk Józef Andrzej, *Pieniądz na ziemiach polskich X–XX w.*, Ossolineum, 1990.

Targosz Karolina, *Królewskie uroczystości weselne w Krakowie i na Wawelu 1512–1605*, Zamek Królewski na Wawelu, Państwowe Zbiory Sztuki, 2007.

Tazbir Janusz, *Henryk Walezy w opinii jego polskich poddanych*, „Przegląd Humanistyczny", t. 33 (1989).

Ulewicz Tadeusz, *Znaczenie prestiżowe Bony i świadectwa włoskie okresu*, „Rocznik Towarzystwa Literackiego im. A. Mickiewicza", t. XXXII (1997).

Urbański Marek, *Poczet królowych i żon władców polskich*, KDC, 2006.

Valerio Sebastiano, *Tłumaczenie klasyków chrześcijańskich dla Bony Sforzy*, „Odrodzenie i Reformacja w Polsce", t. 53 (2009).

Waźbiński Zygmunt, *Mauzoleum Bony Sforzy w Bari. Przyczynek do dziejów polityki dynastycznej królowej Anny, ostatniej Jagiellonki*, „Folia Historiae Artium", t. 15 (1970).

Werner Monika, *Nieznany sonet Amedea Cornale na cześć królowej Bony* [w:] *Włochy a Polska. Wzajemne spojrzenia. Księga referatów międzynarodowej sesji naukowej w Uniwersytecie Łódzkim, 15–17 października 1997 r.*, Uniwersytet Łódzki, 1998.

Werner Monika, *Pobyt Bony Sforzy w Republice Weneckiej w 1556 roku i jego echa literackie*, „Odrodzenie i Reformacja w Polsce", t. XLII (1998).

Widacka Hanna, *O malarskich i graficznych wizerunkach królowej Barbary Radziwiłłówny*, „Kronika Zamkowa", nr 33 (1996).

Wilska Małgorzata, *Błazen dworski i jego powinowaci w czasach Zygmunta Starego*, „Pamiętnik Teatralny", t. XLII, z. 1–2 (1993).

Wojciechowski Zygmunt, *Zygmunt Stary (1506–1548)*, Państwowy Instytut Wydawniczy, 1979.

Wojtyska Henryk Damian, *Papiestwo – Polska 1548–1563. Dyplomacja*, Towarzystwo Naukowe Katolickiego Uniwersytetu Lubelskiego, 1977.

Wolke Lars Ericson, *Jan III Waza. Władca renesansowy*, Finna, 2011.

Wrede Marek, *Anna Jagiellonka. Szkic biograficzny*, Zamek Królewski w Warszawie, 1986.

Wrede Marek, *Królowa Bona. Między Włochami a Polską*, Zamek Królewski w Warszawie, 1991.

Wrede Marek, *Mistrz Twardowski i wywołanie ducha Barbary Radziwiłłówny*, Zamek Królewski w Warszawie, 1993.

Wawel 1000–2000. Wystawa jubileuszowa, t. I–III, Zamek Królewski na Wawelu, Zarząd Bazyliki Metropolitalnej na Wawelu, Muzeum Archidiecezjalne, 2000.

Wójcik-Góralska Danuta, *Król niemalowany*, Ludowa Spółdzielnia Wydawnicza, 1983.

Wójcik-Góralska Danuta, *Niedoceniana królowa*, Ludowa Spółdzielnia Wydawnicza, 1987.

Wójcik-Góralska Danuta, *W służbie czterech królów*, Ludowa Spółdzielnia Wydawnicza, 1978.

Wyczański Andrzej, *Dogonić Europę*, Krajowa Agencja Wydawnicza, 1987.

Wyczański Andrzej, *Studia nad konsumpcją żywności w Polsce w XVI i w pierwszej połowie XVII wieku*, Państwowe Wydawnictwo Naukowe, 1969.

Wyczański Andrzej, *Zygmunt Stary*, Zamek Królewski w Warszawie, 1985.

Żelewski Roman, *Dyplomacja polska w latach 1506–1572* [w:] *Historia dyplomacji polskiej*, t. I: *Połowa X w. – 1572*, Państwowe Wydawnictwo Naukowe, 1982.

Indeks osób

Źródła ilustracji

Archiwum autora/domena publiczna: s. 13, 16, 21, 25, 29, 47, 51, 56, 59, 60, 65, 71, 72, 78, 83, 84, 90, 96, 97, 102, 107, 114, 119, 120, 127, 133, 139, 141, 147, 148, 154, 163, 176, 178, 181, 184, 191, 196, 204, 205, 214, 232, 233, 238, 264, 272–273, 281, 285, 295, 299, 304, 312, 317, 322, 326, 332, 342, 346, 347, 352, 357, 360, 375, 376, 383, 391, 398, 401, 411, 412, 417, 422, 426, 427, 431, 437, 443, 449, 453, 454, 465, 469

Fotografia wykonana przez Marka Postawkę (lic. CC BY 3,0): 461

Fotografie wykonane przez Kamila i Aleksandrę Janickich: s. 18 (góra i dół), 35, 38 (góra i dół), 40 (góra i dół), 41, 365 (góra i dół), 366, 371

Fundacja Książąt Czartoryskich: s. 166, 173, 224, 244, 256, 335, 336, 386

Fundacja Nomina Rosae: s. 91

Muzeum Narodowe w Krakowie: s. 209, 223, 251, 466

Muzeum Narodowe w Warszawie: s. 288, 409, 404, 421

BEZWZGLĘDNE, ZDECYDOWANE I ZABÓJCZO NIEBEZPIECZNE. NAJWIĘKSZE ZBRODNIARKI II RZECZPOSPOLITEJ!

Księżniczka Zyta zamordowała swojego narzeczonego z zimną krwią, po czym zamknęła się w łazience, aby wziąć kąpiel. Niezaspokojona nimfomanka czy zdradzana kobieta na skraju załamania nerwowego?

Korzystał Pan z usług mojego ciała, dochowałam tajemnicy przed żoną i ludźmi, a teraz jestem w niedostatku... Takich listów do zupełnie obcych mężczyzn znudzona milionerka wysłała kilkadziesiąt. Ku jej zdumieniu wkrótce zaczęły do niej spływać pieniądze. Duże pieniądze. Wpadła, gdy szantażowi nie uległ powszechnie szanowany ksiądz kanonik...

Ekskluzywny dom schadzek z nastoletnimi dziewczynkami był ulubionym miejscem spotkań poznańskich elit. Nikt nie spodziewał się, że mroczny interes prowadzi skromna matka dwójki dzieci. Najbardziej zaskoczony był oczywiście jej mąż.

Życie arystokracji II Rzeczpospolitej pełne było frazesów o moralności. Rzeczywistość zupełnie inna. Hipokryzja, skandale i najniższe instynkty. A upadłe damy postanowiły z tego skorzystać.

ODDANE ŻONY, MANIPULATORKI, SKANDALISTKI

Maria wywołała skandal bez precedensu. Prezydent Polski poślubił młodszą o 28 lat kobietę. I to kogo! Żonę własnego adiutanta i sekretarkę swojej pierwszej małżonki, która zmarła zaledwie kilka miesięcy wcześniej!

Michalina w młodości własnoręcznie konstruowała bomby i dobrze wiedziała, czego oczekuje od życia. Gdy jej mąż odrzucił propozycję objęcia urzędu prezydenta, wystarczył jeden jej telefon. Natychmiast zmienił zdanie i potulnie zgodził się na wszystko.

Mąż rewolucjonista porzucał Marię na długie miesiące. Ona nie zamierzała przejmować się rolą pierwszej damy. Zawsze i każdemu mówiła prawdę prosto w oczy. Czy to jej scysja z adiutantem marszałka Piłsudskiego doprowadziła do zamachu stanu i rozlewu krwi?

Pierwsze damy II Rzeczpospolitej. To one uosabiały magię, czar i elegancję dwudziestolecia międzywojennego – Polski utraconej dla nas na zawsze.